아가페
실제대표기도문

아가페
실제대표기도문

김병태 · 방국영 지음

아가페

머리말

딕 이스트만(Dick Eastman)은 "기도라는 단순한 행위는 유한한 인간을 무한하신 하나님께 연결시킨다. 인간이 기도할 때 하나님이 응답하시고, 고통스런 상황은 변화된다. 그리고 설명할 수 없는 기적이 일어난다"고 말했다. 그래서 찰스 스펄전(Charles H. Spurgeon)은 "10년을 염려하는 것보다 차라리 10분간 기도하는 편이 훨씬 좋다"고 했다.

풍요의 시대를 살고 있는 현대인들에게 기도는 정말이지 낯설기만 하다. 바쁘고 분주한 우리의 삶이 기도 쉬는 죄를 한낱 변명거리로 무마시켜 버린다. 깊은 사색을 기피하고 피상적인 세계에 머물기에 만족하는 현대인들은, 기도를 하지만 깊은 기도의 세계를 잊고 살아간다. 그러나 영적인 거장들은 모두 기도의 사람이었다. 기도 없이 영혼의 자유와 평화를 누릴 수 없고 영적인 능력도 경험할 수 없다. 그러기에 기도를 사랑하는 자만이 기적을 일구며 살게 된다.

아름다운 삶의 열매를 기대하는 자에게 기도에 전념하라고 권하고 싶다. 더구나 다른 사람을 대표해서 기도하는 이들에게 대표기도자의 영광을 허비하지 말라고 부탁하고 싶다.

일반적으로 기도에는 바람직한 순서가 있다. 먼저 하나님을 기리는 찬양(adoration)을 드린다. 이어서 자신과 공동체가 지은 죄를 하나님 앞에 자백(confession)하고 하나님이 주신 것에 감사(thanksgiving)한다. 그리고 나서 특별히 원하는 것을 간구(supplication)하고 다른 사람을 위해 도고(intercession)를 한다. 마지막으로 예수 그리스도의 이름으로 기도를 마친다.

개인기도에서도 기도하는 사람이 중요하지만 대표기도를 할 때도 기도자가 매우 중요하다. 다른 사람들의 모든 기도를 대신하는 공적인 입장이기 때문이다. 대표기도자는 거기에 참여한 회중과 불편한 관계가 없어야 한다. 그렇지 않으면 하나님도 그 기도를 받지 않으시고 기도에 동참하는 회중도 마음이 불편하다. 그래서 대표기도를 하기 전에는 성결하지 못한 자신을 돌아보고, 형제에게 거리끼는 것이나 마음에 맺힌 것이 있으면 먼저 풀고 화해해야 한다.

이 책은 신앙의 초보자가 기도를 배울 수 있는 매뉴얼이 될 것이다. 더 나아가 오랫동안 신앙생활을 해왔지만 아직까지도 기도하는 것이 부담스럽고 두려운 성도들에게 기도 훈련을 위한 좋은 지침서가 될 것이다. 또 깊은 기도의 세계로 들어가 하나님과 교제를 즐기기 원하는 이들에게도 좋은 안내서가 될 것이다. 이 책을 읽는 모든 독자들에게 기도의 환희를 누리는 은혜가 있기를 소망한다.

주님이 머무시는 성천교회 목양실에서
김병태

차례

주일예배 및 수요예배 대표기도

주일 낮 예배 1

찬양과 회개

"내 영광을 다른 자에게 주지 아니하리라"고 선언하신 여호와여, 우리 안에 하나님의 영광을 드러내시니 감사합니다. 그러나 우리는 그릇된 말과 행실로 여호와의 영광을 가로막았습니다. 불경건했던 우리를 용서하여 주옵소서. 이 시간 거룩하신 하나님의 영광을 우리에게 비추셔서 우리 영혼을 회복시키시고, 우리로 온 세상 가운데 하나님의 영광을 드러내는 한 해를 살게 하옵소서.

변화를 추구하는 한 해가 되게 하소서

사랑하는 주님, 급변하는 세상 속에서 우리를 빛과 소금으로 부르시어 이 세상을 변화시키는 존재로 살게 해주시니 감사합니다. 세상은 변화를 갈망하고 있습니다. 그리고 모든 사람들이 변화의 주인공으로 살기를 원합니다. 온 교회와 성도들이 세상을 변화시키는 주역이 되게 하옵소서. 우리 교회가 이 지역을 변화시키는 힘과 능력을 갖기 원합니다. 선한 일에 힘써서 거룩한 영향력을 끼치는 교회가 되기 소망합니다. 우리 성도들이 이웃을 감동시키고 하나님께로 이끄는 축복의 통로가 되게 하옵소서.

일찍이 예레미야 선지자는 "화와 복이 지존자의 입으로부터 나오지 아니하느냐"(애 3:38)라고 외쳤습니다. 온 교회가 지존자 앞에서 변화된 삶을 통해 복을 누리게 하시고, 이 복된 삶이 온 누리에 드러나게 하소서.

능력의 주님, 성도들이 날마다 그리스도 안에서 새로운 피조물로 거듭

난 삶을 추구하게 하시고, 우리의 영이 성령의 충만함을 받아 생명력 있
는 그리스도인으로 살게 해주옵소서. 내 안에서 일어나는 변화의 물결로
인해 가정과 직장에 변화의 물꼬를 트게 하시고, 교회가 하나님의 영광과
거룩함을 회복하여 이 지역과 온 나라가 하나님이 이끄시는 변화의 물결
에 동참하게 하옵소서.

말씀을 붙잡고 살게 하소서

오, 주님! 이 세상의 분주한 일들이 우리의 마음과 생각을 사로잡습니
다. 그러나 주님, 우리의 마음이 그 어떤 것보다 더욱 하나님을 향하게 하
시고 하나님의 말씀에 젖어들게 하옵소서. 다윗은 "환난과 우환이 내게
미쳤으나 주의 계명은 나의 즐거움이니이다"(시 119:143)라고 고백했습니
다. 이 한 해 동안, 우리에게 환난과 우환이 닥쳐올지라도 하나님의 말씀
에 붙들려 살기 원합니다. 사람의 목소리가 들리는 가운데서도 하나님의
세미한 음성을 듣고 말씀의 인도하심 앞에 무릎 꿇고 나아가게 하옵소서.

거룩하신 주님, 우리의 마음이 높아서 혹은 우리의 생활이 분주하여 하
나님의 말씀을 받지 못하는 어리석음에 이르지 않게 하소서. 오히려 하나
님의 말씀이 우리의 마음과 영혼의 밭에 떨어질 때 우리로 하여금 풍성한
열매를 맺게 하옵소서. 사랑의 하나님, 복음의 씨앗을 사탄에게 빼앗기지
않도록 하나님이 보내신 말씀의 사역자와 아름다운 관계를 맺기 원합니
다. 가족이나 지체들과의 불편한 관계 때문에 말씀의 씨앗을 사탄에게 빼
앗기는 불행을 당하지 않게 하옵소서. 우리의 영원한 길이요 진리 되신
예수님의 이름으로 기도드립니다. 아멘.

주일 낮 예배 2

주님께 감사하게 하소서

역사의 주관자 되신 하나님, 지난 한 해를 주의 은혜 가운데 보내게 하시고 희망찬 새해를 맞이하게 하신 주님께 영광을 돌립니다. 다사다난했던 한 해가 가고 새해가 밝았습니다. 새해의 첫 주일 우리가 주님께 예배하며 나아갑니다. 올해도 주안에서 승리하는 복된 한 해가 되도록 인도하여 주옵소서. 지난해에 아픈 상처가 있었다면 이제 싸매 주시고, 잊어야 할 일들이 있다면 기억나지 않게 하시며, 선한 목자 되신 예수 그리스도의 은혜에 날마다 감사하게 하소서.

온전한 성도의 삶을 위해

올해에는 무엇보다도 우리의 믿음이 성장하기를 원합니다. 불신앙이 확신으로 바뀌게 하시고 주를 향해 불붙는 마음이 일어나도록 역사하여 주옵소서. 세상을 이길 수 있는 믿음을 주시고 세상 가운데 주를 증거할 수 있는 십자가 군병으로 세워지도록 인도하여 주옵소서.

어려움과 시험이 우리의 앞을 가로막더라도 성령께서 친히 도우사 세상에서 승리하도록 인도하옵소서. 물질의 문제로 우리 믿음이 발목 잡히지 않게 하시고, 건강 때문에 우리가 봉사의 손길을 멈추는 일이 없도록 인도하여 주옵소서. 더욱 더 주의 거룩하심을 닮아가는 복된 삶을 살기 원합니다.

새해에 계획한 모든 것들이 주 안에서 이루어지길 원합니다. 모든 가정들이 주의 응답과 확신 가운데 살아가기 원합니다. 구원받지 못한 가족이 있는 가정에게 모든 가족이 주를 섬길 수 있는 복된 은혜를 주옵소서.

예배를 예배되게

이곳에 당신의 몸 된 교회를 세우시고 복음 사역을 감당하게 하심을 감사합니다. 영혼 구원을 위한 목표가 이루어지게 하시어, 이웃을 섬기며 세상에 그리스도의 사랑을 전할 수 있는 교회가 되도록 역사하여 주옵소서.

주의 선한 손이 도우시어 교회의 모든 일을 능히 감당할 수 있게 하시고, 주변에 좋은 소문이 전해지도록 주관하여 주옵소서. 목사님이 말씀을 증거하실 때마다 성령의 능력이 나타나게 하시어 온 교회가 회개하는 역사가 불일 듯 일어나게 하옵소서. 성가대의 찬양을 기쁘게 받아 주시길 원합니다. 우리를 사랑하시는 예수님의 이름으로 기도드립니다. 아멘.

주일 낮 예배 3

약한 자를 강하게 하시는 하나님께

크신 능력의 하나님! 혼자서는 걸을 수도, 설 수도, 숨쉴 수도 없는 나약한 존재인 저희를 늘 사랑해 주시니 감사합니다. 숱하게 죄를 짓고 다시 회개하는 일을 반복하며 살아가지만, 모든 것을 감찰하시는 은혜의 하나님께서 오늘도 묵묵히 돌보고 계심을 생각합니다. 나를 위하여 이 땅에 흘리신 예수 그리스도의 피를 밟고 서 있으면서도 감사하지 못하고 불평하며 살아가는 이 어리석은 자를 용서해 주옵소서.

하나님 앞에 집중하기 위해

세상의 꿈을 좇아 열심히 살았지만 하나님의 영광을 위한 열렬함은 없었음을 고백합니다. 이제는 세상의 소리에 귀를 기울이거나 세상 사람들이 우러러보는 일에 인생을 허비하지 않고, 세상으로부터 외면당할지라도 오직 하나님께서 기뻐하시는 일에만 전념하기로 다짐해 봅니다. 우리 한 사람 한 사람의 이름으로 인하여 하나님의 영광스런 이름이 드높여지를 원합니다.

하나님께 온전히 순종하는 자녀가 되게 하소서

이 나라의 패역함을 봅니다. 정의와 불의, 선함과 악함, 옳음과 그름을 분별치 못하는 아둔한 세대입니다. 신실한 친구를 배척하여 원수를 삼으며, 주님을 배척하는 악한 무리들을 친구로 삼는 어리석은 세대입니다.

헛된 것들에 눈이 가려진 세대입니다. 그리스도인들도 이 세대를 따라 무지몽매합니다. 우리를 긍휼히 여기사 선한 분별력을 허락하시고 하나님의 때를 준비하는 사람들이 되게 하옵소서. 하나님의 공의에 목숨 바칠 수 있는 믿음의 사람들을 세우셔서 악을 철저히 배척하는 나라가 되게 하옵소서. 우는 사자와 같이 우리 영혼을 엄습하는 세상의 유혹 앞에서 두 손 들고 항복할 것이 아니라 주님께서 주신 성령의 검으로 처단하는 용기를 갖게 하옵소서. 우리는 세상의 시험 앞에서 쉽게 두려움에 빠지며 주저앉곤 합니다. 우리를 두렵게 하고 근심케 하는 모든 것들의 주관자 되시는 하나님을 온전히 경외하는 주의 자녀가 되게 하옵소서.

세상을 변화시키는 교회가 되게 하소서

이 땅에는 하나님께서 세우신 수많은 교회들이 있습니다. 주님, 그 많은 교회들이 세상을 변화시키지 못하는 무능한 교회가 아니라 한 영혼을 변화시키고 가정을 변화시키며, 지역사회와 나라와 열방을 변화시키는 능력 있는 교회가 되게 하옵소서.

예배를 드리는 무리 가운데 회복의 말씀을 주실 것을 믿습니다. 예배를 섬기는 여러 손길들에게 크신 은총으로 갚아 주옵소서. 우리를 구원하신 예수님의 이름으로 기도합니다. 아멘

주일 낮 예배 4

주의 십자가를 바라보게 하소서

새해가 시작되고 세 번째 주일을 맞이합니다. 오늘도 하나님께 예배드릴 수 있도록 은혜를 베풀어 주시니 감사합니다. 하나님의 말씀 안에서 살겠다는 다짐을 했지만 지난 한 주간도 말씀 안에서 살지 못했습니다. 사랑해야 할 사람을 사랑하지 못하고 기도해야 할 때 기도하지 못했으며 전도해야 할 때를 놓치곤 했습니다. 하나님, 우리는 이렇게 나약합니다. 십자가의 보혈로 우리의 연약함을 속량하여 주사 정결한 마음으로 예배드리게 하옵소서.

믿음의 성숙함이 우리의 삶에 나타나게 하소서

하나님 아버지, 올해에는 항상 하나님의 이름을 부르고 찬양하며 기뻐하는 삶을 살기 원합니다. 주님의 교회에서 직분을 맡은 성도들을 영육 간에 강건케 하시며 성령으로 충만하게 하셔서 그들 안에 은혜와 기쁨이 넘치게 하여 주옵소서. 어렵고 힘든 일이 있을지라도 맡겨진 직분을 잘 감당하여 승리할 수 있도록 인도하여 주옵소서. 성도들의 가정을 축복해 주셔서 가정마다 감사의 축제가 있게 하시고 많은 열매들을 거두는 한해가 되게 하옵소서.

하나님 아버지, 이 나라와 민족을 불쌍히 여겨 주소서. 하나님께 귀히 쓰임 받는 하나님의 백성으로 사용하여 주옵소서. 인터넷에 중독되고 게임에 빠져 있는 청소년들을 긍휼히 여기소서. 그들이 하나님을 경외하며 어떠한 유혹도 이길 수 있도록 믿음을 더하여 주옵소서. 청소년들이 하나님 앞에 거룩함을 회복하여 거룩한 세대, 믿음의 세대가 되게 하여 주옵소서.

교회가 교회 되게 하소서

하나님의 말씀을 선포하는 목사님을 영육 간에 강건케 하소서. 우리의 심령을 찔러 쪼개는 예리한 하나님의 말씀을 선포하게 하소서. 말씀을 듣는 우리의 눈과 귀를 열어 주셔서 그 말씀을 바로 깨닫게 하소서. 깨달은 말씀을 삶에 실천하며 참된 그리스도인의 삶을 살아가게 하옵소서.

우리의 삶이 말씀으로 말미암아 회복과 치유와 변화가 일어나기를 소망합니다. 말씀이 무너진 이 세대는 그리스도인들조차 하나님의 말씀을 무의미하게 여기는 풍조를 따릅니다. 그리스도인들에게 말씀을 묵상하고 삶을 진지하게 반성하는 모습이 회복되기 원합니다. 이 모든 것이 예배를 통해 이루어지기를 간절히 꿈꿔 봅니다.

성가대의 찬양과 함께 온 회중이 하나님을 향한 마음을 담아 올립니다. 찬양을 통해 큰 힘을 얻는 귀한 시간이 되게 하옵소서. 성가대의 찬양이 하나님께서 기뻐 받으시는 곡조 있는 기도가 되길 원합니다. 당신의 백성들에게서 찬송 받으시기를 기뻐하시는 하나님! 우리의 찬송을 기쁘게 받으시고 우리의 인생이 오직 하나님께만 영광이 되기를 소원합니다. 예수님의 이름으로 기도드립니다. 아멘

주일 낮 예배 5

사모하는 자에게 은혜를 베푸시는 하나님

사랑이 많으신 하나님 아버지, 이 거룩하고 복된 주의 날에 하나님을 사랑하는 자녀들이 주님 앞에 나와 찬양과 영광을 올려 드립니다. 주님, 이 시간 이곳에 임재하여 주시옵소서. 저희의 예배를 기쁘게 받아 주시며 영광을 받으소서.

지난 한 주 동안 저희는 주님 앞에 순종하려 했지만 그보다는 이 세상과 타협하기에 민첩했습니다. 때로는 주님을 잊고 부인했으며 하나님 말씀에 전적으로 순종하지 못했습니다. 이 시간 저희의 죄와 허물을 주님 앞에 회개하오니 불쌍히 여겨 주시고 십자가의 보혈로 속량하여 주소서. 저희는 거룩하고 정결한 마음으로 하나님을 진정으로 예배하기 원합니다.

오늘도 예배드리는 하나님의 백성들을 건강하게 지켜 주옵소서. 우리를 괴롭히는 병마가 떠나가게 하시며 물질의 어려움에서 회복되게 하옵소서. 자녀들에게는 지혜와 총명을 주셔서 학업을 잘 감당하게 하시며 각 가정이 하늘나라에 소망을 두고 온전히 주님만을 섬기는 축복의 가정이 되게 하옵소서.

구원의 복된 소식을 전하는 교회가 되게 하소서

주님의 몸 된 교회를 사랑하시는 하나님, 이 땅을 구원하시기 위해 교회를 허락하시고 귀한 소명과 사역을 감당하게 하심에 감사를 드립니다. 복음 사역을 감당하기에 조금도 부족함이 없는 교회가 되게 하소서. 우리 교회가 믿음의 눈을 들어 하나님의 마음을 알게 하시며 오직 하나님의 나라를 선포하는 일에 관심을 집중하게 하옵소서. 그리하여 우리 교회를 통해 이 땅의 믿지 않는 영혼들이 복음을 듣고 회개하고 주님 앞에 나아오는 역사를 베풀어 주옵소서.

이 민족과 나라를 위해

수천 년 동안 우상을 섬기며 죄악 가운데 살아온 가난하고 불쌍한 이 민족에게 복음을 듣게 하시고 주님을 알게 하시어 구원의 역사를 베풀어 주신 하나님의 은혜에 감사합니다. 이 세상의 권위를 정부와 대통령에게 주셨으니 특별히 그들에게 간섭하여 주셔서 이 나라의 지도자들이 주님을 경외하는 마음과 겸손한 자세로 이 백성을 섬기게 하여 주옵소서.

특별히 대한민국과 북한이 하루 속히 통일되기를 소원합니다. 그래서 다시는 연평도 참사와 같은 일이 일어나지 않게 하옵소서. 이 일로 고통당하는 60만 군인들과 가족들을 위로하여 주시고 연평도 주민들에게 새 소망을 더하여 주옵소서.

예배 속에 진리의 선포가 있게 하소서

이 예배를 섬기는 모든 사람들의 수고와 섬김을 기억하사 그들을 축복하여 주옵소서. 오늘도 말씀을 선포하는 목사님 위에 기름을 부어 주셔서 진리의 말씀만이 온전히 선포되게 하옵소서. 이 진리의 말씀이 저희에게는 온전한 기쁨과 온전한 은혜가 되게 하소서. 예수 그리스도의 이름으로 기도드립니다. 아멘.

주일 낮 예배 6

부르심의 목적을 알게 하소서

거룩한 주의 날에 우리들의 마음을 거룩하게 하시고 시간을 구별하여 주님의 몸 된 교회에 나와 예배하게 하시니 감사합니다. 세상에 모래알 같이 많은 사람들 중에 저희들을 사랑하사 택하시어 자녀로 삼아 주시고 사명 주시니 감사합니다. 주님께서 저희들을 먼저 부르시고 믿음을 주신 것에는 분명한 목적과 계획이 있음을 잊지 않게 하옵소서.

복음의 증인이 되게 하소서

"예루살렘과 온 유대와 사마리아와 땅 끝까지 이르러 내 증인이 되리라"(행 1:8) 말씀하신 예수님의 마지막 유언을 따라, 복음 전도자의 사명을 가슴에 품고 기도하며 순종하는 우리 모두가 되길 소원합니다.

한 마리 어린양을 찾아 헤매시는 주님의 마음이 우리의 마음이 되길 소원합니다. 병든 자, 가난한 자, 소외된 자를 찾아 위로하시고 치료해 주시는 주님의 마음이 우리 교회의 마음이 되어서 진정으로 주님을 기쁘게 하는 우리 모두가 되게 하여 주옵소서.

말씀 안에서 자유롭게 하소서

주님! 이 시간 우리는 세상에서 이 모양 저 모양으로 찢기고 상한 마음을 그대로 가지고 나왔습니다. 위로해 주시고 힘과 용기를 더하여 주시옵소서. "진리가 너희를 자유롭게 하신다"(요 8:32) 말씀하신 주님, 이 시간 말씀을 통하여 큰 은혜를 받기 원합니다. 행여나 세상 염려와 근심 때문에 말씀의 통로가 막히지 않도록 우리들의 마음을 활짝 열어 주옵소서. 주님, 이 예배 가운데 임재하사 홀로 영광 받아 주소서. 한 영혼도 은혜에서 소외되지 않기를 바랍니다. 어린 생명부터 노년에 이르기까지 모든 성도들이 예배를 통하여 주님을 만나게 하소서. 그래서 구원의 확신을 견고히 하고 부르심을 따라 살기로 결단하는 소중한 시간이 되게 하옵소서.

평화의 주님, 우리 교회가 이웃과 사회와 소통하는 공동체가 되기 원합니다. 이기적이고 배타적이며 인색한 우리 마음이 여유를 찾아서 이웃과 나누게 하소서. 서로를 가로막는 불신의 벽이 허물어지기를 간절히 소원합니다. 하나님 나라의 성도들이 세상에서 빛과 소금의 역할을 잘 감당하는 아름다운 역사를 보게 하소서.

말씀의 은혜가 예배 가운데 풍성히 드러나게 하소서

찬양으로 하나님께 영광 돌리는 성가대와 여러모로 예배를 섬기는 이들에게 하나님의 풍성한 은혜를 채워 주소서. 이 시간 하나님 말씀을 대언하실 담임 목사님에게 하늘 문을 열어 축복하시사 성령 충만하게 하시고 강건함을 더하여 주소서. 말씀을 들을 때, 치료의 역사가 나타나게 하시고 진리의 말씀이 회중의 마음을 찌르고 울려서 온 교회가 새롭게 변화되는 귀한 시간으로 인도하소서. 예수님의 이름으로 기도합니다. 아멘.

주일 저녁 예배 1

사명을 생각하며

새해를 허락해 주시고 새로운 기회와 사명을 주신 주님! 부족한 저희들이 하나님 앞에 나와 예배할 수 있도록 인도하여 주셔서 감사합니다. 지난해를 돌아보니 덧없이 보낸 세월이 태반이었습니다. 그리고 나태와 게으름이 우리 삶을 떠나지 않았습니다. 주님의 뜻을 따르지 못하고 세월을 아껴 살지 못한 어리석음을 용서하소서.

예수 그리스도 안에서 이전 것은 지나가게 하시고 새로운 피조물로 세워 주셨으니 주님의 부르심에 합당한 생활을 할 수 있도록 새 마음과 새 영을 충만히 부어 주소서. "육신의 생각은 사망이요 영의 생각은 생명과 평안"(롬 8:6)이라고 하신 말씀을 기억합니다. 저희가 늘 영적인 생각을 할 수 있도록 도와주소서.

그리스도의 사랑을 실천하는 교회가 되게 하소서

교회의 머리되시는 주님! 구약시대에 여호와의 영광이 성막에 충만했던 것 같이 우리 교회와 성도들의 삶 속에 하나님의 영광이 충만하게 하소서. 그래서 그리스도의 사랑을 실천하며 세상 속에 참된 그리스도의 향기를 날리는 하나님의 신실한 공동체가 되게 하소서. 주님이 가난하고 억눌린 자들의 친구가 되셨던 것처럼 주님을 믿는 성도들이 이웃의 아픔과 고통을 돌아보는 다정한 이웃이 되게 하소서. 병들고 버림받아 소외된 이들에게 꿈과 희망을 심어 주는 정다운 교회가 되기를 기도합니다.

이 나라에 신실한 지도자가 세워지게 하소서

나라의 흥망성쇠를 주관하시는 하나님! 이 나라를 지켜 주옵소서. 경제 불황과 정쟁과 갈등으로 병들어 신음하는 이 나라를 바로잡아 주소서. 계속되는 재난으로 나라가 더욱 어려움을 겪고 있습니다. 국정을 책임진 위정자들이 도탄에 빠져 신음하는 국민의 소리를 먼저 듣게 하시고 어려움에 처한 이 나라를 바로 세우는 데 앞장서게 하옵소서. 주님께서 세우신 지도자들이 애굽의 요셉처럼, 바사의 모르드개처럼, 바벨론의 다니엘처럼 하나님을 섬기고 국민을 사랑하는 위대한 주님의 종이 되게 하옵소서.

경건함으로 새해를 준비하게 하소서

새해를 맞아 선한 청지기가 되고자 다짐하는 저희의 결심이 알알이 여물게 하옵소서. 저희의 마음을 다스려 주사 주님이 주신 시간과 재물을 악하고 허무한 곳에 쓰지 않게 하시고 교만하거나 방종하지 않게 하시며 겸손한 마음과 순종하는 믿음으로 주님께 인정받는 일꾼이 되게 하소서.

오늘도 목사님을 통하여 오묘한 말씀의 비밀을 깨우쳐 주실 때 '아멘'으로 화답하는 은혜의 시간이 되기를 소원합니다. 주님을 사모하고 간절히 찾는 성도들과 늘 동행해 주시고 이들의 앞길을 인도해 주소서.

예배의 시종을 주께 맡깁니다. 음부의 권세가 틈타지 못하도록 성령께서 이 교회를 지켜 주소서. 주님의 모든 행사에 감사드립니다. 예수 그리스도의 이름으로 기도드립니다. 아멘.

주일 저녁 예배 2

이 교회로 그리스도의 편지가 되게 하소서

찬양 받으시기에 합당하신 하나님 아버지! 우리에게 기쁘고 복된 날을 허락하시고 이른 새벽부터 저녁까지 경배와 찬양을 드리게 하시니 감사 드립니다. 성령님께서 예배를 온전히 주관하사 우리가 새로운 힘과 지혜를 공급받고 한 주간을 능력 있게 살기 원합니다.

우리는 주님 앞에 아무 것도 내세울 것 없는 연약한 존재이지만 지역사회를 사랑과 봉사로 섬기기 원합니다. 그리스도의 사랑을 실천하며 이웃을 복되게 하는 사랑의 공동체가 되기를 원합니다. 삶에 지쳐 맡은 일을 충실히 감당하지 못하는 허물도 있지만 최고는 아니더라도 최선을 다하는 아름다운 모습으로 주님 앞에 서기를 소원합니다.

아름다운 공동체가 되게 하소서

우리 교회를 담임하는 목사님에게 날마다 능력과 지혜를 공급해 주소서. 목사님이 풍성한 은혜의 말씀을 선포할 때 성도들은 그 말씀에 젖어 하나님 앞에 더욱 겸손하고 의로운 삶을 살아가게 하옵소서. 우리에게 지혜와 명철을 허락해 주소서. 주님의 섬김과 사랑의 본을 따라 항상 나보다 남을 낮게 여기는 아름다운 공동체가 되기를 기도합니다.

하나님 아버지! 우리는 주의 은혜로 여기까지 왔지만 그리스도인다운 삶을 살았는지 돌아볼 때 부끄러움을 감출 수 없습니다. 오히려 세상의 향기에 취해 살았던 날들이 더 많았음을 고백합니다. 사랑이 많으신 하나님 아버지께서 용서하여 주시고 다시 변화를 받아 성화된 삶을 살도록 인도하여 주소서.

교회의 권속들 중에 몸이 아파 거동이 불편한 성도들이 있습니다. 그들을 치료하시고 안위하여 주소서. 경제적으로 힘든 가정에는 물권을 회복시켜 주셔서 불황의 긴 터널에서 하루 속히 자유롭도록 도와주소서.

예배를 통해 변화되는 교회가 되게 하소서

우리 예배를 받으실 하나님, 이 시간 우리는 자녀, 결혼, 취업, 학업, 건강 등 다양한 기도 제목을 들고 나왔습니다. 주님의 뜻이 하늘에서 이루어 진 것 같이 이 땅에서도 이루어지길 원합니다. 임마누엘의 축복을 베풀어 주소서.

이 시간 목사님께서 말씀을 증거하실 때 성령님께서 함께하사 평강과 기쁨이 넘치게 하소서. 사랑의 봉사와 섬김이 더욱 가득하게 하시며 하나님 사랑과 이웃 사랑을 실천하는 건강한 가정, 건강한 교회 되길 원합니다. 우리를 사랑하시는 예수님의 이름으로 기도드립니다. 아멘.

1월에 드리는 대표기도

수요예배 1

감사와 회개

"네 이웃을 네 자신 같이 사랑하라"(레 19:18). 할렐루야! 사랑과 은혜가 충만하신 하나님 아버지, 지난 삼 일 동안 낮에는 구름기둥, 밤에는 불기둥으로 저희를 보호하셨다가 이 시간 주님의 거룩한 성전에 모여 수요예배를 드리게 하시니 감사합니다.

지나간 시간 속에 뚜렷이 드러나는 악행뿐만 아니라 은밀히 행한 위선 또한 주님 앞에 회개할 제목인 것을 고백합니다. 이 시간 주님 앞에 우리의 모든 악행과 위선을 내려놓습니다. 주님의 보혈로 깨끗하게 하소서.

나라와 민족을 위한 기도

세계에는 지금 각양각색의 테러가 일어나 무고한 시민들이 생명을 잃고 있습니다. 또한 이기주의와 물질만능주의가 극에 달했고 인간의 죄악은 그 악랄함이 더해 갑니다. 이와 같은 때에 주님의 백성이 이 땅의 시민으로서 깨어 기도하게 하소서. 사람들에게 이웃을 사랑하는 맘을 주셔서 인간의 생명을 소중히 여기도록 은총을 베풀어 주소서. 이러한 모든 문제가 인간의 방법이 아닌 주님의 섭리 안에서 해결되게 하소서. 주님께 맡기고 서로 협력하여 기도함으로써 위기를 지혜롭게 극복하여 전보다 더 큰 축복을 누리게 하옵소서!

하나님의 교회를 위한 기도

주님의 몸 된 교회를 위해 기도드립니다. 주님은 크신 뜻과 섭리가 있어 이곳에 교회를 세워 주셨습니다. 지금껏 그랬던 것처럼 앞으로도 당신의 뜻을 따라 이 교회를 이끌어 주시고 부흥케 하실 것을 믿고 감사와 영광을 돌립니다.

잎만 무성한 무화과나무처럼 외적인 성장만 이루는 것이 아니라 주변의 죽어 가는 영혼을 강권하여 데려다가 성전을 채울 것을 기대합니다. 우리가 그 영혼들을 주님의 택한 백성으로 인도하고 복음을 전파하는 교회가 되길 간절히 바라고 원합니다.

예수님은 가장 낮고 천한 자를 몸소 도우셨습니다. 우리도 당신이 가신 길을 따르기 원합니다. 빈곤하고 소외된 성도들과 돌봄의 사각지대에 있는 지역 주민들을 예수님의 선한 사랑으로 섬기고 포용할 수 있는 따뜻한 사랑의 교회가 되게 해주소서! 그리하여 이 교회가 지역사회와 국가와 온 세계의 복음화에 큰 영향력을 끼치게 하소서. 부족하지만 이 교회의 교육 부서가 지역 사회에 유익한 정보와 프로그램을 제공함으로써 하나님의 비전을 보여 줄 수 있는 교회가 되길 원합니다. 미래의 주역인 청소년 사역의 중요성을 알고 실천하게 하소서.

예배를 위한 기도

이 시간 말씀을 증거할 목사님을 위해 기도합니다. 오늘도 주님의 몸 된 교회를 위해서 애쓰는 목사님을 주님의 장중에 붙들어 주셔서 늘 피곤치 않게 하소서. 성도들에게 말씀의 꼴을 먹일 때 성도들의 신앙에 큰 변화가 일어나도록 역사해 주소서. 예배를 통해 주님 홀로 영광 받아 주시며 우리 영혼에도 한없는 은혜로 가득히 채워 주시길 간절히 소원합니다. 우리의 모든 기도에 귀 기울이시는 예수님의 이름으로 간절히 기도드립니다. 아멘.

수요예배 2

생명의 주관자이신 하나님을 찬양합니다

이 시간도 살아 계셔서 역사하시며 우리들의 생사화복을 주관하시는 거룩하신 하나님 아버지, 지난 3일 동안 주님의 사랑과 은혜 안에 살게 하시고 다시 주님의 제단에 나와 예배하게 하시니 진심으로 감사드립니다. 예배의 자리가 가장 복된 자리임을 우리가 잊지 않게 하소서. 이 어지러운 시대에 주님의 은혜가 없이 우리가 어찌 평안할 수 있을까요? 요동치는 세상 속에서 우리를 특별히 보호하셔서 하나님의 자녀로 부르시고 복음의 증인으로 세워 주셨는데 우리는 주님의 뜻에 한참 못 미치는 삶을 살았습니다. 용서해 주소서.

하나님의 시간 속에 빛나는 교회가 되게 하소서

말씀이 살아 있고 성령이 충만하고 사랑이 넘치며 전도에 앞장서는 우리 교회가 되기를 기도합니다. 하나님의 말씀으로 지배를 받으며 이 지역을 복음화 하는 데 애쓰는 교회가 되게 하소서. 많은 기도 제목과 계획이 있지만 그것이 주님의 뜻을 이루며 나눔과 섬김을 실천하는 것에 앞설 수 없습니다.

사역자들을 위한 기도

이 시간 담임 목사님을 위해 기도합니다. 교회를 섬기고 교회를 위해 기도하며 성도들을 하늘 양식으로 먹일 때에 피곤치 않게 하시며 영육 간에 강건하게 하소서. 교회의 모든 사역자들에게도 같은 은혜를 내려 주옵소서. 교회의 각 기관을 위해 기도합니다. 당회를 비롯하여 구역모임, 교회학교, 남여선교회 등 모든 부서를 축복하시고 합력하여 선을 이루게 하옵소서.

나라와 민족을 위해

나라와 민족을 위해 기도합니다. 이 나라가 하나님의 진리를 깨닫게 하옵소서. 믿는 자들 모두가 이 시대를 위해 기도하게 하옵소서. 기도하는 백성이 나라를 온전히 세우는 줄 믿습니다. 대통령을 축복하여 주옵소서. 그의 재임 기간에 더욱 견고한 나라가 될 수 있게 하옵소서. 이 나라가 오직 하나님의 나라와 의를 구하는 나라, 예배가 살아 있는 나라, 하나님께 찬양하는 나라가 되게 하옵소서.

육신이 아픈 중에 주님께 간절히 기도하는 환우들을 기억하여 주옵소서. 그들의 아픔을 주님의 보혈로 어루만져 주시어 치료되게 하옵소서.

우리의 모든 마음과 몸과 힘을 다해 하나님을 예배하오니 이제 목사님을 통해 하나님의 말씀을 들려주시고, 우리로 당신의 뜻을 깨닫도록 은혜를 베풀어 주소서. 우리의 예배를 흠향하실 주님께 감사드리며 예수 그리스도의 이름으로 기도합니다. 아멘.

주일 낮 예배 1

the Lord's Prayer

복음의 지경이 넓어지게 하소서

할렐루야! 부활의 첫 열매가 되시는 소망의 주님께 감사와 영광을 드립니다. 이 시간 우리 예배 가운데 임재 하시고 이 예배를 기쁘게 받으소서. 성령께서 역사하시어 감동과 감격을 경험하는 귀하고 복된 시간이 되길 소원합니다.

주님의 피 값으로 세워진 하나님의 교회 위에 하늘 문을 여시고 복의 복을 부어 주셔서 영적 지경과 사역의 지경이 확장되게 하옵소서. 하나님께 은혜를 입은 자들 모두가 감사하는 맘으로 기꺼이 교회를 섬기게 하시고 섬김의 손길들이 차고 넘치게 하소서.

기도의 사명자, 기도의 능력자들이 넘쳐나서 중보기도의 불이 꺼지지 않게 하소서. 지금은 깨어 기도할 때인 것을 자각하게 하셔서 성도들 모두가 기도함으로 우리를 향하신 하나님의 뜻을 깨닫기를 원합니다. 우리 교회가 선한 일들을 도모하는 믿음의 공동체요 사랑의 공동체가 되어 날마다 하나님 나라를 확장해 나가는 건강한 교회의 모델이 되게 하소서.

믿음의 세대로 세워지게 하소서

우리 교회의 자라나는 세대가 각 심령마다 주님을 인격적으로 만나 구원의 확신을 갖게 하시고 주님이 주시는 꿈과 비전을 품고 언제 어디서나 당당하고 자신감 넘치는 자녀들이 되게 하소서.

저들이 세상 속에 살지만 세상을 이기며 살 수 있게 하소서. 세상 문화를 다스리고 죄악을 물리칠 수 있는 300명의 기드온 정병 같은 차세대가 이 교회를 통하여 배출되기 원합니다. 차세대를 위해 헌신하는 담당 사역자들과 교사들과 우리 모든 성도들이 한 맘으로 기도하고 사랑으로 그들을 섬길 때 하나님께서 함께 하시면 이 일들이 능히 이루어질 줄 믿습니다.

말씀의 은혜를 받게 하소서

듣는 귀와 깨닫는 지혜를 주셔서 말씀이 선포될 때 주의 은혜를 충만히 누리기를 원합니다. 말씀이 우리 삶의 길이요 빛이요 목표가 되게 하시고 말씀의 능력으로 내일부터 시작되는 생활의 예배가 승리하게 하소서.

말씀을 전하시는 목사님께 성령의 기름 부음이 충만하길 원합니다. 성가대가 주께 찬양할 때 기쁘게 받아 주시고 청중들 모두에게 은혜로운 시간이 되게 하소서. 모든 성가대원이 찬양 가운데 역사하시는 성령의 인도를 받아 축복의 통로로 살게 하소서. 예배의 시종을 주님께 의뢰합니다. 오늘도 살아 역사하시는 주님 이름으로 기도합니다. 아멘.

주일 낮 예배 2

진리 가운데 예배하기 원합니다

하나님과 우리 사이에 막혔던 교제를 회복하시기 위해 독생자를 우리에게 보내주신 사랑의 하나님을 찬양합니다. 십자가의 죽음을 담보로 영원한 생명을 얻게 하신 성자 하나님께 영광을 돌립니다.

우리에게 기쁨을 주시고 복된 삶을 살도록 인도하시는 성령 하나님께 감사를 드립니다. 주님의 전에 나아와 영과 진리 안에서 예배드립니다. 우리의 예배를 받아 주옵소서.

하나님의 마음을 알아가는 성도가 되게 하소서

우리는 악한 세상에 물들어 주님의 빛을 드러내지 못했고, 불신앙의 사람들과 짝하며 믿음의 길을 저버린 적이 많았습니다. 주님의 백성으로서 자격이 없는 모습이지만 자비로우시며, 노하기를 더디 하시며, 은혜로우시고, 인자함이 풍부하신 하나님께서 저희들의 못난 모습을 불쌍히 여기시고 용서하여 주소서.

저희들이 의지할 것은 주님의 값없는 사랑뿐인 줄 믿습니다. 그 사랑 안에서 사랑의 왕이신 주님을 진정으로 섬기는 삶이 되게 하소서. 저희들의 갈 길은 오직 주님께서 보이신 영생의 길밖에 없음을 깨달아 알게 하소서.

교회가 바로 서게 하소서

교회를 위하여 기도합니다. "너희는 이 세대를 본받지 말고 오직 마음을 새롭게 함으로 변화를 받아 하나님의 선하시고 기뻐하시고 온전하신 뜻이 무엇인지 분별하도록 하라"(롬 12:2). 이 말씀을 따라 우리 교회가 성령 충만한 교회가 되게 하셔서 이 세상 유혹에 빠지지 않게 하시고, 주님의 선하신 뜻을 이루는 교회가 되게 하소서.

세상에서 버림받고 헐벗고 굶주리는 이웃들을 찾아가 주님의 사랑을 나누고 천국 복음을 심어 주며 섬김을 실천하는 교회가 되게 하소서.

예배에 집중하게 하소서

오늘도 주님의 말씀을 전하시는 목사님에게 성령의 두루마기를 입혀 주시고, 저희의 심령 골수를 쪼개고 신앙의 썩은 부위를 도려내는 능력의 말씀을 전하게 하소서.

주님의 몸 된 교회를 위하여 몸을 깨뜨려 충성하는 일꾼들이 있습니다. 열심을 품고 주님을 섬기는 귀한 일꾼들에게 더욱 큰 능력으로 채워 주셔서 주님이 쓰시기에 조금도 부족함이 없도록 하소서.

우리의 예배가 형식이나 습관대로 드리는 것이 아니라 감사와 찬양이 넘치는 예배가 되도록 주께서 친히 주장하여 주소서. 예배의 시종을 주님께 의탁합니다. 예수 그리스도의 이름으로 기도합니다. 아멘.

2월에 드리는 대표기도
주일 낮 예배 3

연약함을 주 앞에 내려놓습니다

전능하신 하나님! 주님의 이름을 기뻐하며 찬양하고 당신께 예배드리게
하시니 감사합니다.

돌이켜 보건데 저희 삶의 중심에는 아직도 죄악의 쓴 뿌리들이 남아 있
음을 고백합니다. 주님을 믿으며 승리하는 생활을 하고 싶지만 수시로 비
틀거리며 방황하는 연약한 모습이 아직도 우리 안에 있습니다. 이처럼 연
약하고 나약한 저희들을 불쌍히 여기시고 용서해 주시기를 간절히 원합
니다.

믿음의 간증이 넘치게 하소서

우리의 생명이 되시는 주님을 우리 심령 속에 온전히 영접하여 우리는
부족하지만 온전케 하시는 주님의 힘으로 늘 승리하게 하옵소서. 이토록
넘치는 주님의 사랑을 몸 바쳐 증언하며 그 사랑에 늘 감사하고 주님께
영광 돌리게 하소서. 저희들의 가정과 생업에도 부활의 기쁨이 넘쳐나게
하시고 그곳이 복된 믿음의 터전이 되게 하사 우리의 입술에 믿음의 간증
이 끊이지 않기 원합니다.

우리 교회를 사랑하시는 주님! 주께서 늘 임재하시는 이 교회가 부활의
생명이 역동하는 건강한 교회가 되게 하소서.

교회의 지체들이 주님을 증거하며 섬기기에 주저하지 않는 아름다움을
소유하게 하시며, 늘 깨어 기도함으로 성령의 역사와 기적을 경험하게 하

소서. 상하고 지친 영혼들이 주님 앞에 나와 소망을 얻고 기쁨으로 새 삶을 사는 은혜의 역사가 있게 하옵소서.

나라와 민족을 위해

이 나라 이 민족을 불쌍히 여기시고 지켜 주소서. 우리나라를 향하신 하나님의 선하신 계획이 있는 줄 압니다. 우리로 깨달아 알게 하시며 주님의 뜻이 이루어지게 하옵소서.

이 시간 우리는 신령과 진정으로 주님께 예배드립니다. 행여나 불성실하게 형식적으로만 예배드리지 않도록 우리를 도우시고, 이 예배를 통해 강력한 은혜의 체험이 있기를 간절히 소원합니다.

말씀을 전하시기 위해 단 위에 세우신 담임 목사님께 영력을 더하여 주소서. 말씀을 증거 하실 때 성령께서 강력하게 붙들어 주셔서 전하는 목사님이나 듣는 우리 모두가 은혜를 받게 하옵소서.

찬양하는 성가대의 찬양도 기쁘게 받아 주시고 예배를 돕고 섬기는 모든 이들에게 은혜와 복을 내려 주옵소서. 예수님의 이름으로 기도합니다. 아멘.

주일 낮 예배 4

은혜의 자리로 인도하심을 감사합니다

감사와 찬양을 받으시기에 합당하신 하나님 아버지, 오늘도 거룩한 주일을 맞이하여 주의 자녀들을 성전으로 불러모아 주시고 주님 앞에 예배드릴 수 있도록 인도하여 주신 은혜를 감사드립니다. 참으로 크고 깊고 넓은 하나님의 은혜에 거듭 감사합니다.

오늘 이 자리는 거룩한 자리요 구별된 자리요 복된 자리요 은혜의 자리임을 다시 한 번 고백합니다. 세상의 어떤 자리도 우리에게 이렇게 큰 은혜를 누리게 할 수 없습니다. 이 은혜를 기억하며 살도록 늘 깨어있게 하소서.

하나님의 마음을 깨닫게 하소서

이 예배가 향기로운 산제사가 되기 원합니다. 고난받는 예수님의 모습을 생각하며 하나님께서 우리 인생들에게 어떻게 역사하셨는지 잊지 않게 하옵소서.

이 교회를 통하여 놀라운 성령의 역사가 계속 일어날 수 있도록 도와주소서. 우리 교회가 이 지역을 깨우고 시대를 깨우는 교회가 되게 하소서. 어두운 세상을 밝히고 혼탁한 세상에 소금 같은 역할을 감당하는 교회가 되길 소망합니다.

담임 목사님을 강건하게 지켜 주시며, 목사님에게 모세의 권능의 지팡이를 들려 주시어 놀라운 기적의 역사를 이루게 하소서. 가나안을 향해 나갔던 이스라엘 민족처럼 우리 교회도 장차 얻게 될 하나님의 기업을 바라보며 앞으로 전진할 수 있도록 인도하소서.

말씀 앞에 순종을 다짐합니다

강단을 통해 선포되는 말씀 위에 역사하셔서 그 말씀이 우리의 심령을 찔러 쪼개는 생명의 말씀이 되게 하소서. 말씀이 우리 영혼을 흔들어 깨우며 심령을 뜨겁게 하기를 원합니다.

이 시간 성가대의 찬양이 울려 퍼질 때, 우리를 향한 하나님의 기쁨이 우리 영혼에 메아리쳐 들리고 이 성소에 은혜가 가득하게 하소서. 우리 예배를 기쁘게 받으실 줄로 믿습니다. 예수님의 이름으로 기도드립니다. 아멘.

2월에 드리는 대표기도

주일 낮 예배 5

하늘 소망을 갖게 하소서

사랑의 하나님 아버지, 주님 전에 저희들을 불러주시고 주님께 경배와 찬양을 드리게 하시니 감사합니다. 주님을 찬양하는 것이 기쁨이요 주님의 말씀 듣는 것이 세상의 그 어떤 것보다 귀한 것인 줄 알고 주님 전에 나왔습니다. 이 시간 우리의 세상 모든 시름을 주님의 십자가 앞에 다 내려 놓습니다. 주님이 주시는 평화와 안식을 누리게 하소서.

생각해 보면 지난 엿새 동안도 사고의 위험, 건강의 위험, 돈의 유혹, 천재지변 등이 우리를 불안하게 했지만 우리는 안식을 누릴 수 있었습니다. 이 모든 것이 주님의 선하심을 믿고 하늘에 소망을 두고 사는 믿음 덕분인 줄 알기에 주님께 감사를 드립니다.

하늘의 소망을 주신 주님께 늘 감사하며 살아야 하건만 우리는 자기의 분깃을 달라고 조르는 탕자와 같이 드리기보다 받기만을 즐겨하는 자들입니다. 남들보다 좀 더 가지고 더 많이 이루기 위해 앞만 보고 달려온 인생들을 불쌍히 여겨 주소서.

이 땅의 모든 보편의 교회를 사랑하기보다는 내 교회 챙기기에 급급했고, 이웃 교회는 문을 닫든 말든 내 몸집을 키우기에만 급급했던 교회의 현실을 보소서. 주님께서 이 모습을 보시며 뭐라 하실지 심히 두렵고 떨립니다. 세상으로 향하는 문은 꼭 잠가두면서 세상 사람들이 교회를 찾아 오길 바라기만 하는 건 아닌지, 구걸밖에 할 줄 모르는 앉은뱅이를 일으켜 세울 생각도 않고 입으로만 사랑을 외치지는 않는지 두렵습니다. 주님, 간절히 바라기는 주님을 위해 산다고 하면서 우리의 생각과 욕심으로 주님을 욕되게 하는 일이 없게 하소서. 낮은 자리에 기꺼이 서고 베풀고 섬기기를 주저하지 않으며 소자 하나를 소중히 여기는 우리가 되게 하소서. 더 낮은 곳에서 사랑하며 믿음이 깊어질수록 더 비워내길 원합니다.

주의 복음을 전하는 자들의 사역을 위해

오늘도 이 땅의 영광을 다 버리고 오로지 주님의 명령에 순종하며 십자가의 증인으로 살아가는 개척교회 목회자들과 이역만리에서 목숨을 걸고 말씀을 전하시는 선교사님들을 붙잡아 주소서. 세상으로부터 멸시받고 조롱받지만 십자가를 의지하고 나갈 때 "잘하였다, 착하고 충성된 종아!"라고 위로해 주소서. 눈물을 흘리며 씨를 뿌리는 자는 반드시 기쁨으로 단을 거두는 역사가 섬기는 교회마다 임할 수 있도록 도와주소서.

얼어붙은 심령이 녹는 예배가 되게 하소서

오늘 목사님을 통해 준비하신 말씀을 들을 때 성령이 교회에 하시는 말씀을 들을 수 있게 하옵소서. 말씀을 듣는 가운데 우리의 마음을 활짝 여셔서 그동안 얼어붙은 우리의 심령에 기쁨과 생기가 넘치기 소원합니다. 예수 그리스도 이름으로 기도합니다. 아멘.

주일 낮 예배 6

생명으로 나아가는 예배가 되게 하소서

영원하신 왕, 썩지 아니하고 보이지 아니하고 홀로 하나이신 하나님! 찬양과 영광을 받아 주소서. 어려운 여건에서 신앙을 포기하지 않고 주님을 의지하여 살게 하시니 감사를 드립니다. 이 시간 하나님의 임재 가운데서 예배드리기 원합니다.

사람만 모였다가 흩어지는 예배가 아니라 하나님을 만나고 각자의 사명을 각성하고 돌아가는 시간이 되게 하소서. 이 예배가 우리 삶의 온전한 변화와 결단이 일어나는 예배, 죽음에서 생명으로 바뀌는 예배가 되기를 원합니다.

힘없이 처진 빈손에 용기를 주시고 냉랭한 빈 가슴에 성령의 뜨거움을 채워 주소서. 공허한 눈빛을 가진 자들이 주님을 발견하여 기쁨으로 충만한 주의 자녀들이 되게 하소서.

잃은 자를 애타게 찾으시는 하나님의 마음을 알기 원합니다

잃은 자들을 부르시고 찾으시는 하나님 아버지! 주께서 구원하시고자 하는 믿음의 백성들을 불러 주셔서 이 전이 주의 백성들로 가득 차게 하시고 구원이 성취되는 자리가 되게 하옵소서. 직장과 사업과 학업과 삶의 문제로 희망을 잃고 떠밀려 내려가는 자들을 건지셔서 다시 한 번 삶의 소망을 누리게 하시고 늘 도전을 멈추지 않는 담대함을 갖게 하옵소서.

주의 말씀 가지고 강단에 서신 담임 목사님께 성령의 능력을 부어 주셔서 폭포수 같은 은혜가 우리 심령 위에 채워지게 하옵소서. 말씀의 은혜가 우리 모두에게 전해져 우리의 배에서 생수의 강이 넘쳐흐르게 하옵소서. 말씀의 깊이와 은혜를 깨닫게 하소서. 우리 입술로 주님을 전하는 삶을 살기 원합니다. 목사님의 목회 사역을 통해 더 많은 주의 제자들이 태어나게 하옵소서. 강단을 보혈의 능력으로 채워 주셔서 말씀을 통해 하나님을 보게 하시고 주님을 만나게 하옵소서.

예배를 준비하는 손길들을 위해

찬양으로 영광을 돌리는 성가대를 축복하셔서 그들의 찬양에 하나님의 영광이 충만하게 하시고 주의 거룩함이 넘치게 하옵소서. 찬양 가운데 주님의 은혜의 강물이 흐르게 하시고 마음과 육신이 온전히 주님으로 채워지게 하옵소서.

예배의 처음과 끝을 주님께서 붙잡아 주시고 크게 영광을 받으실 줄 믿습니다. 우리 구주 예수님의 이름으로 기도합니다. 아멘.

주일 저녁 예배 1

하나님과 동행하는 자녀가 되게 하소서

우리와 늘 동행해 주시고 함께 하시는 하나님 아버지! 이 거룩한 날에 구원받은 성도들을 성전에 모으시고 찬송과 기도와 말씀으로 은혜를 받게 하시니 감사합니다. 예배를 통하여 영광을 받으시기 원하시는 하나님의 마음을 우리가 깨달아 일평생에 하나님을 예배하는 신실한 성도가 되기 원합니다. 하지만 우리는 가나안을 향하는 이스라엘 백성처럼 구원은 받았으나 기쁨이 없고 하나님의 자녀가 되었지만 그에 걸맞게 살지 못했습니다. 여전히 옛 사람의 속성을 벗지 못하고 땅의 것만 추구하고 눈에 보이는 것에 매료되어 살아 왔습니다.

하나님 아버지! 살면서 수많은 고비를 지날 때마다 하나님이 기뻐하시는 의의 길을 우리에게 가르쳐 주시고 늘 정직한 길을 택하도록 도와주소서. 하나님이 함께하시면 언제나 승리할 수 있다는 믿음 위에 굳게 서서 하나님의 마음을 시원케 해드리기 원합니다.

세상의 빛과 소금이 되게 하소서

능력이 한이 없으신 주님! 우리 교회가 말씀의 진리 안에서 우뚝 서게 하소서. 주님 안에서 일치를 이루게 하시고 그리스도의 몸으로서 사명을 잘 감당하게 하소서. 세상의 어두움을 몰아내고 이 나라와 사회에 밝은 빛을 비춰 세상을 아름답게 하는 교회가 되게 하옵소서.

교회의 여러 기관에 충실한 일꾼들을 세워 주셔서 수고하는 일마다 좋은 결실을 맺게 하시고 발전하게 하시니 감사합니다. 주님! 간절히 원하기는 주께서 우리 교회에 두신 큰 뜻을 이루어 드리기에 부족함이 없는 새 일꾼들을 세워 주소서. 우리는 믿고 순종하겠사오니 주께서 이루어 주옵소서.

공동체를 든든히 세워 주소서

중요한 시험을 앞둔 수험생들의 건강을 지켜 주시고 그들에게 지혜를 주옵소서. 지식을 민첩하게 터득하게 하시며 평온하고 여유 있는 마음을 갖게 하소서. 최선을 다하고 주님의 뜻을 기뻐하는 믿음의 학생들이 되기를 간절히 바랍니다.

사랑과 능력의 주님, 맡은 사명과 직무를 온 힘을 다해 감당하는 담임 목사님과 사역자들에게 영력을 더 하시며 영육 간에 강건함으로 덧입혀 주옵소서.

말씀하시는 하나님! 강단에 세우신 목사님께 지혜와 능력을 주셔서 말씀을 증거하실 때 영력을 7배나 더하시기를 원합니다. 말씀을 듣는 성도들의 귀를 열어 주소서. 우리가 믿음으로 말씀을 받아 하늘의 신령한 복을 충만히 누리기를 진정으로 소망합니다. 우리 구주 예수 그리스도의 이름으로 기도합니다. 아멘.

주일 저녁 예배 2

주의 권능을 인정합니다

하나님! 우리가 주께 감사하며 주의 영화로운 이름을 찬양합니다. 우리는 태어나면서부터 지금까지 하루도 빠짐없이 고민했고 앞으로도 우리의 걱정 근심은 끊이지 않을 것을 압니다. 그렇게 수도 없이 고민했지만 하나님 나라를 위해서는 얼마나 생각했는지 돌아봅니다. 참된 그리스도인으로 살기 위해 어떻게 하면 하나님께서 기뻐하실까 생각하기보다는 나의 만족과 유익을 위해 전전긍긍했던 것을 용서해 주소서. 때로는 그리스도인으로서의 사회적 역할과 본분을 망각하기도 했습니다. 예수 그리스도를 부인했던 베드로 사도를 보면서 의분에 찼다가도 수시로 그리스도의 주되심을 부인하는 나에 대해서는 너그러웠습니다. 이 사악하고 나약한 인생을 불쌍히 여기시고 회개의 영을 부어 주소서. 이제 죄의 늪에서 일어나 주께서 기뻐하시는 삶을 살기 원합니다.

이 나라가 평안케 하소서

하나님, 우리가 주의 영에 갈급합니다. 갈급한 심령 위에 주의 성령을 부으시어 우리로 그리스도인으로서 당당하게 살도록 하옵소서. 지금 이 나라에는 생활고 때문에 혼란에 빠지는 사람들이 날로 늘어 가고 있으며 정치와 경제가 근원을 알 수 없는 소용돌이에 휘말려 극단의 이기주의로 치닫고 있습니다. 자기 혼자 살려고 민족이 민족을, 나라가 나라를 대적하고 심지어 부모와 형제와 친척과 벗이 서로를 외면해야 하는 지경에 이르렀습니다. 남과 북의 갈등 또한 더욱 고조되고 있습니다. 이 세대는 서로에 대한 불신의 수렁으로 깊이 빠져들었습니다.

살아 역사하시는 하나님, 이 세대 가운데 다시 한 번 놀라운 은혜를 베풀어 주소서. 먼저 우리 교회가 하나님을 믿는 믿음으로 각성하게 도와주시옵소서. 우리가 이 모든 문제를 끌어안고 예수님의 마음으로 기도할 때, 이 나라가 정치적으로 안정되며 이 민족이 그리스도의 사랑으로 하나 되게 하옵소서. 성령께서 우리를 도우사 주의 교회가 담대히 일어나 믿음의 본을 보이고 열방과 민족 가운데 제사장의 사명을 감당하게 하옵소서. 우리 그리스도인들이 축복의 통로가 되게 하시며 우리를 통하여 불신이 만연한 세상 속에서 신뢰가 회복되게 하옵소서.

예배를 통해 영광 받으소서

이 예배를 통해 하나님께 영광을 돌립니다. 주님께서 말씀해 주시고 우리로 깨닫게 하사 강하고 담대히 살게 하옵소서. 우리 예배가 하나님께서 기뻐하시는 믿음의 산 제사가 되기를 소원합니다. 온 교회가 신령과 진정으로 예배드리게 하시는 성삼위일체 하나님께서 매순간 함께하시길 간절히 원하옵고 살아계신 예수 그리스도의 이름으로 기도합니다. 아멘.

수요예배 1

감사와 회개

천지만물을 창조하시고 저희들의 생사화복을 주장하시는 하나님 아버지! 오늘도 귀한 은혜의 자리로 인도해 주시니 감사드립니다.

교회에 나와서만 하나님을 찾고 세상이 힘들다고, 바쁘다고 우리 안에 계시는 성령님을 애써 외면하는 저희들을 긍휼히 여기소서. 겨자씨 한 알 만한 믿음도 귀하게 보시는 주님, 저희의 믿음 없음을 불쌍히 여겨 주옵소서.

돌아보면 나를 버리지 못해서 하나님의 마음을 아프게 한 적이 얼마나 많았는지요. 저희 안에 성령님의 자리가 없었음을 고백합니다. 하나님께 먼저 영광 돌리지 못하고, 하나님의 계획에 온전히 나를 맡기지 못했던 교만을 주님 앞에 내려놓습니다.

어려운 이웃을 위한 기도

위로의 하나님! 자연재해로 인해 어려움에 처해 있는 농가들을 위로해 주소서. 험난한 세상에서 불의의 사고와 경제적 어려움으로 눈물 흘리는 이웃들에게도 하나님의 평안이 함께하길 소원합니다. 이 세상 무엇이 그들을 위로할 수 있을까요? 이 세상의 위로는 하나님께서 주시는 것과는 견줄 수 없사오니 당신의 위로로 말미암아 이들이 다시 일어설 용기를 얻게 하소서.

치유의 하나님! 영육이 연약해서 고통받는 성도들을 기억하시고 그들에게 건강을 허락하여 주옵소서. 주께서 인간을 이토록 연약하게 지으신 것은 우리를 통해 더 큰 영광을 받기 위함인 줄 믿사오니 연약한 지체들을 통해 하나님의 능력이 나타나기를 간절히 사모합니다.

축복의 하나님! 저희들은 가진 것이 없어서 마음이 아플 때가 많습니다. 결핍으로 말미암는 마음의 짐이 얼마나 무거운지 아시는 주님, 우리에게 가장 좋은 것으로 채워 주실 줄 믿습니다. 어린아이와 같은 마음으로 간절히 하늘의 신령한 복을 구합니다. 지난날의 원망과 불평을 하나님의 계획 아래 온전히 내려놓습니다. 지금껏 온전히 인도하신 하나님의 은혜를 감사하며 당신을 찬송합니다.

예배를 위한 기도

하나님께서 세우신 이 교회의 목자를 위해 기도합니다. 그를 성령의 충만함으로 채우시고 건강을 지켜 주옵소서. 선포되는 말씀과 함께 하나님의 권능이 나타나서 우리 영혼이 깨어나고 '아멘'으로 화답하기를 원합니다.

예배를 주관하시는 하나님, 시작부터 끝까지 저희와 동행해 주소서. 말씀을 경청하게 하옵소서. 들은 말씀이 세상을 살아가는 양식이 되게 하소서. 예수 그리스도의 이름으로 기도합니다. 아멘.

2월에 드리는 대표기도

수요예배 2

감사와 찬양

사랑의 하나님, 날마다 주의 백성들에게 하늘의 풍성한 은혜를 부어 주시는 하나님의 크신 사랑에 감사합니다. 성도라 부르심을 입은 자들이 이곳에 모여 하나님의 은혜에 감사하며 당신을 예배합니다. 하늘의 은혜와 영적인 풍성함으로 가득 채워 주소서.

겸손한 성도가 되게 하소서

생명의 근원이 되시며 처음과 나중이 되시는 하나님 아버지. 우리는 제 잘난 맛에 살지만 자기 힘으로 살 수 없습니다. 죽기까지 당신의 백성을 사랑하신 그 사랑을 힘입어야 사는 존재인 것을 고백합니다. 주님의 고난을 늘 묵상하며 당신이 가신 사랑의 길을 따르고 실천하는 우리가 되게 하옵소서.

주의 능력으로 우리를 보호해 주소서. 우리는 고개를 들 수 없을 정도로 게으를 때도 있고, 주께서 내민 손을 차마 잡지 못할 만큼 저열한 본성의 노예로 살 때도 있습니다. 이런 내 자신으로 인해 절망에 빠질 때, 예수 그리스도의 손을 뿌리치지 않고 그분의 십자가 앞에 담대히 나아가는 겸손한 성도가 되기 원합니다.

우리는 고난 중에 낙담하고 실패 중에 절망하기 쉬우며, 성공 중에 우쭐하고 높아질 때 자만하기 쉽습니다. 어떤 처지에 있든지 주를 잊는 오만함에 빠지지 않도록 우리를 보호해 주소서. 모든 상황 속에서 주를 섬기고 주의 복음을 위해 신실하게 살아가는 믿음의 사람이 되길 원합니다.

다음 세대를 위해 기도합니다

주님! 요즘 아이들은 너나 할 것 없이 열심히 공부합니다. 이 아이들이 무엇을 위해 공부하는지 분명히 깨닫기를 원합니다. 하나님의 영광을 위해 일찍부터 자기의 사명을 깨닫고 공부하는 자녀들이 되게 하소서. 목적을 잃어버린 불쌍한 세대가 아니라 분명한 목적을 향해 달려가는 비전의 세대가 되게 하옵소서. 우리 아이들이 주님의 손에만 붙들려서 세상의 현란한 문화에 눈멀지 않고 하나님의 영광을 바라고 볼 수 있기를 원합니다. 그들을 악으로 인도하는 음란한 소리와 죄의 길로 이끄는 모든 악한 것들로부터 아이들을 보호해 주소서. 그래서 이들이 날마다 하나님을 경배하고 찬양하도록 인도해 주소서.

어릴 때부터 세계만방에 복음을 전하는 선교사의 소명을 품고 세상을 변화시킬 큰 꿈을 가진 영향력 있는 리더들이 이 세대를 통해 배출되기 원합니다. 이 아이들의 꿈과 지경이 넓어져서 그들이 살면 살수록 하나님께 영광을 돌리도록 역사하여 주옵소서.

예배를 위해 기도합니다

강단 위에 세우신 목사님을 능력의 장중에 붙들어 주셔서 영육 간에 강건함을 주소서. 강단에서 달고 오묘한 말씀이 꿀과 같이 흘러내려 우리의 심령이 주 안에서 새롭게 도전받기 원합니다. 그 말씀을 듣고 순종의 열매를 맺게 하옵소서. 이 시간 악한 마귀가 예배를 틈타지 않게 하사 신령과 진정으로 온전히 예배드리기 원합니다. 주님 홀로 영광 받으소서. 주 예수 그리스도의 이름으로 기도합니다. 아멘.

주일 낮 예배 1

감사와 찬양을 드립니다

한 알의 밀알에 숨긴 신비를 우리에게 가르쳐 주신 하나님, 한국을 세계 선교라는 하나님의 비전에 동참케 하시고 한 알의 밀알로 쓰임 받게 하신 하나님을 찬양합니다. 주의 전에 하나님의 영광이 충만하듯이 이 한반도 땅, 이 백성들 가운데 하나님의 영광의 빛을 충만하게 비춰 주소서. 그래서 이 나라가 열방 가운데 거룩한 제사장의 나라로 우뚝 서게 하옵소서. 행여나 우상숭배와 교만으로 하나님의 은총으로부터 멀어지지 않도록 이 나라를 붙들어 주소서.

삼일절의 정신으로 살게 하소서

'악인에게는 평강이 없다'고 하신 여호와여, 이 땅의 주권을 짓밟고 인권을 유린하던 악인들에게서 우리를 건지시고 평강을 주시니 감사합니다. 해방의 꿈조차 싹틔울 수 없을 만큼 처절하게 짓밟혔던 이 산하에서 우리 민족은 태극기를 높이 들고 '대한민국 만세'를 외쳤습니다. 지금도 우리 가슴 속에 그 외침이 사무쳐 옵니다. 이 세대가 주권을 빼앗긴 민족의 설움을 잊지 않게 하시고, 어떤 일이 있어도 다시는 주권을 유린당하는 일이 없도록 정신을 차리게 하소서.

대한민국의 해방을 위해 밀알로 썩어지기를 자처했던 선조들의 희생으로 지금 이렇게 영광스러운 열매를 맺을 수 있었습니다. 이 모든 일을 주관하신 하나님을 찬양합니다. 우리 선조들처럼 한국 교회도 이 민족을 위해 한 알의 밀알로 드려지기 원합니다. 자기와 자기 가족만 아는 이기주의에서 벗어나 나라를 위해 헌신하고 희생하게 하소서. 후손들에게 샬롬을 물려줄 수 있는 이 세대가 되기를 원합니다.

새로운 도약을 향해 나아가게 하소서

빛과 어둠을 지으시고 평안과 환난을 허락하신 여호와여! 만물이 살아 있음을 알리는 이 봄에 온 성도들이 힘찬 도약을 위해 나래 치게 하옵소서. 춥고 어두운 환경에 움츠려 있던 우리의 마음과 몸이 녹고 얼어붙은 우리의 비전에도 새로운 싹이 트게 하소서. 불가능과 무기력이라는 누름돌에 억눌려 있던 우리에게, 능력 주시는 자 안에서 모든 것을 할 수 있다는 믿음의 불길을 일으켜 주옵소서.

반목과 다툼으로 얼룩져 있는 가정들을 화목과 용서의 장막으로 덮어 주시고, 정체와 침체의 늪에서 허덕이던 성도들의 사업장에 푸른 초장으로 인도받는 여호와의 은총이 가득히 임하게 하시며, 부흥을 갈망하는 교회에 죽어 가는 영혼들을 살리는 거룩한 성령의 바람이 일게 하옵소서. 생명의 주님, 한없는 하나님의 사랑과 용서를 경험한 저희들에게 그리스도의 심장으로 서로 보듬어 안을 수 있는 넉넉한 사랑의 마음들이 싹트게 하시고, 선한 사역들을 위해 한 마음과 비전을 품고 나아갈 수 있는 협력하는 공동체로 도약하게 하소서. 생명력을 상실한 영혼과 마음에 유일한 소망은 진리의 말씀이오니 이 시간도 하나님의 종으로부터 들려지는 말씀 앞에 겸손함으로 서게 하옵소서. 한 알의 밀알로 땅에 떨어져 희생당하신 예수님의 이름으로 기도드립니다. 아멘.

주일 낮 예배 2

온전한 예배를 드리게 하소서

하나님 아버지의 높고 귀하신 은혜와 사랑을 감사드리며, 당신의 이름을 찬양합니다. 세상의 많은 사람들 가운데서 저희들을 먼저 주님의 자녀로 부르시고 주님의 교회에 일꾼으로 세우시고 지금까지 인도해 주신 은혜를 감사드립니다. 오늘 이 시간도 주님의 백성들이 하나님께 예배드리기 위해 나왔습니다. 저희의 예배가 신령과 진정으로 드려지는 거룩한 산 제사가 되도록 성령께서 인도하여 주옵소서.

주님을 바라봅니다

주님의 사랑하는 자녀들 한 사람 한 사람을 자비로운 손길로 어루만져 주시고 능력의 손으로 붙잡아 주옵소서. 낙심한 자들에게 위로와 용기를 주시고, 상처받은 영혼들은 치료해 주소서. 삶의 여정에서 지치고 쓰러진 자들을 일으켜 세우시고 소망의 주님을 바라보고 새 힘을 얻게 해주소서.

주님의 말씀이 우리를 능히 변화시킬 줄 믿습니다. 주님의 은혜가 우리를 새로운 사람으로 변화되게 하실 줄 믿습니다. 주님의 사랑이 세상의 어떠한 역경과 시험 가운데서도 이기게 하실 줄 믿습니다. 주님, 우리 인생에 간섭하시고 함께하시고 역사하여 주소서.

우리 교회가 늘 깨어 기도하며 주님의 사명을 제대로 감당하기를 원합니다. 이 시대에 방주와 같은 교회가 되게 하시고, 희망과 소망과 사랑을 나눠 주는 복의 근원이 되게 하옵소서.

예배를 섬기는 이들을 위해 기도합니다

주의 목자로 세우신 담임 목사님께 영육 간의 강건함을 주시고, 이 혼탁한 시대에 살아계신 하나님의 말씀을 담대히 전하는 능력의 사자가 되게 하소서. 성도들을 위해 기도할 때마다 응답해 주옵소서. 오늘도 단 위에서 선포하시는 말씀을 통해 우리의 심령이 깨트려지는 능력을 경험하기 원합니다.

주님, 우리가 상한 심령으로 예배드리오니 말씀으로 은혜 받게 하옵소서. 좌절하고 낙심한 자들에게 위로를 주옵소서. 졸지에 어려움을 당한 자들에게 난관을 이길 지혜와 용기를 주소서.

성가대의 찬양을 기쁘게 받아 주시고, 성가대원들도 기쁨과 감사로 찬양 드리게 하소서. 곡조를 타고 흐르는 가사가 우리 모두의 찬송과 기도가 되길 소원합니다. 예수님의 이름으로 기도드립니다. 아멘.

주일 낮 예배 3

보혈을 의지하여 주 앞에 나아갑니다

사랑이 많으신 하나님 아버지, 주님의 거룩한 날에 우리를 불러 주시고 주님 앞에 찬양과 경배 드리게 하시니 감사합니다. 하지만 오늘도 온통 죄로 얼룩진 모습으로 주님 앞에 나왔습니다. 아무 공로 없는 우리이지만 그리스도의 십자가 보혈의 은혜를 의지하여 나왔으니 한없는 용서와 사랑을 넘치도록 경험하게 하소서.

항상 기뻐하고 쉼 없이 기도하며 범사에 감사하는 것이 하나님의 뜻임을 알면서도 우리는 주님의 뜻대로 살지 못하고 늘 결핍에만 집중하며 불평불만을 일삼았습니다. 하지만 돌이켜 보면 살아온 흔적마다 주님께 감사한 것밖에 없는 것을 고백합니다. 특별히 교회가 큰 일들(예: 성전건축)을 감당하느라 힘겨운 시간을 보내야 했지만 지금까지 잘 헤쳐 나온 것에 감사합니다. 아픔의 눈물 속에서도 믿음이 성숙했고 낙심과 좌절 중에도 내일의 희망을 갖게 된 것도 잊지 못 할 감사의 제목입니다. 그렇지만 믿음이 약한 우리는 어려운 일이 닥칠 때마다 하나님을 원망하기에 바빴습니다. 주님, 용서해 주옵소서. 이제는 매사를 소망의 눈으로 바라보게 하시며 언제든지 주님이 주시는 평안을 누리며 살 수 있도록 우리의 마음을 다스려 주옵소서.

세속에 물들지 않는 교회가 되게 하소서

사랑의 주님, 지금 이 땅의 교회들을 보면 참 안타깝습니다. 만인이 기도하는 주님의 성전이 강도의 굴혈로 변해 버렸습니다. 우리는 주는 것보다 받는 것에 익숙해졌고, 낮은 자리를 편하게 생각해야 함에도 높은 자리에 앉는 것을 당연하게 생각하고 있습니다. 말씀이 넘치는 시대를 살고 있지만 말씀대로 사는 자는 거의 없는 것이 현실입니다. 주님께 드려진 헌금이 이웃을 위해 사용되기보다는 자신의 성을 쌓고 지경을 넓히는 데 소모되고 있습니다. 이제 교회가 세상을 향해 '회개하라'고 외치는 소리는 공허한 울림이 되었습니다. 오히려 세상이 교회를 향해 각성하라고 촉구합니다.

이제는 주님이 교회로 인해 조롱과 멸시를 받는 일이 더 이상 없기를 간절히 원합니다. 이 세상이 썩은 내를 풍길지라도 교회만큼은 소금으로서의 소명을 잘 감당하게 하사 교회가 이 땅의 마지막 파수꾼이 되게 하소서. 목회자들 모두가 세례 요한과 같이 광야의 외치는 소리가 되어 잃어버린 영혼들을 길과 진리와 생명으로 인도하는 참된 목자가 될 수 있도록 도우시고 인도하소서.

교회의 일꾼들을 위해 기도합니다

목사님께서 귀한 말씀을 듣고 단 위에 서실 때에 붙잡아 주시고 전하시는 말씀을 우리의 마음 판에 새겨 평생 동안 따르고 순종하게 하옵소서. 비록 겉 사람은 후패하나 속은 날로 새로워진다고 고백한 사도 바울처럼 항상 주님 안에서 새 힘을 얻는 놀라운 은혜가 목사님과 목사님의 가정 위에 있기를 소원합니다.

오늘의 예배를 위해 청소로 안내로 차량 운전으로 식사 봉사로 주일학교 교사로, 보이지 않는 여러 곳에서 헌신하는 손길들을 기억하시고 그들에게 복을 내려 주옵소서. 이 예배를 주님께 올려 드립니다. 우리의 삶 속에서도 언제나 주님께 영광 돌리기를 간절히 소원합니다. 우리를 죄에서 구원하시려 십자가에 돌아가신 예수 그리스도 이름으로 기도드립니다. 아멘.

주일 낮 예배 4

굳건한 교회가 되게 하소서

사랑의 하나님, 아름다운 봄날을 허락해 주시고 주님의 날에 사랑하는 성도들이 주님 전에 모여 찬양과 경배를 드리게 하시니 감사합니다. 우리를 향하신 하나님의 사랑은 날로 더 크고 깊어질 것을 알기에 사랑에 풍성하신 우리 주님을 찬양합니다. 마음을 다하고 목숨을 다하고 뜻을 다하고 힘을 다하여 하나님을 사랑하고 예배하기 원합니다.

주님의 자녀답게 이웃을 위해 베풀며 살지 못했던 우리의 죄악을 용서해 주소서. 우리는 남들보다 좀 더 가지려고 남을 짓밟았습니다.

인간이 쌓은 견고한 바벨탑도 지진 앞에서는 한순간에 아침안개처럼 사라지는 법인데, 우리는 영원히 살 것처럼 착각하며 하루에도 몇 번씩 모래성 같은 바벨탑을 쌓으며 교만히 행했습니다. 주님, 용서해 주시고 호흡이 있는 동안 여호와를 찬양하며 인정하는 지혜를 허락하여 주옵소서.

세계의 평화를 위해 기도합니다

지금 세계 정세는 참으로 불안합니다. 게다가 우리나라와 북한은 조만간 무슨 일이 일어날 것처럼 전운이 감돌고 있습니다. 전 세계가 총체적인 경제 위기에 휩싸였으며 시민들은 길거리로 뛰쳐나와 힘들다고 부르짖는 안타까운 형국입니다. 그래도 우리나라는 지속적으로 경제 발전을 이룩하고 있지만, 여기서 안주하지 않고 근면한 국민성을 잊어버리지 않기를 원합니다. 우리나라가 언제나 부지런히 준비되어 땅 끝까지 이르러 복음을 전하는 사명을 감당하도록 지키고 인도하여 주옵소서.

선교를 위해 힘을 다하는 교회들마다 작은 일에 충성된 자의 본분을 잃지 않도록 지켜 주옵소서. 이 땅의 온 교회들이 파수꾼처럼 늘 깨어 있어 주님 말씀을 듣고 전할 줄 알게 하옵소서.

깨어 기도하는 한국 교회가 되게 하소서

지금 한국 교회는 잠들어 있는 것 같습니다. 듣지도 못하며 세상을 향해 외치지도 않습니다. 돈을 사랑함이 일 만 악의 뿌리라고 가르쳐야 할 교회가 도리어 돌을 들어 떡으로 만드는 표적을 원하고 있습니다. 천하만국을 준다면 누구에게든 절하는 교회가 되어 버렸습니다. 주님, 용서해 주시고 먼저 믿은 우리가 소돔과 고모라 성의 의인 10명처럼 이 땅에 '남은 자'가 될 수 있게 하소서. 우리로 이 나라와 인류를 위해 주님 앞에 무릎 꿇는 자가 되게 하시기를 소원합니다.

드러나지 않는 섬김을 귀한 줄로 알고 헌신하는 일꾼들을 기억하옵소서. 봉사하는 손길마다 위로와 평강의 하나님이 함께 하시길 바라나이다. 이 예배를 주님께 온전히 올려 드립니다. 예수 그리스도의 이름으로 기도드립니다. 아멘.

주일 낮 예배 5

열매 맺는 신자가 되게 하소서

사랑이 많으시고 언제나 우리를 눈동자 같이 지켜주시는 하나님 아버지, 지난 엿새 동안 세상 속에 살다가 거룩한 날에 주님 전으로 불러 주시고 찬양과 경배를 드리게 하시니 감사합니다. 하나님께서 세상의 지혜 있는 자와 능력 있는 자를 부르신다면 우리는 감히 하나님 앞에 나올 수가 없습니다. 하지만 미련한 자를 택하사 지혜 있는 자를 부끄럽게 하시고, 약한 자를 택하사 강한 자를 부끄럽게 하시는 하나님의 은혜를 의지하여 나왔습니다. 저희를 붙잡아 주시고 주님 앞에 온 마음을 다해 감사드리는 시간이 되게 하옵소서.

그럼에도 저희는 주님 앞에 나오기가 너무나도 부끄럽습니다. 남에게 준 상처는 쉽게 잊으면서도 내가 받은 상처는 평생 가슴에 새기며 살아가는 저희입니다. 교회에서는 의인처럼 행동하면서도 세상에서는 죄인과 다를 바 없는 삶을 살아가고 있습니다. 수십 년 동안 신앙생활을 했는데도 주님께 우리의 전부를 맡기기는커녕 내 것은 조금도 포기하지 못하는 우리를 용서해 주소서. 주님, 저희에게 작은 일에도 감사할 수 있는 믿음의 눈을 주시고 고난 중에도 주님께 소망을 둘 수 있게 하소서. 그래서 상황에 따라 흔들리지 않으며 시냇가에 심은 나무처럼 든든히 뿌리를 내리고 시절을 따라 과실을 맺는 신자가 되기를 간절히 원합니다.

오직 진리를 추구하는 교회가 되게 하소서

지금 이 땅에는 세계 곳곳에서 민주화 바람으로 인해 젊은이들이 피를 흘리면서도 자유를 얻기 위해 싸우고 있습니다. 나라마다 경제적 난국에서 헤어나지 못 하고 수많은 국민들이 거리로 나와 시위에 가담하는 혼란스런 시대입니다. 이런 시대에 우리들을 지켜 주셔서 근면한 국민성을 잃지 않도록 하시고 우리나라가 경제적으로 안정되고 발전하게 하옵소서.

정치권은 복지 정책에 대한 상이한 입장 때문에 몸살을 앓고 있습니다. 국민의 혈세를 쓸데없이 낭비하지 않도록, 예산을 세우고 집행하는 자들의 마음을 주장해 주시고 그들에게 지혜를 주옵소서. 종교개혁의 정신을 계승한 기독교가 자기 목소리를 내기에 급급하지 않고, 지금 이 시대에 하나님께서 교회에게 원하시는 것이 무엇인지 생각하고 분별할 수 있게 하소서.

이 세대는 남의 말을 경청하지 않으려 합니다. 누가 먼저라고 할 것 없이 이 땅의 교회들이 자기를 깊이 성찰하고 남의 말도 들을 줄 아는 관용의 본을 보이게 하소서. 한없이 주고 나누어야 할 교회들이 움켜쥔 손을 펴지 않으며 낮은 곳을 찾아가야 할 교회들이 자신의 이름을 스스로 드높이고 있습니다. 교회와 목회자가 지나치게 부를 축적해 놓고도 전혀 부끄럼이 없고 오히려 다른 믿는 자들의 부러움을 사는 모순된 현실에 주께서 간섭하여 주소서. 주는 것이 받는 것보다 복되다는 성경의 진리를 알고, 버릴 때 채워지는 성경적 원리를 적용하고 경험하는 교회가 될 수 있게 도와주옵소서.

하나님의 교회를 위해 보이지 않는 곳에서 섬기는 손길들마다 하나님이 만 배나 갚아주시되 살아가는 동안 늘 형통하게 하시고 후손들도 잘되는 복을 내려 주옵소서. 오늘 예배 가운데 성삼위 하나님께서 임재하시는 줄 믿습니다. 우리 주 예수 그리스도 이름으로 기도드립니다. 아멘.

주일 낮 예배 6

믿음의 열매를 맺게 하소서

사랑이 많으시고 우리를 선한 길로 인도하시는 하나님 아버지, 오늘도 주님의 날에 저희들을 불러 주시고 찬양과 경배 드리게 하시니 감사합니다. 그 길고 추웠던 겨울도 지나고 만물이 소생하는 따뜻한 희망의 봄이 찾아오게 하시니 참 감사합니다.

"우리가 선을 행하되 낙심하지 말지니 포기하지 아니하면 때가 이르매 거두리라"(갈 6:9)고 주님은 말씀하셨는데, 우리는 때를 기다리지 못하여 쉽게 낙심하고 원망하고 불평합니다. 우리를 불쌍히 여기시고 우리에게 강한 믿음을 허락하여 주옵소서.

어렵고 힘든 시기를 지나고 있는 우리 교회 성도들을 붙잡아 주시고, 세상의 풍조에 따라 살지 않고 오직 전능하신 하나님의 말씀만을 의지하며 고난 중에도 소망을 잃지 않게 하옵소서.

빛과 소금의 역할을 잘 감당하게 하소서

교회를 사랑하시는 하나님 아버지, 이 땅에 수많은 교회들이 맛을 잃은 소금처럼 사람에게 밟히는 처지가 되었습니다. 너무 안타까운 이 시대에 우리 교회가 지역과 나라와 온 열방을 복되게 하는 귀한 교회가 될 수 있게 하옵소서.

긍휼이 많으신 하나님 아버지, 이 땅을 불쌍히 여겨 주옵소서. 지금 세계 도처에서는 억압에서 벗어나 자유를 찾고자 하는 움직임이 일고 있지만, 아직도 북한 땅에서는 주민들이 굶주려 죽어가고 있습니다. 그런데도 북한의 지도자는 자기의 권력 체계만을 공고히 하고, 전쟁을 도발할 태세를 갖추는 데만 모든 신경을 기울이고 있습니다. 그런데 이 와중에 복음이 사라진 줄 알았던 그 동토에도 기독교인들이 남아 있어서 목숨을 걸고 신앙을 지킨다고 합니다. 하나님, 하루빨리 남북이 하나가 되게 하시고 함께 모여 자유로이 하나님 앞에 예배하게 하옵소서. 세계에서 유일한 분단국가인 이 땅에 평화의 물결이 일어나게 하시고, 인간의 기본권도 누리지 못하는 북한 동포들이 하루속히 인간답게 살 수 있게 하옵소서. 굶주림과 죽음이 엄습한 그 땅이 다시금 복된 땅이 되도록 주께서 역사하여 주소서.

생명의 말씀이 선포되는 예배가 되게 하소서

오늘도 말씀을 듣고 단 위에 오른 목사님을 붙잡아 주소서. 성령 하나님께서 말씀 가운데 우리의 영혼 안에서 역사하사 그 말씀이 우리의 육신과 삶을 변화시키는 놀라운 은혜를 경험케 하옵소서. 이 땅의 근심과 걱정을 십자가 앞에 내려놓습니다. 하나님이 주시는 위로와 기쁨으로 우리 영혼이 만족하고 세상을 향해 힘찬 발걸음을 옮기게 하소서. 우리를 죄에서 구원하신 예수 그리스도의 이름으로 기도드립니다. 아멘.

주일 저녁 예배 1

이 민족을 사랑하시는 하나님 감사합니다

역사의 주인이시며 역사를 주관하시는 하나님! 주님의 놀라운 은혜와 사랑과 섭리에 감사드립니다. 오늘은 일본에게 빼앗겼던 나라의 주권을 찾고자 2천만 동포가 한 목소리로 '대한 독립 만세'를 외쳤던 3.1운동을 기념하는 예배로 드립니다. 천

수천 년을 이어 온 한민족의 역사가 36년 동안 일본의 악행으로 더럽혀 지고 온 백성이 일본의 노예로 전락되었을 때, 믿음의 선조들이 조국의 독립을 위해 하나님께 무릎을 꿇었습니다. 그리고 자기의 목숨을 백성들의 자유를 위해 아낌없이 내주었습니다. 이들을 사용하시어 이 나라의 주권을 회복하게 하신 위대하신 하나님께 찬양과 감사를 드립니다.

3.1절을 맞이하여 지난날의 쓰라린 아픔을 거울삼아 나라를 잃고 방황하는 것이 얼마나 서글픈 것인지를 다시 한 번 가슴깊이 깨우치는 시간이 되게 하소서. 하나님께서 허락하셨던 고통의 시간이 이 민족에게는 하나님을 향하여 온전히 서는 기회가 되었습니다. 항일의 슬로건으로 이 민족은 하나 되어 싸웠고 한 마음으로 기도했습니다. 하지만 지금은 남북 분단이 반세기 넘게 지속되고 있으며 주변의 강대국은 자국의 이익을 위해 남북통일을 가로막고 있습니다. 세계 경제는 금융 위기로 몰락하고 그 영향력은 실물경제에까지 미쳐 우리의 생활 구석구석을 서서히 무너뜨리고 있습니다.

이 민족을 보우하소서

하나님 아버지! 나라의 주권을 찾기 위해 자신의 몸과 마음을 아낌없이 바쳤던 우리 선조들의 3.1운동의 피 끓는 정신을 이 나라의 지도자들이 이어받아 겸손함을 알게 하시고 백성을 존중하게 하옵소서. 실직한 가장들과 가난에 허덕이며 고생하는 이들의 마음을 헤아려 주시고, 특별히 굶주리는 북한 동포들을 돌아볼 줄 아는 사랑의 마음을 허락해 주옵소서.

어려운 환경을 극복하기 위하여 위정자들로부터 모든 백성들에 이르기까지 봉사와 나눔과 배려의 새 물결이 우리 사회에 일게 하시어 사회적으로 안정을 이루고 경제적인 강국으로 거듭나게 하소서. 약소국의 멍에를 벗고 우리 민족 스스로의 힘으로 통일의 시대를 열 수 있는 선진 조국이 되도록 성령께서 강하게 역사하여 주옵소서. 이 민족이 우리의 힘이 아니라 오직 하나님의 손으로 통일될 것을 믿습니다.

무릎 꿇는 교회가 되게 하소서

우리에게 조국을 주신 하나님께 감사하며 나라를 위해 무릎 꿇어 기도하는 우리가 되기 원합니다. 강단에서 선포되는 말씀을 통해 강퍅한 우리의 마음이 쇳물처럼 녹는 역사가 일어나게 하소서. 말씀이 우리를 온전케 하시기를 간절히 기도합니다. 지금도 이 민족과 동행하시고 이 민족을 이끌어 주시는 우리 주 예수 그리스도의 이름으로 기도드립니다. 아멘.

3월에 드리는 대표기도
주일 저녁 예배 2

우리를 인도하시는 하나님 감사합니다

자비로우신 하나님! 언제나 우리를 사랑하시고 보살펴 주시는 하나님의 은혜로운 손길을 알고 느끼게 하시니 감사합니다. 불꽃 같은 눈동자로 우리를 지키시는 하나님의 사랑에 우리는 감격할 수밖에 없습니다. 우리의 영혼이 오직 하나님의 영광을 위하여 찬양하고 감사하며 영광을 돌릴 수 있도록 함께하여 주옵소서.

사랑의 하나님! 세상에서 주님을 잃고 많이 방황했던 우리의 영혼과 육신이 주님의 품에 거하게 하시며 당신 안에서 평안과 쉼을 얻게 하소서. 죄로 인해 죽을 수밖에 없었던 우리에게 예수 그리스도를 알게 하시고 그분을 주라 시인하게 하사 구원에 이르게 하시니 감사합니다. 이제 성도라 칭함을 받았으니 우리의 인생이 오직 하나님이 원하시는 길을 걷게 하소서. 그래서 참된 그리스도인으로 평생을 살게 하소서.

이웃 사랑을 실천하기 원합니다

존귀하신 하나님! 우리가 주님을 의지하는 것이 세상을 이기는 방편이 되게 하소서. 하나님의 거룩한 백성으로서 이 세상을 넉넉하게 이길 수 있게 하여 주소서.

우리의 이웃을 돌아보기 원합니다. 무엇보다 이웃에게 예수님을 증거하기를 소원합니다. 그들에게도 복음의 능력이 나타나 그들의 삶에 하나님께서 임재하시는 것을 볼 수 있게 하시고, 이 일을 위해 우리가 더욱 힘써 기도하게 하옵소서.

아직도 세계에는 가난과 기근으로 허덕이는 많은 민족들이 있습니다. 한 끼 먹을 양식이 없어 죽어가는 사람들을 기억하소서. 주님, 그 땅에 평화를 내려 주옵소서. 풍요로움을 허락하시어 삶의 기쁨을 누리게 하옵소서. 굶주림에서 해방되는 것과 함께 그들의 영혼도 주께로 돌이키는 역사가 일어나게 하옵소서.

예배 가운데 성령께서 역사하소서

하나님! 이 시간 우리에게 하나님의 말씀을 전하실 목사님을 위해서 기도합니다. 예리한 검과 같은 말씀을 허락해 주셔서 성도들이 자기의 죄악을 자각하게 하옵소서.

목사님을 영육 간에 강건함으로 지켜 주시고 하나님께서 맡기신 양무리를 위해 기도할 때마다 성령님의 역사하심이 나타나게 하소서. 우리의 예배를 기쁘게 열납해 주시기를 원하오며 거룩하신 예수 그리스도의 이름으로 기도드립니다. 아멘.

3월에 드리는 대표기도
수요예배 1

감사와 찬양

우리의 빛이요 생명이 되시는 주님! 부족하고 연약한 저희들을 보호하고 바른 길로 인도하여 주시는 주님의 사랑에 감사드립니다. 하나님의 백성들이 세상에 속해 살다가 주님을 예배할 수 있는 귀한 시간을 구별하게 하신 것도 감사드립니다. 예배를 드리러 나온 성도들 중에 세상의 근심 걱정으로 상하고 다친 영혼이 있다면 주님께서 그 마음을 치유해 주소서. 가난한 심령으로 예배드릴 때 진리의 성령께서 함께해 주옵소서.

오직 주님만 믿고 의지하는 모든 권속들이 주님 주시는 평안과 기쁨으로 충만하길 간절히 기도합니다.

참된 신자가 되게 하소서

우리의 언행을 심판하시는 주님! 가난한 자, 병든 자, 소외된 자를 품어주시고 그 영혼을 사랑하신 주님의 성품을 우리도 닮기 원합니다. 내가 먼저 명랑하게 인사를 나누고 내가 먼저 안아주며 내가 먼저 손 내밀 수 있는 사랑의 은사가 넘치길 간절히 기도드립니다. 성도의 신분에 걸맞은 인격으로 변화되어 바른 행동, 거룩한 생활, 순종의 생활을 할 수 있도록 성령님, 도와주옵소서.

교회가 사명을 감당하게 하소서

교회의 머리 되시는 주님! 성도들이 늘 깨어 기도하며 세상 유혹에도 요

68

동 없는 믿음으로 하나님을 기쁘시게 하기 원합니다. 가족과 이웃과 교우에게 진리의 말씀과 사랑을 나눠 주어 은혜가 넘치는 교회가 되길 기도드립니다. 교회에 대한 좋은 소문을 듣고 믿지 않는 자들도 찾아오고 영적으로 눌린 자들과 방황하는 자들이 이 전에 나와 주님을 영접하며 구원받는 놀라운 역사가 일어나기를 간절히 기도드립니다. 또한 이 교회가 성도들에게 삶의 충전소가 되게 하소서. 성도들이 하나님의 교회를 섬기는 것을 최고의 가치로 알게 하옵소서.

예배와 사역의 방향을 인도하소서

주님, 이 시간 담임 목사님을 위해서 기도드립니다. 하나님께서 이 교회의 지도자로 세우셨으니 계획하고 행하는 모든 일에 지혜와 명철을 더하여 주시고 어떠한 세상 풍파에도 쓰러지지 않도록 담대함과 강인함을 허락하옵소서. 또한 교회 안팎으로 애쓰시는 사역자들과 장로님들께도 은혜를 주시어 각자의 사명을 성령 충만한 가운데 감당하며, 담임 목사님과 한 뜻으로 협력하게 하옵소서. 또한 성도들도 교회의 지체로서 각자의 자리에서 사명을 잘 감당하여 데살로니가 교회처럼 이 시대에 복음의 자취, 믿음의 자취, 사랑의 자취를 남기는 모범이 되도록 축복해 주소서. 이 시간에 말씀을 전하실 목사님을 성령님께서 도우소서. 이 말씀이 성도들을 깨우쳐 영적인 눈과 귀와 마음이 열리게 하시고 교회의 가르침을 신앙의 길잡이 삼아 참된 그리스도인으로서 살게 하옵소서. 예수님의 이름으로 기도드립니다. 아멘.

수요예배 2

감사와 간구

"아무 것도 염려하지 말고 다만 모든 일에 기도와 간구로, 너희 구할 것을 감사함으로 하나님께 아뢰라 그리하면 모든 지각에 뛰어난 하나님의 평강이 그리스도 예수 안에서 너희 마음과 생각을 지키시리라"(빌 4:6-7).

하나님 아버지, 불꽃 같은 눈으로 지키시고 보호하셨다가, 주님의 성전에 모여 수요예배를 드리게 하시니 감사드립니다. 지난 3일 동안에도 주의 뜻대로 살지 못할 때가 많았음을 고백합니다. 이렇듯 저희는 세상의 불의와 타협하기를 즐기며 자신의 죄를 합리화하기에 민첩한 나약한 존재들입니다. 이 시간 저희의 죄악된 생각과 행동을 주님의 보혈의 피로 깨끗이 씻어 주소서. 우리를 성령의 능력으로 무장시켜 주시어 새 힘과 소망을 가지고 모든 불의와 악을 능히 물리칠 수 있는 반석 같은 믿음을 갖게 하소서!

귀가 있어도 정말 들어야 할 하나님의 권면을 듣지 않고, 눈이 있어도 세상의 헛된 것에 사로잡힐 뿐 하나님의 영광의 보좌를 보지 못하는 우리의 연약함과 부족함을 용서하여 주시길 간절히 바랍니다.

나라와 민족을 위해

이 시간 나라와 민족을 위해 기도드립니다. 먼저 나라와 백성을 이끄는 대통령과 그를 보좌하는 위정자들을 위해 기도합니다. 그들이 하나님의 주권을 온전히 인정하며 하나님을 향하여 무릎 꿇고 기도하게 하옵소서.

그들에게 지혜와 분별력을 주시어 정사를 바로잡게 하소서! 고생하는 국민들의 울부짖는 소리에 자비로 반응하며 소수의 의견에도 귀를 기울일 수 있는 경청의 자세를 갖게 하소서. 그래서 무엇이 문제인지, 참으로 국민이 원하는 것이 무엇인지 파악할 수 있게 하옵소서. 모든 문제를 주님께 맡기고 서로 협력하여 기도함으로써 우리 민족 내부의 위기와 갈등을 지혜롭게 극복하기를 소원합니다. 전보다 더 큰 축복이 이 민족 위에 임하게 하시고 지금의 위기가 전화위복의 기회가 될 수 있게 하소서!

하나님의 몸 된 교회를 위해

하나님의 몸 된 교회를 위해 기도드립니다. 일찍이 주님의 크신 뜻과 섭리가 계셔서 이곳에 우리 교회를 세워 주시고 이끌어 주시며 부흥케 하신 주님께 감사와 영광을 돌립니다. 잎만 무성한 무화과나무처럼, 보이는 성장만 이루는 것이 아니라 주변의 죽어 가는 영혼을 강권하여 데려다가 성전을 채우며 주님의 택한 백성으로 인도할 수 있는 알찬 성장을 이루게 하소서. 이 일을 위해 복음을 전파하는 교회가 되길 간절히 바라고 원합니다.

이 시간 말씀을 전하실 목사님을 위해 기도합니다. 목사님을 주님의 장중에 붙들어 주셔서 늘 피곤치 않게 하여 주시고 양떼들에게 말씀의 꼴을 먹일 때 성도들이 변화받는 역사가 일어나게 하옵소서! 이 시간 수요예배를 통해서 주님 홀로 영광 받아 주시며 우리 인생을 한없는 하나님의 은혜로 채워 주시길 간절히 원합니다. 이 모든 기도가 주님 앞에 상달되고 응답되리라 믿으며 사랑이 많으신 예수님의 이름으로 간절히 기도드립니다. 아멘.

주일 낮 예배 1

감사와 찬양

"진리를 알지니 진리가 너희를 자유롭게 하리라"(요 8:32)고 말씀하신 존 귀하신 주님, 눈이 어두워 진리를 보지 못하던 저희에게 길이요 진리이신 예수 그리스도를 보내 주셔서 감사합니다. 이 시간, 우리의 마음과 생각을 어둡게 하고 공동체를 교란케 하는 거짓된 영은 사라지고 그리스도의 영으로 충만케 하소서. 우리를 하나님의 영광 앞에서 거룩한 예배자로 서게 하소서.

자유를 위해 기꺼이 희생하게 하소서

흠이 없으신 주님, 당신은 우리의 죄 때문에 십자가에서 희생 제물로 드려지셨습니다. 주님의 숭고한 죽음과 헌신이 있었기에 우리가 자유를 누리게 되었나이다.

자유를 얻기 위해 무고한 희생자들이 역사의 제물로 드려졌던 역사를 거울로 삼아 다시는 이 땅에서 어두운 역사가 되풀이되지 않게 하소서. 이를 위해 사회 곳곳에서 화해와 협력의 분위기가 무르익게 하옵소서.

지난 날, 대통령의 장기집권과 불법적 개헌을 둘러싼 부정부패에 대항하여 학생들과 시민들이 민주화를 위해 들고 일어났던 4.19혁명을 기억합니다. 그날을 기념하며 민족의 미래를 조망해 봅니다. 오늘 우리로 앞서 간 자들의 희생과 개혁 의지를 간직하게 하소서. 지금도 우리 사회에는 불법과 편법이 난무하고, 거짓과 불의가 떠나지 않고 있습니다. 우리가

4.19혁명의 민주화 정신을 이어받아 사회의 혼란을 잠재우고 정의와 신뢰를 회복하게 하소서. 사회 곳곳에서 지도자들의 독선이 사라지고 민주화의 정신이 깃들게 하시고, 부정과 부패의 싹이 시들고 진리와 정직이 싹트게 하소서. 이 사회를 혼란케 하는 비난 문화가 뿌리 뽑히게 하시고 모든 국민이 상호협력과 상생의 길을 선택하게 하소서. 바른 길을 가고자 하는 갈망이 교회로부터 일어나 사회 곳곳에 전파되기를 간절히 소원합니다.

결단을 내릴 줄 아는 용기를 주소서

거룩한 결단을 통해 새로운 삶을 개척해 가는 것을 기뻐하시는 주님, 우리에게 안이함을 떨쳐 버리는 용기를 주소서. 고여 있기를 거부하는 용기를 주옵소서. 정체된 삶을 운명으로 받아들이지 않게 하시고 하나님이 함께 하시면 가나안에 들어설 수 있다는 믿음으로 세상을 향해 담대하게 나아가게 하소서. 때로는 불편하고 힘들지만 새로운 도약을 위해 몸부림치게 하시고, 더 나은 내일을 기대하는 꿈이 사라지지 않게 하소서.

나약함을 당연하게 받아들이는 병든 마음을 고치시고 하나님께서 주시는 힘을 의지하게 하소서. 우리를 더 강한 그리스도의 군사로 훈련하시고 세우시기를 소원합니다. 그리스도의 온유한 성품을 닮아 가면서도 험한 세파를 향해 돌진할 수 있는 강력한 도전 정신을 주시고 순종의 도를 따르면서도 요단강과 홍해를 향해 발을 내딛는 용감무쌍한 개척 정신도 주옵소서. 결단해야 할 때에 우물쭈물 하다가 기회를 놓치지 않게 하시고 여호와와 함께 모험하는 여정을 즐기게 하옵소서. 잔잔한 호수와 같이 마음의 평정을 유지하되 하나님께서 움직이실 때는 거센 파도를 일으키는 바다와 같이 일어날 수 있는 용기도 허락해 주소서. 진리를 향해 결단하는 용기를 북돋우시는 예수 그리스도의 이름으로 기도드립니다. 아멘.

주일 낮 예배 2

감사와 정결

살아계셔서 우리의 삶을 주관하시는 거룩하시고 은혜로우신 하나님 아버지! 찬양과 영광을 드립니다. 우리를 자녀로 삼으시고 순간순간 사랑으로 인도하시어 오늘도 주님 앞에 나아와 신령과 진정으로 예배하게 하심을 감사드립니다.

이 시간 하나님 앞에 감사하며 나왔사오니 이 마음을 받아 주시고 우리 자신을 산 제사로 드리기에 부족함이 없도록 인도하여 주소서. 지난 삶 속에서 알게 모르게 지은 죄를 이 시간 회개하오니 우리를 불쌍히 여겨 주소서. 주님의 말씀으로 정결함을 얻어 다시금 당신의 자녀답게 변화되는 시간이 되게 하소서.

분단된 이 민족을 위해

하나님! 이 나라와 민족을 인도하여 주소서. 일본의 압제에서 벗어나기가 무섭게 한국전쟁으로 나라가 분단되는 아픔을 겪었고, 지금도 사회적 갈등으로 많은 사람들이 고통당하고 있습니다.

하나님의 진리로 사회정의가 바로 서게 하시며 경제적 분배가 잘 이루어져 배고픈 자가 없게 하소서. 믿는 자가 먼저 고통당하는 자를 돌아보게 하시고 정의를 위해 깨어 기도하게 하소서.

바른 사역을 위해

하나님의 뜻과 섭리로 세우신 이 교회를 지금까지 지키시고 인도해 주심을 감사드립니다. 우리 교회가 지역사회에 구원의 빛이 되게 하소서. 하나님이 주신 소명을 잘 감당하여 당신의 마음을 기쁘시게 하는 교회가 되기를 간절히 소원합니다.

세우신 각 기관마다 성령께서 충만히 임재해 주소서. 특별히 교육 부서들을 기억하사 다음 세대가 하나님 앞에 온전한 믿음의 세대로 설 수 있게 하옵소서.

이 시간 말씀을 증거하시는 목사님께 크신 은혜로 함께하시고 영육 간에 강건함을 허락하사 말씀을 전하실 때 큰 능력이 나타나는 은혜의 시간이 되게 하소서. 말씀을 사모하는 마음으로 예배를 드리는 모든 성도들에게 예배를 통해 복을 내려 주옵소서. 성가대 위에 은총을 부어 주시고 천군천사가 함께하는 찬양이 되게 하소서. 모든 예배의 시종을 하나님께서 인도하여 주소서.

이 시간 예배를 돕는 모든 손길마다 축복하소서. 이 예배에 은혜와 기쁨이 넘치게 하실 줄 믿습니다. 거룩하신 예수님의 이름으로 기도드립니다. 아멘.

주일 낮 예배 3

섬기는 교회가 되게 하소서

사랑의 하나님 아버지, 오늘도 주님의 날에 주님을 찬양하며 경배드리는 자리로 불러 주시니 감사합니다. 주님을 찬양하는 것이 가장 귀한 일인 것을 깨닫게 하심도 감사합니다.

주님께서 특별히 우리 교회를 인도하셨기에 우리는 힘든 역경을 딛고 꿈과 비전을 잃지 않을 수 있었습니다. 주님의 말씀 앞에 항상 순종하며 모든 시련을 연단의 기회로 알고 인내한 성도들을 축복하고 칭찬하여 주옵소서.

가인이 자신을 위하여 성을 쌓은 것처럼 우리 교회가 부를 쌓는 일이 없게 하시고 받는 것보다 주는 것을 즐거워하는 교회가 되게 하소서. 섬김을 받기보다는 섬기는 자들이 되게 하셔서 세상 사람들에게 참 제자의 모습을 제시할 수 있는 교회가 되게 하옵소서.

소망을 잃은 이들에게 하늘 소망을 허락하소서

사랑이 많으신 하나님 아버지. 이 땅에 기이한 전염병들이 나돌아 온 나라의 가축들이 몰살한 일이 있었습니다. 그래서 수많은 축산업자들이 좌절하고 삶의 의욕을 잃기도 했습니다. 인간의 어떤 지식으로도 원인을 알지 못하며 세상의 어떤 치료제로도 막을 수 없는 병들이 지금 이 땅에 창궐하고 있습니다. 하나님을 영화롭게 하고 기뻐해야 할 당신의 피조물들이 창조주를 잊고 자기 지식과 경험을 의지하며 교만해진 탓에 일어난 재앙이 아닌가 생각합니다. 인간들이 그 악한 자리에서 돌이켜 회개할 마음을 갖게 하옵소서. 애굽의 모든 장자들이 죽었던 것과 같은 대재앙이 이 땅에 닥치기 전에 온 백성이 창조주 하나님을 인정하고 우상을 타파하는 부흥의 역사가 일어나게 하소서.

교회의 머리 되신 하나님께 순종하게 하소서

교회를 사랑하시는 하나님 아버지, 이 교회가 하나님 앞에 귀히 쓰이는 교회가 되게 하시며 열방에 하나님의 영광을 드러내는 사명을 온전히 감당하게 하소서.

오늘 말씀을 전하는 목사님과 함께하셔서 어렵고 힘든 세상에서 바라볼 소망의 말씀을 허락해 주소서. 낙담과 실망이 소망과 기쁨으로 변하는 귀한 시간이 되길 소원합니다. 교회를 위해 항상 수고하는 교역자들에게도 은혜를 주셔서 교회를 섬기면 섬길수록 주님을 향한 사랑이 더하게 하소서. 그리고 세상 끝 날까지 맡은 사명을 잘 감당할 수 있는 열정도 허락하여 주소서. 오늘도 보이지 않는 곳에서 교회를 돌보는 손길들마다 복을 내려 주소서. 그들의 가정과 일터에 기쁨이 마르지 않게 하소서.

육신이 연약하여 예배에 참석하지 못한 사랑하는 성도님들을 기억하소서. 주님께서 찾아가셔서 친히 손대어 고쳐 주시길 간절히 원합니다. 예배드림이 우리의 기쁨인 것을 고백합니다. 주님께만 영광 올려 드리기 원하오며 우리를 죄에서 구원하신 예수 그리스도 이름으로 기도드립니다. 아멘.

주일 낮 예배 4

예배의 자리에 있게 하소서

언제나 우리를 주님의 품 안에 지켜 주시는 사랑이 많으신 하나님 아버지! 이 아름다운 주일 아침, 주님의 거룩한 전으로 우리를 불러 주시고 주님의 크신 성호를 찬양하게 하시니 참으로 감사드립니다. 아침이면 눈을 뜨고 숨을 쉬고 두 발로 걸어 다니는 것도 모두 주님의 은혜요, 두 눈으로 하나님의 창조물을 밝히 보게 하신 것도 하나님의 역사인 것을 생각합니다. 우리가 이렇게 큰 은혜로 하루하루를 사는 자임을 늘 기억하며 우리로 구원자 되시는 하나님을 찬양하는 자리에서 떠나지 않게 하소서.

소명에 응답하게 하소서

하나님은 세상의 빛과 소금으로 교회를 부르셨습니다. 우리에겐 하나님의 선하시고 온전하신 뜻을 전해야 하는 사명이 있습니다. 하지만 교회의 현실은 암담하기만 합니다. 누구를 바라보고 믿어야 할지 혼란스럽기만 합니다.

목회자를 위시해 모든 성도들이 낮고 천한 자리에 있어야 하건만 너나 할 것 없이 소명과는 상관없이 높은 자리에 앉기를 원합니다. 진정한 예배의 정신은 사라지고 돈 바꾸고 장사하는 강도의 굴혈이 되어 버린 교회를 불쌍히 여겨 주소서. 이 땅의 교회에서 주님은 떠나고 주의 이름으로 이것저것을 했다고 자랑하는 자들만 남게 될까 두렵습니다. 주님, 이 땅의 모든 교회들에게 주님의 뜻을 헤아릴 수 있는 지혜를 주옵소서.

남의 잘못을 지적하기에는 민첩하면서 자기반성은 더디기만 한 바리새인 같은 모습이 우리에겐 없는지 돌아보게 하소서. 이 땅에 아직도 바알에게 무릎 꿇지 않은 자 7천 명이 남아 있으리라 믿습니다. 이 시대의 선지자들을 통해 다시 한 번 이 땅을 새롭게 하옵소서. 부흥의 불길을 일으켜 주시고 하나님의 촛대가 옮겨지지 않도록 우리를 보호해 주소서.

치유함이 있는 예배가 되게 하소서

단 위에 서신 목사님께서 말씀을 전하실 때 상처받은 영혼마다 위로받게 하시고 모든 청중이 하나님의 음성을 듣게 하옵소서. 이 자리에 나올 맘은 간절하나 여러 가지 형편으로 인해 참석하지 못한 성도들을 위해 기도합니다. 친히 찾아가시어 그들의 마음을 다스려 주시고, 아픈 상처마다 치유해 주옵소서.

이 예배를 온전히 받아 주시길 원합니다. 세상 짐을 십자가 앞에 내려놓습니다. 이제는 기쁨으로 돌아가게 하소서. 우리를 죄에서 구원하신 예수 그리스도의 이름으로 기도드립니다. 아멘.

주일 낮 예배 5

예배의 자리로 인도하신 하나님 감사합니다

인간의 생사화복을 주관하시고 한 사람 한 사람의 머리카락까지 세신 바 되신 하나님 아버지! 죄와 사망 가운데서 우리를 건져 주신 하나님을 찬양합니다. 거룩한 주일에 주님의 몸 된 교회로 불러 주셔서 마음과 정성을 모아 하나님의 거룩함을 기리게 하신 하나님 아버지께 존귀와 찬양과 영광을 돌립니다.

사랑과 은혜가 많으신 하나님 아버지! 우리의 죄를 고백합니다. 지난 한 주간 하나님의 영광을 위해 거룩하게 살지 못했던 것을 고백합니다. 바다와 같이 넓은 은혜로 우리를 용서해 주소서. 우리의 죄와 허물을 낱낱이 자복하니 주의 거룩한 보혈로서 우리를 정결하게 해주시고 주의 의로 덧입혀 주소서.

성도들을 치료하소서

이 자리에 육신이 건강하지 못해 치유를 구하는 성도가 있거든 주님의 놀라운 능력으로 치료해 주시고 그의 믿음대로 이루어지게 하소서. 대한민국 경제가 매우 어렵습니다. 물질적으로 어려워서 소중한 가정이 해체되는 일이 없게 하시고 스스로 죽음을 택하는 일 없도록 구원의 손길을 허락하소서. 자신의 믿음을 돌아보고 하나님을 의지하며 전적으로 주님께 맡기는 삶을 살게 하옵소서. 어려우면 어려울수록 예배를 통해 말씀으로 위로받고 기도 중에 희망의 빛을 보게 하소서.

주님의 영광을 드러내는 교회 되게 하소서

주께서 친히 세우신 교회를 위하여 기도합니다. 세상은 극도의 이기주의와 황금만능주의를 중심으로 돌아가지만 교회로 모인 저희들은 예수께서 보이신 사랑의 본을 따라 참 사랑을 실천하게 하소서. 지역사회와 소외된 이웃에게 그리스도의 참된 사랑을 펼치는 일도 잊지 않게 하소서.

저희를 대표하여 아름다운 화음을 준비한 성가대의 찬양을 기쁘게 받아주소서. 찬양을 듣는 저희도 은혜의 시간이 되길 원합니다. 성령님께서 모든 회중의 심령을 감화시켜 주셔서 각박한 우리 마음이 물기를 머금게 하소서.

우리의 마음을 가난하게 하사 강단에서 선포되는 말씀에 '아멘' 하며 화답하게 하소서. 말씀을 전하실 목사님에게 권세와 능력을 주시고 성령께서 충만히 역사하셔서 성도들이 전인격적으로 도전받고 은혜를 받고 돌아가게 하소서.

신령과 진정으로 우리 주 하나님께 예배합니다. 거룩하신 삼위일체 성부, 성자, 성령 하나님만 홀로 영광을 받으옵소서. 예수님의 이름으로 기도드립니다. 아멘.

주일 낮 예배 6

구원의 은혜에 감사합니다

우리의 약함을 아시고 부족함을 헤아려 주시는 주님, 특별히 내세울 게 없는 저희를 구원해 주시고 자녀로 택하여 주시니 감사합니다.

지난 한 주간도 일상에 쫓겨 분주하게 살았습니다. 세상일에 매여 말씀을 묵상하거나 기도하면서 주님을 깊이 생각하지 못했습니다. 바쁘고 급하다는 핑계로 기도도 하지 않으면서 행동만 앞섰습니다. 우리의 불의함을 용서해 주시고 세상에 물든 우리의 마음과 영혼을 성결하게 하소서.

주의 역사를 드러내는 교회 되게 하소서

주님의 몸 된 교회를 축복해 주소서. 우리 교회를 향한 주님의 특별한 계획을 밝히 깨닫고 그 뜻을 따르게 하소서. 우리 교회가 삶의 소망과 평안을 잃은 곤고한 자들에게 구원의 기쁜 소식을 전하게 하사 이 지역이 복음화 되게 하소서. 우리 각자가 삶의 터전에서 주님의 사랑을 증거하고 흘려보내는 증인으로 살기를 소원합니다.

여름 사역을 위해 기도합니다.

매년 여름마다 주님은 우리에게 당신을 향한 뜨거운 마음을 주셨습니다. 그리고 당신을 찾는 자들을 만나 주셨습니다. 이번 여름에도 어김없이 여름성경학교와 수련회가 있습니다. 모든 일정들이 안전하고 은혜롭게 진행될 수 있도록 도와주소서. 수고하는 교역자와 교사들에게 능력과 건강을 주시고 주님께서 늘 동행하여 주옵소서.

수련회가 다음 세대를 변화시키는 은혜의 도가니가 되게 하소서. 어린 자녀들이 그리스도의 사랑을 깊이 경험하고 마지막 때에 거룩한 세대로 구별되게 하소서. 혼탁한 시대정신이 아이들을 가만두지 않는 이때에, 이들이 복음의 비밀을 더욱 깊이 알아 참된 변화를 경험하기를 간절히 소원합니다.

말씀이 성도들의 삶을 지배하게 하소서

주일마다 귀한 말씀을 듣고 단 위에 서시는 목사님을 기억하소서. 성령께서 함께하시어 힘 있고 권세 있는 말씀을 증거하실 수 있도록 붙들어 주소서. 이제 목사님을 통해 하나님의 말씀을 듣습니다. 우리의 연약함이 말씀을 통하여 강건해지기를 원합니다. 온전히 말씀에 매여 하나님의 선하신 계획에 순종하기를 소원합니다.

찬양으로 주님의 영광을 높이는 성가대와 예배를 위하여 봉사하는 모든 성도들에게 주님의 크신 은혜와 복을 내려 주옵소서. 교회 모든 가정들에게 평안을 주소서. 예배의 시종을 주님께 의탁합니다. 거룩하신 예수 그리스도의 이름으로 기도드립니다. 아멘.

4월에 드리는 대표기도

주일 저녁 예배 1

예배의 자리에 있음을 감사합니다

우리의 생사를 주관하시는 하나님 아버지, 한 주간을 주님의 은혜로 살고 거룩한 주일을 맞아 하나님 앞에 나와 예배 드리게 하시니 감사합니다.

하나님 아버지! 우리는 아직도 어리석어서 주님이 무엇을 기뻐하실까 고민하기보다는 어떻게 하면 많이 벌어 편안하게 살까만 궁리합니다. 모든 관심이 내 자신에게만 집중되어 철저히 나를 위해서만 봉사하며 살려고 하는 태도를 돌아보고 회개합니다. 저희를 불쌍히 여기시고 용서해 주소서. 인자하신 주님의 품에 감싸안아 주소서.

환난당하는 자들을 위해 기도합니다

세계 곳곳에서 신음하는 소리가 들려옵니다. 기근과 지진으로 세상이 요동칩니다. 사람들은 두려움에 떨고 있습니다. 위로의 하나님께서 그들을 찾아가 위로해 주시고 그들이 죄악 된 길에서 돌이켜 구원의 길에 설수 있도록 도와주소서. 죽어가는 형제들을 향하여 복음의 생명줄을 던지는 우리들이 되게 하옵소서.

낙심하여 주저앉은 지체들이 있습니다. 신앙을 버리고 방황하는 지체들도 있습니다. 성도의 구원을 신실하게 보증하시는 성령께서 당신의 백성들을 하나하나 찾아가 주시어 다시금 하나님만을 의지하는 신앙의 길로 돌이키도록 인도해 주소서.

육체의 질병과 씨름하는 지체들을 기억하소서. 그들이 침상에서 여호와를 앙망할 때에 치료의 광선을 비추시어 외양간에서 나온 송아지같이 뛰게 하소서. 아픈 곳에 친히 안수하셔서 깨끗이 낫게 하소서. 다만 당신의 영광을 위하여 이들을 치료하여 주소서.

하나님의 뜻에 합한 신자 되기 원합니다

주님! 우리는 하나님의 자녀답게 그 이름에 합당하게 살고 싶습니다. 이웃에겐 하나님의 자녀가 어떤 존재인지 본을 보여 주고도 싶습니다. 자나 깨나 하나님의 영광을 위해 살고자 하는 선한 의지를 우리 안에 일깨워 주시고 항상 깨어 기도할 때 이 열망이 지속되게 하소서.

주님! 일평생 수많은 예배를 드리겠지만 늘 처음 같은 마음으로, 이 예배가 마지막인 양, 온 맘과 정성을 다해 모든 예배를 드리기 원합니다. 우리를 멀리하지 마시고, 말씀을 통해 하나님의 음성을 들려주소서.

우리 모두에게 하나님의 은총이 충만하기를 기도합니다. 예수님의 이름으로 기도드립니다. 아멘.

주일 저녁 예배 2

우리의 신앙이 날로 새로워지게 하소서

따스한 봄, 아련하게 다가오는 봄꽃 향기가 정해진 일상에 경이를 선사합니다. 이 기적 같은 일들이 모두 창조주 하나님의 섭리인 것을 믿습니다. 우리에게 아름다운 피조세계를 펼쳐 보여 주신 하나님을 찬양합니다.

귀하고 복된 날, 새벽부터 늦은 시간까지 주 앞에 나와 예배의 제단을 쌓게 하신 은혜에 감사합니다. 깊은 겨울잠에서 모든 생명이 깨어나 생명을 노래함 같이 우리의 신앙도 날로 더욱 새롭길 원합니다. 긴 겨울 추위와 함께 저희의 신앙도 움츠러들지 않는지 돌아봅니다. 하나님을 향한 열정이 식어졌던 지난날을 용서해 주시고 새로운 각오로 주께 헌신할 수 있도록 도와주옵소서.

믿음의 일꾼들이 바로서게 하소서

주님의 몸 된 교회를 세우시고 일꾼을 부르시어 일하게 하시는 주님! 이 나라에 많은 교회들이 연일 언론으로부터 비난과 책망을 받고 있습니다. 하지만 당신의 교회를 믿음의 터전 위에 굳게 세워 주셔서 이웃을 섬길 수 있는 교회로 거듭나게 하심을 감사합니다.

이 나라와 정부를 감독하시고 복주시사 국민을 위한 정부, 국민에게 사랑받는 정부가 되게 하시고 경제와 민생문제 여야 정치적 문제도 대화와 협력으로 극복하게 하옵소서. 자만하지 않고 겸손하여 국민에게 신뢰받는 정부가 되게 하옵소서.

온전한 예배자로 서게 하소서

주야로 우리를 지켜 주시는 주님! 이 시간 예배드리는 모든 성도들과 함께하여 주옵소서. 믿음이 연약한 심령에게는 강하고 담대한 믿음을 허락하시고 말씀에 갈급한 심령에게는 깨닫는 은혜를 주옵소서.

세상에 시달리며 근심과 실의에 빠져 있는 성도들이 있습니다. 그들의 문제가 무엇인지 주께서는 아시오니 모든 문제들을 해결해 주옵소서. 성도들이 무거운 짐을 다 주 앞에 내려놓고 마음껏 주님을 찬양할 수 있도록 도와주옵소서.

특별히 저희 부족한 심령들에게 생명의 양식을 먹이시며 옳은 길로 인도하시려고 애쓰시는 담임 목사님을 주께서 친히 주장하여 주소서. 말씀에 은혜를 더하시며 영력이 깊어지게 하소서. 목회 사역을 통해 우리 교회 성도들의 심령이 날로 새로워지게 하소서.

이 예배를 통해 주님의 고난과 부활을 경험하기 원합니다. 그래서 삶에 고난이 닥칠 때 주님의 고난을 묵상하며 부활을 소망하게 하소서. 예배의 시종을 주님께서 주장하소서. 사탄이 거룩한 예배를 틈타지 못하도록 도와주소서. 우리를 위해 고난당하신 예수 그리스도의 이름으로 기도드립니다. 아멘.

4월에 드리는 대표기도
수요예배 1

감사와 찬양

하나님 아버지, 오늘도 주 앞에 나와 예배하며 찬양합니다. 우리의 건강을 지켜 주시고 영육 간에 강건함을 허락하시니 감사합니다. 우리의 목자되시어 날마다 생명의 말씀을 먹이시며 매일의 삶 속에서 하나님을 알아가게 하시니 감사드립니다.

"범사에 감사하라. 이것이 그리스도 예수 안에서 너희를 향하신 하나님의 뜻이니라"(살 5:18). 이 말씀을 기억하며 삶의 모든 순간마다 그리스도께 영광을 돌리게 하옵소서.

자신을 의지했던 지난날을 회개합니다

지난 3일을 돌이켜 보며 하나님 앞에 통회하며 자복합니다. 우리는 하나님을 내 맘대로 움직여 보려고 '주여, 주여' 목청을 높였습니다. 우리가 원하는 것을 얻기 위해서는 하나님을 애타게 부르면서 진정 하나님께서 우리를 통해 이루고자 하는 일은 외면했습니다. 틈만 나면 하나님을 떠나려고 하는 우리를 한없이 용서하시는 하나님의 은혜를 힘입어, 우리의 삶으로 하나님의 마음을 시원하게 해드리길 원합니다.

무슨 일을 하든지 주께 하듯 하라고 하셨으나, 직장이나 학교에서 동료나 친구들을 위해 기도하기보다는 그들이 나와 다르다는 이유로 비난했습니다. 주님의 은혜 없이는 살 수 없음에도 하나님께 기도하기보다는 제 능력과 세상 배경을 의지했습니다. 어리석은 지난날을 용서해 주소서.

성령께서 충만히 임재하시는 예배되게 하소서

느헤미야는 성전을 건축하기 위해 눈물을 흘리고 뜨겁게 기도했건만 우리에게는 그런 모습이 보이지 않습니다. 습관적으로 예배와 모임에 참석했다는 이유만으로 하나님을 위해 뭔가 한 듯이 착각했던 모습을 돌아봅니다. 다시금 예배의 정신을 회복하게 하시고 하나님을 향한 첫 사랑을 회복하게 하옵소서. 우리 안에 하나님을 향한 뜨거운 열정을 회복시켜 주셔서 우리를 향해 다가오는 모든 어려운 일들에 기도로 승부하는 믿음의 용사들이 되게 하옵소서. "아무 것도 염려하지 말고 다만 모든 일에 기도와 간구로, 너희 구할 것을 감사함으로 하나님께 아뢰라"(빌 4:6)는 말씀을 떠올리며 기도와 간구로 순간순간 살기 원합니다.

말씀을 전하시는 목사님께 영육 간에 강건함을 허락하시고, 성령께서 그 입술을 주관하소서. 전하는 말씀이 우리의 머리에 기억되고 가슴에 아로새겨지게 하시며, 우리에게 깨달은 말씀을 실천할 능력을 주소서. 예수님의 이름으로 기도드립니다. 아멘.

수요예배 2

소명자로 살게 하소서

우리를 창조하시고 새롭게 하시며 성도의 소명을 주시는 하나님! 아버지의 사랑과 은총을 우리에게 부어 주시니 감사와 영광을 드립니다.

우리가 하나님의 형상대로 지음 받았으나 죄로 인해 망가진 그 형상을 그리스도의 능력 안에서 회복시켜 주소서. 그래서 성령의 인도하심을 따라 날마다 복음 전파의 사명을 감당하게 하소서.

진정으로 회개합니다

사랑이 많으신 주님! 주일 예배를 드리고 겨우 3일이 지났지만, 그 짧은 시간조차도 마음과 뜻과 정성을 다해 주님을 사랑하지 않았습니다. 이웃을 사랑하라 하신 말씀도 순종하지 못했습니다. 영영 죽을 저희에게 생명을 주신 하나님 앞에서, 복음에 빚진 자로서 복음을 전파하며 살아야 함에도 그 사명을 망각하고 살았습니다. 우리를 긍휼히 여겨 주시고, 참회하는 심령 속에 복음을 위한 열정을 회복시켜 주시옵소서.

우리를 날마다 새롭게 하시는 주님! 인생의 광야 가운데를 지나면서도 우리가 해를 두려워하지 않을 것은 주의 지팡이와 막대기가 함께하시는 까닭임을 명심하게 하옵소서. 절망 가운데 있을 때마다 하나님 앞에서 다시 한 번 일어 설 수 있는 굳센 믿음을 더하여 주옵소서. 실망하여 낙심한 자가 아니라 감사함으로 예배의 자리로 담대히 나아가는 신실한 성도가 되기 원합니다. 인생의 어둠 속에서도 하나님의 성호를 높이며 그 앞에 경배하게 하옵소서.

주님의 은총을 맘껏 누리면서도 주신 은혜에 보답하는 자들이 되게 하소서. 그래서 풍성한 삶으로 나아가게 하시고, 언제나 게으르지 않고 열심을 품고 주님을 섬기며 후회 없는 삶을 살게 하소서.

세상을 품게 하소서

능력의 주님! 하나님께서 이 교회에 두신 뜻을 생각합니다. 당신의 몸 된 교회를 통해 지역이 복음화 되게 하시고, 주님의 뜨거운 사랑이 흘러넘치게 하소서.

우리 교회가 절망하는 자에게 소망을, 흔들리는 자에게 평안을 주는 교회가 되게 하소서. 고달픈 삶에 지친 이들이 교회 뜰을 밟을 때마다 안식과 은총을 경험하기 원합니다.

오늘도 주님의 귀한 말씀을 듣고 단 위에 서신 목사님을 성령의 능력으로 붙드시고 전하시는 말씀마다 권세 있게 하셔서, 듣는 자 모두가 주님의 음성을 듣는 복된 시간이 되게 하옵소서. 예배의 시종을 주님께 의탁하오며, 예수 그리스도의 이름으로 기도드립니다. 아멘.

주일 낮 예배 1

의의 자리로 인도하신 주님 감사합니다

찬송 받으시기에 합당하신 하나님 아버지! 이 시간 우리의 마음과 뜻과 정성을 모아 하나님을 찬양하오며 그 은혜에 감사드립니다. 하나님의 은혜가 없었다면 저희는 아직도 세상에서 죄악의 문제를 해결하지 못하고, 인생의 근원을 알지도 못했을 것이며, 우리의 소망도 찾지 못했을 것입니다. 어리석게 살아갈 수밖에 없는 저희들에게 은혜를 베푸셔서 자녀 삼아 주시고 지금까지 인도하여 주시니 감사드립니다.

사랑하는 주의 자녀들을 귀한 성전으로 불러 주셨사오니 이 시간이 오직 말씀 충만, 은혜 충만, 성령 충만함으로 가득 찰 수 있는 복된 자리가 되도록 역사하여 주옵소서.

이 시간 저희의 죄악을 주님 앞에 고백합니다. 우리의 욕심과 고집, 믿음 없음을 용서하여 주옵소서. 주님께서는 피 흘려 죽으시기까지 나를 살리셨는데 나는 자신을 포기하지 못하고 주님을 다시 한 번 십자가에 못박았습니다. 나는 변화되지 않으면서 남이 변화되기를 원했습니다. 내가 먼저 손 내밀지 않으면서 남이 먼저 손 내밀기 원했습니다. 나는 먼저 사랑하지 않으면서 사랑받으려고 애썼습니다. 오, 주님! 우리를 주의 은혜로 녹여 주시고, 주의 손으로 고쳐 주시며, 주의 은혜로 변화시켜 주시옵소서.

이 나라가 하나 되게 하소서

주님, 이 나라와 이 사회를 위하여 기도합니다. 정치나 경제, 사회 모든 분야에서 모두들 자기 살 길을 찾기 위해 서로를 원수처럼 여기고 대립하고 있습니다. 각계각층의 사람들이 서로 다른 생각과 이념으로 화합하지 못하고 자기 목소리만을 내고 있습니다.

주님, 우리 모두가 '이러한 때에 우리 주님이시라면 어찌 하셨을까' 하는 마음으로 기도하고 응답받게 하옵소서. 우리 교회가 이 시대에 희망과 소망의 동산이 되게 하옵시고, 꿈과 비전을 심어 줄 수 있는 은혜로운 교회가 되게 하여 주시옵소서.

교회를 섬기는 이들에게 넘치는 은혜가 있게 하소서

오늘 주의 전에 나와 예배드리고 주를 섬기는 주의 모든 자녀들의 손을 붙잡아 주옵소서. 저들의 형편과 처지를 아시는 주님께서 저들에게 복을 허락하여 주옵소서.

성가대의 찬양을 기쁘게 받으시고, 그들의 찬양이 곧 자신들의 신앙고백이 되게 하여 주옵소서. 또한 찬양을 듣는 모든 예배자들에게 큰 은혜가 되게 하옵소서. 예수님의 이름으로 기도드립니다. 아멘.

5월에 드리는 대표기도

주일 낮 예배 2

평강 속에 살아가게 하소서

거룩한 날 주의 백성으로 하여금 주의 몸된 전에 나와 예배로 영광 돌리고 찬양으로 경배 드리게 하시니 감사합니다. 죄로 죽을 수밖에 없는 우리를 그리스도의 십자가 사랑으로 구속하여 주셔서 감사드립니다.

우리의 연약함을 아시는 하나님께서 우리에게 은혜를 베풀어 주셔서 평강과 기쁨 속에 살게 하여 주시옵소서.

회개함으로 하나님 앞에 나아갑니다

사랑의 하나님 아버지, 이 시간 죄로 오염된 우리를 주의 보혈로 씻어 정결케 하옵소서. 나의 나 된 것은 모두 하나님의 은혜임을 고백합니다. 내게 있는 것이 모두 하나님의 소유이건만 감사하지 못하고 욕심과 탐심에 치우쳐 더 많이 갖고자, 더 많이 누리고자, 더 높아지고자 애쓰며 세상에 치우쳐 살 때가 많았습니다.

교만하고 오만하며 시기와 질투로 형제를 판단하는 자리에 있었습니다. 이 시간에도 십자가의 은혜를 깨달아 우리의 삶을 돌아보게 하시고, 회개의 영을 부어 주셔서 우리로 정결케 하여 주시옵소서. 탐심과 욕심에 치우쳤던 우리의 삶을 십자가 아래에 내려놓습니다. 구속의 은총이 우리를 정하게 하시고 은혜의 풍성함으로 예배드리게 하옵소서.

94

온전한 삶을 살게 하소서

사랑의 하나님 아버지, 우리가 늘 말씀을 가까이 하고 묵상하여 우리의 삶이 믿음의 터 위에 바로 서게 하소서. 하나님을 기쁘시게 해드리기 원합니다. 하늘의 선한 복을 더해 주셔서 주님께서 주신 사명을 잘 감당하게 하옵소서. 어떤 시험이 올지라도 낙심하여 좌절하거나 넘어지지 않게 하소서.

우리 마음의 눈을 밝혀 주소서. 아버지의 뜻을 바로 깨달아, 진리 안에 바로 서서 주의 의로 옷 입길 원합니다. 또한 우리에게 전도할 수 있는 능력을 주시고 전도의 문을 열어 주셔서 복음을 전파하는 데 힘쓰며 복음의 열매를 거두게 하옵소서.

저희로 하여금 세월을 아끼며, 깨어 근신하고 기도하여 신실한 하나님의 일꾼이 되게 하소서. 성령 안에서 선한 열매로 빛과 소금의 직분을 감당하게 하시고, 굳센 믿음으로 주신 사명 감당하게 하옵소서.

지금 이 시간 악한 사탄이 틈타지 않고 신령과 진정으로 예배드리는 시간이 되게 하시고 오직 아버지께만 홀로 영광 돌리는 귀한 시간이 되게 하소서. 성가대에게 복을 내려 주시고 그들의 찬양을 흠향하여 주시옵소서. 이 시간에도 머리 숙여 경배하는 성도들의 감사와 회개와 간구를 들으시고 응답하여 주옵소서. 우리를 구원하신 주 예수 그리스도의 이름으로 기도드리옵니다. 아멘.

5월에 드리는 대표기도
주일 낮 예배 3

성도를 향한 하나님의 섭리를 찬양합니다

아무런 조건 없이 우리를 사랑하시는 하나님 아버지! 은혜와 사랑을 감사드립니다. 우리를 택정해 주시어서 자녀 삼으시고, 오늘 이 자리까지 인도하여 주심을 감사드립니다. 하나님 아버지의 그 높은 경륜과 인도하심을 감사드리며, 그 이름을 찬양드립니다.

우리가 이곳까지 온 것은 오직 하나님의 은혜요, 우리가 할 수 있는 것은 오직 감사밖에 없음을 주님 앞에 고백합니다. 우리의 꿈과 소망도, 우리의 계획과 생활도 모두 하나님의 섭리 안에 있음을 인정합니다.

어려움을 극복하는 힘과 고난을 참고 인내하는 힘이 하나님께로부터 오는 것임을 믿고 감사합니다. 이 거룩한 주일, 주님 앞에 나아와 주님을 찬양하고 예배드릴 수 있는 것이 얼마나 큰 은혜요 축복인지, 하나님께 감사할 따름입니다.

어둔 세상에서 등불 되게 하소서

하나님, 오늘 이 예배가 신령과 진정으로 드리는, 살아 있는 예배가 되도록 저희를 붙잡아 주옵소서. 또한 이 시간 저희에게 하나님 음성을 들려 주시옵소서.

교회의 머리되시는 하나님 아버지, 우리 교회를 통해 크신 뜻을 이루어 주옵소서. 이 시대 이 지역에서 교회가 감당해야 하는 역할을 충실히 감당하는 교회가 되길 원합니다.

어두운 시대에 환한 등불을 밝히는 교회가 되게 하옵소서. 우리 교회가 혼탁한 시대에 소금과 같이 이 사회를 변화시키는 데 쓰임받기를 원합니다. 또한 이 시대의 소외된 이웃에게 사랑을 전하기를 간절히 소망합니다.

하나님의 음성을 듣는 예배 되게 하소서

하나님 아버지, 교회의 치리자로 세우신 담임 목사님께 하늘의 권세와 능력을 베풀어 주시사, 주의 종의 사명을 온전히 감당하실 수 있게 하옵소서. 하나님께서 명하신 목양의 사명을 위하여 죽도록 충성하는 주의 종이 되게 하옵소서.

이 시간 정성을 모아 예배를 드릴 때 주님께서 우리 예배를 기쁘게 받으시기를 원합니다. 또한 하나님의 세미한 음성을 들을 수 있는 은혜의 시간 되게 하여 주소서. 우리를 변함없이 사랑하시는 예수님의 이름으로 기도드립니다. 아멘.

주일 낮 예배 4

열방을 품고 나아가는 교회 되게 하소서

정하신 뜻대로 우리를 이끄시는 하나님 아버지, 감사합니다. 이 교회가 시대의 사명을 다하게 하시고 이 지역과 세계 열방을 품게 하심을 감사드립니다. 또한 하나님 나라를 꿈꾸며 전진하는 교회, 지역사회를 섬기는 교회, 선한 영향력을 끼치는 교회가 되게 하신 것도 감사드립니다. 언제나 우리를 혼자 내버려 두지 아니 하시고 함께하시는 하나님, 우리 교회에 섬겨야 할 이웃을 허락하시니 감사합니다.

우리의 생명을 지으시고 우리의 이름을 부르시며 우리의 영혼을 찾으시는 하나님 아버지! 잃어버린 양 한 마리도 꼭 찾으시는 주님, 탕자와 같은 아들이라도 끝까지 기다리시는 주님, 오늘 주의 사랑하시는 백성들이 여기 있나이다. 우리를 만드시고 지으신 하나님께서 저들을 고치시고 싸매시고 만져 주시사 온전히 변화하게 하옵소서. 주님, 우리 마음에 성령을 부어 주시어 새로운 하나님의 사람으로 태어나게 하옵소서. 우리가 영혼의 주인을 만나 언제나 감격하고 감사하며 살게 하옵소서. 주어진 가정과 직장과 삶터를 어둠에서 건져 내고 빛 가운데서 감사와 열정으로 섬기게 하옵소서.

말씀의 귀가 열리게 하소서

오늘 말씀을 전하시는 목사님을 위해 기도드립니다. 강단에서 말씀을 전하실 때, 우리 마음에 움직임이 일어나게 하여 주시고 우리의 눈이 열리고 귀가 열리게 하옵소서. 말씀을 통하여 역사하시는 하나님, 전하신 말씀으로 말미암아 우리의 심령을 찢게 하옵소서. 우리가 편견을 버리게 하시고, 두 손에 무언가 꼭 쥐고 사는 삶에서 손을 펴서 다른 사람의 등을 토닥이고 위로할 수 있는 삶으로 변화되게 하옵소서.

예배를 통해 회복시켜 주소서

주님, 우리를 고쳐 주시길 원합니다. 우리가 스스로 구속하지 않고 자유를 누리게 하시고, 기쁨으로 살게 하옵소서. 우리 교회의 각 가정들이 살아나고 자녀들이 마음껏 재능과 꿈을 펼치게 하옵소서. 우리의 일터가 기쁨과 축복이 있는 사업장이 되게 하옵소서. 세상에서 실패를 맛보아도 교회라는 사랑의 보금자리에서 예배드림으로 다시 도전할 힘을 얻게 하옵소서.

찬양을 통해 우리의 마음을 변화시켜 주시고, 하나님께는 큰 영광이 되게 하소서. 예배를 그냥 관망하는 것이 아니라 온전한 마음으로 예배드릴 수 있게 하소서. 하늘의 복을 우리에게 충만히 채우시고 부어 주실 줄 믿으며 우리 구주 예수님의 이름으로 기도하옵나이다. 아멘.

5월에 드리는 대표기도

주일 낮 예배 5

생명의 양식을 허락하시는 하나님 감사합니다

미천하고 나약한 우리들을 사랑하시어, 우리가 슬플 때나 괴로울 때나 위험에 빠져 어두운 골짜기를 헤맬 때에나 다가와 위로하시고 일으키시어 소망 속에 살아가게 하시는 좋으신 하나님 아버지! 그 크신 사랑과 은혜에 감사와 찬양과 영광을 올려 드립니다.

거룩하고 복된 주일을 허락하시어서 뿔뿔이 흩어져 살아가던 저희들이 한 자리에 모여 예배드리게 하시니 참으로 감사합니다. 탕자처럼 방황하던 우리에게 거룩한 예배를 통하여 신령한 하늘나라의 양식을 받아들이게 하옵소서. 그리하여 새 생명의 기쁨을 맛보는 귀한 시간 되도록 인도하여 주시옵소서.

세상을 변화시키는 그리스도인으로 살게 하소서

하나님 아버지! 지난 한 주간에도 주님께서는 저희를 사랑하사 일용할 양식과 일터와 건강을 허락해 주셨건만 저희는 육신의 정욕에 이끌려 세상 사람과 구별됨 없이 살아왔습니다. 우리의 미약한 지혜와 물질의 힘을 믿고, 이웃을 사랑하지 않고 업신여기며 살아온 모든 허물과 죄를 고백하오니 용서하여 주옵소서. 교만했던 저희가 이 예배를 통해서 주님의 겸손하신 모습을 닮기를 원합니다. 이 시간 주님의 높으신 뜻과 섭리를 깨달아 주님의 말씀대로 사는 귀한 자녀들이 될 수 있도록 도와주소서.

사랑의 하나님 아버지! 주님의 몸 된 교회를 지금까지 지켜 주시고 인도해 주심을 감사드립니다. 우리 교회가 지역사회의 구원의 빛이 되고, 사람들에게 사랑을 나누며, 소명을 성실히 감당하기 원합니다. 세우신 기관마다 귀한 사역에 복을 내려 주시어 주님의 뜻을 펼쳐 드리며 귀한 열매를 풍성히 거두는 기관들이 되게 하옵소서. 성도들이 사명을 기억하고 항상 충성하며 살아갈 수 있도록 그들에게 힘 주시길 바라옵나이다.

주의 평안을 누리는 성도가 되기 원합니다

상한 갈대를 꺾지 않으시고 꺼져 가는 등불도 끄지 않으시는 주님! 저희들의 심령을 불쌍히 여겨 주시사 항상 성령 충만하게 인도하시며, 주의 사랑과 은혜를 간절히 사모하는 주님의 자녀들에게 한량없는 자비와 축복을 내려 주옵소서.

이 시간 담임 목사님을 기억하시고 은혜를 더하시어, 능력의 말씀을 전할 수 있도록 붙잡아 주옵소서. 우리가 그 말씀을 듣고 험난한 이 세상을 살 동안 넘어지지 않고 믿음의 뿌리가 굳건해지도록 역사하여 주시옵소서.

사랑이 많으신 하나님 아버지! 우리를 말씀으로 무장시키고 성령의 능력으로 덧입혀 주옵소서. 그리하여 이 예배를 마치고 세상에 나가서 그리스도의 군사로서의 역할을 잘 감당하여 주님께 기쁨과 영광을 돌리길 간절히 원합니다.

이 예배 가운데 오직 주님만이 임하옵소서. 예배에 참석한 모든 성도들에게 한량없는 복을 내려 주시고 주님 홀로 영광 받으옵소서. 예수 그리스도의 이름으로 간절히 기도드립니다. 아멘.

주일 낮 예배 6

결단의 자리로 나아오는 성도 되길 원합니다

오늘도 안식의 날을 주시어 주님 전에 나오게 하시고, 찬송과 기도와 말씀으로 은혜 받게 하시니 감사드립니다. 한 주간도 저희 모두에게 일용할 양식과 일터와 쉴 수 있는 공간을 주신 주님의 은혜에 감사드립니다.

시시때때로 죄와 유혹 속에서 결단하지 못하고 방황할 때라도 버리지 아니하시고, 사랑과 인내로 참아 주시는 주님의 한없는 사랑에 다시금 감사를 드립니다. 끝없는 욕심과 이기심으로 평안을 얻지 못하는 저희는 되풀이되는 죄를 고백하면서도 돌이키지 못하는 어리석은 자들입니다.

저희는 다른 사람에게 기쁨과 즐거움은커녕 아픔과 상처를 주는 교만한 자들입니다. 섬기려 하지는 않고 섬김을 받으려 했던 부족한 저희들입니다.

하나님! 이러한 저희를 주의 보혈로 용서하옵시고, 변화되는 일에 더욱 열성을 갖고 기도하게 하옵소서. 또한 이것이 행함으로 이어지게 하옵소서.

주님을 믿는 믿음으로 죄와 유혹에서 결단하게 하시고, 그 믿음에 대한 확신으로 주님의 고난에 기쁘게 참여할 수 있게 하옵소서. 이 세상은 어느 곳 하나 문제가 없는 곳이 없습니다. 가정과 학교와 사회, 그리고 교회까지 모두 불감증 환자가 되어 버렸습니다.

물질주의와 자기중심적 편의주의로 변해 가는 이 현실 속에서 빛과 소금의 역할을 감당하라는 주님의 명령은 저희에게 힘겹게 다가옵니다. 그래서 말로만 소금과 빛의 역할을 하는 저희의 마음은 늘 공허하고 기쁨이 없습니다.

믿음의 행함이 있는 성도의 삶을 살게 하소서

주님! 우리 모두 통회의 아픔을 통해 스스로가 부패와 부정의 고리를 끊고 각자 맡겨진 일터에서 본연의 임무를 성실히 감당하게 하옵소서. 나를 희생할 수 있는 용기를 주시고, 남을 먼저 배려하는 넉넉한 마음도 갖게 하옵소서.

또한 우리 모두의 가정을 돌아보게 하옵소서. 아내와 남편 그리고 자식이 나의 소유물이 아닌 사랑과 섬김의 대상임을 깨닫게 하시고, 가정에서의 실천이 교회와 사회로 이어지게 하소서. 죄악된 것들은 모양이라도 버리게 하셔서 기쁨과 평안을 얻게 하옵소서.

교회의 머리 되시는 주님! 진정 주님께서 원하시는 교회가 되기 위해 무엇을 어떻게 해야 할지 목사님의 말씀을 통해 깨닫게 하시고, 청지기로서의 일과 복음 증거의 사명을 충실히 감당하는 성도가 되게 하옵소서.

준비하여 드리는 성가대의 찬양을 받으시고, 찬양의 가사대로 우리에게 응답하여 주소서. 예수님의 이름으로 기도드립니다. 아멘

주일 저녁 예배 1

온전한 성도의 삶을 살게 하소서

지금도 살아 계셔서 온 인류의 역사를 주관하시는 하나님 아버지, 하나님의 완전하심을 찬송하며 하나님의 한없는 영광 앞에 무릎을 꿇습니다. 죄로 인해 죽을 수밖에 없었던 우리에게 구원을 베푸시고 그 은혜를 찬송케 하시니 감사드립니다. 우리를 성도라 불러 주시고 그리스도의 제자로 삼아 주시니 또한 감사드립니다. 우리에게 언제나 하나님의 구원의 길을 보이시고 그 길에서 우리가 넘어지지 않게 하옵소서.

주여! 우리에게 참된 회개의 시간들을 허락하여 주시길 바라옵니다. 항상 말로만 용서를 구하며 죄악 된 삶에서 돌이키지 못했던 우리였습니다. 죄악된 세상에서 성도의 삶을 온전히 살게 하여 주옵소서. 성숙하지 못한 성도의 삶에서 돌이켜 오직 하나님 앞에 바로 선 믿음의 사람이 되길 원합니다. 주님의 말씀으로 우리를 비추시고 가르치시사 삶 전체가 하나님 아버지를 향한 삶이 되게 하시고 우리의 전 인격이 하나님을 닮게 하여 주옵소서.

예배자에게 하늘의 복을 주옵소서

하나님 아버지, 이 제단 앞에 꿇어 엎드린 사랑하는 성도들의 간구를 들으시고 응답하여 주옵소서. 저희들에게 무엇보다도 하나님의 말씀대로 살아가는 믿음과, 삶 전체를 통하여 주님의 영광을 드러내는 믿음을 허락하여 주옵소서.

아직도 주님을 알지 못하고 죄 가운데서 신음하는 우리의 이웃과 형제들을 위하여 기도합니다. 주님께서 그들에게 복음의 빛을 비추사 그 빛 아래서 살게 하시고 영생을 누리는 복을 허락하소서. 헐벗고 굶주리는 우리의 이웃들이 있사오니 그들을 주님께서 지켜 주시고, 저희에게 그들을 섬길 수 있는 귀한 믿음과 사랑을 허락하소서.

이 나라의 통치자와 정사를 맡은 모든 이들에게 순수한 마음과 현명함과 당신의 말씀을 두려워하는 마음을 허락해 주옵소서. 그리하여 이 땅에 불의와 부정이 사라지고, 남북으로 갈라진 이 나라가 주님의 복음으로 통일되는 놀라운 역사가 일어나게 하옵소서.

전능하신 하나님, 예수 그리스도께서 주인이신 이 교회가 주님의 사랑과 진리와 은혜가 가득 찬 교회가 되길 소망합니다. 오늘 드리는 예배를 기쁘게 받으시옵소서. 말씀을 증거하실 목사님에게 함께하셔서 생명력 넘치는 말씀을 선포케 하여 주옵소서. 예수님의 이름으로 기도합니다. 아멘.

주일 저녁 예배 2

the Lord's Prayer

빛 되신 주 앞에 행하는 성도가 되기 원합니다

죽을 수밖에 없는 우리 인간의 생명이시며, 신실한 자들의 빛 되시는 거룩하신 주 하나님 아버지, 하나님의 크신 사랑에 감사와 찬송을 드립니다. 저희에게 복된 날을 허락해 주셔서 아침부터 저녁까지 하나님을 찬양하며 예배하게 하시오니 감사합니다. 하나님의 성도들이 드리는 이 예배가 신령과 진리로 드리는 예배, 하나님의 임재하심이 충만한 예배가 되게 하소서.

연약함 가운데 역사하시는 하나님을 바라보게 하소서

우리의 연약함을 아시는 하나님! 이 시간 머리 숙여 우리의 모든 죄와 잘못을 고백하고 뉘우치오니 우리를 용서해 주옵소서. 우리는 주님의 마음을 닮지 못하고, 허영과 시기와 미움으로 가득 찬 생활을 하였습니다. 서로 사랑하라고 하셨던 주님의 가르침을 멀리하고 자신의 욕망대로 살아 왔습니다. 주여, 우리의 모든 허물을 용서해 주시고 주님의 보혈로 씻어 주옵소서. 그리하여 주님을 믿는 성도로서 본분을 다할 수 있도록 귀한 믿음을 허락하소서.

성도의 삶을 살아가기엔 우리의 믿음이 연약하기 그지없습니다. 끊임없이 의의 삶과 죄악 된 삶 사이에서 헤매고 갈등하는 것이 우리의 모습입니다. 그래서 우리는 기도할 수밖에 없고, 하나님을 향해 두 손을 들 수밖에 없습니다. 연약한 자를 강하게 하시는 하나님, 신실하신 하나님을 의지하오니 믿음으로 이 세상을 이기게 하옵소서.

이 시간 예배드리는 모든 성도들과 함께하셔서 믿음이 연약한 심령들에게는 강하고 담대한 믿음을 허락하시고, 말씀에 갈급하고 굶주린 심령들에게는 말씀의 충만을 허락하옵소서.

교회의 주인이신 주님께 간구합니다

우리 교회가 온전히 하나님의 영광을 드러내기를 원합니다. 이 세상에서 빛과 소금의 역할을 온전히 감당하며, 많은 생명들을 주님 앞으로 인도하여 구원의 기쁜 소식을 전파하는 데 부족함이 없게 하소서. 특별히 담임 목사님께 영육 간에 강건함을 주시고, 부교역자들에게도 능력 주셔서 맡겨진 일들을 수행할 때 부족함이 없게 인도하옵소서.

저희가 드리는 이 예배가 감사와 찬양이 넘치는 예배가 되도록 주께서 친히 주장하여 주옵소서. 미처 구하지 못한 것도 주님께서 아시오니 채워 주실 줄 믿사오며 거룩하신 주 예수 그리스도의 이름으로 기도드립니다. 아멘.

수요예배 1

성도를 지키시는 은혜 감사합니다

사랑의 하나님, 하나님의 한량없는 사랑에 감사를 드립니다. 우리의 인생을 인도하시는 하나님 아버지께 기도하며 예배드릴 수 있는 귀한 시간을 주심도 감사드립니다. 하나님의 임재하심 가운데 우리가 늘 거하기를 원하여 하나님의 전으로 나아와 머리를 숙였습니다. 여기에 머리 숙인 당신의 백성을 굽어 살피셔서 충만한 은혜로 가득 채워 주시길 기도합니다.

하나님 아버지, 이 나라 이 민족을 걱정하며 바라보지만 그래도 어려운 환경을 바라보며 기도하는 교회들이 있음에 감사드립니다. 의인 열 명만 있으면 죄악이 가득한 소돔과 고모라를 멸망치 않겠다고 하신 하나님, 어지러운 사회의 문화가 세상과 교회를 삼켰으나 하나님 앞에 온전히 구비된 교회, 하나님 앞에 신실하게 살아가는 성도들이 있습니다. 하나님의 촛대가 이 나라 위에서 옮겨지지 않게 하옵소서. 이 민족이 더욱 더 기도하게 하시고 각자의 위치에서 최선의 모습으로 살아감으로 어려운 상황이 축복의 기회로 변화될 수 있게 하옵소서.

세상에 희망을 전하는 성도가 되게 하소서

하나님 아버지, 세상에 수많은 교회 가운데 하나님이 사랑하시는 우리 교회를 세워 주심을 감사드립니다. 우리가 한 지체가 되어 서로 사랑하고 감싸 주며, 주님의 큰 뜻을 이루는 귀한 교회를 섬기게 하심도 감사드립니다. 이 교회가 꿈을 향해 나갈 수 있게 하시고 그 꿈을 기대하고 소망하며 합력하여 선을 이룰 수 있기를 소원합니다.

하나님 아버지, 저희가 가장 행복하고 복된 성도들이 되기를 원합니다. 하나님께서 허락하신 우리의 가정이 주 안에서 행복한 가정이 되게 하여 주소서. 그리하여 세상 가운데 희망의 빛을 드러낼 수 있기를 소원합니다.

우리의 예배에 성령의 임재가 충만하길 기도합니다

하나님 아버지, 담임 목사님을 항상 지켜 주시고 늘 영육 간에 강건케 하옵소서. 목사님이 계획하는 귀한 사역들이 늘 하나님 뜻에 합하여, 그 뜻을 이루며 하나님의 영광만을 드러내는 목사님이 되길 원합니다. 찬양으로 영광 돌리는 성가대의 찬양을 기쁘게 받아 주시고, 듣는 저희에게 큰 은혜가 넘치는 귀한 찬양이 되게 하소서.

하나님 아버지, 이 시간 하나님의 귀한 말씀을 전하시는 목사님께 큰 은혜로 함께하여 주시고, 저희가 그 말씀을 듣고 하나님이 원하시고 기뻐하시는 신앙생활을 할 수 있도록 인도하소서.

이 시간 드리는 이 예배 가운데 하나님이 함께하심을 믿고 감사합니다. 예수님의 이름으로 기도드립니다. 아멘

수요예배 2

담대히 하나님 앞으로 나아가길 기도합니다

은혜와 평강으로 날마다 채워 주시는 하나님! 이 시간에 주님 앞에 머리를 숙입니다. 저희를 긍휼히 여기사 우리의 죄악과 잘못을 용서하여 주시고 이 예배를 받아 주시기를 원합니다. 주님의 은총 안에 살면서도 저희는 삶이 괴롭고 힘들다고 늘 불평만 했습니다. 주님 앞에 서기에 부끄러운 우리를 주님의 보혈로 정케 하소서. 용서받은 기쁨으로 주님께서 원하시는 길을 걷게 하옵소서. 세상을 이길 능력을 허락하시고, 십자가 사랑을 덧입게 하옵소서.

하나님 아버지, 우리의 삶을 뒤돌아 보면 늘 허물 많고 부족한 모습이지만, 사랑으로 감싸 주시는 하나님 아버지를 의지하며 크신 위로 가운데 살고 있습니다. 예수 그리스도의 보혈을 의지하여 담대히 하나님의 보좌로 나아갑니다. 한없는 하나님의 은총을 부으시고, 성령의 임재하심이 충만케 하옵소서.

이 시간 하나님께서 예정하신 하늘의 복을 받길 원합니다. 우리의 마음 문을 활짝 여시어 하늘의 복을 받는 시간이 되게 하여 주소서. 높은 곳에 계시면서도 낮은 자를 하감하시는 주님께 낮고 천한 저희가 회개하는 마음으로 기도합니다. 저희를 용서하시고 은혜를 사모하게 하옵소서.

차세대가 하나님 앞에 바로 서길 기도합니다

하나님, 차세대들이 하나님 앞에서 믿음으로 헌신하게 하옵소서. 세상의 풍조가 날로 악해져도 그 속에서 살아가는 우리 믿음의 세대들이 세상의 헛된 것을 본받지 않고 오직 그리스도께 속하여 말씀으로 행하기를 소망합니다.

주님을 의지하며 학업에 정진하게 하시고, 병들어 있는 이 세상을 일으킬 훌륭한 일꾼들로 자라게 하시어 하나님 나라를 확장하는 일에 동참하게 하옵소서.

말씀 앞에 신실한 성도가 되게 하소서

이 시간 특별히 주님께서 귀히 쓰시는 목사님을 세우사 말씀을 증거하게 하셨으니, 인간의 연약함은 모두 십자가 뒤에 감춰 주시고 성령의 두루마기를 입히사 말씀의 능력을 주옵소서. 그의 입술을 통해 나오는 말씀으로 우리가 감화를 받아 마음이 뜨거워지게 하옵소서. 믿음이 약한 성도들에게는 확고한 믿음을, 시험 중에 있는 성도들에게는 이길 수 있는 확신을 주셔서 더욱 더 굳건한 믿음으로 충만하게 하옵소서. 주님의 피 값으로 세우신 이 교회에 말씀이 충만하게 하옵소서. 사랑이 식어가는 이 세대에 주님의 사랑을 본받아 사랑의 향기를 나타내는 교회 되게 하옵소서. 예수 그리스도의 이름으로 기도드립니다. 아멘.

주일 낮 예배 1

감사와 찬양

"보라 내가 새 일을 행하리니 이제 나타낼 것이라 너희가 그것을 알지 못하겠느냐 반드시 내가 광야에 길을 사막에 강을 내리니"(사 43:19)고 약속 하신 대로 이루신 하나님을 찬양합니다. 우리 개인의 인생과 교회 공동체를 하나님의 치밀한 계획과 섭리 속에서 경영하시는 전능하신 하나님, 현충일을 기념하며 드리는 이 예배 가운데 임재하셔서 하나님의 뜻을 보여 주옵소서. 새 일을 계획하고 행하시는 하나님의 경영 앞에서 잠잠히 기다리는 저희가 되게 하옵소서.

죽음과 삶의 비밀을 알게 하소서

보잘것없는 이 민족을 선교의 대국으로 세계 열방 가운데 우뚝 서게 해주신 하나님을 찬양합니다. 앞으로도 이 민족이 영광과 축복을 누리기에 부족함 없는 깨끗한 그릇으로 쓰임 받게 하옵소서. 우리가 누리는 이 영광과 부요함 뒤에 숭고한 희생자들의 피 뿌림이 있었던 것을 알고 있습니다. 순국선열들이 아끼지 않고 피를 뿌렸던 생명의 제단이 결국 이 민족의 부흥과 영광을 낳았사오니, 그들이 흘린 피가 헛되지 않도록 우리가 이 나라를 잘 가꾸어 나가게 도와주소서. 이 영광을 후손들에게 잘 물려줄 수 있게 하옵소서.

한 알의 밀알이 땅에 떨어져 죽으면 많은 열매를 맺을 것이라고 말씀하신 주님, 주님께서 친히 한 알의 밀알이 되어 십자가에서 죽으심으로 죽음과 삶의 비밀을 보여 주심을 감사합니다. 죽지 않고는 살 수 없고, 죽음 뒤에 더 큰 영광이 기다리고 있음을 깨달아 우리 역시 조국과 교회를 위해 죽음의 길을 기쁨으로 선택하게 하시고, 무덤에 핀 부활의 꽃이 우리 공동체에도 피어나게 하옵소서. 이 시대에 필요한 또 다른 애국지사의 반열로 저희를 인도하시고, 삶의 현장에서 조국과 하나님 나라를 위해 거룩한 피 뿌림으로 희생하고 헌신하게 하옵소서.

시대적인 사명을 잘 감당케 하소서

하나님의 보내심을 기억하며 생명을 버리기까지 순종의 길을 걸으신 주님, 조국의 부름 앞에 목숨을 초개 같이 버린 이들의 숭고한 죽음이 헛되지 않게 하심을 감사드립니다. 우리 역시 이 시대 조국과 공동체 앞에 또 다른 사명을 감당해야 하는 자임을 잊지 않기 원합니다. 자신만의 안일을 생각하여 희생을 포기하는 졸장부가 되지 않게 하옵소서. 나에게 맡겨진 시대적인 사명을 가슴에 품고, 민족을 위해 할 수 있는 최선의 삶이 무엇인지 잊지 않게 하소서. 그리하여 하나님의 왕국에서 요청하시는 하늘 사령관의 지시를 날마다 받아가며 살기를 소원합니다.

생육하고 번성하여 땅에 충만하라는 문화 명령을 받은 우리가 이 땅과 환경을 하나님의 뜻과 자연의 이치를 따라 잘 섬기길 소망합니다. 우리 민족, 우리 교회, 내 가정이라는 집단 이기주의에 빠져 하나님 왕국을 잊지 않게 하시고, 조국을 위한 희생과 헌신이 인류를 향한 하나님의 대의를 벗어나지 않도록 지혜로운 청지기의 길을 걷게 하소서. 요나처럼 좁은 울타리 안에 갇히지 않고 우주적인 사명자로 살게 하시고, 하나님 왕국의 시민으로 주님을 섬기게 하옵소서. 예수님의 이름으로 기도드립니다. 아멘.

주일 낮 예배 2

the Lord's Prayer

찬양과 감사

무더운 날씨 속에서 이 민족과 교회를 평안 가운데 지켜 주시니 감사합니다. 이스라엘을 광야 가운데서 안으시고 업으셔서 약속의 땅 가나안까지 안전하게 이끄신 하나님, 이 민족과 교회가 하나님의 약속 안에 거하게 하소서. 이 시간 예배 가운데 하나님의 약속을 붙잡고 더 깊은 믿음의 세계로 나아가게 하옵소서.

다시는 동족상잔의 전쟁이 없게 하소서

호국보훈의 달에 전쟁의 참상을 다시 한 번 생각할 수 있게 하신 주님, 이 땅과 교회 안에 다툼이 없게 하시고 우리가 싸움을 일으키는 장본인이 되지 않게 해주옵소서. 한국전쟁으로 죽어간 영혼들의 숭고한 죽음이 헛되지 않도록 저희가 민족의 안보를 지킬 수 있는 후손이 되게 하옵소서. 전쟁을 모르는 세대들은 한국전쟁의 아픔과 상처를 잊어 가고 있습니다. 그들로 전쟁이 얼마나 비참한지 잊지 않게 하시고, 약자의 아픔을 맛본 우리가 국방력과 경제력을 갖추어 다시는 이 땅을 피로 물들지 않게 하기를 원합니다.

끊임없이 전쟁을 도발하기 위해 혈안이 되어 있는 북한의 위정자들을 불쌍히 여기시고, 전쟁의 비극을 돌아볼 수 있는 지혜를 주옵소서. 원산과 평양에 불었던 영적 부흥 운동이 머지않아 북한 땅에 회복되게 하시고, 지금도 지하 교회에서 기도하는 믿음의 용사들의 기도로 북한 교회가 재건되는 기적이 있게 하옵소서. 전쟁을 충동질하는 사탄의 실체를 깨닫게 하시고, 거룩한 영적 전쟁에 눈뜨게 하소서.

평화를 주소서

평화의 왕으로 세상에 오신 주님, 주님의 몸이 십자가에서 찢기심으로 이 땅에 평화를 허락하시니 감사드립니다. 전쟁이 남긴 파괴와 황폐함 가운데 있는 이 민족에게 재건의 용기를 허락하셔서, 세계적인 경제대국으로 부상할 수 있게 하심도 감사합니다. 평화를 사랑하는 민족이 되게 하시고, 이 땅에 평화를 전하는 교회 되게 하소서. 시시때때로 남침을 도발하는 북한에게 평화의 도구로 살아갈 수 있는 예수님의 마음을 부어 주옵소서. 남과 북이 통일을 위해 함께 대비하는 지혜로운 민족이 되게 해주옵소서. 그리하여 통일 한국을 이루어 더 힘차게 세계 속의 한국으로 자라갈 수 있게 하소서. 또한 평화의 복음을 필요로 하는 열방을 향해 힘차게 나아가 세계 선교의 비전을 더 크게 품을 수 있게 해주옵소서.

칼이 아니라 복음을 품고 나아가는 한반도가 되게 하시고, 우리에게 세계 평화의 도구로 쓰임 받는 영광을 허락하소서. 세계 평화를 위해 일할 수 있는 글로벌 리더들이 우후죽순 일어나게 하시고, 우리 교회 안에서도 민족과 세계를 가슴에 품고 평화의 복음을 실현하는 영적인 리더들이 일어나게 하소서. 주님, 먼저 내 영혼이 하나님과 복음을 대면함으로 참된 평안을 누리게 하시고, 우리가 속한 작은 공동체를 평화의 공동체로 만들어 나가게 하옵소서. 평화의 왕으로 오신 예수 그리스도의 이름으로 기도드립니다. 아멘.

주일 낮 예배 3

메마른 심령에 은혜의 단비를

오늘도 우리의 감사와 경배와 찬양의 대상이 되시는 주님의 이름을 높이 찬양하고 모든 영광을 돌립니다. 이 세상 우주 만물과 인간의 창조자 되시며 역사를 주관하시는 하나님 아버지, 이 시간 우리의 몸과 마음과 정성을 모아 드리는 예배가 산 제사가 될 수 있도록 인도하여 주소서.

하나님 아버지, 가물었던 대지에 촉촉한 봄비를 내려 주시듯 어리석고 메마른 심령들에게 은혜의 단비를 내려 주시어 새로운 믿음의 싹들이 쑥쑥 자라게 하소서.

복음의 사명을 잘 감당하게 하소서

교회의 머리 되시는 주님, 이 시대를 살아가는 저희를 은혜의 손으로 어루만져 주시고 능력의 손으로 안수하여 주시어, 이 험한 세상을 살면서 결코 좌절하지 않게 하옵소서. 시련과 고난이 닥쳐 올지라도 능히 믿음으로 이겨 낼 수 있게 하옵소서. 세상의 어떤 시험이나 환란도 우리를 하나님의 사랑에서 끊을 수 없습니다. 우리를 강하게 붙잡아 주시옵소서. 우리 교회를 통하여 역사하시는 주님, 이 교회가 이 시대의 구원의 방주가 되어 많은 영혼을 살리게 하옵소서.

생수의 강으로 열방을 복되게 하소서

오늘도 강단에서 선포하시는 말씀에 복을 내리시사, 그 능력의 말씀에 우리의 심령이 뜨겁게 변화되게 하소서. 그 말씀이 메마른 심령을 적시는 은혜의 단비가 되게 하여 주옵소서. 저희가 여러 가지 삶의 문제로 어려움을 겪을 때 기도하겠사오니 외면치 마시고 응답하여 주옵소서.

특별히 세계적인 경제난 때문에 어려움을 겪고 있는 많은 사람들에게 믿음과 지혜를 주시길 원합니다. 이러한 때에 주님께 기도하게 하시고 주님의 놀라운 은혜의 역사를 체험하게 하옵소서. 어려움 속에서도 피할 길을 내시고 새로운 길을 열어 주시며, 언제나 우리와 함께 하시고 도우시는 주님의 손길을 만나게 하옵소서.

하나님 앞에 드리는 성가대의 찬양이 우리 모두의 간절한 신앙고백이 되어 주님 앞에 울려 퍼지게 하옵시고 그 찬양을 기쁘게 받아 주옵소서. 오늘도 십자가를 바라보는 자에게 은혜 베푸시는 예수님의 이름으로 기도드리옵나이다. 아멘.

주일 낮 예배 4

그리스도의 은총을 바라며 감사드립니다

마음이 상하고 육신이 지쳐서 생명을 거두어 달라고 기도하는 엘리야를 흔들어 깨우셔서 떡과 물을 먹이시고 어루만져 주신 주님, 환난과 질고가 가득한 세상을 살아가는 저희를 내버려 두지 않으시고 돌보시고 인도하여 주셔서, 거룩한 주일을 맞아 주님 앞에 나와 찬양과 경배를 드릴 수 있게 하심을 감사드립니다. 감히 주님 앞에 나올 수 없는 죄인들이지만 그리스도의 사죄의 은총을 의지하여 나왔사오니 축복과 사랑으로 함께하여 주옵소서.

지금 이 시간, 지난 한 주의 삶을 되돌아봅니다. 가룟 유다처럼 주님을 팔지는 않았습니까? 베드로처럼 주님을 부인하며 살지는 않았습니까? 도마처럼 의심하지는 않았습니까? 너무도 비겁하고 용기도 없으며 믿음이 부족한 저희를 용서하여 주시고, 이 시간 예배드리며 회개하는 저희를 위로하여 주옵소서. 진리의 말씀을 보내셔서, 우둔한 생각과 마음의 무거움에서 우리를 건지시고 피곤한 육신에 새로운 힘을 주옵소서.

보혈의 피로 세우신 교회의 머리 되신 주님, 이 교회가 지역사회와 성도들 모두에게 다정한 이웃이 되게 하시고, 세계 열방에 그리스도의 사랑을 실천하게 하시니 감사드립니다.

복의 근원되신 하나님! 세계적 경제 위기 속에 나라 경제도 극심한 불황 가운데 있어 국민들이 어려움을 겪고 있습니다. 나라를 이끌어 가는 위정자들에게 지혜와 분별력을 주셔서 정사를 바로 세워 가게 하옵소서. 그리하여 이 허약한 나라의 경제를 회복시켜 주옵소서.

하나님의 교회를 섬기는 이들을 위해 기도합니다

이 교회를 위해 세우신 하나님의 종을 성령께서 능력으로 붙들어 주옵소서. 엘리야에게 주셨던 영력보다 7배나 더하여 주셔서, 눈물과 애끓는 마음으로 기도하며 맡겨 주신 양떼를 이끌고 나갈 때 부족함이 없게 하옵소서.

악의 권세가 물러가게 하시어 질병과 여러 생활의 문제로 괴로워하고 근심하는 성도들의 마음에 평안을 주옵소서.

오늘도 정성을 다하여 예배를 드립니다. 저희의 예배를 흠향하여 주시고 이 시간에 기쁨과 사랑이 넘치게 하소서. 찬양으로 영광 돌리는 성가대의 찬양을 받아 주시고 예배를 온전히 주께서 주장하셔서 사탄이 틈타지 못하게 하옵소서. 예수 그리스도의 이름으로 기도드립니다. 아멘.

주일 낮 예배 5

the Lord's Prayer

믿음으로 세상을 이기게 하소서

호산나 다윗의 자손으로 이 땅에 오신 예수 그리스도를 찬양합니다. 우리에게 무한한 사랑을 부으시어 독생자 아들 예수 그리스도를 보내시고 그의 죽음으로 우리를 구원하여 자녀 삼아 주신 하나님의 크고 놀라운 이름을 찬양합니다.

낮고 천한 몸으로 친히 이 땅에 오셔서 십자가의 고통으로 우리 죄를 대속하신 은혜와 사랑에 감사드립니다. 진심으로 옛사람의 구습과 허물, 무지와 어리석음을 버리길 소망합니다. 물과 성령으로 거듭날 수 있게 하시며, 진실하지 못했던 삶에서 돌이킬 수 있도록 도와주옵소서. 무엇보다 하나님의 나라와 뜻을 구하는 믿음의 사람이 되도록 붙잡아 주소서.

십자가의 정신을 되새기길 기도합니다

자비와 긍휼이 풍성하신 하나님! 저희가 자기 몫의 십자가를 지고 주님이 가신 골고다 언덕을 따르게 하소서. 자신의 행복과 안일만을 추구하고 십자가 정신을 외면했던 어리석은 심령을 성령의 능력으로 변화시켜 주옵소서.

이 시간 특별히 교회를 위해 간구합니다. 우리 교회가 성령의 불로 타오르게 하시어 하나님 보시기에 합당한 교회가 되게 하시고, 주님의 일을 잘 감당하는 능력 있는 교회 되게 하옵소서. 어두운 역사에 불빛을 비추는 등대가 되어 죽어 가는 무리를 생명으로 인도하길 원합니다. 하나님의 뜻보다 인간의 이기적인 생각만으로 움직여지지 않도록 성령께서 강권하여 주옵소서.

교육기관을 위해 기도합니다

모든 부서마다 성장하고 부흥케 하옵소서. 각 사람이 하나님께서 기뻐하시는 사랑의 사도가 되어 신앙고백대로 행하게 하소서. 행함이 없는 믿음은 죽은 믿음이라고 한 야고보의 고백처럼 우리의 삶 가운데 행함의 믿음이 있게 하옵소서. 우리의 믿음 있는 행실을 통하여 우리가 주의 제자인 것을 만인이 알게 하옵소서.

무엇보다도 한 사람 한 사람에게 복을 내리셔서 정직하고 신실한 주의 자녀들이 되게 하소서. 또 물가에 심긴 나무가 시절을 좇아 과실을 맺으며 그 잎사귀가 마르지 아니함 같이 이 불황 속에서도 형통하게 하옵소서.

교회 미화와 꽃꽂이로, 주일학교 교사로 봉사하고 수고하는 모든 손길 위에 하나님의 특별하신 은혜와 사랑이 있기를 기도합니다. 그들과 동행하여 주옵소서. 예배의 시종을 주님께 의탁하오며, 우리를 십자가 사랑으로 구속하신 예수 그리스도의 이름으로 기도드립니다. 아멘.

주일 낮 예배 6

하나님의 마음을 알아가는 성도 되게 하소서

우리의 힘과 능력이 되신 하나님 아버지, 감사와 영광을 올려 드립니다. 우리를 세상의 험난한 파도와 위험 속에 홀로 내버려 두지 않으시고, 은혜를 베푸시려 기다리시고 우리에게 긍휼을 베푸시려 일어나시는 주님, 주님을 찬양하고 예배하기 위해 이 자리에 모였사오니 이 시간 저희와 함께해 주옵소서.

전 세계의 금융 위기로 어렵고 험난한 시간을 보내고 있습니다. 많은 나라, 많은 사람들이 경제만 풀리면 모든 것이 해결될 거라 생각합니다. 그러나 경제가 풀린다고 우리의 병든 영혼까지 치료가 되겠습니까?

이 시간 마음과 생각이 하나님 중심에서 물질 중심으로 흘러가는 우리의 삶을 회개합니다. 어려운 상황에서 하나님께 더 가까이 나아가고 하나님을 의지하기보다 나 자신의 경험과 지식을 의지하고, 하나님과 소통하고 교제하기보다 우리의 힘으로 모든 것을 해결하려 했음을 고백합니다. 그러다 지쳐 포기하고 절망하며 살았던 저희를 용서해 주옵소서.

말씀으로 삶을 풍요롭게 하소서

말씀을 믿는 자 속에서 역사하시는 하나님, 이 시간 담임 목사님이 말씀을 증거하실 때 성령의 능력과 감동으로 전하시게 하시고, 영육 간에 강건함 가운데 은혜롭고 능력 있는 말씀을 전하도록 성령께서 도와주시옵소서.

찬양으로 영광을 받으시기에 합당하신 주님, 성가대를 축복하셔서 찬양대가 찬양할 때 주의 전이 하나님의 영광으로 가득하게 하시고, 온 땅의 모든 백성들이 주를 찬양하도록 이끌어 주옵소서. 지휘자, 반주자, 연주자, 성가대원들이 성령의 교제를 통해 더욱 큰 은혜의 찬양을 드릴 수 있도록 이들의 마음을 믿음으로 충만케 하옵시고 성령의 감동으로 채워 주옵소서.

하나님의 임재가 충만한 예배되게 하소서
하나님의 임재가 충만한 예배가 되길 원합니다. 충만한 하나님의 임재를 경험하며 우리의 예배가 회복되게 하시고, 우리의 인생이 회복되게 하옵소서. 하나님의 말씀과 찬양을 통해 우리의 영혼이 치료되고 쉼을 얻기를 원하고 도전받기를 원합니다. 언제나 풍성한 열매로 가득 채워주옵소서. 오늘 예배의 처음과 끝을 주님께 의탁하오며, 우리 구주 예수님의 이름으로 기도드립니다. 아멘.

6월에 드리는 대표기도

주일 저녁 예배 1

참된 예배가 되게 하소서

인생의 그늘이 되어 주시고 주의 날개로 당신의 백성을 품어 주시는 하나님 아버지! 오늘도 거룩한 교회에 모여 하나님의 인자하심을 찬양할 수 있는 은혜의 자리를 허락하시니 감사합니다. 주일 오후 예배를 기쁘게 흠향하여 주시길 원합니다. 주님의 응답이 있고 치유가 있는 예배, 문제를 해결받는 예배가 되게 하여 주옵소서.

주와 더욱 친밀하여지고 성도의 교제가 넘치는 복된 예배, 말씀을 의지하여 성령의 감동 감화가 충만한 예배가 되어 주님께서 기뻐 받으시길 기도드립니다. 솔로몬이 일천 번제로 하나님의 은혜를 입은 것 같이 오늘 드리는 예배도 복되게 하옵소서.

예배를 통해 변화되길 원합니다

예배를 통하여 우리의 삶에 용서가 있게 하시고, 화해가 있게 하시며, 관용함이 있게 하옵소서. 하나님과 하나님 나라를 위한 사역에 헌신함이 있게 하옵소서. 우리가 언제나 십자가 사랑을 생각하고, 감사함으로 주님 가신 길을 따라가길 원합니다. 말씀에 의지하고 순종하는 삶을 살아 하나님을 기쁘시게 하기를 소원합니다.

우리의 죄악된 모습을 고쳐 주소서. 하나님의 성품을 닮아 주의 뜻을 실천하게 하소서. 주께서 우리에게 주신 제일의 사명은 "내가 너희를 사랑한 것 같이 너희도 서로 사랑하라"(요 13:34; 요 15:12)는 주님의 말씀임을 명심하고 그 사랑을 실천할 수 있는 믿음의 사람들이 되게 하여 주시옵소서.

행함의 믿음으로 전진하는 성도 되게 하소서

우리가 이 한 주간도 예배로 시작합니다. 순간순간 삶의 어려움 가운데 그리스도의 이름으로 승리케 하시고, 하나님의 영광과 거룩하심을 드러내게 하옵소서. 예배를 통하여 부르짖는 우리의 기도에 응답하여 주시고, 애통하는 당신의 백성들을 주님의 놀라운 은혜로 위로하여 주옵소서. 우리가 하나님의 계획과 섭리를 잘 깨달아, 사명을 충실히 감당하길 소망합니다. 오직 주의 도를 행하는 성도들이 되어 어두움의 세력을 물리치고 악의 세력 앞에 예수의 이름으로 승리케 하옵소서.

우리로 하여금 성령으로 충만케 하셔서, 우리의 삶에 하나님이 기뻐하시는 성령의 열매들이 날마다 맺히게 하옵소서. 이 세대를 본받지 않고 하나님의 기뻐하시고 선하신 뜻이 무엇인지 분별하여 그리스도의 향기를 날리며 살게 하옵소서. 예수님의 이름으로 기도합니다. 아멘.

주일 저녁 예배 2

진실한 그리스도인으로 살게 하소서

오늘도 역사의 중심에 계시며 우리의 삶을 주관하시는 여호와 하나님! 복된 주일을 허락하시고 그리스도의 몸 된 교회로 부르시어 귀한 예배로 영광 돌릴 수 있게 인도하여 주심을 진심으로 감사드립니다. 예배가 무너져 가는 세대에 하나님께 진정으로 예배드리는 성도가 되길 원합니다. 주님께서 이 예배를 통하여 홀로 영광 받으시고, 이 시간이 삶의 지혜와 소망이 넘치는 은혜의 시간이 되게 역사하여 주옵소서.

하나님 아버지! 벌써 올해의 중턱에 들어섰습니다. 하나님 앞에 온전히 살겠노라 기도하였건만, 세상과 벗하며 주님께서 주신 말씀, 주님께서 베풀어주시는 은혜를 모두 잊은 채 오직 나만을 위하여 살아 왔음을 고백하오니 용서하여 주옵소서. 하나님 앞에서 신실하게 살아가는 성도의 모습을 잊어버렸음도 고백합니다. 또한 남을 나보다 낮게 여기고 그들을 그리스도의 사랑으로 섬기는 것이 아니라 오히려 내가 중심이 되어 살아가고자 했던 것도 고백합니다. 우리로 진실된 그리스도인의 삶을 살아가게 하옵소서.

차세대가 하나님의 비전을 찾게 하소서

좋으신 주님, 다음 세대에 교회를 책임질 아이들을 기억하시고 그들이 하나님 앞에 믿음으로 자라나는 비전의 세대, 믿음의 세대가 되게 하여 주옵소서. 믿음 속에서 자란 이 세대를 통해 이 교회가 더 강건히 세워지게 하시고, 또한 이들이 세상 속에서 주님의 향기를 발할 수 있도록 인도하옵소서. 그들이 하나님의 마음에 합한 세대로 자라나고 세상과 구별된 하나님의 자녀로 온전히 서게 하옵소서. 그들의 가치관이 하나님의 비전을 향하여 정립되고 열방과 세상을 하나님께 드리는 왕 같은 제사장으로 살도록 인도하여 주소서.

하나님께 순종하는 거룩한 민족이 되게 하소서

이 민족을 붙들어 주시는 하나님 아버지! 이 정부가 주님의 손에 있사옵니다. 이 나라를 긍휼히 여기시사 공의로운 나라로, 모든 백성이 존중받는 나라로, 인간의 생각이 아니라 하나님의 섭리에 의하여 다스려지는 귀한 나라로, 주님을 중심으로 하나가 되는 나라로 세워 주옵소서.

예배 가운데 하나님의 은혜가 충만하길 기도합니다

말씀을 전하실 담임 목사님을 성령으로 충만하게 하사 능력을 주시옵소서. 그리하여 주님 말씀이 선포될 때 말씀을 듣는 우리 모두가 그 말씀을 통하여 험한 세상을 이길 굳세고 담대한 힘을 얻고 우리 삶속에서 아름다운 열매를 맺게 하여 주소서. 이 예배가 주님께만 영광이 되는 은혜로운 시간이 될 줄 믿습니다. 예수님의 이름으로 기도드립니다. 아멘.

수요예배 1

감사와 찬양

흩어져 있는 우리 한 사람 한 사람을 지키시고 안전하게 보호하신 주님, 우리의 온 몸과 마음을 다하여 주님께 감사와 찬양을 올립니다. 십자가의 거룩한 보혈이 우리를 깨끗하게 하여 우리가 하나님의 임재 앞으로 나아 왔으니 모든 영광을 받으시옵소서!

예배를 기대합니다

신령과 진정으로 예배드리는 사람을 찾으시는 하나님, 이 시간 여기에 모인 우리 모두가 거룩한 예배자로 서기를 원합니다. 더럽혀진 양심을 회복시키시고, 정직한 영을 새롭게 하여 주소서. 부정한 입술을 성령의 불로 정결케 하시고, 더럽혀진 손과 발에 예수 그리스도의 흔적이 나타나게 하옵소서. 존귀하신 하나님, 우리로 하여금 하나님의 하나님 됨을 경험케 하시고, 하나님의 넓고 크신 은혜와 사랑 앞에 감복하는 예배자가 되게 하소서.

우리가 형식과 습관에 익숙한 예배를 청산하고 하나님을 갈망하고 예배를 사모하게 하소서. 우리가 그리스도의 임재를 갈망합니다. 성령께서 우리의 마음과 영혼을 적셔 주시기를 원합니다. 주님 없이는 살 수 없다고 고백하는 예배 되게 하옵소서.

이미 받은 은혜에 감사함으로 우리의 모든 것을 하나님께 드리는 예배가 되게 하소서. 예배 속에 임재 하시는 하나님을 경험함으로 세상에서 넉넉히 승리하는 그리스도인이 되게 하소서.

말씀으로 변화시켜 주소서

말씀으로 우리를 거룩한 하나님의 사람으로 변화시키기 원하시는 주님, 이 시간 우리가 겸손하게 주의 말씀 앞으로 나아갑니다. 겸손한 우리 심령 위에 진리의 씨를 뿌려 주소서. 우리의 마음과 영혼이 부드러운 옥토가 되어 말씀이 심겨질 때 30배, 60배, 100배의 풍성한 결실 맺기를 소원합니다.

하나님의 말씀을 귀로만 듣지 않고, 마음으로 듣게 하옵소서. 귀로 듣고 흘려버리지 않고 마음 판에 잘 새겨서, 삶의 현장에서 순종함으로 아름다운 말씀의 열매를 맺게 해주옵소서. 하나님의 말씀을 들을 때 사탄에게 복음의 기쁨을 빼앗기지 않게 하시고, 말씀으로 변화되는 복음의 능력을 경험하길 소망합니다.

주께서 우리에게 들려 주실 말씀의 대언자를 세워 주심을 감사드립니다. 묵상하고 준비한 말씀이 능력 있게 선포될 수 있도록 성령으로 기름 부어 주옵소서. 말씀을 듣는 우리는 진리를 밝히 깨닫고, 잘못된 생각을 무너뜨리고, 하나님이 기뻐하지 않는 감정은 버리게 하여 주옵소서. 나 자신이 주도하던 인생이 하나님의 말씀이 주도하는 인생으로 변화되길 기도합니다. 길이요 진리요 생명이신 예수 그리스도의 이름으로 기도합니다. 아멘.

수요예배 2

감사와 찬양

오늘도 우리가 살아 숨쉴 수 있음에 감사드립니다. 주일 이후 3일 동안
도 갖가지 고민으로 인해 길을 잃고 갈팡질팡하고 있을 때 우리의 생각을
붙잡아 하나님의 은혜 안에 서 있게 하시고 많은 것으로 채워 주신 하나
님을 찬양합니다. 세상이 흉흉하고 어지러울지라도 우리의 마음이 하나
님께만 집중되길 소망합니다. 이 시간 드리는 우리의 예배 가운데 임재
하셔서 영광 받아 주옵소서. 비록 죄로 얼룩진 모습이지만 십자가의 보혈
로 새롭게 하셔서 신령과 진리로 예배드리게 하옵소서.

경건한 하나님의 사람이 되게 하소서

영원한 소망을 주시는 주님, 우리에게 주님이 계심을 감사드립니다. 그
러나 주님, 우리가 살아가는 이 세상이 만만치 않습니다. 우리의 마음을
빼앗으려는 문화들이 넘쳐나고, 눈과 귀를 자극하는 일들이 너무도 많습
니다. 우리의 입에 파수꾼을 세우지 않으면 우리는 어느새 죄를 짓는 도
구로 전락하고 맙니다. 그러나 주님, 우리는 주님을 닮아가는 경건한 하
나님의 사람이 되기를 소망합니다. 어떤 유혹 앞에서도 세상과 타협하여
물들지 않고, 세상 한 가운데 있으면서도 영적인 강건함을 잃지 않는 예
수 그리스도의 참 제자 되기를 소망합니다. 세상을 닮기보다 하늘에 계신
우리 아버지를 닮기 원합니다. 오 주님, 우리로 하여금 성령에 사로잡힌
하나님의 사람이 되게 하소서.

우리의 생각이 하나님보다 앞서지 않게 하시고, 우리의 감정이 하나님을 무시하지 않게 하시며, 우리의 결정이 하나님의 결정을 뒤엎지 않게 하소서. 언제나 주님의 뒤를 따르게 하시고, 주께서 우리 인생의 결정자가 되어 주시길 원합니다. 우리는 작아지고 주님이 커지는 삶을 살게 하시고, 우리 안에 품은 소망과 비전까지도 하나님 앞에 내려놓게 하옵소서.

세상에서 영향력 있는 그리스도인이 되게 하소서

권능의 주님, 바다를 오염시키지 않는 힘은 3퍼센트밖에 되지 않는 소금에 있습니다. 이 땅에는 30퍼센트 이상의 그리스도인이 살고 있지만 영향력은 너무도 미미합니다. 이 땅의 그리스도인들에게 세상에 거룩한 영향을 끼치고 세상을 바꿀 수 있는 능력을 주소서. 어두운 곳을 밝게 비추고 부패를 방지하는 능력 있는 제자 되게 하소서. 스스로를 지킬 수 없는 무력한 그리스도인이 아니라 스스로를 뛰어넘어 공동체를 바라보고 자신의 이익보다 하나님의 유익과 이웃의 유익을 생각하는 믿음의 사람이 되게 하소서.

말씀과 기도로 우리를 거룩하게 하시는 주님, 우리의 생각과 삶을 지키시어 거룩함과 성결함의 열매를 맺게 하옵소서. 아브라함이 하나님의 말씀을 좇았듯이 우리 역시 하나님의 말씀만 따르길 원합니다. 이제 우리가 하나님의 살아 있는 말씀 앞으로 나아갑니다. 이 시간 세우신 말씀의 사자에게 성령으로 기름 부으사 하늘 만나로 우리 마음과 영혼을 풍족하게 채워 주옵소서. 우리를 거룩한 하나님의 사람으로 만들어 가시는 예수님의 이름으로 기도합니다. 아멘.

7월에 드리는 대표기도

주일 낮 예배 1

찬양과 회개

하늘과 땅에 통치자로 계신 하나님 아버지, 우리를 예배 가운데 불러주셔서 감사합니다. 하늘의 영광을 이곳에 보이시어 어두운 우리의 영을 밝히시니 감사드립니다. 온 마음과 온 몸을 다해 아버지를 사랑하는 찬양과 신앙고백 가운데 임하여 주옵소서.

한 주간을 돌아볼 때 우리는 거룩하신 하나님 앞에 나아올 수 없는 죄인이었음을 고백합니다. 우리의 손과 발은 악한 것에 민첩했으며, 우리의 입술은 은혜롭고 덕스럽지 않은 말로 이웃에게 상처를 주었습니다. 우리의 마음은 하나님을 사랑하기보다는 세상을 사랑했습니다. 그래서 십자가 은총 아래 겸손히 머리를 숙입니다. 거룩한 보혈로 저희를 성결케 하소서.

성도와 하나님 나라를 위하여 기도합니다

충성하지 못했던 우리를 하나님의 자녀로 삼으시고 일꾼으로 삼으신 것을 감사드립니다. 맡겨진 일에 충성하지 못했지만 다시 기회를 주시는 주님, 이 시간 하늘의 은혜와 능력을 입히셔서 하나님 나라를 위해 귀히 쓰임 받게 하옵소서. 무엇을 입을까, 무엇을 마실까, 무엇을 먹을까 염려하지 않게 하시고, 먼저 그의 나라와 그의 의를 구하는 성숙한 하나님 나라의 시민이 되게 하옵소서.

이 땅에 하나님 나라가 임하게 하심을 감사드립니다. 우리가 하나님의 통치 안에 거하게 하시고, 하나님의 권능으로 우리 공동체를 다스려 주옵소서. 정치와 경제, 문화 모든 영역에서 하나님의 주권을 드러내는 저희가 되길 소망합니다. 교회 안에 갇힌 신앙인이 아니라 교회 밖에서 하나님을 드러내고 당당하게 승리하는 그리스도인이 되게 하소서. 하나님의 자녀들을 통해 세상을 진리의 빛으로 밝히게 하시고, 부패하는 세상을 썩지 않게 하는 능력 있는 제자가 되게 하옵소서. 우리로 하여금 하나님의 마음을 경험하여 이 땅에 그리스도의 복음의 계절이 오게 하는 한 알의 작은 밀알이 되게 하소서. 또한 그것이 누룩처럼 번져 가게 하옵소서.

말씀으로 치유하소서

우리가 세상에서 빛과 소금 되기를 원하시는 주님, 저희에게 치유의 은혜를 허락해 주옵소서. 지치고 상한 심령을 치유하시고, 깨어진 관계를 회복시키소서. 불화하는 가정에 평화를, 상처가 있는 공동체에 하나 됨의 은혜를 허락해 주시길 소원합니다. 지친 엘리야를 어루만지신 하나님, 삶에 지치고 곤한 우리의 마음과 영혼을 어루만져 주옵소서. 하나님의 품에서 안식과 쉼을 얻게 하소서.

치유되지 않은 마음으로 하나님 나라를 섬길 수 없사오니, 이 시간 세우신 말씀의 대언자를 통해 우리의 삶을 변화시켜 주옵소서. 거룩한 성령님, 말씀으로 우리의 높아진 생각을 고치시고 우리가 가진 부정적인 감정을 고쳐 주옵소서. 하나님의 말씀을 통해 하나님의 임재를 경험케 하시고 하나님의 영광을 보여 주옵소서. 치유된 심령으로 담대히 세상에 나아가 하나님 나라를 선포하고, 하나님의 영광을 드러내는 능력 있는 삶을 살게 하소서. 우리를 치유하시고 회복시키시는 예수님의 이름으로 기도드립니다. 아멘.

주일 낮 예배 2

찬양과 회개

당신을 경외하는 자들의 소원을 이루어 주시는 하나님, 우리의 영이 주를 사모하게 하시니 감사드립니다. 당신을 사랑하는 자에게 사랑을 베푸시고, 가까이 하는 자에게 가까이 하시겠다고 약속하신 하나님, 우리가 하나님을 사랑하는 사랑의 포로가 되길 원합니다. 이 시간 십자가에 나타난 하나님의 사랑을 깨닫게 하시고, 지치고 상한 심령이 회복되게 하소서. 하나님의 뜻보다는 우리의 생각과 고집을 따라 살았던 삶을 내려놓습니다. 십자가의 피로 정결케 하시고 주님의 의로움으로 옷 입혀 주옵소서.

상한 심령을 회복하게 하소서

마음이 상한 자들을 고치시고 상처를 싸매시는 주님, 주님 없는 삶이 얼마나 부질없고 허무한지 알게 하시니 감사드립니다. 이제까지 나 자신의 힘과 의지로 살아가려고 애썼지만, 이제는 주님의 은총을 떠나서는 살 수 없음을 고백합니다. 실패했던 우리의 삶이 주께서 주시는 은혜로 채움 받기를 원합니다. 니약함으로 찢긴 우리의 날개가 주님이 들려주시는 세미한 음성으로 회복되기를 원합니다. 다른 사람들의 무례한 행동과 말에 상처받은 우리의 마음을 위로하여 주옵소서.

우리의 감사와 자족을 기뻐하시는 주님, 우리가 이렇게 상처투성이가 된 것은 모두 우리 안에 있는 욕심 때문입니다. 내 안에 일어나는 감정의 소용돌이를 주님의 능력으로 제어하지 못했기 때문입니다. 십자가를 바라보기보다는 늘 나 자신에게 집중했던 삶이 나를 지치게 만들었습니다. 세상에서의 만족을 위해 달구어졌던 우리의 욕망이 그리스도와의 풍성한 교제로 치유받는 은총을 허락하소서.

우리 안에 늘 넘치는 소망을 채우시기 기뻐하시는 주님, 우리의 상한 마음이 다른 사람의 마음도 아프게 할 수 있음을 발견케 하시고, 우리의 상처에 집중하고 몸부림치는 동안 또 다른 누군가가 아파한다는 것을 알게 하소서. 주님, 우리 모두는 주님의 손길이 필요한 자들입니다. 우리에게 세밀하게 간섭하시고 우리를 고쳐 주소서.

전도의 도구가 되게 하소서

모든 족속으로 제자를 삼으라 명령하셨던 주님, 우리가 주님의 유언을 이루어 드리기 원합니다. 주님께서 주신 지상명령을 외면하지 않게 하시고, 아무리 힘들어도 복음 증인의 길을 이탈하지 않게 하소서. 성령의 권능을 받아 주저하지 않고 담대하게 그리스도를 자랑하고 간증하게 하소서. 우리의 나약함과 사탄의 방해를 염려하지 않고 성령의 도우심을 받아 담대히 전하게 하소서.

한 영혼을 구하기 위해 자기 목숨을 십자가에 버리신 주님, 우리가 주님의 마음을 간직하여 우리에게 가장 소중한 것도 내어놓을 수 있기를 소망합니다. 우리 가슴에 부어진 하나님의 사랑으로 이웃들을 찾아가 함께 차를 마시고 대화를 나누고 필요한 것들을 채워 줄 때 우리 안에 경험되어진 복음이 그들에게 사랑으로 전해지게 하소서. 우리를 복음의 증인으로 삼으신 예수님의 이름으로 기도드립니다. 아멘.

주일 낮 예배 3

감사와 회개

노하기를 더디 하시며 크신 인자를 베푸시는 주님, 우리를 살리신 하나님의 무한한 사랑에 감사드립니다. 하늘을 두루마리 삼고 바다를 먹물 삼아도 다 형언할 수 없는 하나님의 사랑을 입은 우리가 주님의 무한한 영광을 찬미합니다. 한 주간도 거룩하게 살지 못한 저희들을 책망하지 아니하시고 아버지의 임재 앞으로 나아와 예배할 수 있게 하신 하나님, 이 시간 예배 가운데 우리의 눈을 들어 하늘의 영광을 바라보게 하소서.

북한 선교를 위하여

어둠에 갇힌 자들을 자유케 하시는 주님, 십자가 보혈로 죄악의 형벌을 면케 하시니 감사합니다. 우리의 죄가 주님을 십자가에 못 박았음을 고백합니다. 그러나 주님은 우리를 진노의 자녀에서 해방시켜 하나님의 아들로 삼아 주셨습니다. 이 모든 주의 은혜에 감사드립니다. 하나님의 그 큰 사랑을 받은 우리가 그 사랑을 저 북한 땅에도 전하게 하소서.

고아와 과부의 신음 소리를 외면치 않으시고 돌아보시는 주님, 북한 땅에 압제당하고 먹을 것이 없어 죽어가는 동족들을 불쌍히 여겨 주소서. 나약한 부녀들을 보호하시고, 자기 힘으로 버틸 수 없어 죽어 가는 어린 아이들을 건져 주옵소서. 빈부격차로 도탄에 빠진 빈민들에게 일어설 수 있는 용기를 주시고 가난한 자를 압제하는 자들의 손을 꺾어 주소서. 하나님의 공의와 성실함이 죽어 가는 북한 땅을 구원하여 주시길 간절히 소망합니다.

복음이 땅끝까지 전해지기를 바라시는 주님, 지하 저 깊숙한 곳에서 말씀을 듣고 싶어도 듣지 못하고 작은 신음으로 하나님께 아뢰는 믿음의 형제들의 기도에 응답하여 주옵소서. 방송을 타고 흐르는 복음의 소리를 듣게 하시고, 전해지는 복음의 소식에 마음이 움직이게 하소서. 또한 북한의 독재 체제가 무너지고 민주화의 물결이 나부끼는 날을 허락하시어 예배를 갈망하는 형제들이 마음껏 찬송하고 하나님의 말씀에 귀 기울이는 감격의 날을 하루 빨리 허락해 주소서.

책임감 있는 삶을 살게 하소서

우리와 영원한 언약을 맺으시고 신실하게 언약을 지키신 주님, 우리가 하나님과의 약속에 신실하지 못했음을 고백합니다. 그럼에도 우리를 버리지 아니하시고 자기 백성으로 인정해 주시니 참으로 감사합니다. 하나님의 돌보심을 입은 우리가 이제 하나님의 언약 안에 거하며 그 언약을 신실히 지키는 백성이 되게 하옵소서.

열방을 위해 기도하라고 하신 주님, 우리를 가정과 직장에 선교사로 파송해 주심을 감사드립니다. 파송받은 선교사의 사명을 잊지 않고 충성스럽게 사명을 잘 감당케 하소서. 훌륭한 남편과 아버지로서 사명을 감당케 하시고, 지혜로운 아내와 어머니로서 사명을 수행하게 하소서. 좋은 자녀로서 부모를 공경하고, 사회를 위해 해야 할 책임을 감당하게 하소서. 그리스도의 마음으로 주인을 섬기기를 원하시는 주님, 직장에서 부끄럽지 않는 그리스도인이 되게 하시고, 다른 직원들보다 더 성실하고 책임감 있게 맡겨진 일을 감당하게 하옵소서. 남들이 꺼려하는 일을 기꺼이 섬기고, 정직하고 친절하게 그리스도의 향기를 전하는 자 되게 하소서. 우리를 이 세상에 선교사로 파송하신 예수님의 이름으로 기도드립니다. 아멘.

주일 낮 예배 4

찬양과 감사

우주 만물을 창조하시고 조화와 질서를 따라 통치하시는 전능하신 하나님, 우리 영혼이 잠잠히 주님을 바라게 하시니 감사드립니다. 때로 우리가 이해하기 힘든 일과 사건들로 인해 믿음에 동요가 일어나기도 하지만, 그때마다 우리에게 하나님의 오묘한 섭리를 보여 주시니 감사드립니다. 우리가 드리는 예배 속에서도 하나님의 손길을 느끼고, 우리 가운데 행하시는 하나님의 마음을 깨닫는 은총을 허락하소서.

교회의 행사를 위하여 기도합니다

인간의 은밀한 생각까지 다 알고 계시는 주님, 우리가 행하는 모든 일들을 하나님의 뜻대로 주도하시니 감사합니다. 교회의 여름 사역에서도 하나님의 경영하심을 바라보기 원합니다. 우리가 자기 목소리를 높이지 않고 하나님의 음성을 겸손히 들을 수 있게 하시고, 인간의 의가 아니라 주님의 통치가 드러나는 사역 되게 인도하소서.

다양함 속에서 일치를 이루시기를 원하시는 주님, 서로 다름이 갈등의 요소가 아니라 감사의 이유가 되게 하시고, 다양함 속에서 조화를 이룰 수 있는 배려심을 허락해 주옵소서. 서로 다른 우리가 성령 안에서 하나 되어 서로를 통해 주님의 마음을 깨달을 수 있게 하소서. 우리 안에 소원을 두시고 자기의 기쁘신 뜻을 따라 행하시는 주님, 모든 행사 속에 나 자신의 주장을 펴지 않고 주님의 기쁨을 추구하게 하소서.

우리의 연약함 속에 그리스도의 능력을 드러내시기를 원하시는 주님, 우리가 가진 연약함을 인하여 감사드립니다. 서로가 가진 연약함을 보고 비난하고 정죄하는 것이 아니라 주님의 마음으로 약한 자를 소중히 여기고 위대한 일을 이루시는 주님을 바라보게 하소서. 우리의 한계가 있기에 주님이 일하실 자리가 있음을 압니다. 하나님께서 지체들을 존재하게 하신 이유를 알게 하시니 감사드립니다. 서로의 짐을 지는 성숙함 속에 서로 온전해지기를 소원합니다.

온유함으로 세상을 이기게 하소서

온유한 자에게 땅을 차지하는 은총을 주시는 주님, 우리로 하여금 이 역설의 진리를 경험케 하심을 감사합니다. 자신에게는 강하되, 타인에게는 부드럽고 온유하게 하소서. 남을 이기기 위해 거짓, 폭력, 협박을 일삼는 죄에 빠지지 않고, 힘을 가지고 있으면서도 스스로를 통제할 수 있는 성숙한 믿음을 가지길 원합니다. 우리 안에 화평을 유지하는 지혜를 허락해 주소서. 주님, 우리로 하여금 온유함으로 다른 사람들을 이기는 법을 깨닫게 하시고, 땅을 기업으로 받는 원리를 세상 사람들에게 보여 주게 하소서.

약한 자를 부르셔서 강한 자를 부끄럽게 하시는 주님, 우리가 온유함과 부드러움을 부끄러운 것으로 여기지 않고, 십자가에서 온유함의 극치를 보이신 주님의 마음을 알기를 원합니다. 우리의 힘과 노력으로는 온유한 삶을 살아갈 수 없음을 고백합니다. 이 시간도 주께서 예비하신 종을 통해 말씀을 전해 주시사 세상을 살아갈 힘과 용기를 주소서. 온유함으로 세상을 정복하신 예수 그리스도의 이름으로 기도드립니다. 아멘.

7월에 드리는 대표기도

주일 낮 예배 5

찬양과 감사

심은 대로 거두게 하시는 주님, 우리를 복음의 말씀을 뿌리는 일꾼으로 불러 주심을 감사드립니다. 하나님께 충성하신 예수님처럼, 하나님의 집에 충성한 모세처럼, 우리가 그 모습을 본받아 하나님 앞에 충성스러운 일꾼이 되길 소원합니다. 이 시간 하나님의 영으로 충만케 하시고 복음으로 무장하게 하소서.

씨 뿌리는 일을 잘 감당하게 하소서

거칠고 황폐한 이 땅에 천국의 씨를 뿌리신 주님, 무더운 날씨 속에서도 우리로 복음에 순종하여 영혼들을 위해 복음의 씨를 뿌리게 하심을 감사합니다. 연약하고 부족한 저희지만 주님이 계획하시는 비전이 있기에 믿음으로 순종하며 눈물로 씨를 뿌리오니 능력의 주님께서 친히 일하여 주소서. 영혼들을 섬기는 교역자와 교사들이 모두 한 마음을 품게 하시고, 온 성도들이 기도와 후원으로 협력하는 여름 사역이 되게 하소서. 일꾼들의 마음을 나누려고 혈안이 된 사탄의 계략에 속지 않고 서로 격려하며 세워 주어 풍성한 열매 맺는 사역 되게 하소서.

주님, 우리에게 씨를 뿌리게 하셨지만 자라게 하시는 분은 주님이심을 고백합니다. 땀과 눈물을 흘리며 씨를 뿌리는 저희의 사역에 은총을 허락하시어 친히 가꾸고 돌보아 아름다운 열매를 맺게 하소서. 그 누구도 교만하지 않고 서로가 돌아보고 협력함이 얼마나 아름다운지 경험하게 하소서. 함께 공동체를 세워 나가는 일에 개인의 일이 걸림돌이 되지 않게 하시고, 각자가 져야 할 짐을 다른 교사들에게 지우지 않고 주님의 능력으로 잘 감당하여 주님의 일을 이루게 하옵소서.

기도로 후원하는 인생을 살게 하소서

주님, 우리가 후원의 가치를 알기 원합니다. 전방에 드러나지는 않지만 후방에서 다른 사람들을 후원하는 영광에 동참하게 하소서. 선교 현지에 직접 가지는 못할지라도 물질로, 기도로, 격려로 후원하는 삶을 살게 하소서. 이름도 없이 빛도 없이 드러나지 않는 사역을 하지만, 이것이 바로 주님의 일임을 기억하고 작은 소자에게 냉수 한 그릇 대접하는 심정으로 섬기게 하소서.

지금도 우리를 위해 하나님 보좌 우편에서 기도하시는 주님, 복음을 위해 헌신하는 자들을 주의 영으로 충만하게 하셔서 복음이 부끄러움을 당하지 않게 하소서. 주님의 영광이 가려질까 두렵사오니, 주님께서 연약하고 우둔한 저희에게 하늘의 지혜와 능력으로 채워 주옵소서.

주님, 세상을 움직인 사람들은 기도의 사람이었습니다. 온 세계를 찾아다니며 복음을 전하는 선교사는 아니더라도 기도실에서 세계 구석구석을 돌아보며 기도하는 기도자의 삶을 살기 원합니다. 무더운 여름에 은밀히 주님께 부르짖는 기도를 들으시고 여름에 이루어지는 사역들이 아름다운 열매를 거둘 수 있게 이끄소서. 기도의 본을 보이신 예수님의 이름으로 기도드립니다. 아멘.

주일 낮 예배 6

찬양과 감사

무더운 일기 속에서도 성도들의 가정과 교회를 평강 가운데 인도해 주
신 하나님을 찬양합니다. 일상 속에서 하나님을 경험하던 저희가 아버지
앞에 공동체로 모여 예배드리오니, 우리에게 하나님의 선하시고 온전하
신 뜻을 드러내어 주시고 우리로 하여금 이 땅에서 하나님의 뜻을 행하게
도와주소서.

변화를 경험하는 여름 사역이 되게 하소서

날마다 하나님을 경험함으로 우리의 삶을 거룩함과 성숙함에 이르게 하
시는 주님, 이번 여름에 이루어지는 모든 사역 위에 성령으로 기름 부으
사 하나님의 기대에 부응하는 사역이 되게 하옵소서. 매년 다가오는 연례
행사로서의 수련회나 성경학교, 선교사역이 아니라 하나님의 일하심으로
변화가 일어나는 사역이 되길 소망합니다. 이번 여름에 이루어지는 모든
사역이 인생의 전환점이 되고, 예수 그리스도를 인격적으로 만나고 하나
님을 더 깊이 알아가는 계기가 되게 하소서. 여름 행사에 참여하는 학생
과 교사 모두가 하나님의 마음을 흡족하게 해드리기 원합니다.

행사를 준비하는 동안 기도의 불이 꺼지지 않게 하시고, 인간적인 경험
과 방법으로 일하지 않고 하나님의 행하심을 바라보며 겸손히 일하길 기
도합니다. 행사를 진행하기에 최적의 날씨를 허락하시고, 이동하고 활동
하는 동안 경미한 사고도 나지 않게 친히 인도하시고 보호해 주소서. 행

사를 준비하는 데 재정적인 어려움을 당하지 않게 하시고, 물질이 부족해서 하나님의 일을 하지 못하는 일이 없도록 천지만물의 주인 되신 하나님께서 모든 것을 공급하여 주옵소서.

훈련을 통한 성숙을 이루게 하소서

"경건에 이르도록 네 자신을 연단하라"(딤전 4:7)고 하신 주님, 훈련이 없이는 성장할 수 없사오니 하나님의 말씀으로 경건에 이르는 훈련에 힘쓸 수 있는 공동체 되게 하소서. 수적 성장에 집착하지 않고, 한 사람 한 사람이 예수 그리스도의 훈련된 군사로 세워지기 위해 애쓰는 교회 되게 하소서. 내실 없는 허세는 언젠가 무너질 수밖에 없고, 말씀으로 다져지지 않은 믿음은 홍수에 휩쓸려 내려갈 수밖에 없사오니 하나님의 말씀으로 잘 훈련받아 각 성도들이 예수 그리스도의 제자로 든든히 서게 하소서. 여름기간에 이루어지는 사역을 통해 한 사람 한 사람이 견고히 세워지고 온 교회가 건강한 공동체로 성숙하게 하소서.

하나님께서는 모든 사람이 구원을 받으며 진리를 아는 데 이르기를 원하시오니, 우리가 구원의 복음이 필요한 자들에게 찾아가길 원합니다. 또한 그들이 우리 교회를 통해서 진리를 알아 가는 기쁨과 감격을 누리게 하소서. 이곳에서 훈련받은 자들이 또 다른 사람들을 세우게 하시고, 훈련된 성숙한 제자들이 세상에 나아가 가정과 직장을 변화시키고 지역사회를 주도하는 리더들로 세워지게 해주소서. 특별히 훈련하는 사역자들에게 말씀과 성령으로 충만케 하셔서 영혼을 세우는 사역을 잘 감당케 하소서. 경건한 삶의 본을 보이신 예수 그리스도의 이름으로 기도드립니다. 아멘.

7월에 드리는 대표기도
주일 저녁 예배 1

감사와 찬양

자녀들의 영혼을 소성키시시고 의의 길로 인도하시는 참 목자 되신 주님, 하루 동안 지친 육신이지만 하나님의 품에서 거룩한 예배를 드리게 하심을 감사드립니다.

오늘 하루 교회를 섬기는 동안 그릇된 마음과 생각을 품었다면 십자가의 보혈로 용서하여 주소서. 그리스도의 마음으로 지체들을 대하지 못했고, 하나님의 말씀대로 섬기지 못했던 우리의 모든 허물을 용서하여 주옵소서.

사랑과 행복이 넘치는 공동체 되게 하소서

그리스도의 피 값으로 사신 교회에 한 가족으로 섬길 수 있는 행복을 주신 주님, 이곳에 하나님의 영광을 보여 주시니 감사드립니다. 또한 우리 모두를 예수 안에 한 가족으로 묶어 주시고 주님께서 친히 이 공동체의 머리가 되어 다스려 주심을 감사드립니다. 저희가 주님의 다스리심에 복종하는 공동체가 되게 하소서.

우리를 그리스도의 몸 된 교회의 지체로 삼으신 주님, 저희가 각자 맡은 사명을 충성스럽게 감당하되 예수 그리스도의 심장으로 섬기길 소망합니다. 각자 받은 은사를 따라 주님을 대하듯이 서로 섬기게 하시고, 나보다 남을 낮게 여기는 마음으로 서로 존중하게 하소서.

우리로 하여금 하나님의 가족이 되게 하시고, 서로 섬기고 돌아볼 수 있는 영광 주심을 감사합니다. 이 공동체 안에서 하나님의 사랑을 경험하고, 지체들을 통해서 하나님의 가족으로서의 행복을 경험하게 하소서. 우리로 하여금 연약한 지체를 더욱 귀히 여기게 하시고, 아픈 자의 친구가 되기를 기뻐하게 하소서. 사탄이 아무리 교회를 공략할지라도 넘어지지 않고 사랑 안에서 하나 되어 이 공동체를 통해 하나님의 영광을 세상에 보여 주게 하소서.

설교자와 영적 성숙을 위하여 기도드립니다

우리로 하여금 그리스도의 장성한 분량이 충만한 데까지 이르기를 원하시는 주님, 하나님의 말씀으로 그리스도를 아는 지식이 더욱 자라나길 원합니다. 말씀과 기도로 우리를 거룩하게 하시는 주님, 우리가 날마다 하나님의 형상을 닮아 예수 그리스도를 드러낼 수 있는 참된 제자가 되게 하소서. 주의 말씀으로 우리의 생각을 교정하시고, 진리의 성령으로 잘못된 태도를 고쳐 주소서. 주님 앞에서, 사람들 앞에서 부끄럽지 않은 믿음의 사람으로 서게 하소서.

세상으로 나아가기 전 우리가 하나님의 말씀으로 무장하게 하시고, 좌로나 우로나 조금도 치우치지 않고 말씀의 잣대를 따라 살아갈 수 있는 능력을 입혀 주옵소서. 세상이 요구하는 사람이 아니라 하나님의 요구를 따라 살아가는 성도가 되게 하시고, 사람을 기쁘게 하기보다 하나님을 기쁘게 하는 자로 든든히 서게 하소서.

말씀을 전하시는 사자에게 권세와 권능을 입히셔서 말씀으로 우리의 영혼과 삶이 변화되게 하소서. 영적인 성장이 있고 말씀의 열매를 맺는 한 주간이 되게 하소서. 예수님의 이름으로 기도드립니다. 아멘.

주일 저녁 예배 2

찬양과 감사

지친 영혼에 만족을 주시는 하나님 아버지, 온종일 주님께 예배하고 교회에서 주의 일을 섬기던 성도들이 하나님께 나아와 예배하오니 지친 육신 위에 하늘의 능력과 은혜로 덧입혀 주시옵소서. 예배하는 이 시간, 우리의 마음과 영혼에 악한 어두움의 세력이 틈타지 않게 하소서. 하나님의 영에 사로잡혀 영광스러운 예배로 하나님을 기쁘시게 해드리기 원합니다.

비전 공동체가 되게 하소서

이 땅에 교회를 세우시고 하나님의 비전을 이루어 나가시는 주님, 우리 교회가 하나님의 꿈을 함께 꿀 수 있는 비전 공동체가 되길 소망합니다. 하나님께서 교회에 주신 사명을 잊지 않고, 비전을 성취하는 데 어느 누구도 뒤처지거나 방관하지 않게 하소서. 하나님께서 우리 교회에 주시는 비전을 이루기 위해 한 마음과 한 뜻을 품고 같은 말을 하게 하소서. 각자의 소견과 판단대로 움직이지 않고, 하나님의 소리보다 사람의 소리가 커지지 않게 하소서. 성령의 음성보다 인간의 음성에 귀 기울이지 않게 하소서. 하나님의 관심에 우리의 관심이 있게 하시고, 하나님의 마음이 교회에서 이루어지는 사역 곳곳에 심겨지게 하옵소서.

주님께서 귀하게 여기는 가치에 교회가 온 마음을 기울일 수 있게 하시고, 참된 가치를 발견한 후에는 온 교회가 힘과 에너지를 집중하게 하소서. 각자의 생각과 기분에만 충실하지 않고, 전통과 경험도 하나님의 비전 앞에 내려놓게 하소서. 하나님께서 주신 문화 명령과 선교 명령, 그리고 사랑의 명령을 잘 수행해 나가는 교회 되길 원합니다. 조국과 지역 사회를 품고 섬기는 교회 되게 하옵소서. 담임 목사님에게 성령으로 기름 부으셔서 하나님께서 주신 비전으로 불타오르게 하시고, 온 성도들이 그 비전을 함께 나누게 하옵소서.

치유의 말을 하게 하소서

은혜로운 말로 사람들을 감화시키고 변화시키셨던 주님, 우리가 주님의 입술을 닮아 사람들을 감동시키고 은혜로운 말을 하게 하소서. 아픈 상처로 힘들어하는 사람들에게는 따뜻한 위로와 격려를 통해 회복을 일으키고, 절망과 좌절에 빠져 있는 사람들에게는 희망과 용기를 불러일으키고기를 소원합니다. 오랜 세월이 흘러도 잊혀지지 않고 미소 지을 수 있는 생명력 있는 말을 하게 하시고, 상처를 싸매는 말을 하게 하소서. 공동체를 세우는 덕스러운 말, 유익한 말을 하는 지혜를 허락하소서. 불평하고 원망하는 말은 입에서 떠나고, 감사하고 칭찬하는 말만 남게 하소서.

우리의 입술이 사탄이 애용하는 도구로 전락하지 않고, 아름다운 열매를 맺기 위해 사용하시는 성령의 도구가 되게 하옵소서. 거칠고 교만한 마음이 아니라 부드럽고 온유하며 겸손한 마음에서 말이 나오도록 늘 주의하게 하시고 그 말들을 통해 이웃들에게 유익을 끼치게 하소서. 저희에게 절제를 허락하시어 함부로 말하지 않고 신중하고 사려 깊은 말을 하게 하소서. 예수님의 이름으로 기도드립니다. 아멘.

7월에 드리는 대표기도
수요예배 1

감사와 찬양

무더운 폭염 속에서도 우리를 지치지 않고 넘어지지 않도록 지키고 보호하신 아버지 하나님을 찬양합니다. 광야 길을 걸어가던 이스라엘 백성들에게 구름 기둥으로 시원케 하셨던 하나님께서 우리에게도 피할 길을 여시고 동행해 주시니 얼마나 감사한지 모르겠습니다. 혼자 걷게 하지 않으시고 동행하는 사람들을 붙여 주셔서 서로 의지하고 격려하며 살아가게 하심도 감사드립니다. 예수 안에 한 가족 된 믿음의 권속들이 한 마음으로 아버지의 임재 앞으로 나아가오니 성령으로 하나 되게 하옵소서.

풍요로운 교회 되게 하소서

어려운 시대 속에서도 당신의 자녀들을 돌보시는 주님, 여기에 모인 저희들이 부요하신 주님을 만나게 하심을 감사드립니다. 경제적으로 어렵고 힘든 지체가 있습니까? 어려운 가정의 경제를 회복시켜 주시고, 직장과 사업장을 든든히 지켜 주옵소서. 또한 우리의 마음과 영혼만은 가난해지지 않게 하옵소서. 궁핍한 가운데서도 부요케 하시는 주님의 손을 붙잡고 믿음으로 살기를 소망합니다.

어려운 재정 속에서도 교회학교의 행사들을 은혜 중에 진행케 하심을 감사드립니다. 다음 세대를 세워 가는 거룩한 일에 마음껏 투자할 수 있는 넉넉한 교회가 되기를 원합니다. 재정이 부족하여도 다음 세대에 대한 비전을 포기하지 않고, 우리의 마음과 눈을 넓혀서 교회의 밝은 미래를 위해 차세대 리더를 키우는 교회 되게 하옵소서. 무엇보다 우리가 마음의 그릇을 키우게 하시고, 큰 비전을 품는 용기를 갖게 하옵소서. 우리의 어리석음으로 크신 하나님을 작게 만들지 않고, 하나님을 계산하고 재지 않기를 원합니다. 하나님의 권능에 사로잡혀 하나님의 일을 주도할 수 있는 믿음의 소유자가 되길 원하나이다.

이웃을 네 몸처럼 사랑하라고 말씀하신 주님, 우리 교회가 이웃을 향해 나눌 수 있는 교회 되길 소망합니다. 이웃의 아픔을 외면하지 않고, 이웃의 고통을 공감할 수 있는 교회 되게 하시고, 이웃의 필요를 살펴 채워 줄 수 있는 성숙한 공동체가 되게 하소서. 표현되지 않는 사랑이 아니라 구체적으로 표현되는 사랑으로 이웃을 섬길 수 있도록 재정을 넉넉하게 채워 주옵소서.

큰 믿음으로 살기를 기도합니다

큰 믿음을 가진 로마의 군대 백부장을 칭찬하셨던 주님, 우리도 백부장의 믿음을 갖게 하옵소서. 믿음이 세상을 이길 진대 세상을 이길 만한 믿음을 주소서. 주님께서는 의인은 믿음으로 말미암아 살리라고 하셨습니다. 만만치 않은 세상의 풍조와 어두움의 세력과 악한 영들을 대적할 수 있는 믿음을 갖게 하소서. 결단해야 할 때 과감하게 용단을 내릴 수 있고, 포기해야 할 때 기꺼이 내려놓을 수 있는 진정한 믿음을 주옵소서. 형식적인 믿음이 아니라 진정 산을 움직일 수 있는 믿음을 주셔서, 경건의 모양만 있는 그리스도인이 아니라 경건의 능력을 갖고 세상을 변화시키는 믿음의 용사가 되게 하소서. 우리에게 생명의 말씀을 전하실 하나님의 종을 굳세게 하옵소서. 능력 있는 말씀이 우리를 새롭게 하실 줄 믿습니다. 믿음으로 세상을 이기게 하실 예수님의 이름으로 기도드립니다. 아멘.

수요예배 2

찬양과 감사

분주한 일상 속에서도 하나님의 손길을 느끼고 하나님의 음성을 듣게 하시니 참으로 감사합니다. 일상을 뒤로 하고 이 시간 하나님 앞에 예배하러 나온 성도들에게 하늘의 안식을 경험하게 하옵소서. 분주한 우리 마음을 차분히 하고 염려와 근심 보따리를 주님 앞에 맡깁니다. 성령과 진리 안에서 드리는 예배가 되게 하소서.

환경을 통제하는 믿음을 주소서

거센 풍랑과 폭풍우를 말씀으로 잔잔케 하신 주님, 오늘 하루도 거센 풍랑을 만나 신음하고 방황하던 성도들에게 참된 안식과 평안을 허락해 주시니 감사드립니다. 통제할 수 없는 환경이 들이닥쳐서 마음을 주체할 수 없었던 성도들, 마음의 평안을 얻기 위해 이리저리 다녀 보았지만 해결하지 못하고 막막한 마음으로 나온 성도들이 있습니다. 선한 목자 되신 주님께서 그들을 푸른 초장과 잔잔한 시냇가로 인도해 주옵소서. 가정과 직장에서 또 이웃 관계 안에서 상처받은 마음으로 나온 믿음의 권속들에게 하나님의 마음을 경험케 하시어 눈물을 그치고 주님을 바라보게 하소서.

일상을 뒤로 하고 주님 앞에 나와 예배드리지만, 우리 마음속에는 여전히 해결되지 않는 문제에 대한 불안함과 염려가 남아 있습니다. 예배를 마치고 나갈지라도 여전히 통제할 수 없는 환경이 남아있을 수도 있습니다. 그러나 전능하신 주님께서 개입해 주시고, 모든 환경을 통제할 수 있는 신실한 믿음을 주실 것을 믿습니다. 믿음으로 환경을 이기고 승리하는 삶을 살고, 환경이나 상황이 아니라 우리의 마음과 생각을 통제하여 주님을 의지하는 믿음을 소유하게 하소서.

만남의 축복을 주소서

사마리아 수가성 우물가의 여인을 만나 주신 주님께서 영원히 저주받을 저희들을 만나 희망을 갖게 하시고 생명력 있는 삶을 살게 하심을 감사드립니다. 날마다 주님과의 깊은 교제를 통해, 우리가 이 땅에서 살아가야 할 의미를 점검하게 하시고, 하나님께서 공급하시는 힘으로 독수리가 창공을 향해 힘차게 올라가듯이 저희 또한 역동력 있는 인생을 살게 하옵소서. 주님, 우리 교회가 지역 주민들에게 좋은 이웃이 되어 행복한 만남을 이루게 하소서. 교회를 드나드는 사람들에게 하나님의 복에 참여하는 은혜를 허락해 주옵소서. 그들의 인생을 변화시킬 복음으로 그들에게 다가갈 수 있는 좋은 만남을 갖게 하옵소서.

하나님의 은혜를 받은 우리는 이제 삶의 현장으로 나아가고자 합니다. 우리가 가는 그곳이 가정이든 직장이든 하늘의 복을 나누어 주는 만남이 되게 하옵소서. 우리를 만나는 사람들이 상처와 아픔을 당하지 않고, 우리를 만남으로 복을 경험하는 은혜가 있게 하옵소서.

사랑하는 주님, 나라의 부름을 받고 군 복무 중에 있는 자녀들이 그 안에서 좋은 사람들을 만나게 하시고, 해외나 외지에서 공부하는 자녀들에게도 좋은 만남을 허락하여 주소서. 그리고 사업을 하는 성도들도 악한 사람을 만나지 않고 상생할 수 있는 좋은 동역자를 만나게 하옵소서. 복된 만남을 허락하실 예수님의 이름으로 기도드립니다. 아멘.

8월에 드리는 대표기도

주일 낮 예배 1

찬양과 회개

모든 만물을 하나님의 선하심을 드러내는 도구로 사용하시는 하나님, 비록 무더위가 우리를 괴롭히고 있지만 무더위 또한 주님의 창조 섭리인 것을 고백합니다. 우리가 이해할 수 없었던 일들을 주의 성전에 들어갔을 때 깨닫게 하신 하나님께서 우리의 마음과 눈을 여셔서 하나님의 마음을 발견하게 하옵소서. 허망한 것을 좇던 마음의 껍질이 벗겨지고 하늘 영광을 바라볼 수 있는 영광스러운 예배가 되게 하옵소서.

직분자를 위하여 기도합니다

은사를 따라 섬김으로 그리스도의 몸인 교회를 든든히 세워 가길 원하시는 주님, 교회 안에 세워진 모든 직분자들에게 성령으로 충만케 하옵소서. 중직자들이 온 성도들에게 존경받고 아름다운 모델이 되게 하시니 감사합니다. 앞장서서 섬기는 장로님들을 교회의 아름다운 본으로 세워 주시고, 교회의 허리로 세워진 안수 집사님들은 교회 곳곳에서 궂은일을 마다하지 않고 충성스럽게 섬기는 종이 되게 하시며, 어머니처럼 온 성도들을 돌아보고 세우는 권사님들에게 지혜로운 마음과 입술을 허락해 주옵소서.

많은 제직들을 세우셔서 섬김의 기쁨을 누리게 하신 주님께 감사드립니다. 저희에게 주의 일을 섬길 수 있는 환경과 물질을 허락하시어, 사업장과 직장 가운데 넘치는 복을 주옵소서. 또한 십자가로 친히 섬김의 본을 보이신 주님을 본받아 십자가 지는 것을 기쁨으로 알고 한 알의 밀알로 썩어지게 하소서. 하나님께서 주신 직분으로 섬길 때 복음의 장애물이나, 교회의 걸림돌이 되지 않게 하옵소서. 남을 유익하게 하는 종이 되어 보낸 자의 마음을 시원케 하고, 우리가 섬기는 교회를 부흥케 하는 자원이 되게 하소서.

주의 일을 섬기되 하나님께 돌아갈 영광을 우리가 갈취하지 않고, 끝까지 충성하되 나는 무익한 종이라고 고백하는 신실한 종이 되길 소망합니다. 우리를 종 삼으신 주님, 우리가 주의 일을 시중들면서 주인 노릇을 하지 않을까 두렵습니다. 다른 형제들에게 주장하는 자세를 취하지 않을까 두렵습니다. 종의 자리를 지키는 직분자 되게 하옵소서.

주께서 기뻐하는 감정을 갖기 원합니다

분 내기를 더디하라고 말씀하신 주님, 우리 안에 일어나는 감정을 잘 다스리지 못하여 화목과 일치를 깨뜨리지 않을까 하는 두려움이 저희에게 있습니다. 가인에게 자리잡고 있던 분노의 감정이 우리 마음에 둥지를 틀지 않게 하소서. 우리 안에 분노의 쓴 뿌리를 키우지 않고 그리스도의 마음을 허락해 주실 줄 믿습니다. 가까운 사람들에게 육체의 정욕을 따라 대하지 않고, 친하고 가까울수록 예의를 갖추고 그리스도의 마음으로 대하는 지혜를 허락하소서. 해가 지도록 분을 품지 않기를 원하시는 주님, 악한 감정을 오래 품어서 사탄에게 감정적으로 이용당하는 일이 없게 하옵소서. 섭섭한 마음을 심는 사탄의 유혹에 걸려들지 않게 하시고, 미움과 시기심을 조장하는 사탄에게 마음을 빼앗기지 않게 도와주소서. 우리의 마음에 평안을 주시는 예수님의 이름으로 기도드립니다. 아멘.

주일 낮 예배 2

찬양과 회개

우리를 하나님의 형상으로 지으시고 온 땅을 통치하는 하나님의 사역에 동참하게 하신 주님, 우리로 하여금 날마다 예수 그리스도를 알아감으로 하나님의 형상을 조금씩 회복하게 하시니 감사드립니다. 영광의 나라에 이르기까지 우리가 예수 그리스도를 온전히 닮도록 도우시는 성령님을 찬양합니다. 예배 가운데 영광 드러내시기를 기뻐하시는 주님, 이 시간 충만하게 임재하셔서 우리로 하여금 하나님의 영광을 보게 하소서.

세계 선교를 위하여 기도합니다

우리를 예수 그리스도의 신실한 증인 삼으신 주님, 열방을 예배하는 자들로 부르시고 우리를 하나님의 도구로 사용하시니 참으로 감사합니다. 오대양 육대주에서 복음을 위해 수고하고 헌신하는 모든 선교사님들에게 성령의 권능을 더해 주소서. 그들의 발걸음이 닿는 곳에 성령의 일하심이 드러나게 하시고, 그들의 손길이 닿는 곳마다 하나님의 기적이 나타나게 하소서.

복음 들을 귀를 여시는 주님, 선교사님들이 만나는 영혼들의 마음 문을 열어 주시고 그들이 악한 마음으로 복음을 배척하지 않게 하소서. 이슬람권이나 불교권, 공산권에서 선교하는 주의 종들에게 담대하면서도 지혜로운 마음을 허락하소서. 매순간 보호하시고 복음의 충만함을 드러내는 도구로 사용해 주실 줄 믿사옵니다.

선교를 주도해 가시는 주님, 선교사님들의 자녀교육에 어려움이 없게 하시고 온 가족들에게 평강을 허락해 주소서. 악한 영들이 선교사님의 가정을 공략할 때 불병거와 불수레로 친히 막아 주옵소서. 선교비로 인해 선교가 멈추는 일이 없게 하시고, 선교비가 헛되이 사용되지 않도록 인도하소서.

사랑을 실천하는 삶을 살게 하소서

십자가를 지심으로 하나님의 사랑을 확증해 주신 주님, 우리도 십자가를 지고 하나님의 사랑을 이웃에게 드러내길 원합니다. 사람들은 말과 혀로만 사랑하려 하지만, 행함과 진실함으로 사랑을 실천하기를 원하시는 주님께서 우리에게 능력 주시어 우리가 주의 사랑을 몸소 실천해 예수님의 제자인 것을 증명하게 하소서.

사랑을 직접 실천하셨던 주님, 다른 사람의 아픔을 볼 수 있는 눈과 신음 소리를 들을 수 있는 귀와 그들의 아픔을 어루만질 수 있는 따뜻한 사랑의 손을 허락해 주옵소서. 말로만 하는 사랑이 아니라 피부로 느낄 수 있는 사랑으로 다가가게 하옵소서. 가난하고 병든 이웃을 외면해 온 저희들을 용서해 주소서. 헐벗고 가난한 자, 그리고 갇힌 자를 외면한 것이 주님을 외면한 것임을 알면서도 정작 우리는 그들을 외면했습니다. 높은 사람이나 권력자들에게는 아부하면서도 정작 소외되고 나약한 자를 돌아보는 사랑은 하지 못하였음을 고백합니다. 돌보아야 할 자를 돌보는 분별력을 허락하소서.

주님, 세상을 이길 만한 지혜와 믿음이 우리에게 필요합니다. 이 시간 우리의 나약함을 인정하고 주의 말씀 앞으로 나아가오니 닫힌 마음을 여시고 주의 은혜를 나타내소서. 사랑을 몸소 실천하신 예수님의 이름으로 기도드립니다. 아멘.

주일 낮 예배 3

the Lord's Prayer

찬양과 회개

잎이 무성해지고 과일이 아름답게 익어감으로 주의 살아 계심을 드러내시고, 우리의 호흡과 매일의 삶을 통해 주의 권능을 나타내시니 감사드립니다. 만물 속에 당신의 영광과 능력을 나타내시는 하나님을 깨달을 수 있도록 영적인 눈을 열어 주신 하나님을 찬양합니다. 우리의 일상 속에서 하늘 양식을 공급하시는 하나님의 손길을 느끼게 하시니 감사드립니다. 이 시간 예배 가운데 하나님의 임재를 경험하게 하옵소서.

청소년들을 위하여 기도합니다

우리들에게 이 땅과 교회의 미래인 청소년들을 허락하시니 감사드립니다. 이들이 하나님 나라와 이 민족의 기둥 같은 일꾼으로 세워지는 은총을 허락하옵소서. 청소년들을 사랑하시는 주님, 우리 청소년들을 바라볼 때마다 안타까운 마음을 떨칠 수가 없습니다. 어른들이 만들어 놓은 성공지상주의와 일등지상주의의 희생양이 된 청소년들이 학교 공부에 찌들어 지쳐 있는 모습을 봅니다. 그들에게 하나님의 위로를 허락하소서. 달려가도 피곤치 않는 힘과 능력을 주옵소서.

청소년들에게 하나님의 형상이 이루어지기를 원하시는 주님, 오늘날 청소년들의 거친 행동과 말들을 보면 가슴이 아픕니다. 그들에게 예수님의 부드러운 마음과 온유한 모습을 허락하옵소서. 그들의 입에서 아름다운 말들이 나오게 하시고, 그들이 우정을 소중히 여기고 의리를 아는 사람들로 자라게 하소서. 세상의 가치관으로 물들기 전에 하나님의 말씀을 배워 성경에 입각한 가치관과 인생관을 정립하게 하옵소서.

매일 뉴스에서 청소년 범죄가 급증하는 현실을 볼 수 있습니다. 그들을 그렇게 만든 원인이 기성세대에게 있음을 고백합니다. 부부가 흔들리고 가정이 깨어지면서 자녀들이 상처를 받고 탈선하는 것을 막을 길이 없습니다. 오, 거룩하신 주님! 우리에게 가정을 지키고 건강한 가정을 만들어 갈 수 있는 사랑과 지혜를 허락하소서. 기성세대들이 청소년들에게 '나를 따라오라'고 말할 수 있는 아름다운 본을 보이게 하소서.

절망을 이기는 힘을 주소서

절망의 언덕에 희망의 꽃을 피우시는 주님, 폭풍우를 만난 사람들에게 거센 파도를 잔잔케 하시는 주님의 은총을 내려 주소서. 죽음의 문턱에 이른 병약한 자들의 생명을 더욱 강건하게 하옵소서. 주님, 우리는 우리가 가진 힘과 자원으로 사는 존재가 아니라 하나님의 무한한 능력으로 사는 존재입니다. 골짜기를 거니는 우리에게 꺼지지 않는 희망의 불을 지펴 주옵소서. 절망을 보아도 절망하지 않게 하시고 절망 속에서 희망을 만드시는 하나님의 능력을 보게 하소서.

사랑하는 주님, 마음이 시리도록 아픈 상처를 가진 자들이 있습니다. 그들에게 수가성 여인에게 말을 건네셨던 주님의 사랑을 느끼게 하옵소서. 아무도 가까이하지 않고 따뜻이 대해 주는 이 하나 없는 자들에게 일어설 힘을 주옵소서. 하나님의 말씀에는 절망을 이길 생명이 있음을 압니다. 주께서 이 시간 말씀의 종을 통해 우리의 심령에 친히 말씀의 씨를 뿌려 주옵소서. 부활로써 죽음을 이기신 예수님의 이름으로 기도드립니다. 아멘.

주일 낮 예배 4

the Lord's Prayer

찬양과 회개

바람 속에서 하나님의 숨결을 듣고 잔잔한 시냇물이 흐르는 물소리를 통해 하나님을 느끼게 하신 것을 감사합니다. 커다란 숲에서도, 나뭇가지의 작은 흔들림을 통해서도 주님의 숨결을 느낄 수 있는 믿음을 주신 것 감사드립니다. 온 세상에 당신 자신을 드러내신 하나님, 우리가 드리는 예배 가운데 충만히 임하옵소서. 용서와 긍휼을 베푸시는 하나님, 우리의 거친 마음을 새롭게 하시고, 더럽혀진 양심을 맑게 하시고, 섬기지 못한 우리의 손과 발을 십자가의 보혈로 정결케 하옵소서.

성령충만을 위하여 기도합니다

때마다 일마다 우리에게 평강 주시기를 원하시는 주님, 항상 우리를 가르치시고 도와주심을 감사합니다. 제자들을 떠나시면서 보혜사 성령을 보내 주시겠다고 약속하신 주님, 우리에게도 영원히 떠나지 아니 하시는 성령님을 모시게 하심을 감사합니다. 저희는 성령의 인도 없이는 살 수 없는 존재입니다. 날마다 성령과 함께 호흡하고 생활하게 하옵소서. 진리의 성령께서 우리의 마음과 영을 성결케 하시고, 하나님의 말씀을 깨닫게 해주옵소서. 인간의 욕심을 따라 살아가는 삶이 아니라 성령의 소욕을 따라 살아가고, 인간의 지혜와 방법이 이끄는 삶이 아니라 성령께서 완전히 지배하는 성령 충만한 삶을 살게 하옵소서. 우리의 생각과 감정을 매순간 온전히 다스려 주옵소서.

우리 교회 안에 성령의 역사가 나타나게 하시고, 예수 그리스도의 이름으로 기적과 이적이 나타나게 하옵소서. 사람의 목소리가 커져, 유력한 사람이 다스리는 교회가 아니라 우리를 온전케 하시는 성령께서 친히 다스리시는 교회 되게 하옵소서. 교회의 모든 조직과 기관이 성령의 온전한 통치 가운데 움직이고, 은사의 다양성을 살리되 하나 되게 하시는 성령의 통치 속에 통일성을 이루는 교회 되게 하소서.

한 알의 밀알이 되게 하소서

한 사람의 범죄로 모든 인류가 진노 아래 놓였으나 한 사람의 온전한 순종으로 온 인류가 하나님의 영광에 동참케 하셨던 주님, 우리로 하여금 한 사람의 중요함을 깨닫게 하시니 감사드립니다. 한 알의 밀알로 많은 열매를 맺듯이 우리로 하여금 이 땅의 작은 밀알이 되어 썩어지게 하옵소서.

주님께서는 한 알의 밀알이 썩어 죽기를 원하시나 우리는 썩기를 거부하는 자들입니다. 죽는 것이 두렵기 때문입니다. 그래서 아무런 열매를 맺지 못한 채 다툼과 아픔만 남기고 있습니다. 바울처럼 우리도 자신을 쳐서 주님께 복종하는 삶을 살게 하소서. 우리가 썩는 그 자리에 새싹이 움트고, 우리가 죽은 곳에서 많은 생명이 탄생할 것이오니 십자가의 죽음을 달게 받는 믿음을 허락하옵소서. 순교의 피를 통해 복음의 능력이 확장되었듯이 저희로 하여금 매순간 순교의 삶을 살게 하소서. 썩어질 밀알 한 톨을 찾으시는 예수님의 이름으로 기도드립니다. 아멘.

8월에 드리는 대표기도
주일 낮 예배 5

찬양과 회개

온 세상에 적절한 시기와 때를 주신 하나님 아버지, 지루했던 무더위가 지나가고 새로운 계절을 맞게 하시니 감사합니다. 만사가 하나님의 때를 맞추어 질서 있게 움직이고 우주가 하나님의 조화를 따라 운행되게 하심을 감사드립니다. 한 치의 오차 없이 피조계를 섭리하시는 전능하신 하나님께서 이 시간 우리의 예배 가운데 당신의 영광을 선포하여 주옵소서.

세상을 질서 있게 하소서

흑암 가운데 빛을 창조하신 전능하신 아버지, 무질서의 세계에 질서를 세우시는 하나님의 은총에 감사합니다. 우리 영혼의 무질서에 하나님의 영으로 질서를 회복하시고, 우리 삶의 방향이 하나님을 향해 정해지게 하시니 감사드립니다. 하나님의 질서와 법칙을 떠나지 않고 하나님의 인생 지도와 시간표를 따라 살아가는 지혜를 허락하소서.

이 사회도 주님의 질서를 따라 움직이기를 원합니다. 모든 사람들이 법을 지키고 선한 양심을 저버리지 않게 하옵소서. 아무도 없는 곳에서도, 아무도 보지 않는 상황에서도 하나님의 눈을 의식하며 살아가는 민족이 되게 하소서. 정치계나 경제계, 종교계까지도 자신의 자리를 이탈하지 않고 주어진 직무를 잘 감당케 하소서. 대통령에서부터 어린 아이에 이르기까지 질서를 따라 의무를 다하고 서로를 존중하게 하옵소서.

질서를 따라 일하시는 주님, 주님의 교회 안에서도 질서와 법도를 따라 서로 존중하며 섬기게 하소서. 세워 주신 교역자들이 양들을 사랑함으로 온 성도들에게 존경받게 하시고, 중직자들이 성도들에게 선한 본을 보여 모든 교우들로부터 사랑받게 하소서. 당회는 진리 안에서 교회를 잘 섬기고 지도해 나가고, 교회는 당회의 지도 아래 평화로운 신앙생활을 누리게 하소서. 그리하여 이 교회가 진리 안에서 질서 있고 든든히 세워지게 하소서.

세월을 아끼며 살게 하소서

세월을 아끼며 살기를 원하시는 주님, 우리에게 시간을 선물로 주심을 감사합니다. 오늘 하루가 마지막인 것처럼 최선을 다해 살아가고, 흘러가는 시간을 붙잡아 자신의 것으로 소중히 활용하는 지혜를 허락하소서. 언젠가 주님 앞에서 시간의 청지기로서 계산해야 할 때, 책망받는 종이 되지 않기를 간절히 소원합니다.

이 세상에 계실 때 촌음을 아끼며 사역하셨던 주님, 우리에게 시간을 아껴 쓰는 지혜와 성실함과 열정을 허락하소서. 지나고 나면 다시 되돌릴 수 없는 한정된 시간들이기에 가치 있게 사용하고, 우선순위를 따라 선용하게 하옵소서. 특별히 젊은이들은 황금 같은 시간을 가치 있는 일에 투자하게 하시고, 연세 드신 성도들은 앞으로 남은 인생을 낭비하지 않고 주를 위해 살게 하옵소서.

이 시간 우리의 메마른 영혼을 위해 말씀으로 먹이시는 주님의 종에게 권세와 능력을 더하셔서 우리의 마음과 영혼이 수술 받는 시간이 되길 소원합니다. 말씀의 주인이신 예수님의 이름으로 기도드립니다. 아멘.

주일 낮 예배 6

찬양과 감사

하늘과 땅에 충만히 임재 하시는 하나님, 이 시간 드려지는 예배 가운데 그 영광의 풍성함을 드러내심을 감사합니다. 하늘의 하나님께 뿌리를 내리고 있는 우리의 소망이 헛되지 않음은 하나님께서 영원무궁토록 살아 계시기 때문입니다. 들녘에 핀 작은 풀조차 외면치 않고 돌아보시는 주님께서 이 시간 예배하는 당신의 자녀들에게 한없는 은혜와 사랑을 부어 주소서.

날마다 광복을 누리게 하소서

우리를 흑암의 권세에서 건져내사 그의 사랑의 아들의 나라로 옮기신 주님, 우리를 죄에서 해방시키시고 사탄의 권세와 죽음의 세력으로부터 자유케 하심을 감사드립니다. 영원한 저주와 형벌에서 구하사 하늘의 안식과 영광에 동참케 하신 하나님께서 이 민족을 돌아보시고 보호하시니 참으로 감사합니다. 일제의 민족 말살 정책에서도 굴하지 않고 기도의 향을 피웠던 이 민족에게 해방의 감격을 허락하심을 감사드립니다. 천황 숭배 사상을 강요하고 우상 앞에 절할 것을 강요하던 일본의 압제 하에서도 신앙의 정절을 굽히지 않고 민족의 해방을 위해 싸우고 기도하던 교회의 간구를 들어 주심에 감사합니다. 이 민족과 이 나라, 한국 교회의 기개가 녹슬지 않게 하옵소서.

조국의 광복을 위해 싸웠던 수많은 선조들의 피땀이 스며있는 광복절을 지내며 우리 역시 조국의 평안을 위해 날마다 깨어 있는 삶을 살게 하소서. 우리 가슴에서 태극기를 꺼낼 때마다 하나님의 은혜를 잊지 않게 하시고, 국내와 국외에서 조국의 해방을 위해 싸웠던 순국열사들의 숭고한 정신을 이어받아 조국을 굳건하게 세워나가는 후손들이 되게 하소서. 지금도 저들은 독도가 자기 땅이라고 우기고, 정신대 할머니들의 상처를 외면하고, 역사를 날조하고 왜곡합니다. 저들의 뻔뻔스러운 행동으로 약한 자들이 서러움을 당하지 않게 하옵소서.

자유를 방종의 기회로 삼지 않게 하소서

전에는 어둠 가운데 있던 저희를 이제는 빛의 자녀로 불러 주신 하나님께 찬양을 드립니다. 하나님께서 주신 자유를 저버리고 육체의 종으로 살지 않게 하시고, 사랑으로 서로 종노릇 하게 하옵소서. 이 민족에게 주신 해방과 자유를 죄를 짓는 도구로 삼지 않고, 절제된 삶으로 하나님이 주신 자유를 지키게 하소서. 이 나라의 후손들이 어두운 역사를 잊지 않고, 대한민국 국민으로서의 주체성을 지키며 세계 속에서 민족의 위상을 드높이게 하소서.

주님, 이 민족 가운데 공의가 흐려지지 않게 하시고, 법과 질서가 무너지지 않게 하셔서 하나님 앞에 의로운 민족으로 서게 하소서. 육체의 욕망을 제어하는 절제력을 허락하시고, 하나님께서 주신 축복을 가치 있게 사용하는 바른 정신력을 갖게 하시며, 하나님의 은총을 우상에게 돌리지 않고 감사함으로 하나님을 섬기는 데 사용하게 하소서. 어두운 역사 속에서도 깨달음을 주시고 연단의 기회를 허락하셨던 주님, 풍요의 시대를 살고 있는 우리에게 어두운 역사를 통해 배운 바를 기억하는 지혜를 허락하소서. 지금 우리가 누리고 있는 이 자유를 더 가치 있는 자유를 창출하는 밑거름으로 사용하게 하소서. 우리의 영원한 해방자 되시는 예수 그리스도의 이름으로 기도드립니다. 아멘.

주일 저녁 예배 1

감사와 회개

온 땅을 창조하신 전능하신 하나님을 찬양합니다. 이 땅을 다스리시고 온 인류를 섬세한 손길로 이끌어 가시는 주께서 우리의 삶을 은혜로 세워 가심을 감사합니다. 우리로 하여금 하나님의 손길을 바라보며 은혜를 갈 망하는 인생 되게 하심도 감사드립니다. 우리가 하나님의 은혜로부터 멀 리 떠나려는 그릇된 생각과 태도를 버리고 하나님의 날개 그늘로 나아가 게 하옵소서.

열정을 가진 삶을 살게 하소서

하나님의 형상을 따라 인간을 만드시고, 생육하고 번성하여 땅에 충만 하라는 문화 명령을 주신 하나님, 우리가 하나님의 명령에 귀를 기울이 고, 그 명령을 이루기 위해 달려가길 소망합니다. 세상 문화에 취해 있지 않고 하나님의 문화를 이 땅에 심기 위해 힘쓰는 제자가 되게 하옵소서. 하나님의 나라가 이 땅에 이루어지는 거룩한 일에 열정을 갖는 교회와 성 도가 되게 하소서.

우리가 직장과 가정을 위해서는 심혈을 기울였지만, 그의 나라와 그의 의를 위해서는 최선을 다하지 못했음을 고백합니다. 직장과 가족을 위해 서는 밤잠을 자지 않고 충실했지만, 예수님과 복음을 위해서는 우리의 몸 과 시간을 지나치게 아꼈음을 고백합니다. 우리 안에 거룩한 열망들을 불 러일으켜 주옵소서.

우리의 영적 침체를 교회나 다른 사람의 탓으로 돌리지 않고, 그것이 자신의 게으름과 욕망에서 왔음을 발견하게 하소서. 하나님께서 우리에게서 멀리 계신 것이 아니라 나 자신이 하나님으로부터 도망쳐 왔음을 통회케 하옵소서. 그리고 집 나간 탕자를 맞이할 준비를 하고 계시는 아버지의 품으로 돌아가게 하옵소서.

빛과 소금으로 살게 하소서

너희는 세상의 빛과 소금이라고 말씀하신 주님, 빛이 될 자격이 없고 소금이 될 가치가 없는 저희에게 영광스러운 직분을 주신 것을 감사드립니다. 우리로 하여금 빛과 소금으로 살 수 있도록 주님의 빛을 가득 비추어 주옵소서. 하나님으로부터 공급되는 새 힘이 주어지지 않고서는 빛으로서, 소금으로서 그 기능을 제대로 감당할 수 없사오니, 하나님의 풍성한 은혜를 공급해 주옵소서.

우리 안에 거룩한 자부심을 갖게 하옵소서. 빛이신 주님을 드러내는 영광을 발견하게 하소서. 가정이나 직장에서 그리스도의 향기를 풍기는 인생 되게 하소서. 악취 나는 인생이 아니라 그리스도와 함께 행함으로 아름다운 향기를 발하게 하소서. 우리가 가는 직장에 웃음꽃이 피고, 우리 가정이 천국의 모형이 되기를 간절히 소망합니다.

영원히 우리와 함께 하시겠다고 약속하신 주님, 이 시간 말씀으로 우리와 함께 하심을 감사합니다. 하나님의 말씀을 선포하시는 목사님에게 성령의 두루마기를 입혀 주옵소서. 참 빛이신 예수 그리스도의 이름으로 기도드립니다. 아멘.

주일 저녁 예배 2

감사와 찬양

이 땅의 황무함을 감찰하시는 전지하신 하나님, 황무한 땅에 이른 비와 늦은 비를 주시는 하나님을 찬양합니다. 거룩함이 사라진 곳에도 성령의 기운을 소멸치 않으시는 주께서 지친 우리의 몸과 영혼에 성령으로 충만케 하옵소서. 성령의 빛 아래에서 우리의 죄악이 얼마나 추악한지 봅니다. 악한 생각으로 물들어 있고, 거룩하지 못한 태도를 갖고 있으며, 손과 발에 피가 가득함을 고백합니다. 거룩하신 십자가 보혈로 깨끗케 하여 주옵소서.

섬기는 삶을 살게 하소서

주와 선생이셨건만 친히 제자들의 발을 씻기신 주님, 서로 발을 씻어 주라고 하신 주님의 말씀을 우리 가슴에 새겨 주시니 감사드립니다. 오늘 하루도 그리스도의 마음을 가진 교사로, 성가대원으로, 식당과 차량 관리부로, 재정부로 섬기게 하신 것도 감사합니다. 오른손이 하는 일을 왼손이 모르도록 은밀하게 섬기는 기쁨을 허락하신 것을 감사드립니다.

그러나 되돌아 보건대, 우리 안에는 연약함도 있었습니다. 다른 사람 앞에서 나 자신의 주장을 내세우려고 했던 것, 혈기를 부림으로 다른 지체들의 마음을 아프게 했던 것, 작은 것을 해놓고 대단한 양 으스대던 것을 고백합니다. 주의 일을 함으로 주님을 기쁘시게 해야 하는데 주님의 마음을 아프게 했고, 주님께서 받으셔야 할 영광을 감히 취하려 했습니다. 이 시간 우리의 잘못을 깨닫게 하옵소서.

가난하고 병든 자를 돌보셨던 주님처럼 선한 마음을 갖게 하옵소서. 사람들이 손가락질하던 사마리아 여인에게 다가가서 대화를 나누셨던 주님처럼 주변에 소외된 사람들에게 다가가 이야기하게 하소서. 간음한 여인을 끌고 왔던 종교지도자들을 책망하시면서 긍휼의 눈으로 그 여인을 바라보셨던 주님처럼 우리 주변에 비난받아 마땅한 자를 긍휼의 눈으로 보기 원합니다.

십자가를 자랑하는 삶을 살게 하소서

자기를 부인하고 자기 십자가를 지고 나를 따르라고 말씀하신 주님, 우리가 주님의 명령을 따라 살고자 합니다. 저희에게 그리스도의 남은 고난을 내 육체에 채우겠다는 고백을 허락하심도 감사합니다. 십자가 외에는 결코 자랑할 것이 없다고 고백했던 사도 바울처럼 우리도 십자가만 자랑하는 삶을 살게 하소서.

십자가를 지고 주님을 따르고자 하면서도 여전히 죄에 대한 욕망을 버리지 못하는 마음을 고백합니다. 세상을 향한 우리의 욕심이 너무 큽니다. 우리는 자기 자신을 아주 대단하게 생각합니다. 주님의 영광을 부르짖지만 정작 주님을 나 자신의 영광을 획득하기 위한 도구로 사용했습니다. 부활의 영광에는 부풀어 있지만 십자가의 죽음은 온 몸으로 거부했습니다. 우리의 이러한 얄팍한 신앙을 고백합니다. 우리의 죄악을 사유하기 원하시는 주님, 우리의 그릇된 내적 동기들을 성령으로 새롭게 하옵소서. 거짓된 자아와 잘못된 내적 동기로 뒤범벅된 우리의 행실로는 도저히 주님을 기쁘시게 할 수 없음을 압니다. 주의 말씀만이 우리를 새롭게 하실 수 있사오니 주의 종이 전하는 말씀으로 우리를 깨뜨리시고 다듬으셔서 성령의 사람으로 거듭나게 하옵소서. 섬기는 삶의 본을 보이신 예수님의 이름으로 기도드립니다. 아멘.

수요예배 1

감사와 찬양

어둡고 암울한 역사 속에서도 조국과 한국 교회를 면면히 지켜 주신 하나님께 감사와 찬양과 영광을 돌립니다. 이 민족에게 성장과 번영을 주신 하나님을 알게 하시고, 우상을 버리고 유일하신 하나님을 섬기게 하심을 감사드립니다. 아직까지 하나님을 알지 못하는 백성들이 하나님을 알게 되는 날이 오게 될 줄 믿고 감사와 찬양을 올립니다. 여기에 예배하는 자들이 그 일에 주인공이 되는 영광을 허락하옵소서.

증인의 삶을 살게 하소서

우리의 영원한 생명 되신 주님, 주께서 우리 삶의 주인이심을 믿습니다. 다른 사람들이 만나지 못한 주님을 우리가 만날 수 있게 하심을 감사드립니다. 이제 예루살렘과 온 유대와 사마리아와 땅 끝까지 이르러 주님의 증인이 되는 사명을 잘 감당하는 교회와 성도가 되길 소망합니다. 우리의 입술이 남을 헐뜯고 상처 주는 데 사용되지 않고 복음을 선포하고 예수님을 자랑하는 데 사용되는 영광을 주옵소서. 순교자의 피로 얼룩진 기독교 역사 위에 교회를 세우신 하나님, 우리 교회가 복음 때문에 고난 받기를 즐겨하는 교회 되게 하시고, 그리스도를 나타내는 것 때문에 손해볼 수 있는 성도가 되게 하옵소서.

하늘의 모든 영광을 포기하시고 우리를 구원하시기 위해 이 땅에 내려오신 주님, 주님이 우리와 함께하셨던 것처럼 우리 역시 복음을 필요로

하는 사람들과 함께하게 하옵소서. 우는 자들과 함께 울어줄 수 있고, 아픈 자들과 함께 고통을 나눌 수 있게 하소서. 우리의 배만 부르게 하기보다 이웃의 굶주림을 바라볼 수 있게 하시고, 말로만 전하는 복음이 아니라 우리 자신을 내어줌으로 그리스도의 사랑을 증명하게 하소서.

오직 성령이 임하시면 너희가 권능을 입게 되리라고 말씀하신 주님, 우리에게 성령의 권능과 능력을 입혀 주소서. 우리는 예수님의 증인으로 살기에 너무도 부족한 사람들입니다. 비둘기 같이 순결하고 뱀처럼 지혜롭게 하여 주소서.

도전하는 믿음을 갖게 하소서

우리를 축복의 통로로 세우신 주님, 여호수아와 갈렙같이 매사를 긍정적인 눈으로 볼 수 있는 믿음의 사람이 되어 세상을 향해 도전하게 하소서. 하나님의 눈으로 골리앗을 바라보는 다윗의 용기를 갖기 원합니다. 우리를 둘러싸고 있는 현실이 어둡고 암울할지라도 저희는 이 민족과 교회를 지키셨던 하나님께서 살아계신 줄 믿습니다. 멈추지 않는 열정을 우리에게 주옵소서. 우리가 가진 자원에 갇혀 불평하고 원망하지 않게 하시고, 우리를 능하게 하실 하나님께 붙들림 받아 승리하는 믿음의 용사가 되게 하소서. 혹시 우리 가운데 현실에 안주하는 자가 있습니까? 갈렙은 85세에 가나안 땅을 달라고 하나님께 기도했습니다. 우리에게도 갈렙과 같은 도전적인 믿음을 허락하소서.

우리를 세상으로 파송하실진대 우리를 홀로 보내지 마시고, 성령님께서 함께 하는 영적 전쟁이 되게 하옵소서. 하나님의 말씀으로 무장하지 않고서는 이 전쟁에서 승리할 수 없사오니, 주의 사자를 통해 선포되는 하나님의 말씀을 굶주린 심령으로 받아 먹게 하옵소서. 예수님의 이름으로 기도드립니다. 아멘.

수요예배 2

the Lord's Prayer

감사와 찬양

찌는 듯한 무더위 속에서도 우리의 속사람을 강건케 하시고 풍성한 삶을 허락하심을 감사드립니다. 우리로 하여금 열악한 환경에 시들지 아니하고 하늘에서 부으시는 은혜로 달려가게 하신 것도 감사드립니다. 무더운 날씨 속에서도 하나님 품으로 달려 나온 우리 모두에게 성령의 은혜를 풍성하게 부어 주소서. 주님께서 보시기에 합당치 못한 우리의 마음과 생각, 그리고 손과 발까지도 십자가의 보혈로 깨끗하게 씻어 주소서.

한 알의 씨앗으로 살게 하소서

논과 밭에 싱싱하게 피어오르는 곡식들로 인해 감사드립니다. 하나님께서 허락하신 공기와 햇빛과 물로 인해 이러한 영광과 기쁨을 누리고 있습니다. 우리 역시 하나님의 은혜로 생존하고 있음을 고백합니다. 한 알의 밀알이 땅에 떨어져 많은 열매를 맺듯이 우리도 그러한 씨앗이 되길 원합니다.

그러나 우리는 잘 알고 있습니다. 우리가 얼마나 땅에 떨어져 죽기를 싫어하는지 말입니다. 희생하는 것이 두렵고, 손해라는 생각이 들어 죽음을 선택할 용기가 없는 존재들입니다. 그러기에 우리는 더 풍성한 열매를 맺을 수 있었음에도 불구하고 초라한 삶을 살아가고 있습니다. 하나님을 위해 자신을 불태울 수 있는 거룩한 열망을 주소서. 어차피 없어질 존재라고 한다면 하나님을 위해 달리고 애쓰다가 닳아서 없어지는 삶을 살게 하옵소서.

세상의 신음소리를 듣게 하시고, 세상을 향해 썩어질 수 있는 능력을 입혀주옵소서. 우리 심령에 인간의 욕심이 아니라 하나님 나라를 향한 선한 열망으로 채워지게 하옵소서. 우리가 자기 꿈을 붙잡기보다 하나님의 비전에 목숨 거는 삶을 살기를 간절히 원합니다. 우리가 썩어짐으로 피어날 아름다운 꽃을 믿음의 눈으로 바라보고, 작은 희생이지만 하나님 나라를 꽃피울 영광의 그날을 기대하게 하소서.

의의 도구로 살게 하소서

우리를 의롭게 하시기 위하여 자신의 몸을 십자가에 내어 주신 주님, 우리에게 하나님의 의를 입혀 주셔서 감사드립니다. 우리는 소돔과 고모라에 의인 열 명이 없어 불 심판이 내려졌던 일을 기억합니다. 하나님이여, 우리로 하여금 이 땅을 구원할 의인 열 명이 되게 해주옵소서. 불의와 죄악으로 관영한 이 땅에서 우리로 하여금 정의를 사랑하게 하시고, 의로운 일을 위해 자신의 이권을 내려놓고 믿음으로 선택할 수 있는 믿음을 허락해 주옵소서.

다른 사람들이 불의를 사랑하고 의롭지 못한 것을 위해 타협한다 할지라도 우리만은 의를 고집하게 하소서. 순간의 이익에 눈이 어두워 불의한 길을 걷지 않게 하시고, 알량한 자존심을 지키기 위해 하나님의 이름을 더럽히는 일을 하지 않게 하소서. 하나님을 사랑하는 우리가 있어 공동체가 의를 사랑하는 공동체로 변화되게 하시고, 그리스도를 존귀케 하려는 우리의 열망이 이 사회에 잠복해 있는 불의를 드러내게 하소서. 정치와 경제, 이 땅의 모든 문화까지도 그리스도의 의로움으로 옷 입는 날이 오게 해주소서. 하나님의 말씀만이 우리로 하여금 의의 길을 좇을 수 있는 용기를 주실 수 있사오니 이 시간 말씀으로 우리를 새롭게 하소서. 하나님의 의를 우리에게 입히시는 예수님의 이름으로 기도드립니다. 아멘.

주일 낮 예배 1

찬양과 회개

진실하게 간구하는 자를 가까이 하시는 주님, 우리에게 간구의 영을 허락하시니 감사합니다. 분주한 세상 속에서도 하나님을 찾고 예배드리오니 우리의 예배와 찬양을 받으옵소서. 아버지의 임재 안에 거하는 이 시간, 우리의 지치고 상한 심령을 하나님의 영광으로 채우시고 우리의 몸과 영혼이 온전히 회복되는 은총을 허락하소서.

주의 제자로 훈련되기 원합니다

우리가 그리스도의 장성한 분량에 이르도록 성장하기를 원하시는 주님, 우리에게 하나님의 말씀의 필요성을 알려주시고, 우리로 말씀을 통해 경건의 훈련을 받게 하심을 감사드립니다. 날마다 예수 그리스도의 좋은 군사가 되기 위해 하나님의 말씀으로 훈련받는 일을 게을리 하지 않고, 그리스도를 닮아가는 기쁨과 영광을 알게 하옵소서. 사랑하는 주님, 망망대해에 던져진 자그마한 조각배처럼 세상의 물결에 휩쓸려 요동치는 그리스도인이 아니라 세상을 변혁시키는 강한 제자가 되길 소망합니다. 진리의 말씀으로 무장된 주님의 참 제자로 세워주시고, 우리의 삶을 통해 우리 속에 살아 계시는 그리스도를 보여 줄 수 있는 성숙한 제자가 되게 하소서.

주님, 훈련된 제자로 세워지는 것이 얼마나 힘들고 어려운 일인지를 잘 알고 있습니다. 고된 것을 싫어하고 게으른 우리 육신은 훈련으로 성숙해

가는 기쁨을 누리기가 쉽지 않습니다. 육체의 소욕을 이길 수 있는 성령의 강력한 이끄심을 허락하셔서 그리스도를 닮아가는 감격을 맛볼 수 있게 하소서. 온 성도들이 배우고 훈련받는 일에 힘쓰게 하시고, 가르치고 훈련시키시는 주의 종들에게는 지혜와 능력을 허락해 주소서. 비록 더딜지라도 훈련을 통해 제자를 세워 가는 교회가 되게 하소서.

말씀이 흥왕하게 하소서

말씀으로 세계를 창조하시고 다스리시는 주님, 우리로 하여금 말씀의 사람으로 살아가는 기쁨을 알게 하시니 참으로 감사합니다. 하나님의 말씀 앞에 열린 마음과 겸손한 태도를 허락해 주소서. 하나님의 말씀을 받을 때 말씀 안에서 변화되는 기쁨을 허락하소서. 우리는 하나님의 말씀을 우리의 기호에 따라 골라서 들으려는 습관이 있습니다. 우리의 감정과 처지에 상관없이 하나님의 말씀을 받아들여 온전한 하나님의 사람으로 변화되길 간절히 원합니다. 우리 안에 말씀으로 변화를 일으키시는 주님, 음식을 섭취하듯이 하나님의 말씀을 매일 묵상하길 원합니다. 하나님의 말씀으로 머리만 키워 교만해지지 않고, 지성이 변하고 생각이 바뀌어 삶이 수정되는 전인격적 경험을 하게 하소서.

우리가 하나님의 말씀을 듣고 읽고 배우는 일에 부지런하여 말씀의 부흥 운동이 일어나게 하소서. 하나님의 말씀을 대언하는 주의 종을 향해 존경하는 마음을 갖게 하시고, 이 시간도 그의 입에서 나온 말씀을 우리 각자에게 주시는 하나님의 음성으로 알아 순종의 열매를 맺게 하소서. 예수님의 이름으로 기도드립니다. 아멘.

9월에 드리는 대표기도

주일 낮 예배 2

찬양과 회개

한 영혼을 천하보다 귀히 여기셔서 예수 그리스도를 이 땅에 보내신 하나님, 십자가에 나타난 하나님의 큰 사랑을 우리에게 깨닫게 하시니 감사합니다. 그 사랑을 잊을 새라 날마다 새롭게 주의 인자와 긍휼을 체험케 하시는 주님을 찬양합니다. 그러나 우리는 놀라운 하나님의 사랑을 경험하면서도 악한 생각에 물들고, 더러운 말로 우리의 입술을 더럽히며, 하나님보다 세상을 더 사랑했음을 고백합니다. 이 시간 우리를 성령으로 정결케 하시어 깨끗한 마음과 양심으로 예배드리길 원하옵니다.

목적이 이끄는 삶을 살게 하소서

우리를 창조하시고 하나님의 비전의 세계로 초청해 주신 주님, 우리로 하여금 분명한 목적을 갖고 살게 하시니 감사드립니다. 이 세상의 수많은 사람들이 나름대로의 목적을 갖고 살아가지만 하나님의 목적과 동떨어져서 잘못된 방향으로 나아가고 있습니다. 주님, 우리의 눈을 하나님의 비전에 맞추어 우리에게 주신 하나님의 사명을 발견하게 하소서.

이 교회가 하나님께서 주신 비전을 따라가는 교회가 되게 하소서. 사람이 다스리는 것이 아니라 그리스도의 통치가 밝히 드러나게 하시고, 하나님께서 들려주시는 음성에 온 교회가 겸손히 청종하게 하옵소서. 주님께서 우리에게 분명한 방향을 제시하실 때 망설이지 않고 순종함으로 온 교회가 협력하게 하소서. 하나님을 향해서는 예배하는 교회 되게 하시고,

174

세상을 향해서는 예수 그리스도를 증언하고 하나님의 사랑을 보여 주는 교회 되게 하소서. 성도들을 세상으로 파송하기 전에 먼저 하나님의 말씀으로 잘 훈련하여 그들이 가정과 직장, 이웃 속에서 훌륭한 그리스도인으로 살아가게 하소서.

기쁨을 누리는 삶을 살게 하소서

우리가 항상 기뻐하길 원하시는 주님, 우리로 하여금 세상이 맛볼 수 없고 줄 수도 없는 참된 기쁨의 근원을 발견케 하시니 감사합니다. 예수 그리스도 안에서 날마다 기쁨의 샘물을 길어 내고 주위 사람들에게 주님께서 주시는 기쁨을 보여 주길 소망합니다. 우리를 얽어매는 환경으로 인해 감정이 불안해지지 않고, 기뻐할 수 없는 상황에서도 성령께서 통치하시는 가운데 주께서 주시는 기쁨을 누리게 하소서. 실패 속에서도 주님이 함께 하심을 잊지 않고, 연약함 속에서도 강하게 하시는 주님의 능력을 신뢰하게 하시며, 질병으로 고통을 당할 때도 주님으로 말미암는 기쁨을 잃지 않게 하소서.

이 땅에 계실 때 많은 사람들에게 기쁨을 나누어 주셨던 주님, 기쁨이 사라져 가는 이 세대 가운데 우리가 주님의 기쁨을 맛볼 뿐만 아니라 이 기쁨을 세상 사람들과 함께 나눌 수 있게 하옵소서. 복음을 증언하고, 그리스도의 사랑을 실천함으로 기쁨을 나누어 주는 교회 되길 원합니다. 상처로 얼룩지고 슬픔으로 가득 찬 모습으로는 세상 사람들을 감동시킬 수 없사오니 우리에게 기쁨을 깨닫게 하시사 우리의 기쁜 표정을 최고의 전도지로 사용하옵소서. 기쁨의 근원 되시는 예수님의 이름으로 기도드립니다. 아멘.

주일 낮 예배 3

the Lord's Prayer

찬양과 회개

많은 물소리와 바다의 큰 파도보다 더 크신 능력의 하나님, 하나님의 권능 아래 우리를 품으시고 이끄심을 감사합니다. 우리의 연약함 가운데 주의 크신 능력을 나타내시고, 우리의 우둔함 가운데서도 하나님의 지혜로 우심을 드러내시는 당신을 찬양합니다. 연약함으로 범죄하고, 어리석음으로 하나님을 슬프게 했던 우리를 용서하시고 거룩한 십자가의 보혈로 깨끗이 씻어 주소서.

응원가를 불러 주는 삶을 살게 하소서

수고하고 무거운 짐진 자들을 불러 주신 주님, 이 땅에 지쳐 있는 사람들을 살펴 주소서. 경제적인 어려움을 극복하지 못하고 신음하는 사람들, 얽힌 관계를 풀지 못하고 고통받는 사람들, 직장에서 여러 가지 스트레스로 지친 사람들이 있습니다. 이스라엘 백성들이 애굽에서 고역으로 신음할 때 그들을 살피셨던 주님, 우리 가운데 고통당하는 사람들의 형편을 살피시고 구원의 은총을 허락하소서.

주님, 고통스러운 환경의 중압감보다 우리의 마음을 더 아프게 하는 것은 사람들의 냉소와 비난의 목소리입니다. 서로를 향한 차가운 손가락질로 얼룩진 세상이지만 주님의 은혜를 입은 저희는 서로에게 응원가를 불러 주기를 원합니다. 우리의 응원가로 지친 사람들이 일어나고 약한 자들이 위로와 격려를 받기를 소망합니다.

생각을 통제하기 원합니다

인간의 모든 생각과 마음을 감찰하시는 주님, 우리의 모든 생각이 주님 보시기에 합당하지 못했음을 고백합니다. 이웃을 해하고 아프게 하는 생각을 버리고, 거짓되고 가증한 생각들을 제하며 바른 생각을 품기를 소망합니다. 악하고 그릇된 생각이 둥지를 틀지 못하도록 성령께서 지켜 주옵소서.

우리의 부패한 마음을 너무도 잘 아시는 주님, 바른 생각을 갖는 것이 참으로 어렵습니다. 성령께서 우리의 마음과 생각을 통제하여 주옵소서. 육체의 정욕이 우리의 생각을 통제하지 않고, 통제되지 않은 감정이 우리의 생각을 지배하지 않게 하소서. 우리 생각의 그릇을 하나님의 말씀으로 가득 채우고, 우리의 마음과 생각에 예수 그리스도의 아름다운 마음이 담기게 하소서. 주님, 우리의 생각을 사로잡아 예수 그리스도에게 굴복시킬 수 있는 성숙한 믿음과, 무엇이 바른 것이고 무엇이 옳고 그른지 분별할 수 있는 지혜를 허락해 주소서.

주님, 우리의 생각이 감정과 행동을 옭아매고 있음을 알고 있습니다. 우리의 생각이 아픔을 가져오기 전에 깊이 생각하고 그 후에 말하는 지혜를, 한 번 더 생각한 후에 행동으로 옮기는 신중함을 주소서. 우리 생각의 정원에 사탄의 생각이 뿌리내리지 못하게 하시고, 하나님께서 주신 생각만 열매 맺게 하소서.

이 시간도 하나님의 말씀을 통해 우리의 생각이 새롭게 되고 주의 생각으로 변화되는 은총을 허락해 주소서. 우리 생각의 주인 되시는 예수님의 이름으로 기도드립니다. 아멘.

주일 낮 예배 4

찬양과 회개

영원한 위로와 소망을 주시는 주님, 지치고 상한 삶에도 하늘 위로와 소
망으로 다시 일어서는 힘을 공급하심을 감사드립니다. 우리로 하여금 환
경에 굴복하지 않고 하나님이 공급하시는 힘으로 세상을 이기게 하시니
감사합니다. 하나님의 사랑을 경험했음에도 하나님을 온전히 섬기지 않
는 우리의 완고함을 불쌍히 여겨 주시고, 심령을 회복시키는 성령께서 우
리에게 충만히 임해 주소서.

교사를 위하여

사람을 양육하는 교사를 통해 그리스도의 몸인 교회를 세워 나가시는
주님, 교회 안의 모든 교사들을 성령으로 충만케 하시어 예수 그리스도의
심장으로 영혼들을 품을 수 있게 하옵소서. 교사의 부흥이 주일학교의 부
흥이요, 교회의 부흥이오니 교사들이 먼저 살아나기를 원합니다. 한 영혼
때문에 울고 웃으며, 그들과 더불어 삶을 나누며 그들을 온전한 예수 그
리스도의 사람으로 세워 나가는 교사 되게 하소서.

교사들이 영혼들을 영적 아버지의 마음으로 훈련하고, 영적 어머니의
마음으로 섬세하게 돌보길 원합니다. 이들에게 사람을 세워 나가는 기쁨
을 알게 하시고, 영혼들이 자신들의 자랑이요 면류관임을 고백하게 하소
서. 바울처럼 해산의 수고를 아끼지 않고, 민족과 하나님 나라의 기둥이
되는 일꾼들을 키워 내는 교사가 되게 하소서. 또한 한 사람에 대한 비전

과 열정을 잃지 않고, 그들의 영적 진보를 위해 은혜의 보좌 앞으로 나아가 눈물로 간구하는 교사가 되게 하소서.

주님, 영적 게으름을 벗어 버리고 맡은 양떼에게 마음을 둘 수 있는 교사가 되길 소망합니다. 영적 침체를 허용하지 않고, 좌절을 거부하는 교사가 되게 하소서. 한 영혼의 가치를 잊지 않고, 한 영혼을 세우는 영광을 깨달아 주님 앞에 서는 날 부끄러움을 당치 않게 하소서.

영적 성장을 위하여

주님, 우리는 거실의 화초가 자라는 것을 보고 기뻐하고, 자녀가 무럭무럭 자라는 것을 인하여 기뻐합니다. 마찬가지로 주님께서는 우리가 영적으로 성장하는 것을 인하여 기뻐하시는 줄 믿습니다. 우리로 하여금 날마다 주님을 알아 가고, 그리스도를 닮아 가게 하옵소서. 우리가 영적 유아 상태에서 벗어나 영적인 어른이 되어, 진리를 아는 데서 진리를 행하는 데로 나아가길 소망합니다. 우리의 영혼을 살찌게 하는 주의 말씀을 읽고, 듣고, 배우고, 암송하고, 묵상하며 그 말씀을 삶 속에서 구체적으로 순종으로 적용하게 하소서.

공동체 안에서 말씀에 대한 도전을 함께 나누고, 서로에게 도전이 되게 해주소서. 각자가 경험했던 그리스도와의 풍성한 교제를 나눔으로 서로에게 영적인 유익을 끼치고, 서로의 아픔을 느끼고, 서로의 필요를 채우는 삶을 살게 하옵소서. 날마다 하늘 양식으로 우리 영혼에 만족 주시기를 원하시는 주님, 말씀의 사자에게 권능의 옷을 입혀 주실 줄 믿습니다. 참된 교사의 본이 되시는 예수 그리스도의 이름으로 기도드립니다. 아멘.

주일 낮 예배 5

찬양과 회개

병상에서 우리를 붙드시고 고쳐 주시는 여호와여, 우리의 영혼을 돌아보아 주소서. 여호와의 은총이 우리를 살리셔서 빛을 보게 하시고, 주님의 긍휼이 우리를 하나님의 영광 앞으로 인도하심에 감사드립니다. 쉼 없이 내려 주시는 하나님의 큰 사랑을 받으면서도 감사하지 못했던 저희를 불쌍히 여기사, 예배 가운데 임재하심으로 영적인 침체를 고쳐 주옵소서.

부흥하게 하소서

에스겔 골짜기의 마른 뼈를 살리신 주님, 수년 내에 우리에게 부흥을 허락하소서. 아무런 생기도 찾아볼 수 없는 마른 뼈에게 생명을 불어넣으시고 흩어진 뼈들을 맞추시고 살을 입히신 주께서 지치고 상한 우리 삶에 영적인 기운을 불어넣어 주시길 간절히 소망합니다. 안식과 기쁨이 없는 영혼에 하나님으로 인한 감사와 기쁨이 넘쳐나게 하시고, 어려운 성도들과 교회의 경제에 활력을 불어넣으시며, 하나님의 일을 향한 꺼지지 않는 열정을 주옵소서.

영원 전부터 말씀으로 계셔서 우리 가운데 육신을 입고 오신 주님, 우리에게 여호와의 말씀에 대한 사모함을 주소서. 주님의 말씀이 우리의 마음과 영혼을 만지실 때 우리 안에 거짓된 영이 물러가고 거룩한 영으로 충만케 되길 원합니다. 살아 있어 심령과 골수를 쪼개어 수술하시는 하나님의 말씀이 우리의 양심을 만지사 우리로 회개의 영으로 충만케 하소서.

회개하는 마음에 하나님의 마음으로 충만히 채워 주시고, 세상을 넉넉히 살아가는 참 믿음의 열매를 허락하소서.

하나님, 우리 모두가 하나님께서 일으키시는 부흥의 밑거름이 되길 원합니다. 우리의 의를 내려놓고 완고한 마음을 뉘우쳐 우리의 악함을 토설케 하시며, 하나님께서 주도하시는 거룩한 일에 복종케 하소서. 우리를 복음의 도구 삼으사 예수님을 영접하는 영혼들이 주님의 교회에 날마다 늘어나게 하소서.

영적 자부심을 허락하소서

주의 이름을 부르는 자들에게 구원을 주시는 주님, 진노의 자식이었던 저희를 자녀 삼아 주시고 하늘의 비전을 갖게 하시니 감사드립니다. 이 땅에 살지만 이 땅을 소유한 자가 아니라 천국을 소유한 자로 살게 하심도 감사드립니다. 우리에게 영원한 하늘나라를 유업으로 주신 주님, 우리로 하여금 땅의 것이 아니라 하늘의 것을 바라보며 살게 하옵소서.

가진 것은 없지만 하나님으로 인하여 부요케 됨을 알게 하소서. 세상 사람들이 가진 것을 갖지 못한 것 때문에 주눅 들지 않고, 하나님과의 풍성한 교제를 통해 참 기쁨과 평안을 누리게 하옵소서. 세상에 대하여 부요하나 하나님께 대하여 가난한 인생을 살지 않고, 비록 세상에서 가난할지라도 하나님께 대하여는 부요한 삶을 살게 하소서. 세상의 가치관이 아니라 하늘의 가치관을 가지고, 세상의 자부심이 아니라 영적 자부심을 갖게 하소서. 우리를 살리시는 것은 오직 하나님의 말씀입니다. 이 시간도 말씀을 맡은 주의 종에게 성령의 권세를 더하시고 권능을 입혀 주셔서 말씀을 선포하실 때 듣는 자들이 아멘으로 응답하게 하옵소서. 육신이 되어 이 땅에 오셨던 예수님의 이름으로 기도드립니다. 아멘.

9월에 드리는 대표기도

주일 낮 예배 6

찬양과 감사

여름의 따가운 햇살로 여물어 가는 오곡백과를 수확하는 가을의 길목에서 하나님의 은총을 생각하게 하시니 감사합니다. 하염없는 은총과 사랑으로 선한 열매를 맺게 하시는 하나님을 이 예배 가운데서 또 다시 경험하게 하시고, 넉넉한 영적 자원으로 승리하는 삶을 살게 해주옵소서.

삶을 회복하게 하소서

즐겨 내는 자를 사랑하시는 주님, 하나님께서 주신 은총을 날마다 잊지 않고 감사하는 마음으로 하나님을 향해 드리는 삶을 살기 원합니다. 가난한 중에서도 인색한 마음을 버리고 풍성하게 하나님 앞에 드리고, 하나님께서 주신 축복을 선한 행실로 이웃들에게 나눌 수 있는 넉넉한 마음을 허락하소서. 주께서 값 주고 사신 우리 몸을 하나님을 위한 산 제물로 드리고, 주의 영광을 드러내는 도구로 사용하길 간절히 원합니다. 비움으로 채우는 비결을 삶에서 발견케 하시고, 작은 것을 드리지만 많은 것으로 채우시는 영적인 비밀을 경험케 하소서.

"내게 있는 모든 것을 아낌없이 드리네"라는 찬양이 입술에서만 끝나지 않고, 아깝다는 마음을 버리고 주께 드림을 기뻐하는 사람이 되게 하소서. 온 천지만물의 주인 되신 주님, 헌신된 성도들이 주님께 더 많이 드릴 수 있도록 그들의 소유를 넉넉히 채워 주시고, 결실의 계절로 들어서는 길목에서 직장과 사업장이 하나님께서 채우시는 풍성함을 누리게 하소서. 하나님의 비전을 향해 나아가는 우리 교회가 재정의 압박을 당하지 않고, 하나님의 일이 경제적인 어려움으로 방해받지 않게 하소서.

기쁨의 삶을 살게 하소서

성령을 좇아 행함으로 희락의 열매 맺기를 기뻐하시는 주님, 웃을 일이 별로 없고 가슴 아픈 소식들로 가득한 삶의 현장에서 저희가 살고 있나이다. 주께서 주신 기쁨을 누리고 나누는 삶을 살게 해주옵소서. 주님과의 풍성한 교제로 영혼의 만족을 경험케 하시고, 세상이 줄 수 없는 기쁨을 성령의 임재 가운데 누리길 간절히 소망합니다. 더 큰 만족을 향해 끊임없이 달려가는 우리의 욕구를 내려놓고, 다른 사람과 비교하면서 스스로 불만족의 늪에 빠지는 어리석은 삶을 포기하게 하옵소서. 외적인 것으로 채울 수 없는 영혼의 진정한 만족이 무엇인지 알게 하시고, 육신의 채움으로 맛볼 수 없는 영혼의 채움으로 멈추지 않는 기쁨을 누리게 하옵소서.

아픔과 슬픔 가운데 빠져 있는 사람들에게 기쁨을 나누어 주는 교회 되게 하시고, 이웃들의 문제를 모른 척 하지 않고 동참하는 성도가 되게 하옵소서. 사랑의 주님, 이 교회가 이웃들이 당하는 상처를 공감할 수 있는 교회가 되고, 짐을 나누어 지는 성숙한 공동체가 되길 원합니다. 나의 기쁨이 아닌 타인의 기쁨을 위하여, 물질적인 기쁨보다 영적인 기쁨에 만족하며, 육신의 기쁨을 넘어 영혼의 만족을 더 원하는 저희가 되게 하소서. 이 땅에서 누리지 못하는 기쁨은 하늘의 기쁨으로 보상받게 하소서. 마르지 않는 영원한 기쁨의 근원 되신 예수 그리스도의 이름으로 기도드립니다. 아멘.

9월에 드리는 대표기도

주일 저녁 예배 1

찬양과 감사

서로 사랑하라는 새 계명을 우리에게 허락하신 주님, 우리의 연약함에
도 불구하고 끝까지 사랑하신 주님을 찬양합니다. 사랑할 능력이 없는 우
리에게 성령을 한량없이 부으셔서 사랑으로 섬길 수 있게 하신 주님을 찬
양합니다. 이 시간도 주의 영이 충만히 임재하셔서 하나님의 한량없는 사
랑을 경험케 하소서.

서로 존중하는 삶을 살게 하소서

나보다 남을 낮게 여기기라 명하셨던 주님, 우리 안에 서로 존중하는 마
음을 갖게 하시니 감사합니다. 겸손한 마음을 우리에게 본으로 보이신 주
님, 주께서 소중히 여기신 영혼들을 업신여기는 무례함을 범치 않길 원합
니다. 나보다 나은 그를 바라볼 수 있는 눈을 열어 주소서. 세상 사람들이
멀리하고 멸시하는 사람이라도 주님께서는 가장 소중한 존재로 받으시고
사랑해 주심을 발견하고, 부족한 나를 용납하시고 기뻐하시는 주님을 기
억함으로 다른 사람을 존중하게 하소서.

주님, 우리는 모두 다른 사람에게 존중받기를 원합니다. 다른 사람들이
나를 존중해 주지 않을 때 상처받고 아파합니다. 그러나 정작 우리는 다
른 사람들을 무시하고 깎아내리려고 하는 악한 습성을 갖고 있음을 고백
합니다. 다른 사람들이 나를 무시하면 상한 자존심을 보상받기 위해 맞대
응하는 연약한 모습을 갖고 있습니다. 또한 하나님께서 세워 주신 권위를

존중하지 못하고, 허물을 가진 지체들에게는 비난의 화살을 쏘아 댑니다. 오 주여, 우리 안에 그리스도의 넓은 마음을 부어 주소서. 그래서 서로 존중하는 아름다운 일이 일어나게 하소서.

삶의 예배자로 살기 원합니다

신령과 진정으로 예배하는 자를 찾으시는 주님, 우리로 하여금 하루 종일 예배하는 자리에 있게 하심을 감사합니다. 예배를 통해 하나님을 경험하고, 하나님의 뜻을 발견하며, 살아야 할 인생의 방향을 찾게 하시니 감사드립니다. 이 시간에도 우리를 향한 주님의 마음을 알게 하소서.

우리 몸을 하나님이 기뻐하시는 거룩한 산 제물로 드리기를 기뻐하시는 주님, 우리가 공동체 예배에만 승리하는 그리스도인이 아니라 삶의 예배에서도 승리하는 그리스도인 되기를 소망합니다. 삶의 현장에서도 하나님의 임재를 경험하고 하나님의 뜻과 하나님의 마음으로 살아가는 예배자 되게 하옵소서. 우리는 예배드리는 모습과 살아가는 모습이 전혀 다른 이중적인 그리스도인의 모습에 염증을 느낍니다. 그러나 정작 우리가 그런 사람이란 사실을 부인할 수 없습니다. 우리 몸이 거룩한 산 제물 되기를 원하시는 주님, 우리가 살아가는 모든 삶이 예배가 되게 하소서. 직장에서의 업무도, 가정에서의 가사도, 학교에서의 학업도 모두 하나님께 드리는 예배 되게 하옵소서. 그리하여 우리가 사는 모습을 통해 사람들이 하나님을 발견케 하소서. 이 시간 세우신 주의 종을 통해 들려지는 하나님의 말씀이 우리를 거룩한 예배자로 세우게 하실 줄 믿습니다. 십자가에서 자기 몸을 제물로 드리신 예수님의 이름으로 기도드립니다. 아멘.

9월에 드리는 대표기도

주일 저녁 예배 2

찬양과 감사

주린 영혼을 내버려 두지 않으시고 만족을 주시는 주님을 찬양합니다. 세상에서 만족을 구하지 않고 여호와의 품 안에 거하기를 기뻐하며 육신의 만족이 아니라 영혼의 만족을 갈구하는 저희에게 이 시간 하늘의 영광과 생명 양식으로 풍족하게 채우신 것을 감사드립니다. 웃을 일이 흔치 않은 이 세상에서 하나님으로 인해 즐거워하는 예배 되게 하옵소서.

변화를 주도하는 공동체가 되게 하소서

저희로 하여금 그리스도 안에서 새로운 인생을 살게 하시니 감사드립니다. 저희를 거듭나게 하시고, 날마다 새로운 삶을 살아가게 하시니 감사합니다. 저희가 가는 곳마다 새로운 바람이 불게 하시고, 저희의 손이 닿는 곳마다 변화가 일어나길 소망합니다. 날마다 주의 말씀이 온 성도의 삶과 모든 조직을 변화케 하옵소서. 사랑하는 주님, 우리 모두가 오늘보다 더 나은 내일을 꿈꾸고, 우리 세대보다는 다음 세대를 위해 변화의 기틀을 만들 수 있게 하옵소서. 딱딱한 마음을 갈아엎고, 변화를 향한 융통성 있는 마음과 생각을 갖게 하소서.

교회가 지역사회를 변화시킬 수 있는 주역이 되고 구습과 인습에 매여 있는 낡은 사고와 전통을 진리와 시대에 맞게 변화시키는 선도자 되길 원합니다. 글로벌 시대에 맞추어 미래를 위해 새 부대를 준비하고, 변화를 위한 대안을 보여 주는 교회 되게 하소서. 사회를 변화시키기 위해서는 먼저 성도들과 교회가 변해야 하오니 성령의 새롭게 하시는 은혜 아래 살아가는 공동체 되게 하옵소서.

거룩한 습관을 만들게 하소서

날마다 새로운 변화를 향해 도전케 하신 하나님, 우리 안에 있는 구습을 벗어 버리고 그리스도 안에서 새로운 습관의 옷을 입게 하옵소서. 낡은 습관의 옷을 과감하게 벗고, 거룩하고 성결한 옷으로 갈아입게 하소서. 나쁜 습관은 철저하게 거절하고, 좋은 습관은 환영하며 받아들이게 하소서. 거룩한 습관을 몸에 체질화하기 위해 결단력을 가질 수 있도록 성령의 도우심을 입게 하옵소서. 우리의 의지력과 결단이 아무리 강하더라도 성령의 도우시는 은혜가 필요하오니 저희를 도우소서.

육신을 위해 규칙적으로 음식을 섭취하는 것처럼 영혼을 위한 양식도 규칙적으로 취하기를 원합니다. 하나님의 말씀을 읽고 들을 기회를 놓치지 않고, 암송하고 묵상하는 경건의 시간을 확보하게 하옵소서. 개인적으로 은밀하게 기도하는 시간과 처소를 확보할 뿐만 아니라 공동체가 함께 드리는 기도 시간에도 동참할 수 있게 하소서. 경건서적을 읽는 습관을 가져 영적인 성장을 맛보고, 은혜롭고 덕스러운 말을 하는 습관을 길러 치유하는 인생을 살게 하옵소서. 습관을 따라 경건의 본을 보이신 예수님의 이름으로 기도드립니다. 아멘.

수요예배 1

감사와 회개

눈물을 흘리며 씨를 뿌린 자에게 아름다운 열매를 맺게 하시는 하나님께 감사드립니다. 무더운 여름에도 불구하고 복음을 위해 부지런히 눈물을 흘리며 씨 뿌릴 수 있는 힘과 능력을 주신 것 감사드립니다. 결실의 계절 가을에 우리도 아름답고 풍성한 열매를 맺게 하소서.

부지런히 살아야 할 기회를 주셨는데도 게으름을 피웠던 우리를 용서하여 주소서. 이 시간 하나님의 임재로 새로운 비전과 용기를 경험하게 하옵소서.

영적 성숙을 위하여

우리가 그리스도의 장성한 분량에 이르기를 원하시는 주님, 우리 공동체가 하나님을 알아 가는 기쁨을 맛보길 원합니다. 하나님을 아는 지식이 자라나 하늘 아버지를 닮아가는 성도들이 되고 우리의 성품이 그리스도를 닮아 가는 영광을 주옵소서. 육체의 연습만이 아니라 경건의 훈련을 쌓는 데 온 교회가 주력하고, 그리스도 예수의 좋은 군사로 세상 가운데로 나아가게 하옵소서. 우리가 진리를 따라 행하기를 원하시는 주님, 우리로 하여금 듣는 데만 그치는 사람이 아니라 배우고 듣고 본 바를 행할 수 있는 성숙한 그리스도인이 되게 하소서.

우리의 마음을 새롭게 변화시키기 원하시는 주님, 우리의 상처 입은 마음을 치유하시어 성장을 향해 나아가게 하옵소서. 아픈 마음을 부둥켜안아 더 깊은 상처의 수렁으로 치닫지 않고 치유하시는 주님 앞에 나아갈 수 있는 은혜를 허락하소서. 성령의 어루만지심으로 아픈 마음이 회복되고, 우리에게 상처를 준 사람을 용서할 수 있는 힘과 용기를 주소서. 그리고 그 상처로부터 우리를 자유케 하소서. 이제는 그 상처에서 놓임 받아 더 성장하길 원합니다. 죄인을 품으셨던 예수님의 마음을 상처 난 우리 마음에 충만히 부어 주소서.

위로자로 살게 하소서

위로의 주님, 슬픔과 아픔의 동굴에서 빠져나오지 못하고 지쳐있던 우리를 위로해 주시고 지금 여기에 있게 하여 주심을 감사합니다. 우리를 위로자로 세우시고자 우리로 하여금 아픔과 고난의 자리에 있게 하신 하나님의 오묘하신 섭리에 감사합니다.

사랑하는 사람을 먼저 떠나보내고 아파하는 성도들의 슬픔을 헤아리기 원합니다. 자식들이 말썽을 부려서 아파하는 부모의 고통에 공감하게 하소서. 거듭되는 실패와 패배로 인해 낙망하고 좌절해 있는 지체들의 어깨에 주님의 사랑으로 손을 얹게 하소서. 우리도 역시 위로를 받아야 할 자이지만 주님의 위로를 경험한 우리들은 위로할 다른 자를 향해 눈을 돌리게 하옵소서.

우리가 주님의 치유와 위로를 경험하지 않고서는 남을 위로할 수 없습니다. 염려에 사로잡혀 있지 않고 담대히 일어나 은혜의 보좌 앞으로 나아가 주님이 베푸시는 은혜 앞에 서게 하소서. 주의 말씀만이 우리에게 참된 위로를 주실 수 있음을 고백합니다. 위로하시는 주님, 이 시간 말씀의 사자를 통해 하나님의 위로를 경험하게 하옵소서. 그리고 그 말씀을 듣고 위로자로 담대하게 행하게 하소서. 우리를 위로하시는 예수님의 이름으로 기도드립니다. 아멘.

수요예배 2

the Lord's Prayer

찬양과 감사

어지러운 세상 한복판에서도 예수 그리스도의 마음을 갖고 믿음의 걸음을 옮길 수 있도록 생각과 마음을 지켜 주신 주님, 이 시간도 우리를 승리의 삶으로 이끄시는 주님께 감사와 찬송을 올립니다. 삶의 현장이 신음과 탄식의 자리가 아닌 하나님을 경험하고 간증을 퍼내는 우물이 되게 하심을 감사합니다. 이 시간도 예배를 통해 하나님을 경험하고 간증을 얻게 하옵소서.

역동적인 삶을 살게 하소서

아무 것도 없는 흑암과 무질서 속에 말씀 한 마디로 존재의 신비를 만드신 하나님, 역사 속에 늘 우리를 위하시고 역동적으로 일하심에 감사드립니다. 우리로 하여금 하나님께서 맺게 하신 열매를 누리고 먹게 하심을 감사합니다. 하나님께서 일하셨던 것처럼 예수님도 쉬지 않고 일하셨고, 예수님이 일하시니 제자 된 우리도 하나님의 새 역사를 창조하기 위해 끊임없이 일하길 소망합니다. 활동적인 삶을 기뻐하시는 주님, 우리 교회가 잠자는 교회, 게으른 교회가 되지 않고 주의 일에 매진하는 교회가 되게 하옵소서. 이제 추수하기 위해 영혼의 씨를 뿌리는 계절이 다가왔습니다. 생명을 살리는 복음의 씨앗을 뿌리기 위해 새롭게 시작하는 훈련과 교회 안에서 이루어지는 모든 사역들이 역동적으로 움직일 수 있게 하옵소서.

교회학교들은 부흥을 갈망하는 마음으로 전도하고, 각 구역들은 역동적으로 움직이게 하옵소서. 구역장과 권찰, 모든 구역원들이 한 마음으로 성실히 양육과 훈련을 받게 하시고, 전도할 영혼들을 품고 기도하게 하소서. 모든 전도회가 기존 회원들을 관리하는 데 그치지 않고 참석하지 않는 회원들을 심방하고, 죽어가는 영혼들을 건지고 전도하는 일에 열심을 갖게 하소서. 그래서 구역과 전도회에 배가 운동이 일어나는 가을이 되게 하옵소서.

관심을 점검하게 하소서

죽은 영혼들을 버려두지 않으시고 생명 주시기 위해 사랑과 관심을 보여 주신 주님, 그 은혜를 아는 우리가 주님의 관심에 동참하기를 소원합니다. 피투성이가 된 채 죽어가는 이웃을 보고 제사장과 레위인처럼 무관심하게 지나치지 않고, 사마리아 사람처럼 주님의 마음으로 관심을 가지게 하옵소서. 지체들을 돌아보고 관심을 가지라 명령하셨지만 자기 일에 바빠 서로 돌아보는 일에 소홀했던 저희를 불쌍히 여기시고, 이 공동체가 서로의 필요를 공급해 주는 아름다운 공동체 되게 하옵소서. 주님, 우리 교회가 지역사회가 안고 있는 문제를 외면하지 않고, 그들의 신음 소리에 귀 기울이고 필요를 채울 수 있게 하옵소서.

범사에 헤아려 좋은 것을 취하고 악은 어떤 모양이라도 버리라고 말씀하신 주님, 좋은 것에 관심을 갖되 악한 일에는 아예 무관심하는 지혜를 허락하소서. 우리 영혼에 유익이 되지 않고 신앙에 도움이 되지 않는 일에 시간과 에너지를 허비하지 않고, 불의한 일을 위한 도구로 사용되지 않게 하옵소서. 인생에 전혀 유익이 없는 쾌락과 놀이에 시간과 에너지를 탕진하지 않고, 영혼을 살찌게 하는 일에 관심 갖게 하옵소서. 예수님의 이름으로 기도드립니다. 아멘.

주일 낮 예배 1

the Lord's Prayer

찬양과 회개

환난 중에 만날 큰 도움이신 하나님을 찬양합니다. 한 주간의 힘든 삶을 뒤로 하고 하나님께 나아온 우리를 용납하시고 안아 주시니 참으로 감사합니다. 하늘로부터 오는 은총을 통해 당신의 인자하심과 긍휼하심의 풍성함을 경험하게 하신 여호와께서 모든 찬송과 영광을 받아 주소서. 신령과 진리로 예배하는 자를 찾으시는 하나님께서 죄로 말미암아 얼룩진 우리의 생각과 마음과 양심을 정결케 씻으셔서 저희를 온전한 예배자로 세워 주소서.

위정자들을 위하여

이 땅의 권세자들을 세우신 하나님, 이들을 통해 이 민족이 하나님의 뜻을 받들게 하심을 감사합니다. 대통령으로부터 모든 위정자들이 자신들의 권세가 하나님으로부터 온 것임을 깨닫게 하시고, 하나님의 뜻을 충실히 반영하는 정치를 하게 하소서. 자신들의 사리사욕에 눈멀지 않고, 자기 정당의 이익 때문에 백성들의 안위를 해치는 일을 하지 않게 하소서. 다니엘처럼 하나님을 두려워하는 마음과 하나님께서 주시는 지혜로 통치하고, 다윗처럼 넓은 마음으로 관용하고 포용할 수 있는 정치인이 되게 하옵소서.

모든 정치인들에게 깨끗한 양심과 정직한 마음을 주시고, 백성들로부터 존경받는 정치인이 되게 하소서. 참과 거짓을 분별하고, 참된 것을 실현

하기 위해 의연한 기개를 가지고 정치하며, 소신이 있으되 백성들의 민의
에 귀 기울이고 존중하는 위정자들 되게 하옵소서. 선거 때만 백성들을
찾고 두려워하는 정치인이 아니라 평소에 백성들의 의견을 존중하는 정
치인이 되게 하시고, 그들이 펼치는 정책들이 백성들을 위한 것이 되게
하옵소서. 안정된 정치적 풍토를 주시고, 정치인들이 국민에게 신뢰를 받
게 하옵소서.

영적 무기력에서 깨어나게 하소서

제자들을 통해서 하나님의 비전을 이 땅에 실현하기를 원하시는 주님,
거룩한 하나님의 사람들이 이 땅 곳곳에서 거룩한 영향력을 미치게 하소
서. 저희들이 교회 안에 갇힌 그리스도인이 아니라 교회 밖에서 거룩한
영향력을 전염시키는 그리스도인들이 되기를 소망합니다. 빛과 소금이
영향력을 잃어갈 때 사람들에게 짓밟힘을 당할 수밖에 없사오니, 세상을
변화시키는 영향력 있는 큰 믿음의 소유자들이 되게 하옵소서.

무기력한 영성을 가지고는 세상을 변화시킬 수 없사오니 세상에 정복되
지 않는 강한 그리스도인이 되게 하옵소서. 세상을 정복하라는 하나님의
문화 명령을 충실히 수행하고, 땅끝까지 복음의 증인이 되라고 하신 주님
의 지상 명령을 잘 감당하는 그리스도인이 되게 하옵소서. 나약한 그리스
도인들은 다른 사람들을 세울 수 없사오니 저희 각 사람을 예수 그리스도
의 강한 군대로 나아가게 하옵소서. 하나님의 은혜만이 우리를 강하게 하
실 수 있사오니 이 시간도 주의 사자를 통해서 말씀을 들려 주시고 우리
의 영적 무기력을 깨뜨리시며 강한 그리스도의 군대로 거듭나게 하소서.
이 땅의 권세자들을 통치하시는 예수님의 이름으로 기도드립니다. 아멘.

주일 낮 예배 2

찬양과 회개

갈한 심령에 영혼의 생수로 힘을 주시는 하나님, 우리가 하나님을 가까이 하고, 사랑하며, 섬길 수 있게 하시니 참으로 감사드립니다. 우상을 섬기는 자들은 허탄한 것을 좇다가 인생을 탕진하지만, 우리에게는 천지만물을 지으시고 통치하시는 전능하신 하나님과의 교통을 허락하시니 참으로 감사합니다. 그러나 우리가 하나님과의 교제보다 세상 것을 좋아하고 인간적인 낙을 추구했던 것을 용서해 주소서.

생명의 축제를 위하여

죽어 가는 영혼들을 찾아 생명을 전하라고 하신 주님, 생명에 대한 소중함을 알게 하시니 감사합니다. 우리가 죽어 가는 생명을 살리는 것을 최고의 가치로 알고 복음의 증인으로 나서길 소망합니다. 이 땅에는 생명을 파괴하는 자들이 많습니다. 그러나 이 땅에 필요한 사람은 바로 생명을 살리는 자들입니다. 우리 교회를 생명을 살리는 교회 되게 하소서. 영혼을 위해 우시는 하나님의 눈물을 보게 하시고, 죽어 가는 생명을 보고 울 수 있는 마음을 허락하소서.

이 교회가 생명을 건지는 일에 최고의 가치를 둘 뿐만 아니라 그 일을 위해 투자하는 것을 아끼지 않게 하옵소서. 추수의 계절인 이 가을에 온 교우들이 생명을 찾아 나서고, 생명을 살리는 보람과 행복을 누리게 하소서. 생명을 살리는 자가 되기 위해서는 먼저 우리의 생명이 살아 있어야

합니다. 우리 영혼이 깨어 시들지 않는 생명력을 갖고 세상을 향해 도전하게 하옵소서. 잃은 양을 찾으시는 주님, 우리로 하여금 잃은 양이 겪는 번민과 고통을 먼저 느끼고 그들을 찾아 주님께 안기게 하기 위해 온 열정을 바치게 하소서.

생명을 살리는 일을 위해 분주하게 사역하셨던 주님, 우리도 생명을 살리는 일을 위해 밤낮으로 일하기를 원합니다. 육신의 삶만 위해 동분서주했던 우리를 불쌍히 여기시사 이제 하나님께서 귀히 여기시는 생명을 찾아 나서게 하옵소서. 생명을 살리는 일에 방관자나 반대자가 아니라 적극적인 협력자가 되어 하나님의 마음을 시원케 해드리는 일꾼이 되게 하옵소서.

이웃을 기쁘게 하는 삶을 살게 하소서

우리 각 사람이 이웃을 기쁘게 하기를 원하시는 주님, 우리 교회가 믿지 않는 불신자들에게 칭찬을 듣는 교회가 되기를 소원합니다. 이웃과 함께하는 교회, 그들의 아픔에 귀 기울이는 교회 되게 하옵소서. 우리가 하나님으로부터 채움을 받듯 우리 이웃의 필요를 알고 채워 주는 삶을 살게 하옵소서. 선한 사마리아인 같이 이웃의 아픔을 보고 공감하며 그들에게 다가가게 하옵소서. 비록 가진 것을 그들을 위해 허비할지라도 그들을 향해 하나님의 사랑을 쏟아 부을 수 있게 하옵소서. 이웃에게 외면당하는 교회와 성도가 아니라 이웃으로부터 칭찬을 듣고 좋은 소문으로 가득 찬 교회와 성도 되게 하옵소서. 예수님의 이름으로 기도드립니다. 아멘.

주일 낮 예배 3

찬양과 회개

맑은 하늘과 아름다운 자연을 선물로 주신 하나님, 하나님께서 만드신 세계를 통해 하나님의 오묘한 솜씨를 느끼게 하심을 감사드립니다. 하나님께서 주신 풍요로운 자연과 아름다운 결실을 통해 우리들의 삶을 만족케 하시니 감사합니다. 모든 것을 아끼지 않고 우리를 위해 내어 주시는 하나님께서 모든 영광과 찬양을 받으옵소서. 하나님으로부터 받은 것이 너무나 많기에 주님께 많은 것을 돌려 드려야 하는데도 그러지 못했던 것을 용서하옵소서. 이 시간도 상한 마음과 가난한 심령으로 나아가오니 주의 임재로 채워 주소서.

교역자들을 위하여

우리 영혼을 위하여 경성하는 사역자들을 세우신 하나님, 우리가 교역자들의 마음에 근심을 안겨 주지 않는 교회가 되길 원합니다. 사역자들이 마음 편하게 사역하고, 주의 일에 기쁘고 행복하게 전념하는 교회 되게 하옵소서. 좋은 것을 교역자들과 함께 나누는 행복한 교회가, 존경하는 마음을 잃지 않는 온 성도가 되게 하옵소서. 하나님께서 세우신 교역자들의 권위를 인정하고, 그들과 협력하여 그리스도의 몸인 교회를 든든히 세워 나가는 교회 되길 소망합니다.

교회를 위해 사역자들을 세우신 주님, 교역자들 모두에게 성령으로 충만케 하시고 말씀의 권세와 능력을 덧입혀 주소서. 교회와 성도들을 위해 온 열정을 쏟으시는 주의 종들을 강건케 하시고, 그들이 뿌리는 땀과 눈물의 헌신을 통해 교회가 든든히 서가고 그리스도의 헌신된 일꾼들로 자라 가며 부흥되는 기쁨을 허락하소서. 사역자들이 근심으로 사역하는 일이 없도록 사역자들의 필요를 공급하시고 걱정거리가 하나님의 채우심으로 해결되는 역사가 있게 하옵소서.

아름다운 지체의식을 갖게 하소서

교회 안에 다양한 지체들을 세워 주신 주님, 우리가 서로 그리스도의 몸을 이루고 각양 받은 은사를 따라 주님을 효과적으로 섬기게 하시니 감사합니다. 저희가 서로 걸림돌이 되지 않고, 서로 필요 없다고 무시하는 일이 없으며, 서로를 내 몸처럼 아끼고 존중하는 지체가 되기 원합니다.

우리 모두 하나 되어 주님을 영화롭게 하기를 원하시는 주님, 다양성 속에 조화와 일체를 이루는 교회 되게 하옵소서. 그리스도를 아는 일에 모든 지체들이 하나가 되어 그리스도를 섬기되 다툼과 분열 없이 기쁨으로 섬기게 하옵소서. 주님, 더불어 섬기는 기쁨을 누리기보다 상처와 아픔을 경험하는 모습을 봅니다. 우리에게 서로 배려하고 존중하며 하나 됨을 지킬 수 있는 선한 마음을 부어 주시길 바라옵니다. 그래서 우리 교회가 이 지역에서 좋은 교회, 좋은 성도로 소문나게 하옵소서. 교회에 좋은 이미지가 심겨져 전도의 문이 활짝 열리고 머물고 싶은 교회가 되게 하소서.

말씀으로 변화시키기를 기뻐하시는 주님, 사슴이 시냇물을 찾듯이 우리가 주의 말씀에 목마릅니다. 갈급한 심령 위에 말씀의 단비를 내리소서. 예수 그리스도의 이름으로 기도드립니다. 아멘.

주일 낮 예배 4

감사와 찬양

당신을 사랑하는 자들에게 약속하신 나라를 상속받게 하시는 주님, 나그네로 살아가는 우리가 하늘에 소망을 두게 하심을 감사드립니다. 이 땅을 살아가는 동안 악한 것을 생각지 아니하고, 거짓된 것을 따르지 않는 거룩한 사람으로 살게 하신 것도 감사합니다. 날마다 주의 말씀을 묵상하며 진리 안에 살아가는 저희를 통해 영광 받으실 하나님을 찬양합니다. 이 시간 우리 가운데 충만한 영으로 임재해 주소서.

구역모임을 위하여

형제가 연합함으로 아름다움 창조하기를 원하시는 하나님, 교회를 이루는 세포인 구역을 세워 주심에 감사드립니다. 교회 안에 있는 모든 구역이 살아 움직이는 세포가 되어, 병들고 죽어 가는 구역이 없이 부흥되어 교회 전체의 부흥으로 이어지길 소망합니다. 주님, 구역이 부흥하려면 구역장과 권찰들이 살아나야 합니다. 모든 구역장과 권찰들이 깨어 기도하고, 한 사람 한 사람을 양육하고 세워 가는 기쁨을 경험하게 하옵소서. 직분을 부담으로 느끼지 않고, 돌아보는 사역을 힘들어하지 않는 선한 목자 되게 하옵소서. 그리스도께서 영혼들을 사랑하셨던 선한 마음을 가지고 영혼들을 사랑하는 구역장과 권찰이 되게 하옵소서.

구역마다 사랑 안에서 하나 되어 돌아보고 섬기며 서로에게 영적인 자극과 도전을 줄 수 있게 하옵소서. 영적으로 안주하지 않고 부흥을 향한 갈망을 갖고 영혼에 대한 열정을 쏟아 붓는 구역 되길 원합니다. 또한 구역원끼리 서로 아픔을 감싸 주고 허물과 연약함을 품어 주며 서로의 유익을 위해 육체적으로, 정신적으로, 경제적으로 나눌 수 있는 친밀한 공동체 되길 원합니다. 서로가 기도의 고리로 이어져 기도로 관심을 표현하는 공동체가 되게 하옵소서.

아름다운 동행을 하게 하소서

"지혜로운 자와 동행하면 지혜를 얻고 미련한 자와 사귀면 해를 받느니라"(잠 13:20)고 말씀하신 주님, 함께 동행할 사람을 분별하는 지혜를 얻길 원합니다. 동행자를 잘못 선택하여 인생을 그르치는 일이 없게 하시고, 좋은 사람을 만나 그들과 동행함으로 영적인 유익과 좋은 영향력을 받게 하옵소서.

주님, 세상 어디를 가든지 선한 사람을 만나는 만남의 복을 허락하소서. 직장에서는 좋은 상사와 직장 동료를 만나고, 학교에서는 좋은 교수님과 선후배, 동료들을 만나게 하소서. 하나님께서 만남을 허락하신 가정에서 아름다운 관계를 유지하고, 천국을 보여 주는 가정을 이루게 하옵소서.

해외에 있는 믿음의 가족들과 자녀들에게 좋은 만남을 허락하시고 악한 자들로부터 해를 받지 않도록 보호하여 주소서. 나라의 부름을 받아 군대에 있는 젊은이들에게도 좋은 상사와 병사들과의 만남을 허락하셔서 군생활이 의미 있는 시간이 되게 하옵소서.

늘 말씀으로 우리를 다듬으시고 하나님의 사람으로 자라 가기를 원하시는 주님, 이 시간도 하나님께서 준비시키신 주의 종에게 성령의 권능을 더해 주옵소서. 아름다운 동행자 되신 예수님의 이름으로 기도드립니다. 아멘.

10월에 드리는 대표기도

주일 낮 예배 5

감사와 찬양

하늘과 땅에 당신의 영광을 선포하기를 기뻐하시는 주님, 온 땅에 주의 영광을 충만하게 하시니 감사합니다. 온 땅에 충만한 당신의 영광을 볼 수 있는 눈과 마음을 주신 하나님, 우리가 날마다 주의 임재 안에 거하게 하심을 감사합니다. 우리의 일상에서 하나님을 만나고 신앙을 고백하는 은혜를 허락하셨사오니 이 시간도 온 마음과 뜻을 다해 하나님 사랑하는 마음을 주옵소서.

용납하는 삶을 살게 하소서

피차 서로 용납하라고 명하신 하나님, 우리는 참으로 연약한 존재입니다. 연약하기 때문에 서로 채워 주어야 할 필요가 있습니다. 주님, 서로의 연약함이 비난 거리가 되지 않게 하시고, 우리 교회가 연약한 자를 귀히 여기는 공동체 되길 소망합니다. 형제들의 연약함에서 나의 연약함을 보고 하나님 앞에 더 겸손하게 서서 연약함을 채우시는 하나님을 더 신뢰하게 하소서.

다른 지체들의 실수와 허물을 보는 순간, 우리가 하나님으로부터 받은 긍휼과 용서를 기억하고 우리 안에 부으신 하나님의 사랑을 드러내게 하소서. 연약함과 실수가 없는 완전한 공동체와 인생은 없사오니 그것을 허물로 여기지 않고, 불완전함의 조화를 통해 우리의 피조물 됨과 하나님의 하나님 되심을 인정하게 하소서. 사람들의 허물을 정죄하지 않으셨던 주

200

님, 정죄하던 손가락을 내리고 손을 내밀어 지체들을 사랑으로 보듬게 하소서.

서로 용납함이 없어 삭막하고 얼어붙은 공동체가 되지 않도록 따뜻함을 허락하시길 소원합니다. 그리스도의 마음으로 채우시고 성령의 온기로 품어 주소서. 죄성으로 가득 찬 육체의 본성은 십자가 앞에 묻고, 마음의 할례를 통해 부드러운 마음을 허락하소서.

배려하는 삶을 살게 하소서

아낌없는 사랑을 부어 주신 주님, 우리의 고갈된 사랑의 샘물이 다시 솟아나도록 하나님의 풍성하신 사랑을 부어 주심에 감사드립니다. 저희에게 사랑의 우물이 마르지 않도록 잘 관리하는 지혜를 허락하소서. 주님께서는 남에게 대접을 받고자 하는 대로 대접하라고 하셨지만, 우리는 대접을 받기에만 익숙했습니다. 배려하기보다는 배려받기만을 구했습니다. 우리로 하여금 남을 배려하는 체질을 갖추게 하소서. 따스한 말로 지체들과 이웃들을 배려하고 친절한 행동으로 다른 사람을 행복하게 하는 인생을 살기를 소원합니다. 주님의 섬김이 우리에게 체질화되어 우리를 만나는 사람들이 행복해졌으면 좋겠습니다. 작은 자를 무시하지 않는 교회, 장애우를 홀대하지 않는 교회, 새로운 성도들을 배려하는 교회, 누구나 와서 정착하고 싶은 교회 되게 하옵소서.

이타적인 삶으로 다른 사람들을 감동시키셨던 주님, 우리도 이기심을 버리고 이타적인 체질로 개선되게 하옵소서. 이기심이 공동체를 병들게 하오니 자신만을 바라보던 관심이 이제 다른 사람에게로 돌려지게 하소서. 이 시간 우리 안에 깊이 박힌 쓴 뿌리를 하나님의 종의 입술에서 나오는 말씀으로 치유하여 주소서. 예수 그리스도의 이름으로 기도드립니다. 아멘.

주일 낮 예배 6

찬양과 감사

풍성한 열매로 추석 명절을 맞이할 수 있도록 저희를 도우신 하나님께 감사와 찬양과 영광을 돌립니다. 나의 나 됨이 하나님의 은총이요, 오늘의 평안이 주님의 보호하심 때문임을 고백하오니 예배드리는 이 시간, 하늘의 신령한 은총을 맛보게 하소서.

여호와의 은총 아래 머무는 추석 명절이 되게 하소서

온 민족이 추수의 계절에 추석 명절로 고향에 모여 추수의 기쁨을 함께합니다. 그 기쁨을 허락하신 하나님을 기억하고 하나님께 영광 돌리는 민족 되게 하옵소서. 여호와의 은총에 감사하고 유일하신 여호와 하나님을 섬기는 명절 되게 하소서. 가족들이 모이는 자리에 서로 사랑함이 있게 하시고, 선조들의 은덕을 후손들에게 전수하고 더 발전시키는 계기가 되게 하소서. 예수를 모르는 가족들에게 예수님의 사랑을 입술로, 행실로 전할 수 있는 기회를 주시어 가족 구원의 은총이 일어나게 하소서.

사랑하는 아버지 하나님, 우상을 숭배하던 이 민족이 예수 그리스도를 만나서 하나님을 알고 섬기게 되었습니다. 여호수아의 고백처럼 "나와 내 집은 여호와만 섬기겠노라"(수 24:15)고 결단하고 여호와를 섬기는 것이 복임을 아는 가정들이 되게 하소서. 부귀와 장수를 그 손에 쥐고 계시는 여호와여, 성공과 행복의 근원이 되시는 하나님께만 예배드리기 원합니다. 우리가 가인과 같은 예배자가 아니라 아벨과 같은 예배자 되어 하나님께 영광 돌리기를 소원합니다.

영적인 귀소본능을 갖게 하소서

우리를 위해 거처를 예비하겠다고 말씀하신 주님, 우리가 돌아갈 본향이 있게 하시니 감사합니다. 추석 명절에 민족 대 이동이 있는데, 오고가는 길에 어떤 경미한 사고도 없게 하시고, 평안함 가운데 가족들을 만나 사랑과 우애를 나눌 수 있게 하옵소서. 이동하는 동안 우리가 나그네임을 생각하게 하시고 이 세상에 대한 집착을 떨쳐버리고 하늘에 소망을 둘 수 있게 하소서. 오 주님, 나그네임에도 짐이 많아서 머문 곳에 집착하지 않고 언제라도 하늘 본향을 향해 일어날 수 있는 준비가 되어 있기를 소망합니다. 손으로 짓지 아니한 하늘의 장막을 사모하는 마음을 주시고, 세상에서 살아가면서도 세상의 원리를 초월해서 사는 비결을 알게 하소서. 하늘 아버지의 마음을 알고 그의 뜻대로 행할 믿음도 허락하실 줄 믿습니다.

가진 것이 많을 지라도 가난한 자 앞에서 우쭐대거나 으스대지 않고, 다른 형제보다 좀 더 가난하다고 열등감과 비교의식에 시달리지 않게 하소서. 가난하든지 부유하든지 베풀고 나눌 수 있는 여유로운 마음을 허락하소서. 주님, 타국에서 오고 싶어도 고향을 찾지 못하는 동포들이 있습니다. 외국에 있는 동족들, 북한에 고향을 둔 형제들, 군복무 중에 있는 장병들, 그리고 한국에 나와 있는 외국인들에게 하나님의 위로와 평안을 허락하소서. 예수 그리스도의 이름으로 기도드립니다. 아멘.

10월에 드리는 대표기도

주일 저녁 예배 1

감사와 찬양

날마다 인자와 긍휼을 베푸시는 주님, 우리 영혼이 주로 말미암아 만족을 얻게 하시니 감사드립니다. 절망적인 고난 속에서도 주가 함께 계심으로 영원한 소망을 갖게 하시니 주님을 찬양합니다. 거친 광야가 두렵지 않은 것은 광야 속에서도 이스라엘 백성들에게 만나와 메추라기를 경험케 하셨던 주께서 우리와 함께하심을 믿기 때문입니다. 광야에 베푸셨던 풍성한 식탁을 이 시간 우리의 예배 가운데 공급하실 하나님, 모든 영광을 받아 주소서.

그리스도의 주 되심 앞에 서는 삶을 살게 하소서

교회의 머리 되신 주님, 우리 교회가 주님의 통치 아래 있음을 감사드립니다. 사람이 주인 되려고 할 때 병들 수밖에 없는 것을 잘 압니다. 주께서 영원히 이 교회의 주인으로 다스려 주소서. 선한 목자 되신 주님, 우리가 주님의 음성을 알고 그 음성에 온전하게 순종하기 원합니다. 인간의 생각과 목소리가 주님의 목소리보다 커지지 않게 하소서.

높은 자리를 다투는 제자들에게 낮은 자리에 앉으라고 경고하셨던 주님, 우리에게는 늘 높아지려는 욕심이 자리 잡고 있습니다. 그래서 주인 되신 주님의 자리까지 찬탈하려는 행동을 서슴지 않을 때가 있습니다. 사랑하는 주님, 이런 우리를 불쌍히 여겨 주시고 고침받게 하소서. 주께서 우리의 유일한 통치자가 되어 주소서.

때로는 천둥 소리와 같이, 때로는 세미하게 들려 오는 주님의 음성을 듣고 우리의 목소리는 낮추고 우리의 태도를 꺾어 주님께 순복하게 하소서. 주께 순종하는 우리의 모습이 세상에 비춰지게 하옵소서.

하나님의 비전을 성취하는 삶을 살게 하소서

이 땅에 하나님 나라를 드러내기를 원하시는 주님, 우리로 하여금 하나님 나라를 사모하게 하시니 감사드립니다. 장차 성취될 하나님 나라를 기다리는 믿음으로, 이 땅에 실현된 하나님 나라를 드러내게 하소서. 하나님의 통치가 우리를 통해서 가정에서 드러나고, 직장과 사업장에서 실현되길 간절히 소원합니다. 세상의 원리가 아니라 하나님 나라의 통치 원리를 따라 살아가는 삶이 되게 하소서.

주님, 우리가 물질에 의해 휘둘리지 않고 하나님께서 주신 물질을 누리길 원합니다. 이 땅에서 사명자의 길을 걷길 원합니다. 단지 가족을 먹여 살리기 위한 궁여지책으로 직장 생활을 하거나 사업을 경영하는 것이 아니라, 직장과 사업장을 통해 하나님께서 주신 사명을 실현하는 그리스도인이 되게 하소서. 직장이 하나님의 비전을 성취하는 현장이 되게 하소서. 우리에게 주님의 마음을 풍성히 부어 주사 생활 현장 속에서 주님의 마음을 드러내게 하소서. 이 시간도 주님의 말씀 속에서 하나님의 마음을 발견하기 원합니다. 우리에게 주님의 마음을 보여 주시고 말씀을 들려 주옵소서. 우리의 영원한 통치자 되시는 예수 그리스도의 이름으로 기도드립니다. 아멘.

주일 저녁 예배 2

감사와 찬양

한 영혼을 천하보다 귀히 여기시는 주님, 우리에게 영원한 생명을 주시니 감사합니다. 우리로 하여금 날마다 생명의 풍성함을 경험하게 하심을 찬양합니다. 우리가 주님 안에 거하여 풍성한 교제의 삶이 있게 하심도 감사드립니다. 이 시간 우리 예배 가운데 하나님의 풍성한 생명력을 공급하여 주소서.

행복한 가정을 이루게 하소서

이 땅에 가정을 세워 주신 하나님, 우리로 행복한 가정을 이루고 아름다운 부부의 삶을 누리게 하시니 감사합니다. 주님이 주인이 되셔서 다스리고 이끄시는 아름다운 가정이 되길 원합니다. 주님께서는 "채소를 먹으며 서로 사랑하는 것이 살진 소를 먹으며 서로 미워하는 것보다 나으니라"(잠 15:17)고 말씀하셨는데, 살진 소를 부러워 하면서 채소만 먹어야 하는 삶을 불평했던 저희를 용서하소서. 환경을 다스리시는 주님을 주인으로 모시고 있으면서도, 환경에 따라 요동하여 주님을 신뢰하지 못했음을 고백합니다. 넘실거리는 파도를 잔잔케 하셨던 주님, 우리 가정의 열악한 환경들을 다스려 주소서.

주님의 명령을 따라 남편은 아내를 자기 몸처럼 사랑하고, 아내는 남편에게 복종하게 하옵소서. 사랑하고 복종해야 할 의무는 감당치 못하면서 서로 비난만 일삼지 않게 하소서. 하나님께서 짝지어 주신 소중한 배필임을 잊지 않고, 서로를 인해 즐거워하는 부부가 되길 소원합니다. 부모를 공경하는 자녀가 되고, 자녀를 노엽게 하지 않는 부모가 되길 기도합니다. 주의 사랑으로 천국과 같은 가정을 이루어 하나님 자녀들의 탁월함을 사람들에게 보여 주게 하옵소서. 하나님 말씀을 떠나지 않는 가정 되게 하시고, 좌로나 우로나 치우치지 않고 말씀을 무기 삼아 어떤 상황과 환경 속에서도 온전히 순종하는 가정 되게 하소서.

하나님을 의지하는 삶을 살게 하소서

두려워 떨고 있는 여호수아에게 모세와 함께 했던 것같이 함께 하리라고 약속하신 주님, 이 시간 세상으로 나아갈 우리에게도 동일하게 말씀하심을 감사드립니다. "여호와를 경외하는 자들아 너희는 여호와를 의지하여라 그는 너희의 도움이시요 너희의 방패시로다"(시 115:11) 하고 고백한 다윗처럼 우리도 주님을 의지하여 당당하고 담대하게 세상으로 나아가게 하옵소서.

험악한 인생길을 갈 때 우리 홀로 내버려 두지 마시고 우리와 동행하소서. 우리가 나아가는 길에 불신 가족이 기다리고, 경쟁자들이 우리를 노리고 있습니다. 그러나 주님께서는 하나님의 뜻대로 사는 자들의 편이 되어 주심을 확신합니다. 주님을 신뢰함으로 정직하고 깨끗하게 행하고 모든 일을 주께 하듯 성실히 행하게 하옵소서. 우리가 살아가는 삶을 통해 주님의 영광이 가려지지 않고, 주님만이 높아지게 하옵소서. 우리에겐 거친 삶의 현장에서 살아갈 힘이 필요합니다. 이 시간 말씀의 사자를 통해서 선포되는 주의 말씀이 우리를 강건히 세우시고 세상을 넉넉히 이길 힘을 주실 줄 믿습니다. 가정을 통해서 영광받기 원하시는 예수님의 이름으로 기도드립니다. 아멘.

10월에 드리는 대표기도

수요예배 1

감사와 찬양

논과 밭이 하나님의 신실하심을 드러내고 알찬 과실이 하나님의 은총을 노래합니다. 자연의 아름다움 속에서 하나님의 존재를 발견하고, 우리의 존재 속에서 하나님의 영광을 선포케 하신 하나님께 감사드립니다. 온 우주 만물의 주인이신 하나님께서 이 예배 가운데 하나님 되심을 선포하시고 당신의 영광을 충만히 드러내 주소서.

하나님께 부요한 삶을 살게 하소서

가난한 우리를 부요케 하시기 위해 가난한 삶을 살아가셨던 주님, 치열한 생존 경쟁의 틈바구니 속에서 주님의 손을 붙잡고 하루하루를 살게 하시니 참으로 감사드립니다. 사람들 속에서 우리의 영혼이 소진될 때도 있지만 우리 곁에는 풍성케 하시는 하나님이 계시기에 저희는 낙망할 수 없습니다.

주님, 너무나 강한 세상의 흐름 속에 우리는 나약한 모습으로 서 있습니다. 우리의 마음과 영혼의 뿌리를 여호와의 생명수 강에 깊이 내리지 않고서는 이 세상을 너끈히 살아갈 수 없습니다. 세상이 주는 만족으로는 깊은 영혼의 갈증을 다 채울 수도 없습니다. 세상은 우리에게 만족을 공급해 주지도 않습니다. 그래서 우리는 다시 주님밖에 없다고 고백하게 됩니다. 주여, 은혜의 강가에 서 있는 우리의 심령을 생명수로 채워 주소서.

이 땅에 있는 소출로 생명을 연장시키고 영혼의 만족을 누리려 했던 부자에게 어리석다고 말씀하신 주님, 어느새 우리도 어리석은 자리에 서 있음을 고백합니다. 우리의 마음이 땅의 것에 고정되려 하지만 우리의 눈을 들어 하늘 영광과 아름다움을 발견하게 하소서. 하늘의 부요함을 바라볼 수 있는 믿음의 눈을 주소서. 그래서 해바라기가 태양을 바라보듯 우리 역시 주님만을 바라보는 영원한 주바라기로 살게 하소서.

화평케 하는 삶을 살게 하소서

원수된 자를 한 몸으로 만드시고 평화의 왕으로 오신 주님, 십자가로 하나님과 화목케 됨을 감사드립니다. 화목케 하는 십자가 복음이 우리 안에 있기에 먼저 나 자신과의 화평을 허락해 주소서. 스스로를 용납하지 못했던 나 자신을 용납하고, 하나님께서 용납하신 나를 당당히 세우게 하소서.

화평의 왕이신 주님, 우리를 화목케 하시는 말씀을 가지고 세상을 화평케 하는 자로 살아가길 소원합니다. 원수 맺기를 즐겨 하는 우리의 마음에서 일어나는 미움과 증오의 뿌리를 성령으로 불태우길 소원합니다. 가정에서 일어나는 갈등의 불은 꺼주시고, 직장에서 일어나는 미움의 줄은 끊어버려 주소서. 우리를 성결케 하시는 성령님, 저 깊은 마음 밭에 뿌려진 증오의 씨앗이 뿌리를 내리지 못하게 하시고, 그리스도의 평안으로 채우소서. 우리가 먼저 손 내밀어 화목을 심고, 우리가 먼저 용서함으로 용서의 열매를 거두게 하옵소서. 우리가 할 수 없다고 하는 그때에 주께서 그리스도의 마음으로 채워 주소서. 이 시간 하나님께서 세우신 하나님의 종이 전하는 말씀으로 저희를 무장시키실 줄 믿습니다. 화평의 왕 되신 예수님의 이름으로 기도드립니다. 아멘.

수요예배 2

감사와 찬양

우리의 영혼을 좋은 것으로 만족케 하신 하나님, 주일 이후 우리의 삶을 아름다운 것으로 채워 주신 하나님을 찬양합니다. 우리의 가정을 화목케 하시고, 직장과 사업장을 안정되게 인도해 주시니 감사드립니다. 우리를 모든 악한 일에서 건져 내시고 천국에 들어가도록 구원하실 주님을 찬양합니다. 오늘 이 예배 가운데 거룩하신 주께서 충만히 임재해 주소서.

교회를 세우는 삶을 살게 하소서

교회를 세우시기 위해 자신의 몸을 십자가에서 버리신 주심, 우리가 그리스도의 몸인 교회를 사랑하는 마음과 그리스도의 몸을 세워갈 수 있는 분별력과 지혜를 소유하기 원합니다. 자기를 주장함으로 그리스도의 몸이 분열되지 않게 하고, 자신의 생각과 고집을 십자가에 내려놓는 마음을 허락하소서. 자신의 영광보다는 공동체의 덕을 세우고, 매사에 덕을 세우는 은혜로운 말을 하는 자 되길 원합니다. 남을 해하는 말이나 공동체를 어지럽히는 말은 흉내라도 내지 않으며, 나보다는 남을 낫게 여기는 예수님의 겸손함을 배우게 하소서. 공동체 구석구석에서 섬기는 모든 지체들에게 그리스도의 마음이 심어지게 하옵소서.

교역자와 영적 지도자를 존경하는 마음을 허락하시고, 더불어 합력하여 공동체의 유익을 만들어 가는 열심도 주소서. 지도자들에게는 존경받을 수 있는 선함과 지혜로움을 허락해 주소서. 자신의 아픔에 주목하기보다 다른 사람의 아픔에 민감한 마음을, 자신의 필요를 채우고자 애쓰기보다 다른 사람의 필요를 돌아볼 수 있는 영적인 여유를 주소서. 그리스도의 몸을 세우기 위해 한 마음과 한 뜻을 품고 같은 말을 하게 하옵소서.

사탄을 대적하는 삶을 살게 하소서

우리를 사탄의 나라에서 사랑의 아들의 나라로 옮겨 주신 하나님께 감사와 찬양을 드립니다. 우리가 성령의 충만함을 받아 인간의 생각으로 다스려지는 삶이 아니라 성령이 주장하시는 삶을 살기를 간절히 바랍니다. 육체의 소욕대로 살아가는 삶이 아니라 성령의 소원을 따르는 삶을 살게 하소서.

거룩하신 주님, 우리가 하나님의 온전하심과 같이 온전한 하나님 자녀의 삶을 살기 원합니다. 우리의 삶이 사탄의 도구로 전락하거나, 우리의 손과 발이 어두움의 영이 주도하는 일을 하지 않도록 우리를 강권하여 주소서. 우리의 입술을 성령의 도구로 사용하여 주소서. 우리를 자극하여 욕심의 노예가 되도록 부추기는 사탄의 실체를 파악하고, 인간적인 동정심으로 사탄이 원하는 일에 빠져들지 않도록 명민함을 허락하소서. 주님의 일을 하는 것이라 생각하면서 인간의 일을 도모하지 않도록 우리에게 영적 분별력을 주소서.

기록된 하나님의 말씀으로 사탄의 달콤한 유혹을 이기신 주님, 우리가 사탄의 유혹에 빠져들고 있다면 하나님의 말씀을 듣고 사탄의 궤계를 깨달아 어두운 길에서 돌이키게 하소서. 죄와 사망과 사탄의 권세를 이기신 예수님의 이름으로 기도드립니다. 아멘.

주일 낮 예배 1

the Lord's Prayer

찬양과 감사

자기 백성의 뿔을 높이시는 하나님, 진노 아래 거하던 저희에게 구원의 은총을 허락하시니 당신을 찬양합니다. 이 시간도 하늘의 양식으로 채우시고, 하늘의 영광으로 덮으시는 하나님께 감사드립니다. 여호와께만 구원이 있사오니 눈을 들어 주를 바라보게 하옵소서. 여종이 주인의 손길을 바라보듯 우리의 마음이 주를 향하나이다. 세상 것들을 움켜잡으려고 몸부림치던 우리의 관심이 하나님께만 집중되는 예배 되게 하옵소서.

열매 맺는 계절이 되게 하소서

시절을 따라 과실을 풍성하게 맺으시는 주님, 이 가을에도 우리 교회와 각 가정이 풍성한 결실 맺기를 소원합니다. 들판에 오곡이 무르익고, 각종 과실이 영글 수 있는 적절한 날씨와 햇빛을 허락해 주소서. 또한 우리 가정에는 자녀들로 인한 아름다운 열매들이 맺혀지고, 직장과 사업장마다 아름다운 수고의 열매가 탐스럽게 맺히게 하소서.

우리의 순종을 기뻐하시는 주님, 믿음으로 행동하고 주의 말씀에 순종함으로 우리 삶에 풍성한 열매가 맺혀지게 하소서. 잎만 무성한 무화과나무가 되지 않고 풍성한 과일을 맺어 주인의 마음을 시원케 하는 삶이 되기를 간절히 원합니다. 말만 앞서지 않고 행함으로 말의 위력을 드러내며, 행함으로 믿음의 증거를 보이는 실천적인 신앙의 소유자 되기를 원합니다. 공부하는 학생은 좋은 성적으로, 가정을 이룬 사람은 행복의 열매로, 사업장을 운영하는 사람은 번성하는 은총으로, 직장을 다니는 성도는 없어서는 안 될 소중한 사람이라는 칭송으로 열매 맺게 하소서.

세상이 주께로 돌아올 때까지 영혼의 추수를 기다리시는 주님, 우리가 하나님의 마음을 알아 사람 낚는 어부가 되기를 소원합니다. 연초에 품었던 태신자가 주께 나와서 예배드리는 기쁨을 허락하소서. 믿지 않는 가족을 구원하는 열심과 기회를 놓치지 않고 전도하는 열정을 주옵소서.

감사하는 삶을 살게 하소서

범사에 감사하는 삶을 살기 원하시는 주님, 우리의 마음이 아름답고 건강하여 어떤 상황에서도 감사하는 성숙한 그리스도인 되기를 소망합니다. 불평과 불만이 가득 찼던 마음에서 감사가 흘러나오고, 짜증 부리던 입술이 찬양하는 입술로 바뀌게 하옵소서. 다른 사람을 탓하고 원망하던 습성을 버리고 먼저 스스로 반성할 수 있는 마음도 허락하소서. 장미꽃을 주신 주님을 찬양할 뿐만 아니라 장미꽃에 있는 가시를 주신 것도 감사하는 성숙함을 주소서. 따스한 봄과 풍성한 가을에만 감사하는 것이 아니라 무더운 여름과 추운 겨울에도 감사할 수 있는 감사의 사람이 되게 하옵소서. 소유에서 감사를 찾는 것이 아니라 마음에서 감사를 찾게 하옵소서. 좋은 환경에서뿐만 아니라 열악한 환경에서도 하나님을 신뢰함으로 감사하고, 이 땅의 것을 인해서뿐만 아니라 하늘의 기업을 인해서도 감사하게 하소서. 이 시간도 하늘을 향해 닫힌 우리의 눈을 하나님의 말씀으로 여시고 하늘 소망을 가진 믿음의 대장부가 되게 하옵소서. 감사의 근원 되시는 예수님의 이름으로 기도드립니다. 아멘.

주일 낮 예배 2

찬양과 감사

고난당하는 자를 변호하시고 궁핍한 자에게 정의를 베푸시는 주님, 우리를 향한 하나님의 선하심과 인자하심을 찬양합니다. 주의 눈앞에 의로운 인생은 하나도 없사오나 예수 그리스도의 십자가 보혈을 의지하여 은혜의 보좌 앞으로 나아가오니 우리를 받아 주소서. 하늘과 땅의 모든 영광과 존귀를 가지신 주님, 예배 가운데 풍성한 하나님의 임재로 가득 채우셔서 우리의 마음과 영혼뿐 아니라 육체까지도 회복되는 은총을 허락하소서.

지역 복음화를 위하여

예루살렘과 온 유대와 사마리아와 땅 끝까지 이르러 증인이 되라고 말씀하신 주님, 우리에게 맡겨 주신 이 도시와 지역을 품고 기도합니다. 우리의 간구를 들으시고 복음화의 불길이 일게 하소서. 주의 복음으로 가난한 사람들은 부요해지고, 마음이 상한 자들은 치유를 받고, 낮은 자들은 높아지며, 병든 자들은 낫는 은혜를 허락하소서. 복음의 능력을 믿사오니 이 지역에 복음으로 말미암은 변화의 물결이 일어나게 하소서.

주님, 이 거룩한 일을 위해 우리 교회가 일어나 우리 모두가 복음의 증인으로 나서기를 소원합니다. 성령의 능력을 입지 않고는 이 사명을 감당할 수 없사오니 우리 모두가 불 같은 성령의 권능을 받게 하소서. 성령의 권능을 받은 우리가 그저 머물러 있지 않고 복음이 필요한 자들에게 나아가게 하옵소서. 열정이 없던 자들에게도 거룩한 열정이 전염되어 복음의 증인으로 쓰임받게 하소서.

지역을 복음으로 정복하기 위해 가난하고 병든 자들을 돌아보아 우리가 가진 것을 나누고, 약한 자들의 지팡이가 되게 하소서. 지역 주민들이 필요로 하는 것을 알아 그들의 필요를 채우고 함께 호흡하고 소통하는 교회 되게 하소서.

자아를 성찰하게 하소서

스스로 자신을 돌아보기를 원하시는 주님, 우리는 다른 사람의 허물과 단점은 잘 보지만 정작 자신의 연약함은 잘 보지 못합니다. 다른 사람에게는 엄격하면서도 자신에게는 관대했고, 다른 사람들을 비난하면서도 자신에게는 너그러웠습니다. 주님, 우리가 다른 사람의 눈 속에 있는 티를 보기 전에 자기 눈에 있는 들보를 보게 하소서.

주님, 우리는 자신을 성찰하지 않고서는 주님께 잘못을 고백할 수 없습니다. 하나님의 말씀에서 회피하는 외식자가 되지 않기를 소망하오니 하나님의 빛으로 우리를 비춰 주시어 우리로 성결한 삶을 살게 하소서. 스스로에게 관대한 우리가 주님에게 악하고 게으른 종이라 책망 받을까 두렵사오니 이 시간 하나님의 말씀으로 우리를 조명해 주소서. 말씀을 맡은 하나님의 종에게 성령의 권능을 덧입혀 주실 줄 믿습니다. 우리를 신실한 증인으로 삼으신 예수 그리스도의 이름으로 기도드립니다. 아멘.

11월에 드리는 대표기도

주일 낮 예배 3

the Lord's Prayer

찬양과 회개

지치고 연약한 우리 영혼을 일으키시고, 큰 근심으로 무거워진 우리의 마음을 회복시키시는 주님을 찬양합니다. 한 주간도 저희를 진리로 인도 하시고, 하나님의 평강을 누리게 하시니 감사드립니다. 주님, 우리 안에 거짓된 마음과 정직하지 못한 생각이 가득했음을 고백합니다. 하나님께 서 주신 은혜를 저버리고 마음대로 행했던 저희를 용서하시고 하나님의 사랑으로 품어 주소서.

어린이들을 위하여

어린아이들을 품에 안으시고 축복하신 주님, 우리 가정에 자녀들을 여 호와의 기업으로 허락하신 것을 감사드립니다. 그들이 진리 안에서 자라 예수님을 닮아 가길 간절히 소망합니다. 어린아이와 같은 자만이 천국에 들어갈 수 있다고 말씀하신 주님, 어린 영혼들을 우리에게 주시니 감사드 립니다. 아이들이 어려서부터 하나님의 말씀을 배워 하나님의 거룩한 사 람으로 온전히 자라나게 하소서. 하나님 앞에 참된 예배자로 서고, 예수 님의 마음을 닮아 가게 하소서.

사랑하는 주님, 어린아이들을 가르치는 교역자와 교사들이 영혼을 위해 눈물을 흘리며 기도하고, 그리스도의 심장으로 돌아보는 은혜가 있기를 원합니다. 한 영혼도 소홀히 여기지 않고 영적 아버지와 어머니의 마음으 로 돌보고 섬기게 하소서. 하나님의 말씀에서 벗어날 때는 경책하고 경계

216

하여 온전한 사람으로 세워 나가게 하옵소서.

교회의 미래가 어린아이들에게 있사오니 교회학교가 날마다 부흥하기를 기도드립니다. 이 지역의 어린 영혼들을 우리에게 붙여 주시고, 온 성도들이 하나 되어 기도하고 전도하게 하옵소서. 어린이 전도를 위해 헌신할 자가 많이 일어나게 하소서.

성령의 사람이 되게 하소서

하나님을 아버지라 부를 수 있는 성령을 우리에게 보내 주신 주님, 우리로 성령 안에서 하나 되게 하심을 감사드립니다. 우리를 진리 가운데로 인도하시는 성령께서 저희로 하여금 진리를 깨닫고 깨달은 진리를 따라 순종하는 삶을 살게 하소서. 날마다 성령과 동행하고 성령의 소원을 따라 아름다운 열매 맺는 삶을 살고자 합니다. 육체의 소욕을 따르는 삶을 대적하시는 성령께서 어리석은 생각을 고쳐 주시고, 나 자신만을 위해 눈물 흘리던 감수성이 하나님 아버지의 마음에 민감하게 반응하고, 불의했던 삶은 의의 길로 나아가게 하소서.

마음이 아플 때는 성령의 위로 앞에 서고, 교만을 향해 나아갈 때는 겸손케 하시는 성령 앞에 멈추어 서며, 우리의 거친 마음에는 따스한 사랑이 충만케 하소서. 거룩하신 성령이여, 진리를 분별치 못할 때는 총명을 주시어 세상을 분별하게 하시고, 진리를 따라 살아갈 용기가 없을 때는 독수리 같은 기개를 주옵소서. 거친 마음을 부드럽게 하시사 복음의 씨앗이 아름다운 열매를 맺을 수 있는 옥토가 되게 하소서. 이 시간 말씀을 전하는 자나 듣는 자 모두 성령 안에서 하나 되어 주의 음성에 집중하게 하소서. 성령을 보내 주신 예수님의 이름으로 기도드립니다. 아멘.

주일 낮 예배 4

찬양과 감사

하나님, 우리 영혼이 파수꾼이 아침을 기다림보다 더 주님을 사모합니다. 어두운 역사 속에서도 이 민족을 보호하시고, 어두운 역사를 물리치고 밝은 날을 회복시키시니 하나님을 찬양합니다. 예배를 통해 우리가 하나님의 능력을 힘 입어 새 역사를 이끌어 가기 위해 헌신을 결단하게 하소서.

어두운 역사를 위하여

한반도 땅을 눈동자처럼 지키신 주님, 이 땅에 자유와 평화를 허락하시니 감사드립니다. 이 민족이 많은 이들의 눈물과 피 흘림으로 지켜 온 자유로운 땅에 평화가 실현되기를 소원합니다. 정치적인 반목과 분열이 없어지고 상생의 정치를 펼쳐 가는 성숙함을 허락해 주소서. 경제적으로 어려운 국제 정세를 밝혀 주시고, 기업들이 세계를 향해 나아갈 수 있는 경쟁력을 갖추게 하소서. 노사가 갈등하거나 분열되지 않고 하나 되어 세계 속에서 기량을 발휘하는 민족 되게 하옵소서.

한반도의 어두운 역사는 교회의 어두운 역사와 맞물려 있음을 고백합니다. 주님, 교회가 병들지 않고 어두운 역사를 밝히는 데 선도적인 역할을 감당할 수 있었으면 좋겠습니다. 건강한 교회가 되기 위해 먼저 목회자들이 하나님 앞에 바로 서게 하시고, 진리를 분별하게 하시며, 살아 있는 하나님의 말씀을 선포할 뿐만 아니라 그 말씀대로 순종하게 하소서. 그리하여 온 성도들에게 '내가 예수 그리스도를 본받았으니 너희도 나를 본받으라' 고 말할 수 있게 하옵소서. 말씀을 받은 성도들이 직장과 가정으로 흩어져 경건의 능력을 발휘하게 인도하셔서 세상의 빛과 소금의 역할을 잘 감당케 하옵소서. 이 교회에 세계와 민족을 품고 뜨겁게 기도하는 기도의 영성을 불어넣어 주소서.

섬김의 삶을 살게 하소서

주인과 스승으로서 제자들의 발을 씻기심으로 섬김의 본을 보여 주신 주님, 우리가 예수님을 본받아 섬기는 자가 되길 원합니다. 아버지는 아내와 자녀들을, 어머니는 남편과 자녀들을, 자녀들은 부모와 형제를 서로 존경하고 섬기게 하소서. 대접을 받고자 하는 대로 행하라고 말씀하신 주님, 우리 교회가 이웃 주민들을 잘 섬기기를 소망합니다. 물질적인 어려움을 나누고, 마음의 아픔을 나누며, 정신적인 고통들을 덜어 줄 수 있는 교회, 그들을 주님의 시선으로 보아 영적인 필요를 채워 줄 수 있는 교회가 되게 하옵소서.

우리를 가정으로, 직장으로, 이웃으로 파송하신 주님, 온 성도들이 사명을 깨닫고 이것을 기쁨으로 감당하게 하소서. 주님, 우리가 다른 지체들을 섬길 때 겸손한 마음뿐 아니라 경제적인 여유도 허락하시어 그 섬김이 더욱 빛나게 하소서. 이 시간 주의 종을 통해 들려지는 말씀으로 섬김을 실천할 수 있는 힘을 얻게 하옵소서. 우리에게 섬김의 본을 친히 보여 주신 예수님의 이름으로 기도드립니다. 아멘.

주일 낮 예배 5

the Lord's Prayer

찬양과 감사

빛과 진리를 보내시어 우리를 인도하시는 여호와여, 주님으로부터 우리
가 큰 기쁨을 누리게 하심을 감사합니다. 진노 아래 죽을 수밖에 없었던
저희를 사랑하셔서 십자가를 통해 하늘의 것을 소망하는 사람으로 살게
하신 은혜를 찬양합니다. 그러나 저희들은 이 한 주간도 하나님 없이 살
려 했고, 영의 것보다 육신의 것을 좇아 살았습니다. 주여, 우리를 용서하
여 주소서. 이 시간 예배 가운데 하나님의 임재와 영광을 체험하게 하시
어 주님 없이는 살 수 없다는 진정한 고백이 우리 안에 넘쳐나게 하소서.

주의 일을 위해 협력하게 하소서

주님, 이 시간 우리의 영혼이 하나님으로 인해 충분히 만족하기 원합니
다. 세상을 향했던 우리 마음이 온전히 하나님을 바라고 사모하게 하소
서. 세상에서 누리는 기쁨보다 주님께 붙들린 삶의 행복이 더 큰 것을 알
게 하소서. 무엇을 먹을까, 무엇을 마실까에 지친 우리가 하늘의 가치를
향하여 눈을 들게 하소서. 우리가 이 땅에 속한 자가 아닌 것이 얼마나 감
사한지 모릅니다. 우리의 눈을 들어 하늘의 영광을 바라보며 나아가게 하
소서.

주의 일을 효과적으로 섬기기 위해 각 사람에게 각양 은사를 주신 주님,
우리가 결산의 때에 주님 앞에서 부끄러운 자가 되지 않길 원합니다. 맡
겨진 일에 충성하여 복음의 훼방꾼이 아닌 협력자로 살게 하소서. 복음을

위해 우리의 몸이 닳아 없어지도록 달려갈 열정을 부어 주소서. 십자가를 지고 흘리는 눈물의 가치를 알게 하시고, 주의 일을 위해 모든 것을 내려놓는 자들에게 주시는 하늘의 상급을 바라보게 하옵소서.

모든 것의 알파와 오메가가 되신 주님, 영원 전부터 영원까지 존재하시는 주님, 우리가 지칠 때 주님의 위로를 누리고 낙심될 때 십자가에서 흘리셨던 주님의 눈물을 바라보게 하옵소서. 이 땅에서 누리는 영광보다 하늘에서 누릴 영광에 주목하여 복음 때문에 당하는 고난을 합당히 여기게 하옵소서.

다툼과 불화가 없는 삶을 살게 하소서

우리가 주의 일을 할 때 서로 생각이 달라 불편한 마음이 생기고 갈등이 일어나기도 합니다. 그럴 때마다 저희가 예수 그리스도의 마음을 품고 서로 이해하기 원합니다. 서로 원망하고 시기하지 않고, 서로 불화하고 다투는 일이 없도록 성령께서 우리의 마음과 생각을 지켜 주소서. 육체의 소욕을 따라 생각하거나 말하지 않게 하시고, 성령께서 우리의 마음과 생각, 그리고 입술을 지키시어 주님이 기뻐하시는 말과 행동만을 행하게 하소서.

우리가 하나 됨을 힘써 지키기를 원하시는 주님, 사탄의 꾀임에 속아 서로 분열하는 일이 없도록 주께서 친히 다스려 주옵소서. 사탄은 원망과 시기를 부추기고 분열을 일으켜 하나님의 왕국이 파괴되기를 기다리고 있습니다. 그러나 성령께서 우리의 마음을 온전히 다스려 주셔서 이 교회가 하나님 앞에서 하나 됨을 힘써 지키게 하옵소서.

말씀이 우리를 온전케 하시는 줄 믿습니다. 말씀이 마음 밭에 떨어질 때 많은 열매를 맺게 하옵소서. 십자가로 화목을 이루신 예수님의 이름으로 기도드립니다. 아멘.

주일 낮 예배 6

찬양과 감사

오고가는 행보를 지키셔서 순간순간 하나님과 동행하는 은총을 허락하신 전능하신 하나님, 하늘과 땅에서 일어나는 모든 일들이 하나님의 경륜 속에서 일어남을 감사드립니다. 인간의 삶이 하나님의 생각과 손 안에 있음을 인정하고 고백합니다. 이 시간 아버지 앞에 진리와 성령으로 예배하오니 회중 가운데 하나님의 영광과 거룩하심을 선포하여 주소서.

하나님의 영광에 집중하게 하소서

우리를 여호와의 영광을 찬송하는 자로 지으시고 부르신 하나님, 우리로 하여금 먹든지 마시든지 하나님의 영광을 위하여 살아가게 하시니 참으로 감사합니다. 먹고 마심이 육체를 위한 섬김이 아니라, 하나님의 영광을 위한 섬김으로 나타나게 하소서. 온 백성과 교회가 하나님의 하나님 되심을 알고, 선하고 인자하신 여호와의 영광 앞에 무릎 꿇어 예배하게 하소서. 자연만물이 여호와의 영광을 드러내고 있건만 탐심과 교만으로 가득한 인간은 하나님의 영광을 욕된 것으로 바꾸는 어리석음을 자행하고 있습니다. 이스라엘 백성들의 진영 가운데 비추신 하나님의 영광을 이 백성과 교회 가운데 충만히 나타내 주소서.

믿는 자에게 여호와의 영광의 빛을 비춰 주시는 하나님, 그 빛이 우리를 통해 이 땅에 나타나길 소망합니다. 믿음의 사람들이 가정이나 직장에서 선한 행실로 여호와의 영광을 드러내게 하소서. 거짓된 입술에서 나오는 말과, 탐심에서 비롯된 행동으로 인해 하나님의 영광을 가리지 않기를 원합니다. 어디에서 무엇을 하든지 말씀의 잣대에서 모자라거나 지나침이 없도록 인도하옵소서. 믿음 때문에 사람들에게 버림 당한다 할지라도 불신앙으로 인해 하나님으로부터 책망을 받는 일이 없도록 날마다 주의 말씀으로 가르쳐 주소서.

유혹의 손길을 뿌리치게 하소서

유혹에 넘어지기 쉬운 우리의 마음을 성령께서 붙드시고 지켜 주시니 감사합니다. 주님, 저희가 섰다고 생각하는 그때 넘어질까 조심하고, 보는 것으로 말미암아 넘어지지 않으며 겸손히 주를 의지하길 원합니다. 먹고 마시는 것으로 우리의 육체를 더럽히지 않고, 쉽게 살고자 하는 유혹으로 악을 행하지 않으며, 선한 양심을 따라 살아가는 그리스도인이 되게 하소서. 나의 유익보다 공동체의 덕을 먼저 생각하게 하옵소서.

이 땅에 성적인 문란함이 사라지고, 분냄과 잔인함이 근절되게 하옵소서. 아이들과 여성들이 안심하고 거리를 다닐 수 있는 평화로운 사회, 불의와 거짓이 절대 통용되지 않고 질서와 법이 존중되는 사회가 되길 간절히 소망합니다. 서로 신뢰하고 존중하는 공정 사회로 변화시키시어 온 백성들이 양심의 법을 지키고, 혹여 잘못된 선택을 했을지라도 잘못된 길에 머무르지 않고 돌이킬 수 있는 은혜를 주소서. 돌아올 수 있는 마지막 기회까지 놓치는 어리석음과 완악함이 없도록 저희에게 주님의 지혜와 공의를 깨닫게 하소서. 예수 그리스도의 이름으로 기도드립니다. 아멘.

주일 저녁 예배 1

감사와 찬양

우리를 부르심에 후회가 없다고 하신 하나님, 우리가 날마다 하나님의 부르심의 영광 앞에서 살아가게 하심을 감사합니다. 죄악 된 세상에서 우리를 불러내시어 영광의 자녀가 되게 하시고, 하나님의 자녀로서의 고고함을 지켜 나아가게 하시니 감사드립니다. 그러나 교회 공동체 안에서 주님의 부르심을 따라 순종하는 동안에도 주님의 마음을 아프게 하고, 교회에 유익을 가져오지 못하였으며, 지체들의 마음을 아프게 했습니다. 우리를 용서하여 주소서.

주일학교가 부흥하게 하소서

어린 아이들을 안으시고 안수하셨던 주님, 우리 교회가 어린 영혼들을 사랑하고 주일학교의 부흥을 갈망하게 하심을 감사드립니다. 어린 영혼들을 위해 수고하는 교역자들과 교사들이 주님의 심장을 가지길 원합니다. 한 사람 한 사람 영혼들의 필요를 살피고, 그들의 영적 진보를 위해 몸부림치며, 한 영혼을 안고 밤새워 기도하는 사명감에 불타는 교사들이 되게 하소서.

주일학교의 황무함을 보시고 탄식하시는 주님, 우리로 하여금 주님의 탄식 소리를 듣게 하옵소서. 주님께서는 눈물을 흘리시는데, 우리는 무덤덤하게 서 있었습니다. 주님께서는 길 잃은 어린 양을 찾아 헤매셨는데, 우리는 길 잃은 양들을 찾아 나선 적도 없었습니다. 그들에게 아름다운 신앙의 본을 보이지도 못했습니다.

실패한 베드로와 제자들을 일으켜 세우기를 원하셨던 주님, 이제 저희를 다시 일으켜 세우소서. 교역자와 교사들이 성령으로 충만케 되어 영혼들을 뜨겁게 사랑하는 사명감과 열정을 가지길 간절히 원합니다. 어떤 일이 있어도 한 영혼을 포기하지 않으려는 사랑을 우리에게 부어 주소서. 주님의 흐느끼는 울음소리를 들을 수 있는 교사가 되게 하소서. 주님, 우리는 자기 자신도 추스르지 못하는 연약한 자들입니다. 학업에 지치고 가정이 깨어져 방황하는 영혼들이 있는데도 그들에게 선뜻 다가가지 못합니다. 영적 무기력에 찌든 우리의 모습이 너무도 싫습니다. 주님, 우리에게 힘을 주시고 일어나게 하옵소서. 우리 교회가 교사들을 깨우고 일으키게 하옵소서.

유혹을 이기는 삶을 살게 하소서

기록된 하나님의 말씀으로 사탄의 유혹을 이기신 주님, 우리가 사탄의 유혹을 뿌리치는 거룩한 용기를 소유하길 소망합니다. 때로는 세상의 물질로, 때로는 달콤한 이성의 유혹으로 우리를 넘어뜨리려 하는 사탄의 실체를 보게 하옵소서. 사라질 명예에 눈멀고, 허무한 권력에 무릎 꿇는 영적 소인배의 삶을 살지 않게 하시고, 이 세상을 배설물로 여기며 어떤 유혹에도 흔들리지 않는 영적 거장이 되게 하옵소서.

주님, 우리는 주님의 자녀입니다. 사탄의 음성에 귀 기울이지 않게 하시고, 사탄의 종 노릇 하지 않게 도와주소서. 사탄은 사회의 다양한 문화 속에 올무를 놓고 우리를 넘어뜨릴 미끼를 던지고 있는데 이것을 분별할 수 있는 지혜를 허락하시어 깨어 있는 삶을 살게 하옵소서. 이 시간 선포되는 하나님의 말씀을 통해 우리의 영혼을 깨워 주실 줄 믿습니다. 사탄의 권세를 꺾으시고 이기신 예수님의 이름으로 기도드립니다. 아멘.

주일 저녁 예배 2

찬양과 감사

"시와 찬송과 신령한 노래들로 서로 화답하며 너희의 마음으로 주께 노래하며 찬송하며"(엡 5:19)라고 명하신 말씀대로 이 시간도 아버지의 임재 안에서 예배하고 찬송케 하시니 감사드립니다. 회중 가운데 성령 안에서의 교통이 있게 하시고, 진실함과 정직함으로 주께 나아가게 하소서.

어린 영혼을 잘 돌보게 하소서

어린아이들이 내게 오는 것을 금하지 말라고 말씀하신 주님, 어린아이들을 품에 안고 안수하시고 축복하셨던 주님의 본을 따라 어린 영혼들을 하나님의 말씀과 사랑의 돌봄으로 섬기게 하심을 감사드립니다. 교회 안에서 자라나는 세대가 디모데처럼 어려서부터 하나님의 말씀 안에서 자라나고 성경적인 분위기에서 성장할 수 있기를 소원합니다. 말씀으로 양육받고 훈련받아 세상의 가치관이 자리 잡기 전에 하나님의 말씀이 뿌리내리게 하시고, 어려서부터 예수 그리스도의 마음을 닮아 가며 진리를 체질화시킬 수 있게 하옵소서. 주를 기쁘시게 할 것이 무엇인지 늘 생각하는 영혼들이 되게 하시고, 어떤 거짓 교훈에도 흔들리지 않고 진리를 떠나지 않는 삶을 살게 하소서.

우리 교회가 학생을 있는 모습 그대로 수용하고 그들의 필요를 채우며 후원할 수 있는 교회가 되길 원합니다. 기성세대가 가진 잣대로 그들을 정죄하거나 판단하지 않게 하소서. 학생들을 위해 수고하고 헌신하는 교사들에게 한 영혼을 천하보다 귀하게 여기시는 예수님의 심장을 허락하옵소서. 온 성도들이 교사로 자원하고, 가르치는 자들을 존경하고 격려하게 하소서. 교회학교의 부흥을 위해 목회가 집중되고, 재정이 투자되며, 온 성도들의 관심과 기도의 후원이 쏟아지게 하옵소서.

건강한 가정을 세워주소서

가정을 만드시고 복 주신 하나님, 이 교회가 주님의 가정을 세우고 온 성도들에게 가정을 소중히 여기는 방법을 가르치게 하소서. 사회의 기초인 가정이 무너짐으로 오늘날 사회가 불안정하게 되었사오니 이 교회가 건강한 가정을 세우는 사명을 깨달아 잘 감당하게 하소서. 부모는 부모의 자리를 잘 지켜 가정의 울타리를 든든히 하고, 자녀는 부모의 교훈에 귀를 기울여 순종하는 은총을 받게 하옵소서. 부부는 행복하고 친밀한 사랑의 관계를 이룸으로 가정의 분위기를 밝게 유지하고, 자녀들은 롤 모델인 부모로부터 올바른 가치관을 배워 훌륭한 성인으로 성장하게 하옵소서.

부부가 흔들리고 가정이 깨어짐으로 자녀들이 방황하는 일이 없게 하시고, 가정을 위협하는 악한 영을 단호히 대적하게 하옵소서. 사탄은 이단들을 통하여 가정을 뒤엎으려고 거짓된 교훈으로 속이고 유인하고 있습니다. 온 성도가 진리로 무장하여 그 유혹에 빠지지 않으며, 성도들을 넘어뜨리기 위해 은밀히 교회에 들어오는 무리들에게 미혹당하지 않게 하옵소서. 가정을 든든히 세우시기를 원하시는 예수님의 이름으로 기도드립니다. 아멘.

수요예배 1

감사와 찬양

추수의 계절에 우리의 영혼과 육신의 아름다운 결실을 맺게 하신 하나님께 찬양과 영광을 돌립니다. 사람들 앞에서 우리를 여호와께 복 받은 자로 세우심에 감사드립니다. 여호와께서 구속하신 거룩한 백성으로 열매 맺는 삶을 살게 하심도 감사드립니다. 우리로 하여금 늘 주님과 함께 생각하고 동행하며, 주님으로 만족하는 삶을 살게 하신 주님을 찬양합니다. 예배 가운데 임재하시는 주께서 우리 마음을 더욱 새롭게 하여 주소서.

생명을 추수하게 하소서

추수할 것은 많되 추수할 자가 없다고 한탄하신 주님, 우리에게 주님의 탄식 소리를 듣게 하시니 참으로 감사합니다. 우리 또한 이사야처럼 "주여 내가 여기 있나이다. 나를 보내소서."라고 고백하는 일꾼 되길 소망합니다. 주님, 우리가 주의 일에 게을렀음을 고백합니다. 이유와 변명을 둘러대며 주께서 맡겨 주신 일에 충성하지 못했음을 용서하소서. 자신의 일에는 바빴으나 주의 일에는 충성하지 못했습니다. 주님, 이 시간 저희가 주의 일을 바라보게 하소서.

한 마리 잃은 양을 애타게 찾으시는 주님, 우리 안에 잃어버린 영혼에 대한 안타까운 마음을 부어 주소서. 재물이 많은 부자를 부러워하기보다 그들 안에 하나님이 계시지 않음으로 탄식하게 하소서. 저희는 직장에서 불철주야 분주한 삶을 보냈지만 정작 영혼을 살리는 일을 위해서는 한 시간도 투자한 적이 없습니다. 전하는 자가 없이는 들을 수 없는 복음인데, 이 복음만이 지옥 형벌에 처할 자를 천국으로 인도할 수 있는데, 우리만 간직한 채 사람들에게 나아가 전하지 않는 죄를 용서하소서. 이제 우리 안에 영혼 구원에 대한 열심과 사랑을 주옵소서. 한 영혼을 건지고자 하는 절박한 마음을 갖게 하옵소서. 재물은 양보할지라도 생명을 건지는 이 일만은 누구에게도 양보하지 않게 하소서.

가정을 살리는 자 되게 하소서

부부를 세우시고 가정을 만드신 주님, 우리가 몸을 담고 사랑하며 섬길 수 있는 가정을 주시고, 가족 안에서 천국을 맛볼 수 있게 하시니 참으로 감사합니다. 서로 사랑하는 가운데 그리스도의 사랑을 느끼게 하소서. 그리스도께서 우리를 섬기셨던 것처럼 기쁨으로 가족을 섬기고, 그리스도께서 우리를 이해하고 용납하셨던 것처럼 온 가족이 서로 포용하는 가정이 되게 하소서. 가정 가정마다 지상천국을 이루어 그리스도의 복음을 이웃들에게 나타내게 하소서.

온 가정이 구원받길 원하시는 주님, 저희의 믿지 않는 부모와 형제들을 구원해 주소서. 이 땅에서 혈연적인 가족으로 그치지 않고 천국에서도 만날 수 있는 영적 가족이 되게 하소서. 믿지 않는 가족을 위해 눈물로 기도합니다. 그리스도의 사랑을 행동으로 보이고, 입술로 전하는 복음이 성령의 선포가 되어 불신 가족들이 영혼의 생명을 얻는 역사가 있게 하옵소서. 가정을 천국으로 인도하길 원하시는 예수님의 이름으로 기도드립니다. 아멘.

11월에 드리는 대표기도

수요예배 2

the Lord's Prayer

찬양과 감사

날마다 우리의 삶을 이끄시는 성령님, 우리가 하나님의 형상을 닮아 가도록 도우신 은혜에 감사드립니다. 이 시간 우리 안에 거룩한 소망을 일으키시는 성령의 은혜가 우리의 연약한 마음과 몸을 견고하게 하실 줄 믿습니다.

가치 지향적인 삶을 살게 하소서

주님, 저희가 인생의 참된 의미와 가치를 발견하길 소망합니다. 말씀이 보여 주시는 삶의 궁극적인 가치를 깨닫게 하소서. 어리석은 부자처럼 먹고 마시는 데 인생의 가치를 두지 않고, 성공이라는 허상에 쫓겨 살아가지 않으며, 하나님의 비전에 매여 사는 인생이 되게 하소서. 우리는 삶의 의미와 가치를 찾지 못한 탓에 자주 낙심하고 절망합니다. 우리로 하여금 살아야 할 의미를 찾게 하시고, 살아 갈 방향을 명확히 설정하게 하소서.

혼란스런 이 세대에서 우리 교회가 바른 가치는 무엇이고, 참된 삶의 의미를 추구하는 인생이 무엇인지 보여 주기를 원합니다. 세상 사람들이 가지고 있는 가치관을 진리의 말씀으로 조명할 뿐만 아니라, 그 가치관을 성도들의 삶을 통해 보여 주고 바른 삶을 선도할 수 있게 하소서. 교회와 성도들이 그릇된 가치에 표류하지 않도록, 성경적인 가치관을 선명하게 보여줄 수 있는 영향력 있는 공동체가 되게 하소서. 진정한 가치를 추구하기 위해 손해를 불사하고, 진리를 지키기 위해 목숨까지라도 걸 수 있

230

는 능력을 부으소서.

경계선을 지킬 줄 알게 하소서

"삼가 누구에게든지 악으로 악을 갚지 말게 하고 서로 대하든지 모든 사람을 대하든지 항상 선을 따르라"(살전 5:15)고 하셨지만, 작은 이권을 수호하고 알량한 자존심을 지키고자 진리를 외면하였습니다. 하나님께서 그어 주신 경계선을 넘나들며 자기 소견에 옳은 대로 살았던 삶을 용서해 주소서. 세상 사람들이 그렇게 살아가더라도 그리스도인은 그들의 가치관과 사상을 담대히 역류하게 하소서. 시대의 흐름에 편승하는 교회가 되어 경계선을 흐리는 우를 범하지 않고, 경계선이 점점 모호해지는 세대 속에서 진리의 말씀으로 경계선을 명확히 보여 줄 수 있게 하소서.

주님, 교회 안에 기초적인 질서가 서게 하시고, 도덕 기준이 무너지거나 하향 조정되지 않게 하시며, 세상 양심이 따라갈 수 없는 천국 윤리를 가지고 이 세상에 올바른 기준점을 제시하는 교회가 되게 하소서. 교회 안에 정직함이 살아 있게 하시고, 진실이 거짓을 이기며, 공의가 불의의 입을 막게 하옵소서. 작은 것이라고 간과하지 않고 교회가 앞장서서 하나님의 정의를 이 사회에 구현하게 하옵소서. 인류의 참된 의미와 가치가 되시는 예수 그리스도의 이름으로 기도드립니다. 아멘.

주일 낮 예배 1

찬양과 회개

새 하늘과 새 땅을 우리에게 기업으로 예비해 주신 하나님, 우리의 소망이 땅에 있지 아니하고 하늘에 있게 하심을 감사드립니다. 썩지 않고 쇠하지 않는 하늘 기업을 구하는 믿음의 권속들이 하나님의 임재 앞으로 나아왔사오니 이 시간 우리의 얼굴을 하나님께로 들 수 있게 하소서. 거룩하신 보좌 앞에 피가 가득한 손으로 나왔나이다. 우리의 죄악을 십자가의 보혈로 정결케 하시고 깨끗한 마음과 정결한 영으로 예배하게 하옵소서.

결산을 위하여

주님께서는 맡은 자들에게 구할 것은 충성이라고 하셨는데, 올 한 해를 돌아보니 부끄러울 따름입니다. 주님께서는 명하셨으나 저희는 명령대로 순종치 못했고, 선한 열매로 하나님께 올려 드리지 못하였습니다. 연초에는 많은 계획을 세웠으나 지난해를 헤아려 보니 이루어 놓은 것이 너무도 없습니다. 잎만 무성한 무화과나무처럼 책망받을 수밖에 없는 저희지만, 이제 남은 한 달을 가치 있게 보내도록 도와주소서.

주께서 맡겨 주신 직분, 구역과 전도회, 교사와 성가대의 사명을 마지막까지 최선을 다하여 감당할 힘을 주소서. 혹시 지체들과의 관계에 있어서 불편한 것이 있었습니까? 우리가 먼저 손 내밀고 악수를 청하여 화목한 가운데 연말을 보내게 하소서. 가족들에게 다하지 못한 의무와 책임이 있습니까? 직장에서 최선을 다하지 못했습니까? 저희가 마지막까지 열심을 다하여 하나님 앞에서 부끄럽지 않은 결과를 나타낼 수 있게 하소서.

또한 한 해를 달려오면서 이루어 놓은 일을 보고 교만하거나 자랑치 않고, 그 모든 것이 하나님의 은혜였음을 깨닫게 하소서. 우리는 해야 할 일을 한 것뿐이오니 주님 앞에서 무익한 종임을 고백하는 겸손한 마음을 허락하소서. 땅에서 박수 받고 칭찬받기보다 하늘에서 받을 상급을 사모하게 하소서.

하늘에 보물을 쌓기 원합니다

오직 너희를 위하여 하늘에 보물을 쌓으라고 말씀하신 주님, 우리가 땅의 것을 바라보는 자가 아니라 하늘의 것을 바라보며 사는 자 되게 하심을 감사드립니다. 저희가 잠시 잠간 누리다가 사라질 것에 소망을 두지 않고 하늘의 복을 바라는 자로 살기를 소망합니다. 주님께서는 하나님과 재물을 겸하여 섬길 수 없다고 말씀하셨건만, 우리는 돈을 사랑하는 덫에 자주 빠지곤 합니다. 우리로 하여금 주님만이 우리의 유일한 소망이심을 고백하게 하옵소서.

주님, 세상에서는 열심히 일해도 그 열매를 제대로 거둘는지 알 수 없습니다. 그러나 우리는 하루하루 하늘의 양식을 바라보며 살게 하소서. 다윗은 "사람이 그 든든히 서 있는 때에도 진실로 모두가 허사"(시 39:5)라고 고백하였는데, 우리는 이 세상 재물에 너무 큰 애착을 갖고 있습니다. 우리의 유일한 소망되신 주님, 이 세상에 있는 부귀영화에서 눈을 떼어 하늘의 영광을 바라보게 하소서.

사람들은 가치 있는 일이라면 가진 재물을 아끼지 않고 투자합니다. 오, 주님! 우리에게 지혜를 허락하시어 진실로 아낌없이 투자해야 할 것이 무엇인지 발견하게 하소서. 영혼을 살리는 일에, 주님이 원하시는 일에 시간과 에너지와 재물을 투자하게 하옵소서. 하늘에서 상급을 베푸실 예수님의 이름으로 기도드립니다. 아멘.

12월에 드리는 대표기도

주일 낮 예배 2

the Lord's Prayer

찬양과 감사

밤낮 부르짖는, 택하신 자들의 원한을 풀어 주시는 주님을 찬양합니다. 우리에게 세상 염려로 근심하기보다 하늘 아버지를 향해 부르짖을 수 있는 은총을 주심도 감사합니다. 밤낮 염려하기보다 하나님의 응답을 기다리며 기도하는 기도의 사람으로 삼아 주시니 감사합니다. 그럼에도 기도보다는 염려와 걱정의 짐을 스스로 졌던 저희를 용서해 주소서. 사랑의 주님, 하나님은 영이시니 예배하는 자가 영과 진리로 예배하게 하옵소서.

모이기에 힘쓰는 교회가 되게 하소서

우리가 모이기를 폐하는 사람들의 습관을 따르지 않기를 원하시는 주님, 우리가 함께 모여 하늘 아버지께 나아갈 수 있게 하시니 참으로 감사합니다. 십자가에 죽으심으로 우리가 하나님께로 나아갈 수 있는 새롭고 산 길을 열어 주신 주님을 찬양합니다. 하늘 소망을 가진 자들이 날마다 모이기를 기뻐하고, 그렇게 모인 하나님의 가족들이 함께 찬양하고 기도하며 교제 나눌 때 하나님의 사랑과 은총이 넘쳐나게 하옵소서. 성도의 교제를 통해 서로 격려하고, 영적인 삶을 도전하며, 하나님의 사랑을 경험케 하옵소서.

초대 교회가 모이는 데 힘썼듯이 우리 교회도 모이는 데 힘써 주께서 원하시는 사명을 잘 감당하게 하옵소서. 교회의 소그룹들이 서로 격려하고 위로 받으며 주님의 일을 위해 협력하는 공동체가 되길 소원합니다. 주님, 이 시대가 서로 무관심한 사랑 없는 세상으로 치닫고 있지만, 그리스도의 사랑을 경험한 자들에게는 서로 돌아볼 수 있는 마음과 주님의 일을 향한 열정을 주셔서 무관심의 유혹을 뿌리치게 하옵소서. 교제를 거부하고 상처 받을 것에 대해 두려워하는 태도를 청산하고 모이는 일에 힘써 선한 일을 이루는 하나님의 백성들이 되게 하옵소서. 공동체 안에서 선한 일을 도모함에 방관자도, 복음의 대적자도 없이 모두가 적극적인 동역자가 되게 하옵소서. 우리로 하여금 다른 지체들에게 꼭 필요한 존재가 되어 우리를 통해 주님의 이름이 높아지게 하옵소서.

긍휼히 여기는 삶을 살게 하소서

긍휼히 여기는 자는 복이 있다고 말씀하신 주님, 우리로 하여금 예수님의 마음을 본받아 서로를 향해 긍휼히 여기는 삶을 살게 하옵소서. 세상은 난폭하고 무자비하며 자애가 없습니다. 그러나 우리는 하나님의 사랑을 입은 사람들이오니 서로 불쌍히 여기는 마음을 갖게 하옵소서. 우리 안에 있는 본성은 이미 죄로 물들었습니다. 성령의 통치가 아니고서는 다른 사람을 긍휼히 여기는 마음을 가질 수 없습니다. 자비가 풍성하신 주여! 사람들이 무참하게 짓밟던 간음한 여인에게 동정의 눈빛을 보내시고, 자비로운 말씀으로 대화를 나누시며, 정죄하지 않고 새로운 삶을 향해 도전하셨던 주님을 잊을 수 없습니다. 우리는 부족하지만 주께서 부어 주신 마음으로 세상을 긍휼히 여기기를 소망합니다. 우리 역시 다른 사람의 긍휼을 필요로 하는 것처럼, 다른 사람들도 우리의 긍휼을 필요로 하는 것을 깨닫게 하소서. 우리의 긍휼히 여기는 마음 때문에 가정과 직장생활이 변화되게 하시고, 교회 공동체가 하나님의 사랑을 경험하게 하옵소서. 우리는 성령의 기름 부음을 받은 존재이기에 비난과 정죄는 버리고 서로의 연약함을 품을 수 있는 마음을 가지게 하옵소서. 긍휼히 여기는 마음으로 세상을 정복하신 예수님의 이름으로 기도드립니다. 아멘.

주일 낮 예배 3

찬양과 감사

우리의 착한 행실로 하늘에 계신 아버지께 영광 돌리기를 원하시는 주님, 보잘것없는 우리를 하나님의 자녀 삼으시고, 세상을 변화시키는 빛과 소금으로 세워 주심에 감사드립니다. 그러나 한 주간을 돌아볼 때 저희는 빛을 비추지 못했고, 소금의 맛을 내지 못했습니다. 십자가의 사랑으로 우리의 허다한 허물을 용서하여 주시고, 주의 은총으로 우리를 새롭게 하여 주옵소서.

하나님의 비전을 위하여

하늘과 땅의 권세를 가지신 주님, 우리 안에 하나님의 통치가 온전히 드러나는 날까지 성령의 일하심을 바라보게 하옵소서. 우리의 자그마한 꿈에 허덕거리며 살지 않고 하나님의 비전에 매여 사는 믿음의 대장부가 되게 하옵소서. 가족을 먹여 살리는 데만 급급한 삶이 아니라 더 넓게 바라보며 살 수 있는 영적 안목을 주옵소서.

우리 공동체가 하나님의 비전을 이루기까지 끊임없이 일하시는 성령님을 찬양합니다. 이 땅과 이 세대를 향해 품고 계시는 하나님의 마음에 주목하길 원합니다. 우리의 마음을 넓혀 주시고, 우리의 눈을 밝히시옵소서. 우리 주위에 있는 불신자들을 보게 하시고, 세계 오지에서 고통당하는 하나님의 백성들을 보게 하소서. 선교 현장에서 복음을 위해 헌신하는 선교사님들을 품게 하시고, 우리의 눈이 복음이 필요한 곳으로 향하게 하소서.

하나님께서 목사님에게 보여 주신 하나님의 마음과 비전을 온 성도들이 가지길 원합니다. 그 마음과 비전을 함께 품고 친히 비전을 이루시는 주님을 목도케 하옵소서. 하나님의 비전을 이루기 위한 물질도 허락하시고, 함께 동역할 일꾼도 세워 주시며, 우리 공동체를 하나님의 비전 앞에 하나로 묶는 연합도 허락하옵소서.

순종하는 삶을 살게 하소서

"순종이 제사보다 낫고 여호와의 말씀 듣는 것이 수양의 기름보다 낫다"(삼상 15:22)고 말씀하신 하나님, 우리로 하여금 여호와의 말씀에 귀를 기울이게 하심에 감사드립니다. 하나님의 말씀을 듣고 잊어버리는 것이 아니라 들은 말씀을 마음 판에 잘 새기고 그 말씀을 따라 순종함으로 축복을 누리게 하옵소서. 하나님의 말씀 앞에서 우리의 생각이나 고집이 나타나지 않게 하시고, 하나님의 말씀과 명령을 미련하리만큼 순종하는 착한 마음을 허락하소서.

우리가 너무 똑똑하여 하나님의 말씀을 저울질하지 않고, 설교를 판단하지 않게 하시며, 입맛대로 골라서 듣는 우를 범하지 않게 하소서. 저희들의 마음이 옥토와 같아져서 주의 말씀을 순전하게 받기를 소망합니다. 사탄이 우리 마음 밭에 떨어지는 말씀의 씨를 걷어 갈까 두렵사오니 귀담아 듣고, 들은 대로 행하는 믿음을 주옵소서. 말씀 앞에 설 때마다 변명하지 않고, 우리에게 주시는 말씀 그대로 겸손하게 받아 순종의 열매를 맺게 하소서. 바울과 베드로에게 임하셨던 말씀의 권능을 오늘 세우신 말씀의 사자에게도 주셔서 우리의 영혼과 삶에 크나큰 변화가 일어나게 하옵소서. 우리를 통해 당신의 비전을 이루어 가시는 예수님의 이름으로 기도드립니다. 아멘.

주일 낮 예배 4

찬양과 감사

우리의 머리카락까지 세시는 하나님을 찬양합니다. 우리는 하나님의 눈을 피해 숨을 곳이 없는 인생들입니다. 부딪히는 어려움 속에서도 염려하지 않고 하나님을 신뢰하고, 믿음으로 찬양하며 걸어가게 하시니 감사드립니다. 구원의 하나님을 향해 예배로 나아가는 이 시간, 성령께서 충만히 임재하시고 우리의 어그러지고 굽은 마음을 바로 세워 일으키게 하옵소서.

재물에 대해 올바른 태도를 갖게 하소서

자녀들의 세밀한 것까지 감찰하시는 하나님께서 우리를 돌보시고 채우시니 감사합니다. 우주 만물의 주인 되신 여호와여, 우리에게 재물 얻을 능력을 허락하신 것을 감사합니다. 하나님께서 주신 것을 가지고 우리의 것이라고 교만하거나 자랑치 않고, 하나님께서 주신 것을 하나님이 기뻐하시는 일에 사용할 수 있는 마음을 가지길 소망합니다. 선한 청지기의 태도를 잃지 않고, 초대 교회의 그리스도인들처럼 선한 일에 열심을 갖게 하소서. 나누기를 기뻐하는 삶을 살게 하옵소서.

주신 자도 여호와시요 취하신 자도 여호와시니 매사에 재물에 대한 하나님의 주권을 인정하며 살게 하옵소서. 모든 재물의 소유주이신 주님, 우리가 돈의 노예로 살지 않고 돈을 다스리는 주인으로 살기를 바라나이다. 주님과 멀어지면서까지 돈에 매여 살지 않고, 우리에게 필요한 것을 알아서 공급해 주시는 주님을 경험하게 하소서. 주님, 하나님의 것을 나의 것으로 착각하며 살지 않고, 하나님의 것을 도둑질하지 않기를 원합니다. 하나님께 드리기를 즐거워하는 심령을 주옵소서. 다른 사람의 소유를 탐하지 않게 하시고, 있는 것을 족한 줄 아는 넉넉한 마음을 허락하소서. 사무엘처럼 돈에 대해 투명하고 깨끗한 삶을 살게 하시고, 아나니아처럼 돈 때문에 자신의 마음을 속이고 성령님을 속이는 어리석음을 범하지 않게 하옵소서.

고난을 이기는 삶을 살게 하소서

고난을 축복으로 만드시는 주님, 고난 중에 염려하기보다 기도하는 믿음을 주시니 감사합니다. 고난 앞에서 위축되지 않고 고난을 인생의 끝으로 여겨 담대히 고난을 이길 수 있는 힘과 용기를 소유하길 원합니다. 이 세상에는 고난을 당하지 않는 사람이 없고, 고난을 이기지 않은 성공자가 없습니다. 우리 앞에 고난이 다가올 때 "왜 나만 이렇게 힘들어야 하는가?" 하는 생각을 갖지 않고, 다가오는 고난 앞에 무릎 꿇거나 굴복하지 않게 하옵소서. 넘어지고 실패할 때마다 다시 한 번 일어설 수 있는 힘을 주소서.

욥처럼 고난 속에서도 하나님께 죄를 짓지 않고 오히려 하나님을 찬양하는 믿음을 갖게 하소서. 고난을 이겨낼 수 있는 강인함을 주소서. 고난 속에 숨어 있는 하나님의 뜻을 발견하고 하나님이 일하시는 손길을 바라보는 믿음의 눈을 가지길 바라나이다. 고난을 통해 더 강한 예수 그리스도의 군사가 되게 하시고, 주님께서 기뻐하시는 인격을 갖게 하옵소서. 죽기까지 고난을 받으심으로 영광과 존귀로 관을 쓰신 주님, 우리가 고난의 시기를 지나 더욱 성숙해져서 어려움 가운데 있는 자들을 위로하고 돕는 자 되게 하옵소서. 고난 속에서도 우리를 건지시는 예수님의 이름으로 기도드립니다. 아멘.

12월에 드리는 대표기도

주일 낮 예배 5

찬양과 감사

시험받는 자들을 능히 도우시는 주님, 시험 중에서도 저희를 돌보시고 범죄하지 않도록 붙들어 주시니 감사합니다. 한 주간 저희와 동행하신 하나님께서 이 예배 가운데서도 권능과 영광을 드러내 주소서. 은혜의 보좌 앞으로 담대히 나아가는 저희들을 하늘 지성소로 이끄셔서 하나님을 뵈옵는 시간이 되게 하옵소서.

흔들리지 않는 삶을 살게 하소서

저희가 그리스도 안에 뿌리를 박고 굳게 서기를 원하시는 주님, 여우와 같이 교회에 침투하는 이단을 분별하는 지혜를 소유하길 원합니다. 온 성도들이 진리 안에 서게 하시고 진리를 배우는 일에 힘쓰므로 그릇된 사상에 흔들리지 않게 하소서. 교회 안에 침투하는 이단들을 배격하고 진리를 고수하는 능력을 주소서.

교회를 흔들려는 사탄의 유혹 앞에 하나님의 말씀으로 담대히 대적하게 하시고, 온 성도가 사탄에게 틈을 보이지 않도록 깨어 있게 하소서. 우리의 관계를 깨뜨리려는 사탄의 유혹을 깨달아 주의 일을 하면서 불평하고 원망하는 마음을 허용하지 않게 하소서. 부정적인 말을 통해 공동체를 어지럽게 하는 유혹에 빠지지 않게 하시고, 우리의 마음에 일어나는 부정적인 감정을 쉽게 허용하지 않게 하소서. 온 성도들이 하나님의 말씀에 순종함으로 악한 영의 도전을 근절하게 하옵소서.

240

영적 지도자들을 공격 대상으로 삼는 사탄의 전략을 파악하여 사탄이 틈탈 기회를 주지 않기를 원하나이다. 서로의 마음과 생각이 갈라짐으로 연합의 기쁨을 빼앗기지 않고, 영적 지도자들의 분열로 인해 성도들의 평안과 하나 됨이 깨지지 않게 하옵소서.

십자가를 지는 삶을 살게 하소서

아무 죄기 없지만 우리 죄를 위해 십자가에서 희생 제물이 되신 주님, 교회를 위해 그리스도의 남은 고난을 우리의 육체에 채우는 믿음을 허락해 주소서. 서로 십자가를 회피하는 성도가 아니라 자기가 져야 할 십자가를 기쁘게 지는 성도가 되게 하시고, 십자가를 짊으로 주님의 마음을 경험하고 주님을 닮아 가게 하소서. 구레네 사람 시몬과 같이 억지로 십자가를 지지 않고 아리마대 사람 요셉처럼 기꺼운 마음으로 그 길을 가게 하옵소서.

긍정 심리학과 성공학에 물든 우리는 십자가를 외면하고, 십자가를 거추장스러운 것으로 여기고 있습니다. 그러나 주님의 본을 좇아 십자가로 가까이 나아가려는 마음을 주시니 참으로 감사합니다. 우리 안에 높아지려는 마음을 내려놓고, 남보다 더 큰 목소리를 내고 싶은 마음도 거절하게 하옵소서. 편하고 쉬운 길이 아니라 주님을 기쁘시게 하는 길을 걷게 하시고, 넓은 길이 아니라 좁은 길을 걸어가게 하옵소서. 말해야 할 때 말할 수 있는 용기를 주시고, 말하지 않아야 할 때 침묵하는 절제도 허락하소서. 하기 싫어도 진리를 따르는 길이라면 가게 하시고, 하고 싶어도 진리를 거스르는 길이라면 가지 않는 믿음을 주소서. 명예나 세상 자랑에 대해 자유할 수 있게 하시고, 부당한 권력과 부에 대해서도 거절하는 용기를 주소서. 우리 죄를 위해 십자가를 지신 예수님의 이름으로 기도드립니다. 아멘.

주일 낮 예배 6

찬양과 회개

영광의 소망이 되시며 만물의 으뜸이 되신 주님을 찬양합니다. 알파와 오메가 되신 주께서 우리의 모든 일을 시작하시고 하나님의 때를 따라 아름답게 성취해 가심에 감사합니다. 한 해를 시작하신 하나님께서 한 해의 모든 결말을 맺게 하셨사오니 영광을 받아 주옵소서. 되돌아보면 주님의 뜻대로 살기보다 우리의 고집을 따라 살았음을 고백합니다. 하나님의 기쁨을 추구하기보다 우리의 유익을 따라 살았던, 허물 많은 우리에게 주의 긍휼을 베풀어 주옵소서.

마지막 때를 준비하게 하소서

선한 싸움을 싸우고 달려갈 길을 마치고 믿음을 지킨 자에게 의의 면류관을 예비하신 주님, 한 해 동안 주의 일을 위해 온 마음과 뜻을 다하여 헌신한 성도들에게 하나님의 위로와 하늘의 상급을 주실 줄 믿습니다. 하나님께서 귀한 달란트를 많이 주셨음에도 우리의 게으름과 무능력으로 주님의 일을 그르친 것이 한 두 번이 아니었음을 고백합니다. 비록 하나님께서 주신 직분과 사명을 감당하지 못한 저희지만, 한 번 더 기회를 주시옵소서.

한 해를 결산할 때가 다가오는 것보다 더 두려운 것은 우리의 인생을 결산해야 할 때도 다가오고 있다는 사실입니다. 우리가 행한 대로 보응하시겠다고 말씀하셨사오니, 부끄러움을 당하거나 책망 받지 않고 잘 했다고 칭찬 받도록 주신 사명을 잘 감당하게 하옵소서. 가정을 잘 돌아보고, 직장에서 맡은 일을 성실히 해내며, 그리스도의 몸을 세우기 위해 감당해야 할 역할을 간과하지 않고 충실하게 하도록 하옵소서. 언젠가 하나님 앞에 서야 하는 날이 다가올 터이니 그 날을 위해 자신을 살펴 복된 죽음을 맞이할 수 있게 하옵소서. 서로 마음에 맺힌 것이 있다면 잘 풀게 하시고, 아직까지 감당하지 못한 사명을 돌아보게 하시며 최선을 다해 마무리 하게 하옵소시.

하나님의 영광을 추구하는 삶을 살게 하소서

무엇을 먹든지 마시든지 다 하나님의 영광을 위해 하기를 원하시는 주님, 우리의 모든 관심이 하나님의 영광이 되길 원하나이다. 자신의 영광을 위해 하나님의 영광을 저버리지 않게 하시고, 하나님께 돌아갈 영광을 도둑질하는 일이 없게 하옵소서. 우리가 행하는 빛된 삶을 통해 하나님의 영광을 드러내게 하시고, 교회 안에 임한 하나님의 영광을 세상에 선포하게 하소서. 먼저 그의 나라와 그의 의를 구하라고 말씀하셨지만, 우리는 나 자신의 일에 바빴고 땅의 것을 추구하느라 분주했으며 예수님의 제자들처럼 서로 높아지려는 마음을 내려놓지 못했습니다. 나 자신을 주장하려 하고 자신의 의를 드러내려 했음을 고백합니다. 하나님의 은혜로만 살아갈 수 있는데도 하나님과 상관없이 스스로 잘난 체 하며 살았습니다.

연말연시에 우리의 쾌락을 위해 하나님의 영광을 가리지 않게 하옵소서. 우리가 가는 곳곳에 세상 사람들의 예리한 시선이 있음을 기억하고 성결한 삶을 살게 하옵소서. 이 시간도 하나님의 종을 통해 우리를 살필 수 있는 하나님의 말씀을 허락하셨사오니 귀 기울여 청종하게 하시고, 듣는 대로 순종하게 하소서. 하나님의 영광을 위해 사셨던 예수님의 이름으로 기도드립니다. 아멘.

주일 저녁 예배 1

감사와 찬양

밭고랑에 물을 넉넉하게 대시고 단비를 내리셔서 그 싹에 복을 주시는 하나님, 우리의 영혼에 성령의 은혜를 부어 주심을 감사합니다. 진리의 영께서 우리의 영혼을 날마다 깨우치시고 우리를 하나님의 사람으로 세워 가심을 찬양합니다. 가난한 심령에 하늘 양식으로 채우시기를 기뻐하시는 주님, 이 시간 우리의 예배 가운데 온 세상을 덮는 하나님의 영광으로 채워 주옵소서.

아름다운 언어생활을 하게 하소서

은혜로운 말씀으로 사람들을 감동시키시고 진리 가운데로 인도하셨던 주님, 우리가 성령 충만한 입술을 가지길 원하나이다. 다른 이들을 할퀴고 저주하는 입술이 아니라 하나님을 찬양하고 형제를 축복하는 입술 되게 하옵소서. 성령께서 입술의 문을 지켜 주옵소서. 거짓된 말, 칼처럼 날카로운 말을 삼가게 하소서. 다른 사람에게 은혜를 끼치는 말을 신중히 고르고, 공동체에 덕을 끼치는 말을 할 수 있도록 도우소서.

온유하고 겸손하신 주님, 우리에게 온유하고 부드러운 마음을 허락하시어 우리의 말에 그리스도의 흔적이 묻어나게 하소서. 남을 낙심케 하는 말, 상심케 하는 말, 고통을 안겨 주는 말, 무시하고 경멸하는 말은 절대 삼가고, 말하기 전에 주님은 어떻게 생각하실지를 먼저 생각하는 마음을 허락하소서. 깊이 생각하고 말하고, 감정을 따라 말하지 않게 하소서. 생명을 살리는 말을 할지언정 생명을 죽이는 말을 하지 않게 하시고, 축복하는 말을 하되 저주하는 말은 삼가도록 도와주소서.

악으로 악을 갚지 않는 삶을 살게 하소서

아무에게도 악을 악으로 갚지 말라 하시며 모든 사람에게 선한 일을 도모하길 원하시는 주님, 우리가 말씀에 순종하는 능력 있는 삶을 살기 원하나이다. 베드로처럼 칼을 칼로 맞대응하지 않고 주님처럼 복을 비는 기도로 대응하는 마음을 갖기를 소망합니다. 누가 나를 해하려 할지라도 대적하지 않게 하소서. 손해가 되는 일이더라도, 바보라는 소리를 들을지언정 주님의 말씀 앞에 부끄럽지 않은 삶을 살게 하옵소서. 오, 주님! 우리로 하여금 하나님의 말씀의 거침돌이 되는 것을 부끄러워하는 민감한 그리스도인 되게 하옵소서.

주님, 우리 자신은 너무도 나약합니다. 이 모든 것을 너끈히 이길 수 있는 성령의 사람이 되게 하소서. 우리 안에 육체의 소욕을 제하시고, 성령의 원하심이 무엇인지 발견하길 원합니다. 자신의 욕구에 충실한 삶이 아니라 성령의 음성에 충실한 사람이 되게 하소서. 세상에 부요한 사람이 되기보다 하나님께 부요한 사람이 되게 하소서. 복음 때문에 내 몸에 예수 그리스도의 흔적을 새길 순교의 각오로 세상을 대적하며 살게 하옵소서. 우리의 영원한 대장 되시는 예수 그리스도의 이름으로 기도드립니다. 아멘.

주일 저녁 예배 2

감사와 찬양

겸손한 자의 모든 소원을 들으시는 여호와여, 우리 안에 예수 그리스도
의 겸손한 마음을 주셔서 하나님의 마음을 드러내게 하시니 감사합니다.
영화와 존귀로 관 쓰신 주께서 이 예배 가운데 영광을 나타내시고, 우리의
상한 마음과 지친 육신이 주의 임재로 회복되는 시간이 되게 하옵소서.

여호와의 눈을 의식하는 삶을 살게 하소서

어디서든지 악인과 선인을 감찰하시는 여호와여, 우리의 삶이 여호와의
눈앞에 있음을 감사합니다. 매순간 여호와의 눈을 의식하며 살기를 바라
나이다. 하나님의 뜻을 따라 살아가는 자들을 내버려두지 않으시는 주님,
우리로 가난한 자와 약한 자를 돌아보게 하시고, 상심된 자와 절망 중에
있는 자를 위로하고 격려하게 하옵소서. 어린 소자에게 냉수 한 그릇을
대접한 것을 잊지 않으시는 주님, 사람들의 관심 밖에 있는 자들을 잊지
않고 돌아볼 수 있는 마음을 우리에게 허락하소서.

악인들의 악행을 간과하지 않고 감찰하시는 주님, 악은 생각지도 않고
그 모양이라도 버릴 수 있는 용기를 허락하소서. 우리의 마음 밭에 악한
생각을 심으려는 사탄의 간교한 술책에 넘어지지 않고, 우리의 행동을 거
칠게 하는 사탄의 충동을 물리치게 하옵소서. 마음의 정원에 주님의 마음
으로 가득 심어 성령께서 주시는 열매를 맺게 하소서. 불꽃 같은 눈동자
로 우리의 일거수일투족을 감찰하시는 주님, 마지막 날에 주님 앞에 서는

때를 생각하며 경건하고 거룩하게 살게 하소서.

우리 공동체를 눈동자 같이 돌아보시는 주님, 초대 교회의 아름다움을 회복하고 주님 보시기에 아름다운 교회, 여호와를 즐겁게 하는 성도, 이웃에게 선함을 드러내는 공동체 되게 하소서. 우리 교회가 불신자들이 칭찬하는 교회, 성도들이 머물고 싶은 교회가 되길 원하옵니다.

의를 위해 핍박받는 삶을 살게 하소서

이 땅에 하나님의 의가 성취되기를 원하시는 주님, 불의가 넘실거리는 세상으로 나아가는 우리가 불의에 타협하지 않고 불의를 미워하며 의로움을 드러내게 하옵소서. 선한 양심으로 불의를 드러내고, 그리스도의 밝은 빛으로 어두움을 밝히게 하옵소서. 주님, 우리가 의로움을 잃지 않고 의로운 관계에 머물기를 원합니다. 우리가 주님과의 불의한 관계를 청산하고, 하나님의 자녀로서의 본분을 다하게 하소서.

의를 위해 핍박받는 자가 복이 있다고 하셨사오니 의를 위해 받는 핍박을 두려워하지 않고 불의를 거부할 수 있는 용기를 주옵소서. 선한 싸움을 위해 대가를 지불하고, 주님이 기뻐하는 삶을 위해 자존심을 내려놓으며 의의 길을 위해 손해를 감수하게 하소서. 다른 사람들이 모두 가는 넓은 길일지라도 영적 자존심을 지키고 좁은 길을 포기하지 않게 하소서. 의를 위해 십자가에서 죽으신 예수 그리스도의 이름으로 기도드립니다. 아멘.

수요예배 1

감사와 회개

우리 마음에 선한 마음을 부으셔서 선한 일에 힘쓰게 하시는 주님을 찬양합니다. 선을 사랑할 줄 몰랐던 저희들이 당신의 선하심을 경험하고 착한 일을 행하는 하나님의 백성이 되었습니다. 우리로 하여금 하나님의 선하심을 세상 앞에 드러내는 도구가 되게 하소서. 그러나 주님, 우리 안에는 선함보다는 악함을 좇으려는 죄 된 본성이 있습니다. 그래서 선을 행함에 무기력하기만 합니다. 이 시간 선하신 하나님께서 임재하시어 우리의 영혼과 마음을 쇄신하여 주소서.

선을 행하는 공동체가 되게 하소서

친히 이 땅에 선교사로 오셔서 하나님의 사랑을 증거해 주신 주님, 우리도 주님을 본받아 세상에 나아가 하나님의 사랑을 전하게 하옵소서. 세상 사람들은 말과 혀로만 하는 사랑에는 전혀 감동하지 않습니다. 그들을 감동시키는 행함과 진실함으로 사랑을 보여 주게 하옵소서. 주님께서 사랑은 허다한 허물을 덮는다고 말씀하셨습니다. 저희가 가족과 이웃의 허물과 잘못을 그리스도의 사랑으로 덮어 줄 수 있는 넓은 마음을 가지길 원합니다.

선한 사마리아인 같은 이웃이 되어 주라 요청하시는 주님, 우리가 레위인과 제사장의 위선을 갖지 않게 하소서. 이웃의 아픔을 느끼고 보며 구체적으로 도울 수 있는 공동체 되길 소망합니다. 작은 희생도 감수하지 않으려는 얄팍한 사랑에서 벗어나 어떤 희생을 치루더라도 한 영혼을 섬기고자 하는 깊은 사랑의 마음을 갖게 하옵소서.

때가 되면 열매 맺게 하시는 주님, 우리로 하여금 선을 행하되 낙심치 않게 하소서. 포기하지 않는 사랑을 가지고 주님께서 열매 맺게 하시는 그때를 바라보며 묵묵히 나아가게 하옵소서. 우리가 기회 있는 대로 지체와 가족들에게 먼저 선을 행하게 하소서. 보이는 사람에게 선을 행하지 않고서는 보이지 않는 하나님을 공경할 수 없다는 것을 기억하고 섬김의 기회를 놓치지 않게 하소서. 이 섬김에 부족하지 않도록 필요한 재물도 허락하옵소서. 비록 가진 것이 부족할지라도 모자란 가운데서 함께 나누는 기쁨을 누리게 하소서.

구별된 삶을 살게 하소서

"내가 거룩하니 너희도 거룩하라"(레 11:45)고 말씀하신 하나님, 우리를 세상 앞에 구별된 존재로 세우심을 감사드립니다. 세상과 동떨어져 살아갈 수 없지만 세상을 닮아가지 않고 세상 한가운데서 주님의 거룩함을 드러내게 하소서. 세상 사람들이 손가락질하고 비난해도 될 만큼 값싼 그리스도인이 되지 않게 도와주옵소서.

구별된 입술로 말하게 하시고, 구별된 지성으로 생각하고 판단하게 하소서. 아무도 보지 않는 곳에서도 성령으로 거듭난 양심을 따라 행하게 하시고, 매사에 불꽃 같은 눈동자로 은밀한 것까지 살피시는 하나님을 의식하게 하옵소서. 직장에서 그리스도인의 신분을 숨기는 나약한 그리스도인이 아니라 담대히 직장의 문화를 바꾸어 가는 강한 그리스도인 되게 하소서. 이 시간도 거룩한 성령께서 말씀을 들고 서신 하나님의 종을 구별하시고 사용하여 주실 줄 믿습니다. 착한 일을 시작하셨을 뿐만 아니라 끝까지 이루실 예수 그리스도의 이름으로 기도드립니다. 아멘.

수요예배 2

감사와 찬양

허물과 죄로 죽었던 우리를 예수 그리스도로 말미암아 살리신 하나님, 우리의 구원이 하나님의 선물임을 찬양합니다. 우리에게 하늘에 속한 신령한 복을 부어 주셔서 이 세상 그 무엇보다 당신을 더 사모할 수 있는 믿음을 허락하심에 감사드립니다. 우리에게 지혜와 총명을 넘치게 하셔서 날마다 하나님 안에 감추어진 비밀을 발견하게 하소서. 어두워진 우리 마음의 눈을 밝히시어 하나님께 가까이 나아감이 참된 복임을 고백하게 하소서.

약한 자를 위하여

약한 자를 강하게 하시는 주님, 약한 우리를 부르셔서 하나님의 자녀 삼으신 은혜에 감사드립니다. 사람들이 외면해도 하나님께서는 약한 우리를 외면치 않으셨습니다. 가족들도 약한 우리를 멸시했지만, 주님은 우리를 안아 주시고 위로해 주셨습니다. 연약한 우리를 강하게 하시어 주님 나라의 도구로 사용하여 주심을 감사드립니다. 우리가 약할 때 약하다 변명하지 않고, 약한 우리를 쓰실 하나님만을 신뢰하여 아멘으로 응답하게 하소서. 약함을 핑계 삼아 하나님께서 행하실 위대한 일을 훼방하지 않게 하소서. 하나님께 쓰임을 받고는 있지만 원래 약한 자였으니 자랑하지도 교만하지도 않게 하시고 우리를 사용하신 능력 있는 주님만 자랑하게 하소서.

우리가 약한 자를 쓰시는 하나님을 경험했사오니 이제 약한 자의 친구가 되어 그들과 함께 일하기를 소망합니다. 하나님께서 약한 자를 위해 우리를 예비해 놓았음을 알게 하시고, 약한 자를 돕기 위해 일어서는 교회 되게 하옵소서. 우리의 약함에 그리스도의 강함이 부어진 비밀스러운 경험을 세상에 널리 간증하게 하옵소서.

하나님과 동행하는 삶을 살게 하소서

에녹과 함께 동행하셨던 주님께서 우리와 함께하시니 감사합니다. 거친 광야로, 외국으로 망명 다니던 다윗과 늘 동행하셨던 하나님께서 우리와 동행해 주시기를 간절히 바랍니다. 이 세상 끝날까지 우리와 함께하겠다고 약속하셨던 주님, 우리의 가장 큰 불행은 세상에서의 실패가 아니라 주님과 동행하는 삶에서의 실패임을 알게 하옵소서. 우리가 힘이 없고 능력이 없다는 사실보다 더 슬퍼해야 할 일은 능력의 근원이신 주님으로부터 멀어져 있다는 것입니다. 주님으로부터 멀리 도망치는 어리석음을 범하지 않고 주님께로 한 걸음씩 더 가까이 나아가는 하늘의 복을 누리게 하옵소서.

보디발의 집의 모든 사람들이 요셉이 하나님과 동행했던 것을 알았던 것처럼 우리의 직장이나 가정에서 하나님이 우리와 함께하시는 것을 보여 주길 원합니다. 하나님과 동행하면서 모든 일을 정직하고 성실히 감당하고, 사랑하며 용납하는 삶을 살게 하소서. 사람들에게 멀리 있는 하나님이 아니라 내 안에 계시는 주님을 보여 주게 하옵소서. 하나님과 동행하는 삶이 승리하는 삶의 근원이 되는 줄 믿습니다. 사랑하는 주님, 이 시간도 우리 모두에게 말씀으로 다가와 주셔서 함께하시는 하나님을 경험하게 하옵소서. 세상 끝날까지 변치 않고 함께하실 예수님의 이름으로 기도합니다. 아멘.

교회력에 따른 대표기도

the Lord's Prayer

교회력에 따른 대표기도
신년감사주일 1

감사와 회개

온 우주 만물의 주인이신 전능하신 하나님, 지나간 한 해를 은혜로 인도하시고 새로운 한 해를 맞이하게 하셔서 감사합니다. 낙심되는 마음을 고치시고 용기를 주셔서 하나님의 은혜를 떠나지 않게 하심도 감사합니다. 주님은 우리가 힘들고 어려워 흔들릴 때마다 진리로 이끄시어 하나님과 동행하게 하셨습니다.

인간의 욕심으로 하나님의 영광을 가렸던 삶을 용서하시고, 하나님을 즐거워하기보다 육체의 쾌락을 구했던 삶을 용서해 주소서. 하나님을 사랑한다고 하면서도 하나님 앞에 예배하는 삶을 살지 못하고 주님을 전하는 데 게을렀던 삶을 용서하시고, 이 시간 하나님의 은혜로 회복하여 주옵소서.

새로운 인생을 시작하게 하소서

하나님의 은총으로 한 해를 설렘과 감사로 시작하게 하시니 감사합니다. 인간의 욕심을 따라 살지 않고 성령의 인도하심을 따라 살게 하시고, 인간의 비전을 성취하기보다 하나님의 뜻에 집중하게 하소서. 무엇을 하든지 내가 앞장서지 않고 주님을 앞세우게 하시고, 인간의 목소리를 드높이기보다 하나님의 음성에 귀를 기울이게 하소서. 어디서든 나는 물러나고 주님만 드러나게 하소서. 인간의 유익을 위해 주님의 마음을 아프게 하는 일이 없게 하시고, 성령의 소욕을 따라 열매 맺는 삶을 살게 하소서.

다가오는 한 해는 불평불만이 사라지고 감사와 찬양만이 흘러넘치게 하시고, 불편한 관계들은 청산하고 주님 안에서 아름다운 관계를 맺게 하소서. 하나님이 기뻐하지 않는 것은 믿음으로 잘라내게 하시고, 주님이 기뻐하는 일에는 목숨 걸고 달려가는 열정을 허락해 주소서. 다른 사람에게 유익을 줄지언정 해를 끼치지 않게 하시고, 그리스도의 심정으로 남을 섬기는 삶을 살게 하소서.

하나님의 은총이 임하는 공동체가 되게 하소서

하나님 자신을 위해 우리의 삶을 인도하시는 주님, 올 한 해 동안 온 성도들의 가정에 하나님의 평화와 사랑이 넘치기 원합니다. 부부의 사랑이 회복되고, 부모와 자녀의 대화가 회복되게 하소서. 미움과 시기가 사라지고 서로 섬기고 사랑하는 공동체가 되게 하소서. 어두움의 세력이 가정을 흔들지 못하도록 진리로 지켜 주시고, 악인에게서 위협을 당하지 않게 하옵소서.

자기 백성들의 삶을 경영하시는 하나님, 온 성도들의 직장과 사업장에 넘치는 은총을 허락해 주소서. 직장에서 인정받게 하시고 사업장이 확장되는 은혜를 주옵소서. 매사에 정직하고 성실한 삶을 살게 하시되, 누구에게나 하나님께 하듯 대하게 하옵소서.

이 민족 위에 주의 공의가 강같이 흐르기를 소원합니다. 하나님의 지혜와 진리로 다스리는 정치가 자리 잡게 하소서. 이 나라에 하나님의 거룩함을 드러내는 문화가 정착되고 하나님의 성품을 드러내는 사람들이 가득하게 하소서. 세계 복음화에 앞장서는 선교 대국이 되도록 우리나라의 경제를 든든히 하소서.

말씀을 전하시는 주의 종에게 성령의 능력을 더 하사 우리의 심령과 골수를 쪼개는 치유와 회복이 있게 하옵소서. 때를 따라 도우시는 예수님의 이름으로 기도드립니다. 아멘.

신년감사주일 2

감사와 찬양

지난 한 해도 은혜 가운데 지켜 주시고 이제 새로운 한 해를 시작하게 하시니 감사합니다. 지난 1년간 우리의 믿음을 자라게 하시고 삶의 터전을 넓히신 하나님 아버지, 감사합니다. 이전보다 더욱 하나님 아버지를 가까이 하게 하옵소서. 하나님을 향한 감사가 날마다 넘치길 원합니다.

사명을 따라 전진하게 하소서

하나님의 몸 된 교회를 이곳에 세워 주시어 주의 복음을 증거하는 터로 삼으시니 감사합니다. 우리 교회가 올 해에는 더욱 힘써 복음의 사명을 감당하는 능력 있는 교회가 되게 하소서.

각 기관마다 주의 큰 사랑으로 덧입혀 주셔서 모든 기관들이 부흥을 경험하게 하시며 합력하여 주의 일에 선을 이룰 수 있도록 인도하소서. 세운 기관장들마다 축복하시어 주께서 주신 지혜로 맡은 기관을 아름답게 이끌도록 도우소서.

우리 교회가 주위에 좋은 소문을 내는 교회가 되길 원합니다. 이웃을 사랑하며 섬기고 봉사하는 교회가 되게 하소서. 이 교회가 더 많은 선교사들을 보내며 고아와 과부를 먹이게 하소서.

성도들의 각 가정을 돌아보소서. 새로운 계획을 가지고 출발하는 가정도 있습니다. 하나님의 특별한 도우심을 기다리는 가정도 있습니다. 모든 가정들을 성령으로 충만케 하시고, 올해에는 웃음과 사랑이 넘쳐나는 복된 가정이 되도록 인도하소서. 가정에서 천국을 맛보게 하옵소서.

이 민족을 돌아보소서

이 나라를 위해 기도합니다. 경제적으로 매우 어려웠던 지난해의 더께를 벗고 올해는 나라 경제가 되살아나기를 원합니다. 힘들고 지쳐 고단한 심령들을 위로하시어 새로운 희망을 품고 살게 하옵소서.

우리나라에 정직과 봉사의 정신이 깃든 정치가 실현되게 하소서. 북한 땅에서도 하나님을 맘껏 예배하며 남과 북이 하나 되어 한 맘으로 주를 섬기는 기적이 한반도 땅에서 일어나게 하소서.

새해 벽두에 우리에게 좋은 말씀을 들려 줄 목사님을 도우시어 올 한 해에도 강건케 하소서. 말씀을 준비할 때마다 큰 은혜를 경험하게 하시며 그 말씀을 통하여 모든 영혼들이 살아나는 역사가 이뤄지게 하소서. 교회를 위해 계획을 세우고 운영할 때 주께서 친히 섭리하고 경영하여 주소서.

올 한 해도 성가대의 아름다운 찬양이 이 성전에 가득하길 원합니다. 우리의 삶을 영원토록 인도하실 예수 그리스도의 이름으로 기도드립니다. 아멘.

사순절 1

감사와 찬양

예수 그리스도를 우리의 영원한 목자로 보내 주시어 그분이 친히 우리를 생명수 강가로 인도하게 하심을 감사합니다. 상처와 고뇌로 가득한 이 땅에서 십자가의 희생을 알게 하시어 절망 너머에 있는 희망을 발견하게 하신 주님을 찬양합니다. 십자가에 죽으신 예수님을 다시 살리신 부활의 영께서 이 시간 우리의 예배 가운데 충만히 임재 하시고, 우리의 심령 깊은 곳에 박혀 있는 죄의 쓴 뿌리를 제거하시고, 절망과 비탄으로 찌든 우리의 영혼과 육체를 넘치는 생명력으로 회복시켜 주옵소서.

고난 너머 영광을 바라보게 하소서

"나로 말미암아 너희를 욕하고 박해하고 거짓으로 너희를 거슬러 모든 악한 말을 할 때에는 너희에게 복이 있나니"(마 5:11)라고 주님께서 말씀하셨습니다. 이 말씀을 따라 살기는 참으로 힘들겠지만 기뻐하고 기뻐하라고 하신 주님의 말씀을 붙잡고 살겠습니다. 죽음 없이는 부활이 없고, 고난 없이는 영광도 없듯이 우리도 예수님처럼 죽음의 가시관을 씀으로 영광의 면류관을 바라게 하옵소서. 그리스도의 이름을 위해 받는 고난을 이상히 여기거나 회피하지 않게 하시며, 그리스도의 몸 된 교회를 위해 우리 몸에 고난을 짊어지게 하소서. 당장 우리를 힘들게 하는 십자가만 보지 않고, 십자가 뒤에 감춰진 영광을 바라보게 하소서.

땅에 떨어진 씨앗이 썩어서 죽어야 새로운 생명을 낳을 수 있고, 입 속에서 음식이 부서져야 맛을 낼 수 있듯이, 우리의 영적인 여정에서도 죽음만이 아름다운 생명의 열매를 거둘 수 있음을 알고 날마다 죽는 것을 기꺼워하게 하소서. 자기 죽음이 일상이 되는 은혜를 주소서. 죽은 자의 무덤에서 피어오르는 새 생명을 보게 하시고, 하늘의 상급을 바라보는 믿음의 눈을 주옵소서.

그리스도의 뒤를 따라가게 하소서

예수님의 부활을 40일 앞두고 경건한 맘으로 예수님의 고난에 동참하는 사순절에 주님을 생각하고 바라보게 하심을 감사합니다. 그리스도 없이 살아갈 수 없는 우리의 삶에 날마다 그리스도의 마음으로 채우시고, 바라보고 따라갈 본이 없는 시대에 우리의 영원한 모범이신 주님을 바라보고 따르게 하시니 감사합니다. 항상 주님의 발자취를 따르라는 말씀을 잊지 않고 즐거이 당신을 따르게 하소서.

그리스도께서 우리를 위해 목숨을 아끼지 않으셨듯이 우리 역시 주님을 위해 치르는 대가를 아까워하지 않고 기쁨으로 희생하게 하소서. 희생 없이 주님을 따를 수 없고, 양보와 손해를 보지 않고 주님의 제자가 될 수 없음을 압니다. 이웃을 위해 우리의 몸을 아끼지 않고 내어놓을 수 있는 행동하는 믿음을 주옵소서. 우리를 위해 생명을 아끼지 않고 내어놓으심으로 하나님의 사랑을 확증하신 주님, 하나님의 사랑을 드러내기 위해 우리도 생명을 아끼지 않게 하소서. 말과 혀로만 사랑하는 것이 아니라 행함과 진실함으로 하나님의 사랑을 보여줄 수 있게 하옵소서. 자기 십자가를 지고 나를 따르라고 하신 예수님의 이름으로 기도드립니다. 아멘.

사순절 2

감사와 회개

죽은 듯이 보이는 고목에서 생명이 자라게 하시고, 꽁꽁 얼어붙은 대지에도 생명이 움트게 하신 하나님을 찬양합니다. 예수님의 부활을 바라보며 지키는 사순절에 그리스도의 고난을 묵상할 때마다, 저주를 끊으시고 축복의 문을 여신 십자가의 비밀을 하나씩 깨우쳐 주심을 감사합니다. 그러나 우리 안에는 더러운 탐욕과 시기와 분쟁과 거짓의 싹들이 우글거리고 있음을 자백합니다. 원수 된 것을 하나로 화목케 하신 능력의 십자가로써 저희의 죄악을 사해 주시고, 하나님의 영광 앞에 겸손히 서게 하옵소서.

헛된 영광을 버리게 하소서

"주 달려 죽은 십자가 우리가 생각할 때에 세상에 속한 욕심을 헛된 줄 알고 버리네." 이 찬양을 입에 달고 사는 저희입니다. 십자가를 지셔야 할 주님 앞에서 누가 더 큰 자냐고 다투었던 제자들처럼 우리도 자기 욕심을 채우기에 급급한 자들임을 고백합니다. 사순절 기간에 주님을 깊이 묵상하는 시간을 가지면서도 헛된 영광을 추구하고 추한 모습을 드러낸 저희를 용서하여 주옵소서.

남을 나보다 낮게 여기는 것이 주님의 마음이건만 우리는 다른 사람들을 무시하고 배척했습니다. 다른 사람의 의견에 귀를 기울여 존중하지 않는 것은 우리가 헛된 영광을 구하기 때문임을 압니다. 자꾸 우리의 목소리를 높이는 것은 우리가 교만한 까닭입니다. 그래서 주님의 영광이 드러나야 할 곳에서 내가 그 영광을 취하고 있습니다. 오, 참으로 귀하신 주님! 사순절을 보내는 우리로 하여금 세례 요한처럼 자신은 쇠하고 주님이 흥하기를 원하는 심령으로 살게 하소서.

부활의 영광을 바라보게 하소서

하늘의 영광과 권세를 분토만도 못한 것으로 여기고 세상에 오셔서 십자가에서 죽으신 주님, 주님의 눈이 십자가의 처참한 죽음 이후에 나타날 영광을 보셨던 것처럼 우리도 십자가 죽음 뒤에 감춰진 부활의 영광을 바라보게 하심을 감사합니다. 우리로 하여금 낮은 자의 행복을 알게 하시고, 자존심을 포기하는 가치를 알게 하시며, 고난의 의미를 깨닫게 하옵소서. 고난 앞에서도 당당하고 기뻐할 수 있게 하시고, 그리스도를 위해 고난 당할 때 우리를 위해 준비된 생명의 면류관을 바라보게 하옵소서.

무덤에 갇히는 절망 뒤에 무덤 문이 열리는 희망이 있듯이 영적인 성장도 고난의 과정을 통해 무르익음을 잊지 않게 하옵소서. 이웃을 위해 고난 받는 것을 꺼리지 않게 하시고, 주님을 위해 당할 손해를 너끈히 감수하게 하옵소서. 매일 경험하는 인생의 고난도 앞으로 누리게 될 보상을 바라보며 영광으로 알게 하옵소서. 무덤 문을 여시고 존귀로 관을 쓰신 예수님의 이름으로 기도드립니다. 아멘.

종려주일 1

감사와 회개

어둡던 이 땅에 밝은 태양을 허락하시고 시온의 영광을 비춰 주신 주님! 착잡하고 어둡던 우리의 마음을 밝히 비춰주시고, 소망을 잃었던 마음에 하늘 소망으로 채워 주심을 감사합니다. 주님의 영광이 비추는 곳에서 미움이 사랑으로, 분열과 다툼이 화합으로 변하게 하신 하나님을 찬양합니다. 한 주간의 삶 속에서 주님의 빛을 따라 온유와 겸손으로 사랑하지 못했던 것을 용서하시고 가난한 우리의 마음을 하늘 양식으로 가득 채워 주옵소서.

영원한 우리의 왕이 되소서

모든 무릎을 예수의 이름에 꿇게 하시고, 모든 입으로 예수 그리스도를 주라 시인하게 하신 하나님! 예수님을 우리의 영원한 주요, 왕으로 모시게 하심을 감사합니다. 영광의 주로 예루살렘에 입성하신 주님, 예루살렘 도성에 많은 무리들이 종려가지를 흔들며 예수님을 왕으로 열렬하게 영접했듯이 우리도 예수님을 우리의 유일한 왕으로 삼고 살아가게 하옵소서.

오, 주님! 예루살렘 백성들처럼 예수님을 하루만의 왕으로 모시지 않고, 그분을 영원한 통치자로 인정하고 예수님의 다스림 속에서 행하게 하옵소서.

우리의 위대한 통치자가 되신 주님, 우리 삶의 주권을 하나님께 내어 드리기 원합니다. 우리가 계획하는 삶의 비전이 주님의 적극적인 개입을 방해하고 주님의 일하심을 거부하게 만들지는 않는지 돌아봅니다. 하나님은 영원히 우주 만물을 통치하시는 주가 되시는데, 우리는 상황에 따라 하나님의 다스리심을 불편하게 여길 때가 많습니다. 우리가 어떤 상황 앞에서도 입술과 삶으로 그리스도의 주되심을 온전히 고백하게 하옵소서.

겸손하게 하옵소서

어린 나귀 새끼를 타시고 겸손의 왕으로 예루살렘에 들어가신 주님은 우리의 영원한 표상입니다. 만왕의 왕이신 예수님께서도 그렇게 겸손한 모습으로 사셨는데 한갓 피조물인 저희는 수시로 교만의 늪에 빠집니다. 주님의 온유하고 겸손한 성품을 닮아 가지 않는 불순종을 용서하소서. 주님의 인격을 닮아 가기를 간절히 사모합니다.

자기를 자랑하지 않으셨고 부요함을 과시하지 않으셨던 예수님을 따르기 원합니다. 온유함과 겸손함으로 그 누구에게도 방어벽을 쌓지 않고, 도움을 구하는 손을 거절하지 않으신 주님을 따르기를 소원합니다. 겸손의 본을 보이신 예수님의 이름으로 기도드립니다. 아멘.

종려주일 2

감사와 찬양

굶주린 자를 먹이시고 헐벗은 자를 입히시는 주님, 우리의 모든 일상을 책임지고 인도하심을 감사합니다. 광야 40년 동안 이스라엘 백성들을 보호하시고 축복의 땅 가나안까지 이끄셨던 하나님을 찬양합니다. 거칠고 황량한 광야를 거니는 나그네 인생들에게 하늘 양식을 공급해 주시고 늘 동행하시는 성령 하나님의 임재를 경험하게 하옵소서.

주님께 쓰임받는 나귀처럼 살게 하소서

초라한 나귀를 타시고 예루살렘으로 입성하신 주님, 우리도 나귀처럼 연약하지만 왕이신 예수님을 위해 기꺼이 자신을 내어드리기 원합니다. 주님이 쓰시려고 할 때 자신의 나약함을 핑계 삼지 않고, 모자람을 불평하지 않게 하옵소서. 여태까지 억지로 주의 일을 하거나 불평과 짜증을 일삼았다면 용서해 주소서. 주님을 모신 것이 기쁨이요 행복이 되게 하시고, 주님께 쓰임받을 수 있다는 사실로 감사하게 하소서.

세상에는 지혜롭고 유능한 사람들이 많지만, 그들을 선택하지 않으시고 우리처럼 연약하고 무지한 자를 사용하시는 하나님의 모순이 우리에게는 은혜가 됩니다. 우리는 그저 왕 되신 주님을 위해 온 몸 바쳐 충성하기만을 소원합니다.

왕이신 주님, 우리의 장점이 다른 사람에게 거리끼지 않게 하시고 남보다 아주 조금 나은 능력을 내세워 자고하지 않게 하소서. 우리는 주인 앞에 불려 나온 종일 뿐입니다. 우리의 신분을 망각하지 말고 주인의 쓰임새에 맞게 순종하게 하옵소서.

종처럼 살게 하소서

하늘의 모든 영광과 권세를 가지신 주님, 왕이신 주님이 죄 많은 우리를 위해 모든 영광을 버리고 이 땅에 오셔서 친히 종의 몸을 입으셨습니다. 참 인간이 되어 섬기신 은혜에 한없는 감사를 드립니다.

왕이신 주께서 죄인을 위해 십자가에 죽으심으로 참된 종의 도를 가르쳐 주셨습니다. 하지만 우리는 그 도를 따르지 않고 스스로를 높여 왕이 되려고 했습니다. 예루살렘에 입성하는 예수님을 향해 '호산나 다윗의 자손이여!' 라고 외쳤지만 실제로는 왕이신 예수님 앞에 굴복하지 않았던 유대인들과 같은 모습이 저희 안에 있음을 고백합니다. 주님을 부리려고 하고, 다른 사람들도 쥐락펴락 하려고 골몰했던 우리의 죄악을 용서해 주소서. 어디서나 내가 드러나기를 원했고, 자신의 생각만을 관철시키려 했고, 자기 목소리를 높여 다른 사람들의 의견을 무마시켰습니다. 주님, 우리 안에는 여전히 스스로 왕이 되어 다스리고자 하는 욕망의 쓴 뿌리가 꿈틀거립니다. 왕이신 주님을 높이고 자랑하려는 마음도 있지만 한편에선 육체의 소욕에 무릎 꿇는 사악함을 버리지 못합니다. 성령님께 우리의 전 인격을 맡겨드리오니 이 육체의 소욕을 다스려 주옵소서. 그래서 가정이나 직장에서 예수 그리스도의 마음으로 섬기게 하소서. 우리는 연약합니다. 하지만 주님의 말씀이 우리를 장려하시고 세우시니 말씀의 능력 안에서 그리스도의 강한 군사로 승리하기를 소원합니다. 영원한 왕이신 예수님의 이름으로 기도드립니다. 아멘.

고난주간 1

감사와 회개

십자가에 죽으심으로 죄의 권세를 깨뜨리신 주님을 찬양합니다. 십자가의 능력으로 우리 죄를 사해 주시고, 이제 죄의 종이 아닌 의의 종으로 살게 하심도 감사합니다. 날마다 우리를 십자가로 이끄시는 성령님께서 이시간도 우리의 온 맘과 영을 다해 하나님의 임재 앞으로 나아가게 해주시고, 그리스도의 영 안에서 주님과의 참된 교제를 누리게 하옵소서.

그리스도를 위해 고난받게 하소서

죄 없으신 주님이 우리를 대신하여 저주의 형벌을 받으시고 우리로 영원한 생명의 잔치에 참여하게 하심을 감사합니다. 우리의 죄가 주님을 십자가에 못 박게 하였음을 잊지 않게 하시고, 이제는 죄를 미워하고 멀리하고 근절하게 하옵소서. 우리의 죄 때문에 고난받는 삶이 아니라 예수님처럼 선을 행함으로 고난받게 하시고, 의를 위해 핍박받게 하옵소서. 주님이 우리를 위해 고난받으셨으니 이제 우리가 주님을 위해 십자가에 못 박히는 결단을 하게 하시고, 주님을 위해 십자가를 지는 것을 기쁨으로 여기게 하옵소서.

믿지 않는 가족이나 주변 사람들에게 신앙 때문에 핍박받는 것을 기뻐하게 하시고, 예수님 때문에 주님의 일을 위해서 기꺼이 손해를 보게 하옵소서. 다른 사람들이 우리를 무시하고 자존심 상하게 하더라도 노하지 않고 믿음으로 승리하기 원합니다. 작은 이권 때문에 예수님을 욕 먹이지 않게 하시고, 다른 사람의 생명을 얻기 위해 우리의 생명을 내려놓게 하옵소서.

형제와 이웃을 위해 고난받게 하소서

십자가에서 모든 모멸과 고통을 다 참으셨던 주님! 우리는 형제나 이웃에게 비난이나 해를 받으면 조금도 참지 못하고 곧바로 대적하기가 일쑤입니다. 주님을 닮고 싶다고 고백하지만 정작 주님의 발자취를 따르지 못하는 우리의 모습을 고백합니다. 한 알의 밀알처럼 썩어지고 죽어짐이 우리의 영광인 것을 날마다 시인하고, 나 자신이 없어지기를 사모하게 하옵소서. 형제나 이웃에게 억울한 일을 당할 때 십자가에서 죽으신 주님을 생각하게 해주시고, 칼과 몽치를 들고 오는 자들을, 주님을 바라봄으로 축복하고 기도하게 하옵소서.

십자가로 하나님과 우리 사이에 막힌 담을 허무신 은혜를 감사합니다. 우리로 하여금 날마다 하나님과 화목한 관계로 나아가게 하시고 하나님과 누리는 교제의 풍성함을 맛보게 하옵소서. 오, 주님! 세상이 알지도 못하고 맛볼 수도 없는 평안과 기쁨을 아는 우리가 원수 된 자들에게 먼저 손을 내 밀게 하시고, 십자가의 정신으로 화목하게 하옵소서. 용서할 수 없는 사람들을 십자가의 사랑으로 품게 하시고, 우리 안에 쌓아 둔 분노와 원한을 내려놓게 하옵소서. 우리는 할 수 없지만 성령의 소원을 강하게 느끼게 하시고, 십자가에서 자신의 몸을 화목 제물로 드린 주님을 묵상함으로 화평케 하는 자로 살게 하옵소서. 형제나 이웃들로 인해 당하는 불편함에 짜증내지 않고, 그들의 편리와 유익을 위해 우리가 감당해야 할 희생을 감수하게 하옵소서. 자신을 유익하게 하는 삶이 아니라 남을 유익하게 하는 삶을 살기 위해 선한 사마리아인처럼 우리의 가진 것을 내어놓게 하옵소서. 오늘도 주의 말씀을 통해 십자가의 고난을 깨닫게 하시고, 우리도 희생 제물로 드려지게 하소서. 십자가에 죽으심으로 하나님과 화목을 이루신 예수님의 이름으로 기도드립니다. 아멘.

고난주간 2

주의 고난을 생각하며

우리를 구원하시려 독생자까지 내어 주신 사랑의 하나님 아버지, 고난 주간을 맞이하여 하나님의 마음을 헤아려 봅니다. 감히 흉내낼 수 없는 당신의 희생을 묵상하며 찬송과 영광을 돌립니다.

사랑의 하나님 아버지, 예수님은 우리의 모든 죄를 짊어지시고 고난당 하심으로 우리에게 참 생명과 평화를 주셨습니다. 그러나 우리는 주님의 고난을 깨닫지 못하고 우리에게 맡겨진 십자가의 고난을 외면한 채 헛된 욕망을 가지고 살아 왔습니다. 이 시간 우리의 모든 죄를 주님께 아뢰니 용서해 주옵소서.

주의 고난에 동참하는 성도가 되게 하소서

우리를 위해 고난당하신 주님, 이 시간 간절히 기도합니다. 주님께서 겪 으신 고통과 죽음에 우리도 함께 참여할 수 있게 하시고 우리에게 맡겨진 십자가를 지고 인내와 믿음으로 그리스도를 따르게 하옵소서.

십자가의 은총으로 다시 한 번 새로워져서 주님께서 허락하신 사명과 직분을 잘 감당함으로 택한 백성으로서의 임무를 충실히 이행하게 하옵 소서. 또한 주님께서 우리를 위하여 십자가에서 죽으신 것처럼 저희도 이 웃과 형제를 위하여 주님의 사랑을 베풀게 하시고 살아도 주를 위해, 죽 어도 주를 위해 죽을 수 있는 귀한 믿음을 주옵소서.

주의 사랑을 실천하는 성도가 되게 하소서

은혜로우신 하나님 아버지, 주님께서는 이 땅에 참 평화를 위하여 고난 당하셨습니다. 우리도 주님의 뜻을 생각하며 살게 하시고, 그리스도를 따르며 받는 고난에 감사하게 하소서.

주의 고난으로 우리가 누리게 된 평화를 성도들 간에 나누고 이루기를 원합니다. 다툼이나 이기적인 마음이 없이 온전한 성도의 교제를 나누게 하옵소서.

자신의 행복과 안일만을 추구하여 주님의 십자가를 외면하려는 우리의 속된 마음을 성령의 능력으로 뜨겁게 변화시켜 주시고 주님을 알지 못하는 이웃을 위하여 한 알의 밀알이 되게 하옵소서.

십자가의 길을 자랑스럽게 여기는 교회 되게 하소서

사랑의 하나님 아버지, 고난주간에 드리는 이 예배를 기뻐 받아 주소서. 저희가 십자가의 길을 가며 예수 그리스도를 위하여 오직 참된 평화의 걸음을 걷게 하옵소서.

하나님의 몸 된 교회를 지켜 주시고 인도해 주시기를 간구합니다. 우리를 위해 고난받으신 예수님 이름으로 기도합니다. 아멘.

부활주일 1

감사와 회개

무덤 문을 여시고 하늘 가는 밝은 길을 만드신 주님, 부활의 첫 열매로서 부활의 근거가 되신 주님을 찬양합니다. 주일 아침 무덤에 계신 주님을 만나러 갔다가 부활하신 주님을 만난 여인들처럼 우리도 부활하신 주님을 만나기를 원합니다. 이 시간 성령께서 부활의 생명으로 우리 가운데 충만히 임재해 주옵소서.

부활의 영광을 알고 있건만 부활의 신앙을 가지고 죄와 어두움의 권세를 이기지 못해 죄를 범했던 저희를 용서하여 주옵소서. 이 시간 부활하신 주께서 연약한 우리에게 부활의 생명을 넘치도록 공급하여 주옵소서.

부활의 신앙을 회복시켜 주소서

무덤 문을 여시고 사망 권세를 이기신 주님, 우리의 소망을 주님께 두게 하심을 감사합니다. 죽은 자 가운데서 다시 살아나신 주님이 지금도 우리 안에 살아 계심을 확신합니다. 우리의 믿음을 연약하게 하는 사탄의 권세 앞에 두려워 떨지 않게 하시고, 죄가 가져오는 유혹 앞에 넘어지지 않게 하옵소서. 자신을 쳐서 이기고 죄를 멀리하며 어두움의 세력 앞에 십자가의 군사로 강력히 맞서게 하소서.

때로는 주변의 복잡한 정세로 인해 마음에 두려움과 공포가 엄습하고, 악한 사람들이 가하는 공격 앞에 무기력하기도 하며, 좀처럼 풀리지 않는 문제들로 인해 분노하고 마음이 상하기도 하지만, 모든 염려를 주님 앞에 맡기고 부활하신 주님이 우리 가운데 살아 계심을 잊지 않게 하옵소서. 우리를 고아처럼 버리지 않고 이 세상 끝날까지 함께하시겠다고 약속하신 주님을 신뢰합니다. 우리가 염려하고 불안해 하는 이유는 우리 믿음이 작은 탓인 줄 압니다. 우리에게 세상을 이길 큰 믿음을 주옵소서. 어떤 상황에서도 절망을 이기신 주님을 붙잡게 하시고, 포기하여 모든 것을 얻으신 주님처럼 우리도 희망의 찬가를 부르게 하옵소서.

삶이 회복되게 하소서

부활하셔서 우리 가운데 살아계신 주님, 절망적인 상황에 둘러싸여 주눅 들어 있는 우리를 굽어 살피소서. 부활하신 주님이 우리의 도움과 방패가 되시지만, 우리는 주님을 바라보기보다는 자꾸 환경을 바라보는 습관에 길들여져 있습니다. 환경에만 고정된 우리 눈을 들어 생명의 주님을 바라보게 하옵소서. 잠시 있다가 사라지는 것을 바라보지 않고 보이지 않는 영원한 세계를 바라보는 믿음을 주옵소서.

비록 죽을지라도 다시 산다는 확신을 갖게 하시고, 이 세상 마지막 날에 하늘 아버지와의 영원한 교제에 들어갈 것을 잊지 않게 하옵소서. 잠시 당하는 고난으로 인해 영원한 영광의 중한 것을 포기하지 않게 하시고, 현재의 불편한 여건에 낙담하지 않고 내일 새로워질 환경을 바라보며 인내하게 하옵소서.

부활하신 주님, 시들어 가는 영혼이 회복되고, 상한 마음이 고침을 받으며, 깨어진 관계가 새로워지게 하옵소서. 골짜기의 마른 뼈들에게 생기를 불어넣어 하나님의 군대를 일으키셨듯이, 우리를 둘러싸고 있는 고통스러운 여건들이 새로워지게 하옵소서. 부활의 첫 열매가 되신 예수님의 이름으로 기도드립니다. 아멘.

부활주일 2

사망 권세 깨뜨리신 주님을 찬양

할렐루야 전능하신 하나님! 죽음을 이기고 부활하신 주님을 구주로 믿는 저희가 이 거룩한 성전에 모여 찬송하며 예배드리게 하심을 감사합니다. 이 자리에 모인 저희 모두가 주님의 승리를 진정으로 기뻐합니다. 온 세계 만민들도 주님의 부활하심을 기뻐합니다. 이 시간 저희 모두가 환희에 찬 감정을 가지고 소망에 찬 눈망울로 주님을 찬양하게 하옵소서.

부활의 주를 생각하며 담대하게 하소서

부활의 주님! 돌이켜 보건대 저희는 겁쟁이였습니다. 부활의 주님이 저희와 함께하심에도 불구하고 죽음이 어떤 모양으로 다가올까 생각하면서 불안해하고 괴로워했습니다.

주님이 영생의 소망을 저희에게 주셨는데도 이 두려움을 아직도 없애버리지 못한 채 떨고 있는 연약한 존재들이 바로 저희입니다. 믿음이 부족한 저희를 불쌍히 여겨 주옵소서.

부활의 확신으로 말미암아 이 모든 문제를 해결할 수 있게 하소서. 이제 저희 모두가 일어나 의심과 괴로움을 떨쳐 버리고 부활의 증거자로 나서기 원합니다. 어떤 희생이 뒤따른다 할지라도 죽음의 권세를 이기시고 승리하신 주님을 생각하며 초지일관 믿음으로 살게 하옵소서.

자비로우신 주님! 주님의 부활의 터 위에 세우신 교회가 부활하신 주님의 권능을 온 세상에 증거 할 수 있게 하옵소서. 죽음과 질병과 공포와 절망으로 살아가는 심령들에게 부활의 주님을 전함으로 그들을 위로하기 원합니다. 우리가 그들을 붙들고 있는 악한 세력들을 깨뜨리는 교회가 되게 하소서. 저들이 교회 마당을 밟을 때마다 부활의 주님을 뵈옵고 새로운 소망과 용기를 얻고 돌아가게 하소서.

부활의 주를 찾는 민족이 되게 하소서

이 민족의 영안을 열어 주시어 부활의 주님을 만나게 하옵소서. 이 백성이 하나 되기 위해서는 부활 신앙으로 바로 서야 함을 알게 하소서. 이 땅에 공평이 물같이 정의가 하수같이 흐르기 위해서는 부활 신앙을 따르는 백성이 되어야 한다는 진리를 깨닫게 하소서. 그래서 진정으로 주님을 의지함으로 주님의 복을 받아 누리게 하옵소서.

부활의 복된 소식을 대언하시기 위해 세우신 목사님을 성령께서 친히 붙드시고, 권세 있는 말씀으로 저희 온 심령을 채워 주소서. 찬양으로 부활의 주님을 높이는 성가대와 예배를 위해 수종드는 모든 분들을 주님의 크신 은혜와 복으로 채워 주시옵소서. 예배의 시종을 주님께 의탁하오며, 부활의 산 소망이 되시는 예수 그리스도의 이름으로 기도합니다. 아멘.

어린이주일 1

감사와 회개

우리 가정과 교회에 여호와의 기업인 자녀들을 선물로 주셔서 감사합니다. 이들을 하나님의 왕국과 이 민족의 기둥으로 자라게 하시는 주님! 우리 교회의 미래가 이들에게 있사오니 자녀들을 믿음의 세대로 바라보고 키울 수 있는 마음과 눈을 열어 주소서.

교육 투자에 최선을 다하게 하소서

우리를 구원하시기 위해 자신을 남김없이 쏟아 부으신 주님! 우리도 영적 자녀들을 위해 한 알의 밀이 되어 헌신하기를 소원합니다. 이들을 하나님의 왕국과 이 민족을 위해 일할 훌륭한 일꾼으로 성장시키기 원합니다. 이들에게 최선을 다해 투자할 수 있게 하옵소서. 이들이 최적의 환경에서 자랄 수 있게 하시고, 열악한 환경에 처할지라도 굴하지 않는 강인한 정신력을 주옵소서.

어린아이들을 안고 안수하시고 축복하신 주님, 우리가 경제적인 투자만 할 것이 아니라 그들을 위해 눈물로 기도하기 원합니다. 그들에게 시간도 내주게 하시고, 사랑을 풍족히 주게 하옵소서.

부부 관계가 깨지고, 가정이 흔들려서 아이들이 성장하는 데 장애가 되지 않도록 건강한 부부 관계와 가정을 만들게 하옵소서. 칭찬과 격려로 아이들에게 용기를 주고, 꿈을 심어줌으로 살아야 할 이유를 발견하게 하소서.

올바로 양육하게 하소서

상한 갈대를 꺾지 않고 꺼져가는 등불을 끄지 않으시는(사 42:3) 주님, 입시 준비와 지나친 사교육으로 스트레스에 방치된 어린 영혼들에게 하나님의 말씀으로 힘과 용기를 주시고, 부모의 욕심이 자녀를 그르치지 않게 하옵소서. 부모의 지나친 기대로 자녀들이 용기를 잃지 않게 하소서. 부모들이 자녀의 장점을 살려 주고 재능을 발견하고 키워 주게 하옵소서. 다른 아이들과 비교하지 않고 개성을 살려 주는 교육을 하게 하시고, 자기감정을 못 이겨 아이들을 저주하는 일이 없게 하옵소서. 축복의 말과 함께 사랑의 매도 잃지 않는 지혜로운 양육자가 되기 원합니다. 그래서 아이들이 옳고 그름을 분별하게 하시고, 깊이 사랑받아 관용과 용서를 베풀 줄 아는 아이들이 되게 하소서.

일등이 아니어도 행복할 수 있다는 이치를 깨닫게 하시고, 최선을 다해 살지만 차선의 여유도 갖게 하옵소서. 머리가 되고자 하는 비전을 주시되, 꼬리에 있더라도 낮은 자리의 소중함을 깨닫게 하소서.

나는 쇠하고 주님은 흥해야 한다는 원칙을 잊지 않게 하시고, 내 몸에서 그리스도가 존귀하게 되기를 소망하는 아이로 자라게 하옵소서. 어떤 일이 있어도 나의 영광보다 하나님의 영광을 추구하도록 인도하시고, 최고를 추구하기보다 하나님이 주신 잠재력을 발휘해서 하나님의 기쁨이 되게 하소서. 어린아이를 사랑하시고 귀하게 여기시는 예수님의 이름으로 기도드립니다. 아멘.

어린이주일 2

말씀으로 양육하기 원합니다

"내 아들아 나의 법을 잊어버리지 말고 네 마음으로 나의 명령을 지키라 그리하면 그것이 네가 장수하여 많은 해를 누리게 하며 평강을 더하게 하리라"(잠 3:1-2).

어린아이를 사랑하신 주님의 은혜와 사랑에 감사를 드립니다. 우리 후대들이 주 예수 그리스도 안에서 믿음으로 자라도록 인도하시니 또한 감사를 드립니다. 아이들이 교회의 가르침을 통해 온전한 하나님의 말씀으로 양육받기를 원합니다. 디모데처럼 어려서부터 말씀으로 잘 양육받고 성장하여 하나님 앞에 인정받으며 사랑받는 자녀들이 되게 하소서.

믿음의 용사로 세우겠습니다

이 아이들이 믿음의 용사들이 되기를 원합니다. 여호수아와 갈렙처럼 하나님의 말씀을 붙잡고 믿음으로 도전하고 세상을 정복해 나가는 자녀들이 되게 하옵소서. 세상 살아가는 동안에 어려움을 만날지라도 문제 속에 빠져 낙심하지 않고 요셉처럼 환경을 이기고 삶의 현장을 변화시키며 문제를 발판삼아 갱신할 줄 아는 축복의 자녀들이 되게 하소서. 삶의 현장을 생기 있게 하는 축복의 사람이 되기를 원합니다.

영적으로 항상 깨어 있어 하나님의 음성을 들었던 사무엘처럼 성령의 인도를 받게 하소서. 믿음의 사람 다윗처럼 용기 있는 자녀들이 되기를 소원합니다. 그러면서도 겸손한 자가 되게 하소서.

약자 앞에 강한 척 하지 않게 하시고, 약자를 돕는 자가 되게 하시며, 강자 앞에 비굴하지 않게 하시며, 세상과 타협하지 않는 복음의 사람이 되게 하소서. 지혜와 계시의 정신을 주사 하나님의 비전을 발견케 하시고, 자신의 달란트를 발견하여 전문성을 가지고 복음으로 세상을 정복해 나가도록 역사하여 주옵소서.

은혜의 해가 비추는 예배되게 하소서

오늘도 말씀을 전하실 목사님께 능력으로 함께하시며 영권을 갑절이나 더하사 성령으로 충만하게 하옵소서. 말씀이 선포될 때 흑암과 저주의 영이 떠나가게 하시며, 육체의 질병이 있는 자나 정신적으로 영적으로 시달리는 성도들이 있다면 말씀을 듣는 중에 치유받는 시간이 되게 하옵소서.

찬양으로 영광 돌리는 성가대를 축복하사 천군 천사가 화답하는 찬양이 되게 하옵소서. 우리에게는 은혜의 찬양이 되게 하시고, 성령께서 역사하사 찬양이 울려 퍼질 때 흑암이 떠나가게 하옵소서. 지금도 거룩한 영으로 우리와 함께 계시며 모든 문제의 해결자가 되시는 우리 구주 예수 그리스도 이름으로 기도드립니다. 아멘.

어버이주일 1

감사와 회개

부모를 주 안에서 공경하라고 명령하신 주님, 우리에게 어른을 공경하고 부모에게 효도하는 마음을 심어 주셔서 감사합니다. 우리를 낳은 부모를 통해 하나님을 보게 하심을 감사합니다. 부모를 공경함이 마땅한 도리인 줄 알면서도 부모를 기쁘게 하지 못했던 저희의 죄악을 용서하소서.

하나님의 은총 안에 머무는 부모가 되게 하소서

하나님의 대리자로서 부모님을 세상에 허락하신 하나님을 찬양합니다. 부모님을 통해 우리가 이 땅에 존재할 수 있었습니다.

주님, 우리가 하나님의 명령을 따라 부모를 존경하고 공경하기 원합니다. 때때로 자녀들이 부족하여 부모님의 마음을 아프게 했을지라도 하나님의 사랑과 은총 안에서 날마다 치유와 회복을 경험하는 부모님이 되게 하시고, 이 땅에 살아가지만 하늘의 영광을 맛보는 거룩한 나그네가 되게 하옵소서.

세월을 따라 육체는 쇠약해져도 속사람은 강건하여 독수리가 창공으로 날개를 치며 올라가듯이 날마다 새로운 은혜 안에 머물게 해주옵소서. 믿음이 없는 부모들은 예수님을 믿어 구원에 이르게 하시고, 믿음을 가진 부모들은 더 큰 믿음을 갖고 세상을 이기게 하소서. 자녀들을 위해 흘리는 눈물의 기도가 응답되는 축복을 허락하소서.

오, 주님! 우리 부모님들로 하여금 이 땅에 마음을 두지 않고 하늘에 두게 하시고, 땅의 것을 추구하지 않고 하늘에 보화를 쌓으며 살게 하옵소서. 주님께서 부르시는 날에 부끄러움 없이 찬송하며 주님을 맞이할 수 있는 부모가 되게 하옵소서.

부모를 공경하게 하소서

부모를 공경하면 장수하고 땅에서 잘되는 복을 주시겠다고 약속하신 주님, 주께서 그렇게 약속의 말씀을 주셨는데도 우리가 부모님의 마음을 기쁘고 즐겁게 해드리지 못했음을 고백합니다. 언젠가 우리도 그 나이가 된다는 사실을 잊지 않고 부모님이 살아 계실 때 마음을 잘 헤아려 드리고 한 번 더 찾아뵐 수 있게 하시며, 그들의 필요가 무엇인지를 돌아보게 해 주옵소서.

주님, 부모님을 대하는 우리 마음에 예수 그리스도의 마음을 부어 주옵소서. 인간적인 정으로 대하는 것이 아니라 성령의 소원을 따라 대할 수 있게 하소서. 부모님의 마음을 편하게 해드려서 나중에 돌아가셨을 때 후회하는 일이 없도록 인도하옵소서.

주님이 자신의 편리와 유익을 구하지 않으시고 불쌍히 여기는 마음으로 사람들을 돌아보셨듯이 우리도 부모님을 대할 때 불쌍히 여기는 마음을 갖게 하소서. 그들의 편리와 유익을 먼저 구하게 하시고, 희생과 헌신의 마음으로 그들을 잘 모시고 돌아보는 신실한 하나님의 사람이 되게 하옵소서. 이 세대를 따라가지 않게 하시고, 주변 사람들이 가진 잘못된 가치관에 편승하지 않게 하시고, 그리스도인의 영적 품위를 지킬 수 있는 구별된 사람들이 되게 해주옵소서. 하나님의 대리자로 육신의 부모를 파송하신 예수님의 이름으로 기도드립니다. 아멘.

어버이주일 2

부모님의 은혜에 감사

하나님 아버지, 주님의 은혜에 감사합니다. 지난 한 주도 저희를 지켜 주시고, 어버이주일을 맞이하여 하나님을 사모하는 마음으로 예배드릴 수 있는 축복을 주시니 감사를 드립니다. 영적으로는 하늘의 아버지를, 세상에서는 육신의 부모를 모시고 살아가는 축복을 주시니 감사합니다.

오늘은 사랑하는 부모님께 사랑한단 말 한 번 제대로 못하고 살아온 것이 몹시 후회가 됩니다. 자녀의 도리를 다하지 못한 저희를 용서하여 주옵소서. 부모님께 말로 상처를 주고도 용서를 구하지 못했고 진심으로 나온 말이 아니었다고 미처 고백하지 않은 것이 문득 떠올라 너무 가슴이 아픕니다.

부모님에게 용서를 구할 수 있도록 용기를 주옵소서. 그동안 자식으로서 효도하지 못하고 저 때문에 늘 근심하게 해 드린 것에 대해 용서를 구합니다. 늘 자식 걱정에 기도와 눈물로 사신 사랑하는 부모님께 하나님의 크신 은혜를 주옵소서.

부모님을 위로해 주소서

하나님께서 우리의 부모님들을 위로하시고 그들의 마음에 안식과 평안을 주옵소서. 건강의 축복을 허락하옵소서. 장수의 축복을 허락하옵소서. 가정과 가문이 살아나는 축복이 있게 하옵소서. 모든 자녀들이 축복받는 것을 보고 기뻐하시는 모습을 우리 자녀들이 볼 수 있도록 하나님께서 역사하여 주옵소서. 이제는 복음 안에서 참된 평안과 행복의 비밀을 누리며 살기를 소원합니다.

특별히 이 시간 간구하는 것은, 부모님을 통하여 상처 받은 심령들이 치유되기를 원합니다. 부모님을 용서하는 시간이 되게 하옵소서. 부모님들이 자녀에게 받았던 상처도 치유되는 축복의 시간이 되게 하옵소서.

이 땅에는 육신의 생각과 이성으로는 이해할 수 없는 부분이 많이 있는데 우리가 이 모든 걸 이해하려 하기 이전에 그리스도의 사랑으로 이해하고 서로 품어 줄 수 있는 성숙한 그리스도인이 되도록 은혜를 베풀어 주옵소서.

하나님의 만지심이 있는 예배 되게 하소서

오늘도 말씀을 전하실 목사님께 능력으로 함께 하소서. 부활하사 지금도 성령으로 역사하시는 주님께서 성령의 충만함을 내려 주사 말씀이 선포될 때 흑암과 저주의 영이 떠나가게 하시며, 가문에 흐르는 저주의 영이 떠나가게 하옵소서. 가문에 흐르는 불치병이 떠나가게 하옵소서. 가문에 흐르는 가난, 질병, 고통, 저주가 예수 그리스도 이름으로 결박되고 떠나가게 하옵소서. 그래서 이제는 모든 가정들이 살아나게 하옵소서. 건강이 회복되게 하옵소서. 믿음이 회복되게 하옵소서. 산업과 경제가 회복되게 하옵소서. 우리의 자녀들이 복음으로 온전히 회복되게 하옵소서. 무너진 가정이 있다면 다시 세워지는 축복의 시간이 되게 하옵소서.

하나님께 찬양으로 영광 돌리는 성가대를 축복하사 성령 충만한 찬양이 되게 하시며, 저들의 생애를 축복해 주옵소서. 주 예수 그리스도 이름으로 기도드립니다. 아멘.

성령강림절 1

찬양과 감사

우리를 영원히 변호하시고 도우시는 보혜사 성령을 보내 주신 주님을 찬양합니다. 우리를 깨끗하게 하시고 날마다 성결한 삶을 살도록 도우시는 성령님, 이 시간도 우리의 온전치 못한 마음과 생각과 행실을 정결케 하시고, 하늘의 영광을 바라볼 수 있는 눈을 뜨게 하옵소서. 성결의 영이시여, 이 시간 우리의 예배 가운데 충만히 임재하사 침체된 우리의 영혼을 일으키소서. 연약한 육신에 힘을 불어넣으시며, 상한 심령을 치유하시고 회복시켜 주옵소서.

성령의 통치와 인도를 따라 살게 하소서

진리의 영이시여, 우리의 어두운 눈을 뜨게 하시고, 굳은 마음을 부드럽게 하셔서 진리를 깨닫게 하시고 진리 가운데 머물게 하옵소서. 몸의 할례가 아닌 마음의 할례를 원하시는 성령님, 우리의 거친 마음을 기경하사 옥토로 변화시켜 주옵소서. 그래서 우리의 마음 밭에 말씀의 열매가 풍성히 맺히게 하옵소서.

거룩하신 성령이시여, 우리가 하나님의 사람으로 온전케 되도록 날마다 우리의 삶을 간섭해 주소서. 우리의 생각을 성령의 통치 안에 있게 하시고, 어떤 상황에서도 우리의 마음을 당신의 인도하심에 맡겨 사탄이 좋아하는 감정에 사로잡히지 않게 하소서. 입술에서 나오는 모든 말이 성령께서 파수하심으로 은혜롭고 덕스럽게 하소서.

우리로 하여금 주님을 닮게 하시는 성령님, 우리 안에 있는 육체의 정욕을 감찰하옵소서. 우리 안에 성령의 법을 따라 살아가려고 하는 마음이 있지만, 육신의 정욕을 따라 살아가려는 또 하나의 힘이 공존하고 있음을 고백합니다. 그래서 우리의 영이 탄식합니다. 오, 우리를 날마다 다듬어 가시는 성령님! 우리가 하나님의 형상으로 자라 가게 하시고, 예수님의 마음으로 채우게 하옵소서. 우리 안에 강력한 죄의 성향을 통제하시고 성령의 인도하심 아래 머물게 하옵소서.

성령의 열매를 맺게 하소서

날마다 우리의 삶 속에서 성령의 열매를 맺기를 원하시는 주님, 우리가 성령의 충만함 가운데 거하게 하옵소서. 우리로 하여금 성령의 온전한 통치 안에 살게 하셔서 날마다 우리의 인격이 변화되게 하옵소서. 행동의 변화보다 마음의 변화가 있게 해주시고, 외적인 행동 이전에 내면의 철저한 변화가 있게 하옵소서. 성령님, 우리로 하여금 형식적인 그리스도인이 아니라 열매로 증명하는 신실한 제자가 되게 하소서. 어떤 세파나 거짓된 교리에도 흔들리지 않는 굳건한 신앙인이 되게 하옵소서.

주님, 매사에 성령을 따라 행함으로 우리 안에 사랑과 희락과 화평과 오래 참음과 자비와 양선과 충성과 온유와 절제가 있기를 소원합니다. 열매로 그 나무를 안다고 말씀하셨는데, 육체의 일을 행하지 않고 성령의 열매를 맺음으로 우리가 성령의 사람임을 드러내게 하옵소서. 하나님을 아빠 아버지라 부르게 하시는 성령님, 우리의 연약함을 도와주시니 감사합니다. 연약한 마음을 강하게 하시고, 기도할 바를 모를 때 우리를 도우시며, 연약한 육체 위에 치유의 은총을 허락해 주옵소서. 성령의 은사를 주셔서 주님을 좀 더 잘 섬길 수 있게 해주옵소서. 성령으로 우리 안에 거하시는 예수님의 이름으로 기도드립니다. 아멘.

성령강림절 2

성령의 충만함으로 새사람 되게 하소서

거룩하신 하나님 아버지! 성령으로 교회 안에 사역하시고 함께하심을 감사드리며, 찬송과 영광과 존귀를 올려 드립니다. 하나님의 성령을 지금 이 시간 우리에게 충만하게 부어 주시고, 우리를 정결케 하사 예배드리기에 합당한 심령이 되게 하옵소서.

약속하신 성령을 보내 주신 주님, 특별히 오늘 성령 강림 주일을 맞이하여 세상의 죄악에 찌든 우리의 심령이 성령의 은혜로 깨끗해지기를 원합니다.

아무런 감동이 없는 우리의 마음이 뜨거운 성령의 충만함으로 가득 채워지기를 원합니다. 이 시간 저희가 주님의 은혜를 사모하게 하시고 그 심령마다 주의 영으로 덮으셔서 성령 충만한 사람으로 다시 태어날 수 있게 하시고, 그 어떤 불의와도 타협하지 않게 하시며, 주님을 담대히 증거하고 어떤 위험 앞에서도 굴하지 않는 그리스도인이 되게 하옵소서.

우리 교회도 성령의 불이 타오르는 은혜의 교회가 되기를 원합니다. 아무리 강퍅한 심령도 그 앞에 엎드러지게 하시고, 죄에 대한 고백이 일어나며 탄식하는 회개의 역사가 있게 하옵소서. 또한 삶에 지친 성도들에게 소망의 빛이 비추게 하시고, 질병으로 오랜 기간 병석에 있는 성도들에게 주님의 치료하시는 역사가 있게 하옵소서. 기도하는 자마다 응답 받을 수 있는 은혜의 제단이 되게 하옵소서.

사랑의 교제가 넘치는 교회 되게 하소서

가정의 달 5월을 맞이하여 우리의 가정에 주님께서 따뜻하게 감싸 주시는 사랑이 넘치게 하옵소서. 화목과 평안이 샘솟게 하시고, 항상 무거운 짐을 내려 주시고 쉼을 허락하시는 주님의 자비로우신 손길을 느끼게 하여 주소서.

주의 몸 된 교회에 서로 위하고 용납하는 형제사랑이 더욱 넘쳐나게 하소서. 기도를 잊은 자에게 기도의 불을 붙이는 교회, 찬양을 잃은 자에게 찬양의 기쁨을 되살리는 교회, 말씀이 살아 있는 교회, 복 된 소식을 들려 주며 구원을 선포하여 주님의 역사를 드러내는 교회가 되게 하옵소서.

언제나 우리는 보이는 현상만이 아니라 보이지 않는 하나님을 소망하며, 절망을 희망으로 바꿔 가기를 원합니다. 그리하여 예수 그리스도를 통해 반드시 예언이 성취된다는 것을 알게 하옵소서.

이 시간 준비된 말씀을 전하시는 목사님을 성령의 능력으로 붙드시고, 목마른 영혼들이 생명수를 풍족하게 마시는 은혜 충만한 시간이 되게 하옵소서.

주님의 몸 된 교회를 위하여 찬양으로, 교사로, 주방 봉사로, 운전으로, 꽃꽂이로, 봉사하는 충성스러운 일꾼들을 기억하소서. 저들의 수고를 통해서 우리 교회가 성령으로 충만해지고 주님의 아름다운 열매가 알알이 맺혀지는 기쁨의 역사가 있게 하옵소서.

주님! 성가대의 찬양이 우리 모두의 고백이 되게 하시고, 주님 앞에 더욱 귀하게 쓰임 받는 찬양의 도구가 되게 하옵소서. 이 모든 말씀을 우리 구주 예수 그리스도의 이름으로 간절히 기도드립니다. 아멘.

맥추감사주일 1

풍성함으로 채우시는 하나님께 감사

"범사에 감사하라 이는 그리스도 예수 안에서 너희를 향하신 하나님의 뜻이니라"(살전 5:18). 오늘 우리는 감사하는 마음으로 맥추감사주일을 지킵니다. 주님께 감사하며 예배를 드리는 시간이 되게 하여 주옵소서. 범사에 감사함에 대해 깊이 생각하는 시간이 되게 하여 주옵소서.

맥추감사절을 통하여서 우리가 다시금 감사에 대해서 생각하게 하시니 감사합니다. 작은 씨앗이 겨울의 추위를 이기고 싹을 틔우더니 꽃을 피우고, 어느덧 이 실록의 계절에 추수할 때가 되었습니다. 우리가 1년의 절반을 살았는데, 그 동안 하나님 앞에 얼마나 감사하고 살았는지를 점검하며 다시 분발하기를 원합니다.

추수는 농부들이 하지만, 우리에게 언제나 일용할 양식을 주시는 하나님께 감사하는 시간이 되게 하여 주옵소서. 하나님, 우리의 입술에 늘 감사가 끊어지지 않게 하옵소서. 우리의 눈을 열어 감사의 제목들을 발견하게 하시며 기쁨과 감격을 누리는 성숙한 그리스도인이 되게 하옵소서.

풍성한 열매를 주옵소서

이 땅에 주의 교회를 세워 주셔서 감사드립니다. 하나님의 몸 된 교회를 통해 우리가 하나님을 섬길 수 있게 하시니 감사드립니다. 우리에게 귀한 목사님을 세워 주시니 감사드립니다. 목사님을 통해 우리가 말씀에 은혜를 받게 하시니 감사합니다. 그 말씀을 통해 우리를 향한 하나님의 뜻을 온전히 구별하여 세상에서 빛과 소금의 역할을 잘 감당하는 참된 그리스도인이 되게 하여 주옵소서. 우리의 삶에 말씀이 풍성하게 하옵소서.

우리에게 사랑하는 가족을 주시고 부모를 섬기게 하시며 부부가 사랑하게 하시며 자녀들을 사랑으로 양육하게 하심을 감사드립니다. 우리의 가정이 하나님을 섬기는 신실한 가정, 하나님의 축복이 머무는 임마누엘의 가정이 되게 하옵소서.

우리의 삶에 하나님의 은혜가 풍성하니 감사드립니다. 날마다 주께 감사하며 감사의 제목들이 더 풍성하게 하옵소서. 교회에 속한 모든 이들에게 더 풍성한 감사가 있게 하시며 저들이 섬기는 직장에 그리스도의 은혜가 머물며 감사한 일들이 넘치게 하옵소서.

우리가 하나님의 교회를 섬기게 하시니 감사드립니다. 억지로 봉사하고 억지로 웃으며 섬기는 것이 아니라 우리의 섬김이 하나님께서 주시는 은혜만 바라는 섬김이 되게 하옵소서. 사람의 영광을 바라는 것이 아닌 하나님께서 주실 영광만을 바라보게 하옵소서.

온전한 예배가 되게 하소서

우리의 예배를 받아 주옵소서. 주의 임재가 충만한 예배가 되게 하시며 은혜와 감격이 넘치는 예배가 되게 하옵소서. 이 시간 드려지는 찬양을 하나님께서 받으시고 하늘의 풍성한 것으로 채워 주옵소서. 말씀을 선포하시는 목사님께 능력을 더하시어 성도들을 말씀으로 변화시키는 능력의 종이 되게 하옵소서. 예수님의 이름으로 기도합니다. 아멘.

맥추감사주일 2

범사에 감사가 넘치게 하소서

항상 기뻐하라, 쉬지 말고 기도하라, 범사에 감사하라 말씀하신 주님, 오늘 우리가 범사에 감사하는 마음으로 맥추감사주일을 지킵니다. 주를 향한 감사의 제사가 범사에 감사하는 삶으로 이어지게 하옵소서.

맥추감사절을 통하여 우리가 다시금 감사에 대해 생각하게 하시니 감사합니다. 겨울의 추위를 이기고 자란 보리의 결실을 추수하게 하시니 감사합니다. 비록 우리가 보리를 키우며 추수하지는 않지만, 우리를 늘 일용할 양식으로 먹이시는 주께 감사하는 시간이 되게 하옵소서.

주님, 우리 입술에 감사가 가득하기 원합니다. 불평이 사라지기 원합니다. 우리의 눈을 밝히시어 감사의 제목들을 발견하게 하시고, 날마다 감사하는 성숙한 성도가 되게 하여 주옵소서.

베푸신 은혜 감사합니다

이곳에 주의 교회를 세우시니 감사합니다. 주를 영접할 수 있는 은혜를 주시니 감사합니다. 좋은 목사님을 통하여 날마다 좋은 꼴을 먹이시니 감사합니다.

사랑하는 가족을 주시고, 부모를 섬기게 하시고, 부부가 사랑하게 하시며, 자녀들을 사랑 가운데 양육하게 하시니 감사합니다. 좋은 이웃을 주시니 감사합니다. 주를 섬기게 하시고, 일터를 주시고, 세상을 살아갈 수 있는 건강을 주시니 감사합니다. 희망을 가지고 세상을 살아가게 하시니 감사합니다.

감사하는 자에게 감사의 제목을 더하시는 주님, 날마다 주께 감사하게 하시고, 감사의 제목이 더 풍성해지도록 인도하여 주옵소서. 교회에 속한 모든 성도들의 가정에도 감사가 넘치게 하옵소서. 저들이 섬기는 직장 속에서도 감사한 일들이 일어나게 하옵소서. 특별히 교회 봉사를 통하여 감사와 감격을 경험하게 하소서. 억지로 하는 봉사와 섬김이 아니라, 참된 감사에서 나오는 봉사와 섬김이 되게 하옵소서.

감격이 있는 예배가 되게 하소서

이 시간 하나님의 은혜에 대한 감격으로 예배를 드리기 원합니다. 주의 임재가 충만한 예배가 되길 원합니다.

말씀을 통하여 우리를 감사케 하실 목사님을 큰 능력으로 채워 주소서. 우리 교회가 감사의 공동체가 되게 하시고, 서로 감사와 사랑을 격려하게 하옵소서. 감사의 근원 되시는 예수 그리스도의 이름으로 기도드립니다. 아멘.

종교개혁주일 1

한국 교회를 위해

우리의 통치자시며 이곳에 임재하신 하나님께 영광을 올려 드립니다. 우리가 온전히 하나님을 예배하며 하나님의 거룩하심을 찬양하게 하옵소서. 오늘은 믿음의 선진들이 사람의 구원은 오직 믿음, 오직 말씀, 오직 은혜에 있음을 고백하고 중세 가톨릭에 저항한 날을 기념하는 종교개혁주일입니다. 이 시간 우리의 믿음을 다시 한 번 돌아보게 하옵소서. 날로 세속화 되어 가는 풍조 속에 어떻게 신앙을 유지하고 살았는지 점검하길 원합니다. 이제 교회는 종교개혁의 본질조차 모르고 그 옛날 중세 교회의 타락에 동조하고 있습니다.

날이 갈수록 화려해지는 예배, 화려한 성전, 화려한 조명, 우수한 음향기기, 안락한 예배시설에 더 신경을 쓰고 그것이 하나님을 기쁘시게 하는 것처럼 착각하지는 않았는지 생각해 봅니다. 생명력이 넘쳐야 하는 말씀의 선포가 부수적인 것들 뒤로 물러서 있는 교회의 현실이 참으로 안타깝습니다. 말씀의 권위가 떨어진 이 시대에, 우리는 말씀으로 삶을 비추기보다는 세상의 화려한 현상에 이끌려 나만을 위한 인생을 살고 있습니다. 우리는 자기의 만족과 유익을 위해 살고 행동했습니다. 우리 마음속에 그리스도의 사랑이 거할 자리가 없었습니다. 우리의 공로로 구원받은 것처럼 하나님 앞에서 당당하고 뻔뻔하게 살았습니다.

교회를 든든하게 하소서

주님, 우리를 용서해 주옵소서. 죄악이 우리를 덮으려 해도 그것을 향해 끊임없이 저항하게 하옵소서. 하나님을 예배하는 공동체가 다시 한 번 하나님 앞에 온전함을 찾기를 원합니다. 예수 그리스도의 피 값으로 사신 교회가 그리스도의 사랑을 나누는 교회, 복음 전함이 유일한 사명인 교회, 하나님의 말씀을 갈망하는 공동체가 되게 하옵소서. 우리 가운데 믿음의 격려가 있게 하시며 예배의 기쁨을 함께 나누는 아름다운 교회가 되게 하옵소서.

다시 한 번 하나님 앞에 간절히 구하오니, 우리에게 바른 믿음이 정립되게 하옵소서. 가치관이 흔들리고 온전한 믿음의 기준이 흔들리는 이 시대에 말씀으로 바로 선 바른 믿음이 있게 하옵소서. 아브라함의 믿음을 의로 여기셨듯이 우리의 온전한 믿음이 하나님의 마음을 기쁘시게 하길 원합니다.

온전한 예배를 드리기 원합니다

이 시간 우리가 드리는 종교개혁기념 예배를 받으시고 종교개혁의 정신을 되새기게 하옵소서. 말씀을 선포하시는 목사님께 주의 놀라운 은혜를 덧입히소서. 말씀을 통해 온전한 믿음으로 나아가기 원합니다.

이 자리에 모인 주의 성도들이 이 시대의 온전한 예배자로 서게 하옵소서. 성가대의 찬양을 기쁘게 받으소서. 예수님의 이름으로 기도합니다. 아멘.

종교개혁주일 2

선한 싸움의 대장되신 주님을 찬양

우리의 방패와 병기가 되사 친히 선한 싸움의 대장이 되신 우리 주 하나님 아버지! 악한 마귀의 권세를 이기시고 승리하신 아버지 하나님께 찬양과 경배를 드립니다.

16세기에 일어난 종교개혁 정신을 본받고자 기념 예배로 모일 수 있도록 허락하여 주신 주님의 크신 은혜에 감사를 드립니다. 죄로 말미암아 죽을 수밖에 없는 인생들을 사망 가운데 그대로 버려두지 않으시고 건져 내시어 살리신 주님의 은혜에 다시 한 번 감사를 드립니다.

입으로는 주님만을 사랑한다고 하면서 세상 재미에 휩쓸려 주님의 계율과 법도를 헌신짝같이 내버리는 가증한 이 죄인들을 깊으신 사랑으로 용서하여 주소서. 이제는 더 이상 입으로만 믿는 가증한 자들이 되지 않기 원합니다. 저희의 삶을 모두 주께 바쳐 헌신하는 신령한 믿음의 권속들이 되게 하옵소서.

종교개혁 정신을 본받게 하소서

물이 흐르지 않고 고여 있으면 금방 썩어 버리듯 우리의 신앙도 끊임없이 주님의 말씀과 계명으로 연단하고 씻어 내지 않으면 타락해 버린다는 사실을 우리로 알게 하소서. 끊임없이 주님의 말씀과 계율에 우리의 신앙을 비추어 잘못된 것을 바로잡고 그릇된 것을 고쳐 나가는 개혁적인 신앙인이 되게 하옵소서.

우리는 믿음이 약하고 용기가 없어서 잘못된 것을 바르게 하는 데 앞장 서기보다는 회피해 버릴 때가 많습니다. 저희에게 용기와 믿음을 더해 주셔서 잘못된 신앙을 바른 길로 돌이키며 주님만을 모범으로 삼고 따르게 하옵소서. 악한 권세가 우리를 둘러싸고 거짓된 것들이 우리를 미혹할지라도 선한 대장 되신 주님을 방패와 병기로 삼고 앞으로 전진할 수 있도록 주께서 친히 인도하여 주옵소서.

성도와 교회를 위해

주님, 세상의 악한 힘에 쓰러지고 유혹에 빠지기 쉬운 종말의 때에 우리를 강한 믿음으로 무장시켜 주셔서 용기 있게 모든 어려움들을 헤쳐 나가는 귀한 믿음의 권속들이 되게 하옵소서.

주님, 특별한 뜻이 계셔서 우리 교회를 피로 값 주고 사셨으니, 주님이 보시기에 합당하게 이 교회를 사용하여 주시옵소서. 우리 교회의 문턱이 높아져서 갈급한 심령들이 주께로 오는 것을 방해하고 있지 않습니까? 눈 먼 자, 병든 자, 가난한 자와 가까이 하신 주님의 사랑을 본받아, 우리 교회가 주님의 사랑에 목마른 심령들에게 주님의 말씀을 먹여 주는 귀한 사명을 잘 감당케 하옵소서.

특별히 이 시간 종교개혁 주일을 맞이하여 우리 교회가 스스로를 개혁하고 어두운 세상에 빛을 비춰 주는 진리의 등불이 되게 하소서. 부패한 세상의 방부제가 되게 하시고 사망의 늪에서 방황하는 심령들에게 구원의 방주가 될 수 있도록 인도하여 주옵소서. 우리 구주 예수 그리스도의 이름으로 간절히 기도합니다. 아멘.

추수감사주일 1

추수의 기쁨을 맛보게 하시는 하나님께 감사

하늘에서 비를 내리시고 결실기를 주사 풍성한 먹거리로 우리를 만족하게 하시는 하나님 아버지! 한 해가 다 저무는 가을에 수확의 철을 맞아 알차게 영근 곡식을 추수하게 하시니 감사합니다.

파종에서 추수 때까지 이른 비와 늦은 비로 가꿔 주시고 풍성한 열매를 주셔서 우리를 입히시고 먹여 주시는 주님의 한없는 사랑에 감사하며 예배 드립니다.

눈앞의 것만 추구하며 살았던 삶을 회개

해마다 풍성한 열매를 주셔서 우리로 궁핍하지 않도록 보살피신 하나님! 하지만 우리는 욕심에 눈이 어두워 제 멋대로 식물을 구하고 이웃의 것을 탐내며 먹을 것, 입을 것을 위해 전전긍긍했습니다. 주께 진실한 맘으로 회개하니 용서해 주소서.

자비로우신 주님, 이 시간 우리의 심령을 사로잡아 주옵소서. 통회하며 자복하지 않고는 견딜 수 없는 심령을 주시고 세상의 헛된 것을 뒤로 하고 신령한 것을 위해 간구하는 저희가 되게 하소서.

먼저 주님의 나라와 의를 구하면 모든 것을 주시겠다고 하신 하나님의 약속의 말씀을 힘입어, 당신의 나라와 의를 구하는 귀한 주님의 자녀가 되기를 원합니다.

복음의 풍성함을 누리는 교회 되게 하소서

당신의 백성들을 사랑하시는 하나님 아버지, 우리에게 아름다운 성전을 주셔서, 이 전에서 예배드리고 하나님의 비전을 위해 쓰임 받게 하심을 감사드립니다. 그 비전을 위해 교육부서들이 하나님 앞에 온전히 서길 원합니다. 하나님의 은혜로 다음 세대를 세울 수 있게 하옵소서. 담당 교역자들과 교사들에게 지혜를 주시고 다함없는 그리스도의 사랑과 열정으로 그 사역들을 잘 감당하게 하옵소서. 그리하여 하나님의 추수의 때에 하나님께서 기쁘게 받으시는 열매가 되게 하옵소서.

예배를 통해 회복시키소서

들의 백합화도 입히시고 공중의 나는 새도 먹이시는 하나님 아버지, 이 시간 선포되는 하나님의 말씀이 생명력 있는 말씀이 되어 우리 안에 삶의 변화를 촉구하게 하옵소서. 말씀을 선포하시는 목사님 위에 성령의 조명하심으로 그 영안을 밝히시며 담대히 말씀을 선포케 하옵소서.

마지막 추수 때가 되어 악한 마귀들이 세력을 떨치고 있는 이때에 우리가 늘 깨어 기도하며 진리로 무장하게 하소서. 하나님의 말씀으로 방패를 삼아 우리를 둘러싸고 있는 악한 권세에 굴하지 않고 굳건하게 믿음을 지켜 승리의 주님만을 바라보게 하옵소서.

이 예배가 우리의 온 삶을 바쳐 주를 향해 감사드리는 예배가 되게 하옵소서. 교회 곳곳에서 섬기는 손길들을 기억하시고 그들의 삶과 가정에 하늘의 신령한 복으로 채워 주옵소서. 예배의 시종을 주님께 의탁하며 예수님의 이름으로 기도합니다. 아멘.

추수감사주일 2

추수를 맛보게 하시는 은혜에 감사

참 좋으신 하나님! 하늘 높고 물 맑고 경치 좋은 이 계절에 추수감사주
일로 주님 앞에 감사의 예물을 드리고 기도와 찬양을 할 수 있게 하시니
감사드립니다. 결실의 계절이 우리에게 주는 교훈을 알게 하시며, 세월의
덧없음을 우리에게 인지하게 하소서. 스치고 지나는 세월 속에서 하나님
나라의 열매를 바라게 하시며 하나님 나라를 향하여 전진하는 우리의 아
름다운 신앙이 되게 하옵소서.

사랑의 하나님! 입술로는 하나님을 찬송하면서도 육신의 삶에 매여 거
짓 증거 하고 주님의 이름을 헛되이 부르며 죄악과 허물 속에서 이기적인
삶을 살다 오늘 이 자리에 모였습니다. 이처럼 부족한 저희지만 우리에게
긍휼을 베풀어 주셔서, 머리 숙여 기도하는 우리의 기도를 들어 주소서.

주님의 기쁨이 되기 원합니다

아버지여! 나약하고 어리석은 빈 깡통 같은 믿음으로 주님의 자녀라고
자처하며 믿지 않는 무리들 앞에서 실수를 일삼았던 우리를 용서해 주소
서. 지금 통곡 속에서 회개하는 성도들의 기도를 들으시고 변화시켜 주시
길 간절히 기도드립니다.

자비로우신 주님! 이 나라 이 민족에게 꿈과 희망과 용기를 주소서. 세
계적인 경제 위기 속에서 서민들의 삶은 얼어붙어 버렸습니다. 빈궁한 중
에도 슬기로움을 잃지 않게 해주시고, 주님께 지혜를 구하며 살기를 원합

니다.

용서의 하나님! 한반도의 100년 기독교 역사가 빛을 잃지 않기 원합니다. 썩을 대로 썩은 신앙으로는 죽음 앞에서도 하나님을 인정한다는 보증이 없습니다. 죽음까지 가지 않더라도 조금만 힘든 일이 있어도 신앙을 버리고픈 충동을 느끼는 저희입니다. 어리석은 우리의 믿음과 신앙을 강한 팔로 붙드소서. 그리스도의 참된 제자요, 세상의 빛과 소금으로 담대하게 살아 가게 하옵소서.

주님의 말씀을 듣기 원합니다. 이 가을 성령께서 우리 성도들에게 기름 부어 주소서.

이 민족에게 복을 주소서

긍휼의 하나님! 같은 민족이면서 헐벗고 굶주리며 하나님을 큰소리로 찬양하지 못하고 숨죽여 기도 드리는 북한의 성도들과 함께해 주옵소서. 그들이 호산나를 외치고 춤추며 자유롭게 하나님을 찬양하는 그날이 올 때까지 그들과 동행하시어 하늘의 만나와 함께 가을의 풍족한 양식을 맛보고 체험하게 하옵소서.

남한과 북한의 위정자들을 위해 기도합니다. 한 민족, 한 겨레, 한 가족이 떨어져 살고 있는 현실을 돌아보소서. 마음에 사무치게 그리운 고향을 찾고 싶고, 형제를 만나고 싶지만 체제의 벽이 우리를 절망하게 합니다. 관계자들에게 사랑의 마음을 주시고 그들이 남북 관계 개선에 적극성을 띠게 하옵소서.

아버지여! 오늘 이 자리에 머리 숙여 기도하는 성도님들을 위해 기도합니다. 불편함을 호소하거든 어루만져 주시고, 영의 양식을 원하거든 은혜를 더하여 주옵소서.

강단 위에 세우신 목사님을 통하여 우리 모두를 성령의 불로 충만하게 하옵소서. 예배를 돕는 이들의 수고가 기쁨으로 열매 맺을 줄 믿습니다. 예배를 주님께 맡기오며 예수님 이름으로 기도드립니다. 아멘.

성서주일 1

말씀이신 하나님께 찬양과 감사를 드립니다

생명의 말씀이신 예수님을 찬양합니다. 길과 진리이신 주의 이름을 찬양합니다. 말씀으로 우리의 삶을 조명하시며 인도하시니 감사합니다. 오직 주께만 참 생명이 있고 오직 당신만이 참된 진리임을 우리는 고백합니다.

말씀이 삶을 지배하게 하소서

성서주일을 기념하는 예배로 하나님께 올려 드립니다. 하나님의 말씀이 인간의 욕심대로 해석되던 중세에 믿음의 선진들은 철저하게 말씀으로 돌아가 개혁을 시작했습니다. 말씀이 인간의 삶을 변화시켰고 사회를 개혁했습니다.

이 땅에 하나님의 복음이 말씀으로 전해졌고, 그 말씀이 잠자던 어둠의 땅 조선을 밝히기 시작했습니다. 그러나 지금 한국 교회에는 말씀이 사라졌습니다. 설교가 사라진 것도 아니고 예배가 사라진 것도 아니고 성경이 없어서 못 보는 것도 아닌데 말씀대로 순종하는 행함이 사라졌습니다. 우리는 이미 욕심에 눈멀었고 세상의 유행과 풍조를 따르기에 급급합니다.

말씀이 우리를 변화시키도록 우리를 내어 드리지 못했고, 하나님의 말씀을 우리 뜻대로 해석하며 스스로 주인 되어 살고 있습니다. 우리를 용서해 주옵소서. 빛 되신 주 예수 그리스도를 바라보며 말씀에 의한 삶의 변화를 소원합니다. 우리의 잘못을 회개하고 돌이켜 진실한 마음으로 하나님 앞에 나아가기를 원합니다. 우리에게 정직한 영을 허락하시고 말씀 앞에 정직하게 하옵소서.

하나님의 말씀은 살았고 운동력이 있고 우리의 삶을 찔러 쪼개는 검과 같습니다. 우리는 그 말씀에 지배를 당하기 원합니다. 말씀이 말씀 되게 하며 우리의 삶이 말씀 앞에 낱낱이 드러나기 원합니다.

하나님의 성령이 우리를 덮으시고 우리는 그리스도의 영광을 바라며 그 영광에 동참케 하옵소서.

말씀이신 하나님을 전하기 원합니다

때를 얻든지 못 얻든지 말씀을 전파하는 것이 우리 그리스도인들의 사명임을 기억합니다. 우리가 살아가는 목적과 이유가 하나님의 말씀을 전함에 있길 원합니다. 우리의 삶이 그리스도의 편지요 향기가 되어 우리를 통해 그리스도만이 온전히 드러나길 원합니다.

주 예수께서 이 땅에 다시 오실 그날을 기다립니다. 천국 소망을 가지고, 말씀 앞에서 온전한 행실로 세상의 모든 족속에게 선한 영향력을 끼치길 원합니다.

우리는 약하나 주께 의지하며 믿음으로 전진합니다. 예수님의 이름으로 기도합니다. 아멘.

성서주일 2

말씀으로 우리 삶을 비춰 주소서

죄악과 고통 속에서 번민하는 우리 인생들에게 구원에 이르는 길과 진리의 말씀을 밝히 보여 주신 아버지 하나님! 성서 가운데 당신의 뜻을 계시하여 우리로 생명의 길을 따를 수 있도록 인도하여 주신 구원의 주님께 찬양과 경배를 드립니다.

성경 말씀을 통해서 우리에게 진리를 깨우쳐 주신 하나님! 하나님 아버지가 누구신지 우리에게 계시해 주시고 영원히 목마르지 않는 생수로 채워 주시는 주님의 은혜를 생각할 때마다 감사할 수밖에 없습니다. 또한 이렇게 거룩한 주일을 맞이하여 주님의 존전에 나와 주님과 깊이 영적인 교제를 나누도록 허락하신 은혜를 감사드립니다.

성도들을 위해

주님, 송이 꿀보다 더 달콤한 말씀을 우리에게 주셨지만 우리는 이 말씀을 쓴 약처럼 내뱉곤 했습니다. 우리 심령이 죄악에 허덕였기에 구원의 길을 밝혀 주는 진리의 말씀을 멀리했습니다. 우리들의 심령을 정결케 해 주셔서 말씀을 거부하지 않고 진리의 길을 기꺼이 따르게 하옵소서. 말씀을 가까이 하지 않는 자는 믿음에서 자랄 수 없음을 알게 하소서. 늘 말씀을 곁에 모시고 말씀에 비추어 믿음을 연단하고 훈련하는 우리 성도들 되게 하옵소서.

교회를 위해

주님, 그리스도의 보혈의 터 위에 우리 교회를 세워 주셨으니 우리 교회가 복음의 사명을 잘 감당하기 원합니다. 세상 사람들을 구원의 길로 인도하는 안내자가 되게 하시며, 상한 심령들이 나와서 주님과 교제하는 기도의 집이 되게 하옵소서.

특별히 우리 교회에 성령께서 충만히 역사해 주셔서 오순절 다락방의 기사가 일어나게 하소서. 우리 교회가 참 기쁨을 모르는 세상 사람들에게 기쁜 소식을 전해 주며 헛된 곳에 소망을 두는 세상 사람들에게 진리의 말씀을 일깨워 주며 임박한 심판을 전함으로 잠든 심령을 깨우는 일에 앞장서게 하옵소서.

말씀 앞에서 마음이 열리게 하소서

주님, 눈이 있어도 보지 못하고 귀가 있어도 듣지 못하는 이 우매한 인생들에게 말씀의 오묘한 비밀을 깨우쳐 주옵소서. 우리 마음 밭이 돌밭만도 못하여 말씀의 씨가 뿌려져도 아무런 결실을 맺지 못합니다. 특별히 이 우매한 인생들을 긍휼히 여기사 말씀을 바로 보고 바로 들을 수 있는 안목을 주소서. 우리 마음 밭을 옥토로 변화시켜 주셔서 말씀의 씨가 30배, 60배, 100배의 결실을 맺는 놀라운 역사가 일어나게 하옵소서.

찬양으로 예배를 돕는 성가대와 함께하여 주셔서 그들의 입술을 통해 나오는 찬양이 하나님께는 영광을 드리고 세상 사람들에게는 평화의 소식을 전하는 신앙고백이 되게 하옵소서. 예배의 시종을 주님께 맡기며, 우리 주 예수 그리스도의 이름으로 기도합니다. 아멘.

성탄절 1

성육신하신 주님을 찬양

이 땅에 사람의 몸을 입으시고 오신 그리스도께 찬양과 경배를 올려드립니다. 죄 가운데 빠져 있는 우리를 구속하시기 위해 인간의 몸을 입으시고 낮아지신, 한없는 하나님의 사랑에 감사를 드립니다. 멸망에서 영생으로 인도하시고 빛으로 고통과 어둠을 물리치신 주님을 예배하는 이 시간을 허락하시니 감사합니다. 성탄의 이 아침, 우리의 마음을 다시 한 번 하나님께 향하게 하시고 신령과 진정으로 예배하게 하옵소서.

주님이 오신 이유를 되새깁니다

성탄절을 기념하며 주님이 오신 목적을 되새기길 원합니다. 가난한 자, 병든 자를 위해 오시고 소외되고 약한 자에게 위로와 소망을 주시는 하나님. 우리는 물질만능주의 사회 풍조를 따르고 우리의 만족만을 위해 살았습니다. 주의 사랑을 힘써 전하지 않았습니다. 주의 사랑은 베푸는 사랑이라고 입술로만 고백하고 실제로 사랑을 베풀며 살지 못했음을 고백합니다. 이 시간 회개하오니 용서해 주소서.

성도로서 온전히 살게 하소서

성탄의 아침, 다시 한 번 하나님께 간구합니다. 이 땅의 교회가 하나님 앞에 바로서길 원합니다. 부정, 부패, 탐욕이 교회를 집어 삼키고 세속화의 물결이 문화와 콘텐츠란 이름으로 둔갑하여 교회의 본질을 허물어뜨리고 있습니다.

하나님의 교회가 세상으로부터 손가락질을 당하며 분열과 당파 싸움으로 하나님의 이름을 욕되게 하고 있습니다. 한국 교회가 패역한 길에서 돌이켜 다시 한 번 하나님 앞에 바로서길 원합니다.

하나님의 은혜로 복음이 이 땅에 들어왔고 한국 교회가 여기까지 올 수 있었습니다. 하나님께 받은 특별한 사랑을 세상을 향해 크게 외치는 한국 교회가 되기 원합니다. 향방 없이 목소리를 낼 것이 아니라 만방에 복음을 선포하게 하시고, 우리의 삶으로 하나님의 사랑을 전하게 하옵소서.

북녘 땅에도 복음의 빛을 비추소서

북녘의 동포들을 불쌍히 여겨 주옵소서. 북한에도 그리스도를 모르는 이들이 많습니다. 절망 속에 있는 그들에게 빛으로 임하셔서 위로와 소망을 주옵소서. 흑암에 앉아 헤매는 내 민족, 그 옛날 동방의 빛나던 예루살렘이라 불리던 그곳에서 하나님의 이름을 높이는 찬양이 울려 퍼지게 하옵소서.

예배를 위해

이 예배를 준비하며 헌신한 손길들이 있습니다. 찬양과 특별 순서와 애찬을 준비한 이들을 기억하소서. 그들의 수고를 기억하시고 예배를 위해 흘린 땀방울마다 놀라운 하나님의 은혜가 가득하길 원합니다.

우리 교회가 당신의 피 값으로 세워진 교회임을 명심하고 왕 같은 제사장의 사명을 잘 감당하고 지역사회를 주의 사랑으로 섬기는 교회가 되기를 소원합니다.

이 시간 말씀을 전하시는 목사님께 함께하소서. 길이요 진리이신 생명의 말씀이 온전히 선포되게 하옵소서. 듣는 우리가 그 말씀을 온전히 받고 우리의 삶이 온전히 말씀에 지배당하기 원합니다. 주되심을 인정하며 순종하는 참된 주의 제자의 삶을 살게 하옵소서. 예수님의 이름으로 기도합니다. 아멘.

성탄절 2

화해가 넘치는 성탄이 되게 하소서

거룩하고 자비로우신 하나님 아버지, 주님의 크신 은혜에 감사드립니다. 죄로 죽을 수밖에 없는 우리를 구원하시려 독생자 예수를 보내시고, 낮은 곳으로 임하시어 인간의 몸으로 오신 예수 그리스도께 우리도 동방박사들처럼 찬양과 경배를 드리나이다.

우리에게도 낮고 천한 곳에서 기쁨으로 주님을 섬길 수 있는 믿음을 주옵소서. 나를 주님 나라의 평화의 도구로 사용하여 주옵소서.

이 기쁜 날, 주님의 영광이 우리를 통하여 세상에 알려지게 하소서. 평화의 왕이신 주님, 금년 성탄절을 통하여 이 나라에 새로운 하나님의 역사가 일어나게 하옵소서.

서로의 미움이 가시고 시기심이 사라지고 서로 화해하고 신뢰하며 사랑할 수 있도록 우리들의 마음 문을 열어 주옵소서.

그리스도를 본받아 섬김을 실천하게 하소서

우리 교회를 위하여 기도합니다. 주님께서 이곳에 교회를 세우신 것은, 예수님께서 몸소 본을 보이셨던 것처럼 희생과 사랑으로 이웃을 섬기라는 뜻인 줄 믿습니다.

하지만 봉사하고 섬기기보다는 대접받으려 했고, 희생하고 사랑하기보다는 자기 이익을 따지기에 급급했습니다. 주님의 본을 따르지 못한 죄악을 용서해 주소서. 우리로 교회의 주춧돌이 되게 하사 우리를 주님의 일에 사용하여 주옵소서.

나라를 위해 기도합니다. 주님이 세우신 우리나라가 성탄절을 계기로 회개하게 하옵소서. 이 나라의 위정자들이 주님의 섬김을 본받게 하소서. 동서로 나뉘고 남북으로 찢긴 이 민족이 하나가 되게 하옵소서. 권력에 심취한 위정자들이 이기심에서 벗어나 백성을 생각하고 나라의 장래를 생각하는 마음으로 나라를 이끌게 하옵소서.

하늘에 영광이 되는 예배가 되게 하소서

이 시간 세계 방방곡곡에 주님의 탄생을 축하하는 예배가 드려지는 이때, 성탄의 기쁨을 함께하지 못하는 믿음의 형제들이 있습니다. 어디에 있든지 주님의 영광을 찬양할 수 있도록 성령님께서 함께해 주소서.

성탄예배를 통해 주님의 태어나심을 증거하실 목사님에게 성령님께서 함께하여 주사 우리를 진리의 말씀으로 깨우쳐 주옵소서.

예배의 처음부터 끝까지 주님 홀로 영광 받으소서. 인간의 죄를 사하시려 누추한 마구간에서 태어나신 예수님의 이름으로 기도합니다. 아멘.

송구영신예배 1

한 해를 돌아봅니다

여러 가지 어려움과 아픔이 많았던 한 해를 보내고 하나님의 은혜를 기대하며 새해를 예배로 시작하게 하시니 감사합니다. 돌이켜 보면 하나님의 은혜와 사랑으로 가득한 한 해였지만 우리의 눈이 어두워 그 놀라운 하나님의 사랑을 보지 못했습니다.

하나님께서는 우리에게 감당할 만한 시험들만을 주셨으며, 항상 불꽃 같은 눈동자로 우리를 지켜 주셨습니다. 그럼에도 우리는 늘 힘들고 아파하기만 했습니다. 하늘을 향해 두 손을 들고 기도하지 못했습니다. 오직 하나님만 바라라고 하신 말씀을 외면하고 땅만 바라보며 한숨지었습니다.

회개와 소망

당신의 사랑하는 백성들이 송구영신예배로 모였습니다. 하나님만을 바라보는 이 시간, 하나님의 눈이 당신의 사랑하는 백성들에게 고정되어 있음을 확인하게 하소서.

지난 한 해를 돌이켜 봅니다. 수시로 죄악에 노출되었고, 무엇보다 말로 인해 형제를 실족케 했습니다. 뿐만 아니라 세상 헛된 것들에 욕심을 부렸던 죄악을 고백합니다. 말씀에 대한 갈망이 사라졌으며 하나님을 향한 기도가 없었습니다. 하나님을 인생의 주인으로 모시지 않고 스스로 인생의 주인이 되어 살았습니다. 우리를 용서하여 주옵소서. 우리가 기도할 때 들으시고 응답하겠다고 약속하신 주님. 죄를 자복할 때 용서하시겠다고 약속하신 주께서 우리의 죄를 용서하여 주옵소서.

하나님! 기대하며 기도합니다. 하나님께서 허락하신 새해를 믿음으로 준비하고, 앞으로 한 해 동안은 기도의 제단을 쌓기를 원합니다. 해결의 실마리가 잡히지 않는 경제 문제, 인간의 패역함이 그대로 드러난 사회 문제 속에서도 그리스도인으로서 정체성을 잃지 않고 살게 하소서. 혼탁함 속에서 거룩함을 지키는 주의 백성이 되게 하옵소서.

전 세계적으로 일어나는 경제적인 문제가 하나님의 은혜로 해결되길 원합니다. 물가는 오르고 경제적 사정은 안 좋습니다. 하나님께 기도하는 백성들이 어려움에 빠지지 않도록 지켜 주옵소서. "나를 가난하게도 마옵시고 부하게도 마옵시고 오직 필요한 양식으로 나를 먹이시옵소서 혹 내가 배불러서 하나님을 모른다 여호와가 누구냐 할까 하오며 혹 내가 가난하여 도둑질하고 내 하나님의 이름을 욕되게 할까 두려워함이니이다"(잠 30:8-9)라는 잠언 기자의 고백처럼, 우리의 모습이 주어진 삶에 최선을 다하며 하나님께서 채우셨음을 인정하며 살게 하옵소서. 새해를 예배로 시작하는 당신의 백성들을 기억하시며 하늘의 신령한 복으로 채워 주시길 원합니다.

예배의 공동체, 양육의 공동체가 되게 하소서

우리 교회가 하나님 앞에 온전히 서는 공동체가 되길 원합니다. 교육부서가 믿음의 세대, 비전의 세대를 세우는 공동체가 되게 하시며 각 구역과 각 부서가 믿음으로, 사랑으로 격려하는 공동체가 되게 하옵소서.

담임 목사님을 지켜 주셔서 성도들을 하나님 앞으로 온전히 이끌어 가는 영적 지도자의 역할을 잘 감당하게 하옵소서. 장로님들과 권사님들에게도 놀라운 은혜를 베풀어 주셔서, 믿음의 아비요 선배로서 성도들의 본이 되게 하옵소서.

이 시간 드리는 예배 가운데 당신의 은혜로 우리를 충만히 덮으소서. 예수님의 이름으로 기도합니다. 아멘.

교회력에 따른 대표기도
송구영신예배 2

기대합니다! 감사합니다!

한 해를 마감하고 새해를 맞이하기 위해 당신의 백성들이 이 자리에 모였습니다. 이 예배 가운데 하나님의 임재가 충만하기 원합니다. 지난 한 해 동안 지켜 주신 하나님께 감사드리며 새해에도 우리를 지켜 주시기를 기대합니다.

지난 한 해를 주의 은혜 가운데 인도하셔서 감사드립니다. 힘들 때도 있었지만 감사한 일도 많았고, 믿음이 흔들릴 때도 있었지만 흔들린 만큼 성숙해졌던 한 해였습니다. 이 모든 것이 연약한 우리와 함께하시는 하나님의 은혜 때문이었습니다.

임마누엘의 하나님을 우리로 목도하게 하시니 감사합니다. 우리의 삶의 현장에서 여호와 닛시를 경험하게 하시니 감사합니다. 여호와 삼마의 하나님께서 우리로 하여금 주의 놀라운 영광을 보게 하시니 감사합니다.

우리의 삶을 돌아봅니다

하나님 앞에 수없이 간구했고 다짐했던 부분들을 되새겨 봅니다. 주께 온전히 헌신하며 참된 그리스도의 제자로 살겠다고 했던 다짐, 믿음의 참된 모습으로 공동체를 세우겠다고 하던 다짐, 주의 사랑 받았으니 소외된 자들에게 그 사랑을 나누겠노라고 했던 맹세…. 지킨 것이 그렇게 많지 않았습니다.

우리는 항상 주변 환경을 탓하며 변명하기에 바빴고 구실을 대며 섬길 수 있는 기회를 놓쳐 버렸던 적이 더 많았습니다. 긍휼에 풍성하신 하나님께서 우리의 죄를 도말하여 주시며 연약한 우리를 불쌍히 여겨 주옵소서.

믿음으로 나아가게 하소서

하나님! 올해는 조금 더 분발하기를 원합니다. 하나님을 향한 맹세가 땅에 떨어져 사라지는 것이 아니라 온전히 지켜지길 원합니다. 우리는 연약하며 결심조차 잊어버리고 살 때가 참 많습니다. 하지만 강건케 하시는 하나님을 의지하며 담대히 나아갑니다. 올 한 해의 삶이 말씀에 갈급한 삶, 기도로 승부하는 삶, 행동함으로 보여 주는 믿음의 삶이 되게 하옵소서. 우리 안에 주를 향한 감사가 넘치게 하소서. 하나님을 늘 찬송하기 원합니다.

우리 교회가 새해에는 거룩한 도전, 세상을 향한 믿음의 도전을 하기 원합니다. 영적 침체가 만성화 된 한국 교회의 풍조를 뒤따르지 않고 말씀으로 영혼을 깨우며 말씀으로 제자를 세우는 믿음의 도전을 하기 원합니다. 지역사회를 밝히는 거룩한 도전을 하기 원합니다. 담임 목사님과 교역자들과 당회에 은혜를 주셔서 교회를 세워 가는 영적 리더의 역할을 잘 감당하게 하옵소서. 교회의 모든 성도들의 가정마다 불꽃 같은 눈동자로 지켜 주옵소서. 임마누엘의 평강이 성도들의 가정에 넘치게 하옵소서.

오늘 예배 가운데 성령께서 충만히 기름 부어 주시길 소원합니다. 선포되는 하나님의 말씀이 우리의 심령에 위로가 되며 삶의 변화를 가져오게 하옵소서. 결단합니다. 그리고 선포합니다. "믿음으로 한 해를 승리하겠습니다." 예수님의 이름으로 기도합니다. 아멘.

특별예배 대표기도

부흥집회 1

감사와 회개

감사함으로 그의 문에 들어가게 하시고 찬송함으로 그의 궁정에 들어가게 하시는 하나님! 저희에게 인자와 긍휼을 풍성히 베푸심을 감사합니다. 수년 내에 부흥시키시기를 기뻐하시는 주님, 주의 얼굴을 저희에게 향하시니 감사합니다. 하나님의 영광을 저희 예배 가운데 선포하심을 감사합니다.

마음이 상한 자를 가까이 하시고, 중심으로 통회하는 자를 구원하시는 주님! 우리 손에 가득한 피를 깨끗케 하여 주옵소서. 입술의 거짓과 마음의 악함을 제하시고, 화평케 하는 성령의 사람이 되게 하옵소서. 예배 가운데 임하시는 하나님, 이 예배를 통해 여호와의 선하심을 맛보게 하옵소서.

성령님, 입재하소서

거룩하신 주님, 우리 안에 정한 마음을 창조하시고 정직한 영을 새롭게 하여 주옵소서. 긍휼이 풍성하신 주님, 우리를 주의 앞에서 쫓아내지 마시고 주의 성령을 거두지 마소서. 은혜 베풀기를 기뻐하시는 주님, 상하고 통회하는 심령 위에 주의 성령을 부어 주소서. 지치고 메마른 우리의 심령 위에 주의 구원의 즐거움을 회복시키시고, 자원하는 마음을 허락하여 주옵소서. 이 시간 하나님의 자녀들에게 성령의 은혜와 은사를 충만히 부어 주셔서 하나님이 주신 사명을 잘 감당할 수 있게 하시고, 성령의 능력으로 세상을 이길 수 있게 하옵소서.

주님, 우리 영혼이 주를 찾기에 갈급하오니 진리의 말씀으로 채우소서. 그래서 곤한 심령이 회복되고, 상한 마음이 위로 받으며, 약한 몸이 치유 받기를 간구합니다. 메마른 대지에 장맛비를 내리셔서 만물을 소성시키시는 하나님, 이 시간 답답하고 힘든 우리의 삶을 회복시켜 주옵소서. 하나님의 은혜를 떠나 살 수 없는 우리에게 하나님의 마음을 알게 하시고, 우리를 향한 하나님의 뜻을 분별하게 하옵소서. 골짜기에 마른 뼈를 살리신 성령께서 마른 뼈와 같은 우리의 영혼과 교회를 살려주시고, 갈멜산에서 부르짖었던 엘리야의 기도에 응답하신 하나님의 능력을 이곳에 나타내소서.

삶이 변화되게 하소서

하나님의 자녀를 거룩하고 성결하게 변화시키시는 주님, 우리의 영안을 열어 진리를 깨닫게 하시고, 이 집회를 위해 기도로 준비한 우리에게 은혜를 베푸셔서 세상을 향한 부자가 되기보다 하나님을 향해 부요한 자가 되게 하소서. 세상 이익에 약삭빠른 사람보다 우직하게 진리를 따라 행하는 참된 제자가 되게 하소서. 최악의 상황 속에서도 합력하여 선을 이루시는 하나님께 순종하고, 주님의 최선이 우리에게 최고임을 인정하는 믿음을 허락하여 주옵소서.

처음 이 자리를 참석한 이들의 맘을 성령께서 주장해 주셔서 그들로 생명에 이르게 하소서. 그들이 예수님을 만나 새로운 인생에 대한 결단을 하게 하옵소서. 완고한 마음이 진리를 받아들이는 열린 마음과 부드러운 심령으로 녹아지길 소원합니다.

이 시간 하나님의 말씀을 전하실 강사 목사님에게 성령의 능력을 덧입혀 주셔서 복음의 나팔수가 되게 하시고, 집회 기간 동안 건강한 몸과 평안한 마음을 주셔서 주님으로부터 받은 말씀을 담대히 쏟아 붓는 은혜를 허락해 주옵소서. 연약한 자에게 강한 능력을 베푸시는 예수님의 이름으로 간절히 기도드립니다. 아멘.

특별예배 대표기도

부흥집회 2

감사와 회개

"여호와여 주는 주의 일을 이 수년 내에 부흥하게 하옵소서. 이 수년 내에 나타내시옵소서. 진노 중에라도 긍휼을 잊지 마옵소서"(합 3:2).

마른 뼈를 살리시는 전능하신 하나님 아버지, 허물 많은 저희를 살리시려 부흥성회를 허락하심을 감사합니다. 우리 마음을 달아 보시는 하나님께 간구합니다. 거짓과 위선으로 하나님으로부터 멀어진 우리의 마음을 돌이키기 원하오니 구원의 은혜를 베푸시어 회복해 주옵소서.

성령의 역사가 있게 하소서

예루살렘을 떠나지 않고 다락방에 모인 자들에게 성령 충만을 허락하셨던 주님, 이 시간 하나님의 은혜를 갈망하고 사모하는 마음으로 달려온 회중 가운데 성령의 충만을 허락해 주옵소서. 사랑하는 주님, 성령의 역사 속에서 '형제여 어찌할꼬?' 하며 통회하는 시간이 되게 하시고, 상한 심령 위에 새롭게 하시는 성령의 은혜를 부어 주소서.

하나님과 사람을 무시하며 살았던 교만한 마음을 통회합니다. 선을 좇아 살지 않고 악한 일에 발을 들여놓았던 행악들을 고백합니다. 믿음으로 행하지 않고 불평과 원망 속에 주의 일을 행했던 죄악들을 자백하오니 이 시간 성령의 불로 태워 주옵소서. 십자가의 거룩한 보혈로 더러운 양심을 깨끗하게 하시고 우리의 자아를 깨뜨려 주님의 뜻에 주목하게 하옵소서.

오순절에 나타났던 성령의 역사가 오늘 이곳에 나타나길 소원합니다.

이 자리에 모인 자들이 불 같은 성령으로 충만하여 능력을 받고 성령의 은사를 체험하게 하옵소서. 방언하고 통변하는 역사가 있게 하시고, 병든 자가 고침을 받게 하옵소서. 깨어지고 상한 심령이 회복되기 원합니다. 병든 마음과 생각이 변화되는 은총을 허락해 주옵소서. 이 땅에서 하늘의 영광을 바라보게 하시고, 자기 사업에 분주하던 우리에게 하늘 비전을 붙잡게 하셔서 하나님이 주신 선교와 사랑의 명령을 성취해 나가게 하옵소서. 회개와 부흥의 열풍이 한국 교회와 사회를 변화시키는 거룩한 운동으로 번져가게 하옵소서.

은혜를 체험하게 하소서

은혜 주시기를 기뻐하시는 주님, 주의 사자를 통해서 예비하신 은혜를 풍족하게 부어 주시고, 그동안 기도로 준비한 심령마다 하나님을 경험하는 축복이 있게 하옵소서. 은혜가 넘치는 곳에 사탄의 훼방이 있사오니 사탄의 권세를 묶으시고 성령만 역사해 주옵소서. 하나님의 은혜가 아니고서는 살아갈 수 없는 저희에게 풍족한 은혜를 주셔서 사탄과 세상을 이기고 자신과 정욕을 제어할 수 있는 힘과 용기를 주옵소서.

은혜받기에 최적의 날씨를 허락하시고, 집회 기간 동안 가정과 직장과 사업장에 사탄의 방해가 없도록 지켜 주옵소서. 은혜받기를 갈망하기 전에 하나님 앞에서 정직한 마음을 갖게 하시고, 주의 일을 위해 헌신하는 실천이 앞서게 하옵소서. 말씀을 받는 데만 그치지 않고 하나님의 말씀을 받아 순종함으로 거룩한 열매를 맺게 하옵소서.

말씀을 전하시기 위해 준비하신 강사 목사님에게 성령의 권능을 덧입히시고 성대를 지켜 주시고 건강하게 하옵소서. 그동안 기도로 준비하신 담임 목사님에게도 흡족한 은혜의 단비를 내리시고 성령의 권능을 풍족히 내려 주옵소서. 날마다 풍족한 은혜로 채우시는 예수님의 이름으로 기도드립니다. 아멘.

졸업예배 1

찬양과 감사

갖가지 어려움과 역경 속에서도 실족하지 않게 하시고 시시 때때로 도우신 은혜로 우리를 여기까지 인도하신 에벤에셀의 하나님을 찬양합니다. 우리가 마음으로 자기의 길을 계획할지라도 우리의 길을 인도하시는 주께서 졸업예배로 하나님께 영광 돌리게 하시니 감사합니다. 새로운 인생을 출발하는 졸업생들이 예배드리는 이 시간, 하나님의 영광으로 채워 주옵소서.

졸업생들의 삶을 인도하소서

지금까지 지내온 것을 되돌아보면 다 주님의 은혜이오니 하나님의 은혜를 잊지 않고 감사하며 살아가는 인생이 되게 하옵소서. 여호와를 경외하는 것이 지혜의 근본이라고 했사오니 세상 학문을 연마하기 전에 하나님을 사랑하고 두려워하는 마음을 갖게 하옵소서. 자신의 능력과 노력으로 살아가기 전에 하나님의 도우심을 구하게 하시고, 사람을 의지하는 인생보다 하나님의 능력을 공급받아 살게 하옵소서.

상급학교에 진학하는 학생들은 학비로 인해 경제적인 어려움이 없게 하시고, 사회로 진출하는 졸업생들은 사회에 잘 적응하게 하시고, 자기의 능력을 잘 발휘하고 개발할 수 있는 능력을 주시옵소서. 이들이 걸어가는 인생길에서 악한 사람들을 만나 넘어지지 않게 하시고, 좋은 영향을 받을 수 있는 사람들을 만나게 하옵소서. 어려운 일들이 닥쳐오더라도 하나님을 신뢰함으로 당당하고 용기 있게 헤쳐 가게 하시고, 갖가지 유혹들이 닥쳐올 때 마음을 잘 지켜 죄를 범하지 않게 하옵소서. 진리로 그들의 앞길을 밝히시고, 좌로나 우로나 치우치지 않고 성령님과 동행하게 하옵소서. 정직과 의로움이 사라지는 이 시대에 하나님의 마음을 갖게 하시고, 작은 이권과 자존심 때문에 하나님으로부터 멀어지는 선택을 하지 않도록 지혜와 용단을 허락해 주옵소서.

예수 그리스도의 좋은 군사로 준비되고 좋은 일꾼으로 쓰임 받게 하시고, 다윗처럼 마음의 완전함과 손의 능숙함을 갖고 살게 하옵소서. 요셉처럼 고난 앞에서도 불평하거나 세상을 탓하지 않고 하나님의 인도하심과 통치 속에 살게 하시며, 다니엘처럼 시대적인 어두움과 대적하는 무리들 앞에서도 신앙의 양심을 저버리지 않고 하나님께 붙잡혀 살게 하옵소서.

이 세상에 유익한 사람이 되게 하소서

하나님의 은혜로 걸어온 인생이지만, 이들의 부모님과 가족들을 통해 그 은혜를 공급 받은 것을 잊지 않게 하소서. 오늘 같이 영광스러운 날을 위해 뒤에서 후원하신 부모님과 가족들을 축복하시고, 졸업장을 받기까지 바른 길로 지도하시고 가르쳐 주셨던 선생님들과 학교 위에 하나님의 은총이 넘쳐나게 하소서. 이들의 후원과 지도가 아깝지 않도록 앞으로 더 큰 꿈을 품고, 더 큰 세계를 위해 귀하게 쓰임 받는 인재들이 되게 하옵소서. 기도로 후원하신 교역자들과 온 교회의 성도님들의 기대에 어긋나지 않도록 하나님 나라와 교회에 든든한 일꾼들로 세워지게 하옵소서. 새로운 세계를 향해, 각별한 각오로 출발하는 이들이 한 걸음 한 걸음 하나님의 말씀에 의해 지도받게 하소서. 주어진 시간을 최대로 선용하게 하시며, 하나님으로부터 받은 달란트와 은사를 적극 사용하여 주인 되신 하나님께 많은 것으로 돌려 드리는 선한 청지기가 되게 하옵소서. 모든 인생의 주인 되시는 예수님의 이름으로 기도드립니다. 아멘.

특별예배 대표기도
졸업예배 2

감사와 찬양

빛나는 졸업장을 받기까지 절망하지 않고 달려오게 해주신 하나님께 찬양과 영광을 올립니다. 영광된 졸업예배의 주인공이 여기에 있는 졸업자가 아니라 여태껏 도와주신 하나님임을 고백합니다. 졸업예배에 참석한 우리 모두가 하나님의 은혜와 능력의 깊이를 깨닫고 하나님께 매달리는 새로운 출발이 되게 하옵소서.

달려갈 길을 주님께서 도우소서

여호와 이레의 하나님, 영광스러운 졸업예배를 드리는 졸업생들을 위해 필요한 것들을 미리 준비하시고 여기까지 인도하심을 감사합니다. 그 동안 태산과 같은 장애물로 인해 염려하고 절망하기도 했지만 주님께서 그때마다 도우셔서 능히 극복하게 하셨습니다. 포기하고 싶은 마음이 들 때마다 '내가 너와 함께하겠다'고 약속하신 말씀 붙들고 여기까지 달려 오게 하심을 감사합니다. 지금껏 험난한 길을 걸어왔지만 하나님의 은혜가 있었고, 지루한 여정이었지만 하나님께서 도우셨으며, 기가 막힌 상황이 많았지만 기도할 수 있는 힘을 주셨습니다. 모든 것이 하나님께서 이루신 역사였습니다. 답답하고 막막한 순간마다 하나님 앞으로 나아가 은혜의 보좌 앞에서 부르짖게 하옵소서.

졸업생들을 살피시고 늘 돌아보시는 주님, 앞으로 달려갈 길이 멀고 험한데, 막막한 현장마다 주님의 손길을 경험하는 기회가 되게 하시고, 스스로 돕는 삶이 아니라 하나님이 돕는 삶을 살게 하옵소서.

아득한 앞날을 생각하며 돌베개를 베고 잠이 든 야곱에게 하늘과 맞닿은 사닥다리에 천사가 오르내리는 장면을 보여 주신 하나님. 이들도 하나님의 임재를 순간순간 경험하며 살게 하옵소서.

달란트를 계발하게 하소서

졸업이 끝이 아니라 새로운 세계를 향해 나아가는 시작이오니 각자가 달려가야 할 길에서 최선을 다하게 격려하소서. 게으른 종처럼 각자가 받은 달란트를 땅에 묻어 두지 않게 하시고 달란트를 잘 개발하여 최고의 인생을 살게 하옵소서. 진학하는 학생들은 더 깊은 연구를 위해 하나님이 주시는 지혜를 얻게 하시고, 사회를 향해 진출하는 학생들은 일할 수 있는 터전을 주시고, 직장생활 속에서 성실하게 섬겨서 하나님과 사람들에게 인정받게 해주옵소서.

사랑하는 주님, 졸업생들이 글로벌 리더로서 멋진 삶을 살게 하시고, 혹여 최고의 자리에서 최고의 인생을 살아가지는 못할지라도 하나님께서 맡기신 자리에서 최선을 다하는 삶의 가치를 깨닫게 하소서. 사람들에게 평가받는 것보다 마지막 날 하나님 앞에 결산할 것을 두려워하면서 부지런히 열매 맺는 인생이 되게 하소서. 사람들 눈치 보며 일하는 것이 아니라 주님의 마음을 헤아리며 소신껏 일하게 하시고, 겉치레로 일하는 것이 아니라 정직하게 일함으로 없어서는 안 될 사람이 되게 하옵소서. 이들이 어떤 길을 걸어가든지 세상과 사람들을 탓하지 않고 환경에 불평하지 않고 매일매일 새로운 꿈을 꾸며 비전에 매여 살아가는 인생이 되게 하소서. 우리에게 주신 달란트를 언젠가 결산하실 예수님의 이름으로 기도드립니다. 아멘.

총회주일

감사와 찬양

한국 사회에 복음을 허락하시고 복음으로 세계 선진 대열에 참여하여 선교대국으로 자리 잡게 하시니 감사합니다. 이 땅에서 우상을 섬기던 자들이 주님께로 돌아와 여호와만 섬기기로 작정하게 하신 하나님을 찬양합니다. 이처럼 한국에 복음이 정착되는 일에 교회들이 쓰임받게 하시고 우리 교단이 앞장서게 하심도 감사합니다. 총회주일로 지키는 모든 교회들 위에 하나님의 영광과 은총을 나타내소서.

질서가 서게 하소서

총회 산하에 노회와 지교회들을 세우시고 하나님의 사역과 비전들을 위해 일심으로 협력하게 하시니 감사합니다. 노회와 지교회들을 섬기는 총회가 진리 가운데 바로 서게 하소서. 거짓된 교훈과 가르침으로 교회와 성도들을 미혹하는 이단들에 대해 분별력을 가지고 진리를 파수하게 하옵소서. 총회를 평안히 지켜 주셔서 총회 산하에 있는 노회들과 지교회들도 평안을 누리게 하소서. 정지와 행정의 본을 보이고, 진리를 따라 행함에 있어서 아름다운 모델을 제시하게 하소서. 총회가 역기능으로 나아가지 않도록 다스리시고, 산하 조직에 영향력을 상실하지 않도록 거룩함과 공평함과 정직함을 잃지 않게 하소서. 우리 교단의 총회가 많은 종파와 기독교 교단과 단체들에게 긍정적인 영향력을 끼치게 하시고, 대 사회적인 영향력을 높여 가고 아름다운 본이 되게 하옵소서.

총회 산하에 있는 노회들과 교회들이 총회의 권위를 인정하고 질서를 따라 순복함으로 총회가 흔들림이 없이 든든히 서게 하시고, 끊임없이 거룩한 영향력을 끼치게 하소서. 노회와 지교회들이 총회의 방침을 따라 잘 순복하고 협력하게 하시고, 총회에서 시행하는 사역에 적극적으로 동참하여 총회가 하는 일이 힘차게 진행되게 하옵소서.

건강하고 부흥하는 총회가 되게 하소서

우주적인 하나님의 교회가 성장하고 부흥하기를 원하시는 주님, 하나님 나라 확장에 본 교단 총회가 선두 주자가 되게 하시고, 세계 교회를 이끌어 가는 데 쓰임 받게 하소서. 총회가 바른 신학을 정립하고 좋은 목회자들을 배출해서 민족 복음화와 세계 선교의 사명을 잘 감당하기를 소원합니다.

성령의 하나 되게 하신 것을 힘써 지키라고 하신 주님, 우리 교단이 개인의 정치적 야욕과 지역 이기주의로 말미암아 분열과 싸움을 일삼지 않게 하시고, 어느 누구도 정치적 욕망에 사로잡히지 않도록 지켜 주옵소서. 총회에서 하는 재판과 하부 기관에 대한 지도가 성경적이고 공정하고 의롭기를 소원합니다. 종교 정치인들을 위한 총회가 아니라 교회와 성도들을 섬기는 총회가 되게 하소서. 기독교에 대한 신뢰가 형편없이 실추된 이때에 우리 교단이 사회에 긍정적인 영향력을 주도록 자정 능력을 회복하게 하옵소서. 사회 여기저기가 병들어 있는 이 시대에 본 교단의 총회가 진리를 외칠 뿐만 아니라 진리를 삶으로 드러내는 데 앞장서게 하소서. 이 사회와 교단들을 정화시키기 위한 대 사회적인 경건 운동을 펼쳐 나가 교회 부흥의 초석을 놓기 원합니다. 총회를 세우시고 다스리시는 예수님의 이름으로 기도드립니다. 아멘.

교회연합주일

감사와 찬양

"보라 형제가 연합하여 동거함이 어찌 그리 선하고 아름다운고"(시 133:1) 보잘 것 없는 이스라엘 민족을 부르시고 연합하여 동거하는 은총을 허락하신 여호와여, 하나님이 선히 여기시고 아름답게 보시는 동거와 연합에 대한 열망을 우리에게도 부어 주시니 감사합니다. 일치와 연합을 이룬 공동체를 통해 하나님이 영광 받으시고, 당신의 영광을 세상 가운데 드러내 주옵소서.

성령 안에서 하나 되게 하소서

"아버지여, 아버지께서 내 안에, 내가 아버지 안에 있는 것 같이 그들도 다 하나가 되어 우리 안에 있게 하사 세상으로 아버지께서 나를 보내신 것을 믿게 하옵소서"(요 17:21). 주님은 제자들이 하나 되기를 원하셨습니다. 이 말씀을 통해 하나님께서 우리에게 원하시는 뜻을 알게 하시니 감사합니다. 교회가 하나가 될 때 교회의 오명을 벗을 수 있으리라 믿습니다. 또한 교회가 능력을 회복하고 이 세상을 위해 큰일을 주도하는 힘을 발휘하리라 확신합니다. 주님의 바람처럼 교회가 일치하고 연합하게 하옵소서. 다툼과 분열을 일삼는 교회를 바라보며 세상은 '너나 잘하라'고 손가락질하고 있습니다. 오 거룩하신 주님, 우리로 하여금 하나 됨과 연합에 대한 비전을 잃지 않게 하소서. 인간의 욕망과 죄성으로 말미암아 교단과 교회가 분열되어 하나님의 영광을 가리지 않게 하소서. 서로를 향

322

한 정죄와 비난의 손가락을 접어 복음이 흐려지지 않게 하옵소서.

거룩하신 성령이시여, 교회의 일체를 위해 여전히 일하시는 성령이시여, 우리에게 성령의 하나 되게 하신 것을 지키는 거룩한 열심을 허락해 주옵소서. 우리의 교만이 하나 된 것을 깨뜨리지 않게 하시고, 마음의 악함으로 하나 된 몸이 파괴하지 않게 하옵소서. 거칠고 악한 우리의 마음을 기경하셔서 부드럽고 온유함으로 서로를 포용하고 용납하게 하옵소서. 바벨탑 사건 때처럼 악한 일에 일체감을 형성하지 않게 하시고, 거룩하고 선한 일에 연합하는 힘을 주옵소서.

아름다운 덕을 선전하게 하소서

"그러나 너희는 택하신 족속이요 왕 같은 제사장들이요 거룩한 나라요 그의 소유가 된 백성이니 이는 너희를 어두운 데서 불러 내어 그의 기이한 빛에 들어가게 하신 이의 아름다운 덕을 선포하게 하려 하심이라"(벧전 2:9).

싸우고 분열하는 가정이나 교회는 스스로 망할 수밖에 없사오니, 한국 교회와 우리 교단이 어떤 상황에서도 다투거나 분열을 일삼지 않기를 원합니다. 서로 이해하게 하시고 온유함으로 서로 품을 수 있게 하옵소서. 복음의 유익을 위해서 자기주장과 색깔을 내려놓고 본질적인 것이 아니라면 차이를 인정하기 원합니다. 어리석은 아집에 사로잡혀 '진리'라는 중요한 가치를 버리지 않게 하소서.

교회가 연합된 힘을 가지고 지역사회를 섬기고 사회를 향해 정치, 경제, 문화 영역에서 거룩한 영향을 끼치게 하소서. 민족을 품고 기도하고, 사회를 향해 대언하며, 온 누리에 축복의 통로로 쓰임받게 해주소서. 복음을 위해 분열된 교회들이 서로 손을 내밀어 화해할 수 있게 하시고 화합과 일치의 무드를 사회 곳곳에 퍼뜨리게 하옵소서. 인류의 하나 됨을 위해 십자가에서 죽으신 예수님의 이름으로 기도드립니다. 아멘.

선교주일

감사와 찬양

하늘과 땅의 권세를 가지신 주님, 열방이 여호와께 나아와 예배하는 그 날을 고대하시는 하나님의 마음을 우리에게 부어 주심을 감사합니다. 선교 주일로 하나님께 예배하는 이 시간, 우리에게 세계를 품는 넓은 비전을 주시고, 열방 가운데 하나님의 영광을 선포하고자 하는 소망을 불일 듯 일어나게 하소서. 온 세계가 주께로 나아와 예배하는 것이 우리의 비전이 되기 원합니다.

선교의 일인자가 되게 하소서

"그러므로 너희는 가서 모든 민족을 제자로 삼아 아버지와 아들과 성령의 이름으로 세례를 베풀고 내가 너희에게 분부한 모든 것을 가르쳐 지키게 하라 볼지어다 내가 세상 끝날까지 너희와 항상 함께 있으리라 하시니라"(마 28:18).

모든 민족을 예수 그리스도의 제자로 삼기 위해 일어난 저희에게 세상 끝날까지 항상 함께하시겠다고 약속하신 여호와여! 하나님의 일에 있어서도 우선순위를 결정하기 원합니다. 하나님이 가라시면 일어나 선교현지로 달려가고, 직접 선교지로 나가지 못하더라도 보내는 선교사로 헌신하기를 소원합니다.

친구들과 어울려 커피 한 잔 마시는 돈으로 죽어 가는 영혼을 건질 수 있고, 외식비를 모아서 교회를 세울 수 있다는 사실을 우리는 잘 알고 있습니다. 더 나은 투자를 위해 하나님께서 주신 물질을 아낌없이 드리기를 소원합니다. 성령이 주시는 감동을 인간의 욕심으로 누르지 않게 하시고, 보물을 하늘에 쌓아 둘 수 있는 지혜를 주소서.

선교를 이끌어 가시는 주님, 이 시간 우리가 해야 할 선교 사역을 바라보게 하소서. 온 성도들이 단기 선교에 동참하게 하소서. 하나님이 허락하시면 선교 현장을 직접 경험하기를 원합니다. 해외 선교와 농어촌 선교, 방송 선교, 학원 선교, 인터넷 선교, 문화 선교, 교육 선교, 문서 선교를 위해 내가 참여할 수 있는 일이 무엇인지를 발견하고 적극적으로 참여하게 하소서. 우리 교회가 선교하는 교회가 되고 나 자신이 선교의 일인자가 되기 원합니다.

선교 헌신자들에게 복을 주소서

온 교회가 선교에 에너지를 모으려는 이 시간, 하나님의 선교 비전에 동참하는 자들에게 한없는 은총과 복을 내려 주옵소서. 하나님이 가장 원하시는 일에 아낌없이 투자하는 성도들에게 하나님께서도 아낌없이 부어주옵소서. 건강을 지키시고 직장과 사업장이 형통케 되는 복을 주옵소서. 영적으로 하나님과 풍성한 교제를 누리고 날마다 하나님과 동행하는 은혜를 누리게 하옵소서. 선교하는 교회가 건강해지고 부흥하는 줄로 믿습니다.

우리 교회가 선교에 헌신함으로 더욱 더 건강해지고 부흥하는 은혜가 있게 하옵소서. 작년보다는 올해가 올해보다는 내년에 선교 후원자가 더 많아지기를 소원합니다.

온 교회가 물질로만 선교하는 것이 아니라 마음으로 선교하게 하소서. 기도로 선교사님들을 꾸준히 후원하기 원합니다. 선교현지와 선교사님들의 필요를 돌보게 하소서. 교회 안에서는 선교 행정이 원활히 이루어지고 선교 재정이 투명하게 쓰이게 하소서. 하늘 영광을 버리시고 이 땅에 선교사로 오신 예수님의 이름으로 기도드립니다. 아멘.

구제주일

감사와 찬양

가난한 자와 나그네, 고아와 과부의 하나님을 찬양합니다. 구제주일로 예배드리오니 이들을 향하신 하나님의 마음을 우리에게 보여 주소서. 하늘의 권세와 영광을 버리고 연약한 자와 비천한 자, 죄인의 친구가 되신 주님, 이 시간 우리에게 가난한 마음을 주사 낮은 자를 돌아보는 주님의 마음을 갖게 하옵소서.

미래를 위해

"너는 네 떡을 물 위에 던져라 여러 날 후에 도로 찾으리라 일곱에게나 여덟에게 나눠 줄지어다 무슨 재앙이 땅에 임할는지 네가 알지 못함이니라"(전 11:1-2).

내일 일을 알 수 없는 우리에게 내일 일을 자랑하지 말라고 권고하신 하나님, 재앙이 임할 때를 위해 예비하여 도움이 필요한 사람과 소유를 나눌 줄 아는 너그러운 마음을 주옵소서. 우리도 도움을 받아야만 하는 때가 반드시 온다는 혜안을 가지고 베풀 수 있을 때 나누게 하옵소서.

어린 소자에게 냉수 한 그릇 대접한 것을 잊지 않겠다고 약속하신 주님, 당신은 지극히 작은 자에게 베푼 것이 당신께 베푼 것과 같다고 말씀하셨습니다. 우리가 하나님이 주신 기회를 차버리지 않고, 주께 하듯 소자를 대접하기 원합니다. 가난한 자와 약한 자의 피맺힌 읍소가 하나님께 들리지 않도록 나눔을 실천하게 하소서.

욕망을 내려놓게 하소서

"흩어 구제하여도 더욱 부하게 되는 일이 있나니 과도히 아껴도 가난하게 될 뿐이니라 구제를 좋아하는 자는 풍족하여질 것이요 남을 윤택하게 하는 자는 자기도 윤택하여지리라"(잠 11:24-25).

좀 더 움켜잡기 위해 두 손을 꽉 쥐지만 주님이 거두시면 막을 길이 없으며 아무리 채워도 만족함이 없는 것이 인간의 욕심인 것을 잘 압니다. 우리로 하여금 욕심의 노예가 되지 않게 하소서. 부한 자로서 우리를 부하게 하시려고 가난한 자가 되신 주님, 우리로 하여금 어리석은 부자의 길을 택하지 않고 자비를 베푸는 선한 사마리아인의 길을 가게 하옵소서. 인색한 마음을 갖고 아무리 쌓으려 할지라도 주님이 흩으시면 하루아침에 물거품이 될 수 있는 것이 물질인데, 하나님이 주신 물질을 가지고 하나님이 기뻐하시는 선한 일에 사용하기 원합니다.

거지 나사로에게 자비를 베풀지 않은 부자가 죽음 이후의 세계에서 고통을 받은 사실을 압니다. 오늘 우리에게 다가오는 나사로를 외면하지 않게 하시고, 아브라함처럼 부지중에 천사를 대접하는 은총을 허락해 주옵소서. 흩을지라도 부하게 되고 남을 윤택하게 할 때 자기도 윤택하게 되는 하나님의 경영 비결을 따라 살게 하소서. 만백성을 위한 희생 제물로 자신을 내어 주신 예수님의 이름으로 기도드립니다. 아멘.

교회설립주일

감사와 찬양

보좌에 앉으셔서 찬양과 영광을 세세토록 받으실 여호와여, 이곳에 세우신 교회를 통해 당신의 영광을 온 세상에 드러내심을 찬양합니다. 촛대 사이를 거니시는 주님께서 지금까지 다스리셔서 그 사명을 감당케 하심을 감사합니다. 주님이 오시는 그날까지 하나님 앞에 인정받는 교회가 되게 하시고, 세상을 구원하는 생명선이 되게 하옵소서.

사명을 감당하는 교회가 되게 하소서

"이 집은 살아계신 하나님의 교회요 진리의 기둥과 터니라"(딤전 3:15). 주님이 세우신 이 교회를 통해 하나님을 보여 주시고, 이곳에서 진리의 말씀이 선포되게 하시니 감사합니다.

우리 교회가 거짓 교사나 이단으로부터 진리를 파수하는 교회가 되게 하소서. 진리를 파수하되 에베소교회처럼 사랑을 잃는 교회가 되지 않게 하옵소서. 진리를 파수하면서도 사랑으로 충만한 교회가 되기를 소원합니다. 보좌에 앉으신 하나님과 어린양 예수께 성령과 진리로 예배하는 교회가 되게 하시고, 생명을 살리기 위해 전도하고 선교하는 일에 주력하는 교회가 되게 하소서. 온 성도들이 모이면 기도하고 흩어지면 전도하게 하옵소서. 이웃을 사랑하고 지역사회를 섬기고 봉사하는 교회가 되기를 원합니다.

이곳을 찾아드는 모든 성도들이 아름다운 사랑의 교제를 통해 행복을 누리게 하시고 사랑과 행복이 넘쳐나는 교회가 되게 하옵소서. 초기 예루살렘교회처럼 사랑의 떡을 떼고 격려하고 위로하는 공동체가 되게 하옵소서. 각 사람을 교육하고 훈련하여 그리스도의 군사와 평신도 사역자로 세우게 하소서. 주일학교가 무너지는 이 시대에 우리 교회가 다음 세대를 준비시키는 비전 공동체가 되기를 소원합니다. 그래서 차세대에 사회를 향해 영향력을 미칠 수 있는 교회가 되기 원합니다.

부흥을 갈망합니다

이곳에서 눈물을 흘리고 기도의 씨를 뿌린 주의 종들의 헌신이 헛되지 않고 아름다운 열매를 맺게 하옵소서. 지금까지 교회를 위해 헌신하고 수고했던 모든 성도들과 그 가정을 축복해 주소서. 이곳에서 드리는 기도가 응답되게 하시고, 온 성도들이 주변 사람들에게 칭찬받아 구원 얻는 자들이 날마다 더하는 은총을 허락하소서.

주일학교의 위기 속에서도 온 성도들이 협력하고 교사들이 헌신해서 주일학교가 부흥되게 하소서. 그래서 시대를 이끌어 가는 글로벌 리더들을 많이 배출하게 하옵소서.

구역과 전도회가 선한 일에 열심을 품고 총력 전도하여 날마다 교회가 부흥되게 하소서. 주의 일을 하는데 재정적인 어려움이 없도록 성도들의 가정에 넘치는 복을 주옵소서.

온 성도들이 믿음의 선한 싸움을 싸워 사탄의 일을 대적하게 하시고, 서로 사랑과 선행을 격려하는 신앙 공동체가 되게 하소서. 선을 행하다가 낙심하지 않고, 성령을 위하여 아름다운 것을 심기를 원합니다. 우리 교회가 그리스도의 사랑 안에서 서로 존중하고 귀히 여기며, 게으른 자들을 권면하고 경계하며, 마음이 약한 자들을 격려하고, 힘이 없는 자들을 붙들어 주며, 모든 사람에게 오래 참는 사랑의 공동체가 되기를 소원합니다. 교회를 세우시고 진리로 이끄시는 예수님의 이름으로 기도드립니다. 아멘.

전도주일

감사와 찬양

이 세상 계실 때 날마다 가르치시고 치유하시고 천국 복음을 전파하는데 몰두하셨던 주님, 세계 선교의 비전을 교회에게 위임하시고 그 일을 위해 성령을 보내 주심을 감사합니다. 전도주일로 예배드리는 이 시간 온 성도가 성령 충만하여 하나님의 영광을 보게 하소서. 하나님의 비전을 교회의 비전으로 삼고 나아가게 하옵소서.

전도 중심적인 교회가 되게 하소서

이곳에 순교자의 피로 교회를 세우시고 복음이 확장되게 하심을 감사합니다. "나는 의인을 부르러 온 것이 아니요 죄인을 부르러 왔노라"(마 9:13)고 말씀하신 주님, 우리 교회도 죄인들을 향해 예수 그리스도의 사랑을 보여 주고 천국 복음을 전파하여 천국을 확장하는 일에 더욱 더 주력하게 하옵소서. "너희가 거저 받았으니 거저 주라"(마 10:8)는 주님의 말씀을 따라 복음이 필요한 자들에게 한껏 나누어 주게 하시고, 빚진 자의 심정을 갖고 그 의무를 다하게 하옵소서. 교회의 모든 조직과 기관들이 전도 중심적으로 움직이게 하소서. 기관마다 모이면 기도하고 흩어지면 전도하여 구령의 열정이 식어지지 않는 뜨거운 교회가 되기를 원합니다.

"추수할 것은 많되 일꾼이 적으니 그러므로 추수하는 주인에게 청하여 추수할 일꾼들을 보내 주소서 하라"(눅 10:2)라고 하신 주님의 탄식 소리를 우리 교회가 듣게 하시고 주님의 피맺힌 유언의 말씀을 순종하게 하옵소서. 내가 전도하지 않으면 전도할 사람이 없다는 생각으로 임하게 하시고, 영혼을 건지기 위해서는 어떤 대가도 지불할 각오를 갖게 하옵소서. 복음 전파에 따르는 고난을 두려워하지 않기를 원합니다. 전도를 위한 헌신이 아름다운 상급으로 다가올 줄을 믿습니다.

우리 교회도 전도 훈련을 통해 전도자를 세우기를 원합니다. 이 훈련을 통해 전도에 헌신된 사명자들이 구름처럼 많이 일어나게 하소서. 전도는 은사가 아니라 사명임을 알고 특정인에게 미루지 않고 하나님의 부름을 받은 온 성도가 전도를 위해 함께 일어나게 하옵소서.

성령의 능력으로 사역하는 교회가 되게 하소서

전도를 통해 선계 선교의 비전을 이루시는 주님! 성령이 임하시면 권능을 받고 전도의 현장으로 나아갈 수 있사오니 하나님의 군대로 일어나게 하옵소서. 온 성도들이 '누가 주를 위해 갈까?' 염려하시는 성령의 음성을 듣게 하시고, 무엇을 말할까 염려하지 않고 성령의 말하게 하심을 따라 말하게 하옵소서.

자기 몸을 십자가에 내어 주기까지 우리를 사랑하신 주님! 영혼을 건지는 열심을 우리에게 부어 주옵소서. 사랑의 빚을 져놓고 갚지 않는 자가 되지 않기를 원합니다. 하나님이 포기하지 않은 자를 우리가 먼저 포기하지 않게 하시고, 작은 가능성이라도 붙잡고 눈물 흘리며 기도하게 하옵소서. 하나님이 붙이신 영혼이 복음 앞에 무릎을 꿇기까지 기도하고 전하게 하소서. 우리가 비둘기같이 순결하고 뱀같이 지혜롭게 살아 우리 때문에 복음이 막히지 않게 하소서. 성령의 능력으로 덧입히시는 예수님의 이름으로 기도드립니다. 아멘.

총동원전도주일 1

찬양과 감사

오랜 기도와 준비 가운데 오늘의 기쁨을 누리게 하심을 감사합니다. 온 성도들의 헌신과 수고의 땀을 통해 아름다운 열매를 맺게 하신 하나님을 찬양합니다. 여기에 모인 모든 분들이 죄인을 살리기 위해 십자가에 못 박혀 죽으신 예수님의 큰 사랑과 은혜를 깨닫게 하시고, 복음이 필요한 모든 분이 마음 문을 열고 구원받는 하나님의 자녀가 되는 은총을 허락하소서.

구원으로 초대해 주소서

한 마리의 잃은 양을 찾아서 온 산과 들을 찾아 헤매는 목자의 심정을 저희에게 부어 주셔서 전도의 열정을 갖게 하신 하나님께 영광을 돌립니다. 전도를 통해 주님께로 나온 우리의 이웃들에게 예수님을 믿고 천국을 갈 수 있는 은혜를 허락해 주옵소서.

주님, 우리가 죄인임을 깨닫게 하옵소서. 행동으로는 악한 일을 저지르지 않았을지라도 마음으로 저지른 죄가 떠오르게 하시고, 생각으로 지은 죄를 깨닫게 하옵소서. 더구나 피조물인 인간이 창조자를 거역하고 예수님을 믿지 않는 것이 가장 큰 죄라는 사실을 깨달아 우리가 죄인임을 고백하게 하옵소서.

"수고하고 무거운 짐 진 자들아 다 내게로 오라 내가 너희를 쉬게 하리라"(마 11:28)고 말씀하신 주님, 상하고 지친 우리의 마음을 어루만져 주소서. 지친 육체에 쉼을 주시고, 상한 마음을 싸매 주시며, 방황하는 영혼이 방황의 마침표를 찍게 하옵소서. 짧은 인생을 홀로 살아 보려 끙끙대지 않고 예수님을 모시고 그분을 의지하여 살아가게 하옵소서. 우리가 얼마나 연약한 존재인지를 깨닫게 하시고, 우리가 할 수 없는 일들이 얼마나 많은지를 발견하게 하시며, 무엇으로도 채울 수 없는 마음과 영혼의 빈 공간을 주님으로 채울 수 있게 하옵소서. 이 땅에 발을 딛고 있는 우리가 하늘의 유산을 물려받을 수 있는 은총을 누리게 하옵소서.

성령께서 다스리소서

우리의 모든 마음과 삶을 살피시는 성령님, 오늘 드려지는 모든 예배와 프로그램 가운데 함께하옵소서. 말씀을 전하시는 목사님에게 성령으로 기름 부어 주시고, 여러 순서를 맡은 강사들에게 성령의 능력을 허락해 주옵소서.

성가대의 찬양을 통해 영광 받으시고, 우리는 감화받게 하옵소서. 안내로 섬기는 모든 손길을 축복하시고, 주방이나 차량 관리로 섬기시는 모든 분들의 헌신을 통해 하나님의 사랑이 나타나게 하옵소서. 방송과 음향장비를 통제하셔서 실수가 없게 하시고, 예배의 모든 분위기와 공기마저도 다스려 주소서.

복음을 위해 협력하는 기쁨을 맛보게 하심을 감사합니다. 물이 바다를 덮는 것처럼 여호와의 영광으로 우리 교회와 이 지역이 가득하기를 소원합니다. 한 알의 밀이 땅에 떨어져서 많은 열매를 맺는 것처럼 오늘 예수님을 믿기로 작정하는 모든 분들의 가정에도 많은 열매가 맺히게 하옵소서. 온 교회가 어둠의 나라에서 벗어나 하나님의 아들의 나라로 옮겨지는 감격을 맛보게 하시고, 나그네로 살면서도 하늘나라를 기대하며 살게 하옵소서. 이 시간도 목사님이 전하는 말씀을 통해 인생의 전환점을 맞이하게 하옵소서. 우리에게 생명을 주시기 위해 십자가에서 죽으신 예수님의 이름으로 기도드립니다. 아멘.

총동원전도주일 2

감사와 회개

불행한 인생을 행복으로 초대하시는 하나님 아버지, 오랫동안 기도로 준비하고 영혼을 찾는 열심을 갖고 전도의 씨를 뿌렸던 우리가 하나님께 생명의 축제로 예배드리게 하심을 감사합니다. 이 자리에 참석한 모든 분들이 생명의 주님을 만나게 하시고 이 세상에서 경험할 수 없는 평안과 기쁨을 경험하게 하옵소서. 예배의 모든 순서와 진행뿐만 아니라 예배 분위기와 공기마저도 하나님의 은총을 드러내기에 부족함이 없게 하옵소서.

행복의 초대에 반응하게 하소서

어두운 이 땅에 예수 그리스도의 복음이 전파되어 놀라운 축복을 누리게 하신 하나님, 여기에 참석한 모든 분들이 인생의 무거운 짐을 내려놓고 예수님을 만남으로 쉼을 얻게 하시고 평안을 누리게 하옵소서.

참 만족을 모르고 불평과 불만 속에 찌들어 있는 우리의 마음이 주님을 만남으로 자족하는 비결을 찾게 하소서. 불확실성의 시대 속에서 진리로 말미암아 인생의 방향을 찾기 원합니다. 거짓과 불신으로 가득한 세상에서 우리가 유일하게 신뢰할 분, 예수 그리스도를 만남으로 인생의 지표가 바뀌는 은총을 주옵소서. 한 순간의 선택이 일평생을 좌우하는데, 이 시간 예수 그리스도를 선택함으로 한 사람의 인생뿐만 아니라 그들을 통해서 온 가족이 구원받게 하옵소서.

영접하는 자 곧 그 이름을 믿는 자들에게는 하나님의 자녀가 되는 권세를 주셨다고(요 1:12) 약속하셨으니, 인간의 연약함과 인간이 가지고 있는 죄성을 보게 하사 마음을 가난케 하시고, 예수님을 구원자로 모시게 하옵소서. 인간이 지은 죄로 말미암은 하나님의 진노를 해결하시려 우리를 대신해 십자가에서 돌아가신 예수님을 만나게 하소서.

나는 길이요 진리요 생명이라고 말씀하신 예수님이 도대체 어떤 분이시고, 우리의 삶을 어떻게 변화시키시는 분이신지를 발견하게 하옵소서. 예수 그리스도의 복음을 통해, 보이는 세계를 넘어 보이지 않는 영적인 세계를 발견하게 하시고, 보이는 육체보다 보이지 않는 영혼의 가치가 더 소중함을 깨닫게 하옵소서. 초청 잔치에 참여한 모든 이들이 행복을 손에 움켜잡고 돌아가게 하옵소서.

구원의 잔치를 위해 섬기는 헌신자들을 축복하소서

새로운 삶의 의미를 찾는 구원의 잔치를 베푸신 하나님, 이 잔치를 위해 애쓰고 헌신했던 모든 분들의 수고가 아름다운 열매를 맺게 하옵소서. 한 사람을 구원의 잔치로 인도하기 위해 날마다 하나님 앞에 기도하고, 진실한 관계를 맺으면서 여기까지 인도한 모든 성도들의 수고를 기억하소서. 이들의 삶이 별과 같이 빛나게 하옵소서.

이 잔치를 위해 안내위원으로, 식당 봉사로, 주차 안내로, 방송으로 섬기는 모든 분들의 섬김을 받으시고, 아름다운 찬양을 준비한 성가대와 강단을 아름답게 장식한 모든 분들의 수고가 아름다운 하모니를 이루게 하소서.

특별히 오늘 말씀을 전해 주실 목사님과 초청 강사님에게 성령의 충만함을 주시고, 이들의 입에서 나오는 메시지가 영혼을 움직이는 능력 있는 말씀이 되게 하소서. 모든 프로그램 속에 성령의 일하심이 드러나게 하시고 실수가 없도록 모든 섬기는 일꾼들이 집중하게 하옵소서. 길과 진리와 생명 되신 예수 그리스도의 이름으로 기도드립니다. 아멘.

성전기공예배 1

찬양과 감사

약한 자를 통해 강한 자를 부끄럽게 하시는 하나님을 찬양합니다. 알파와 오메가가 되신 하나님께서 성전 건축을 위한 첫 삽을 뜨게 하심을 감사합니다. 가난한 우리를 위해 모든 영광을 버리고 가난해지신 주님, 우리로 하여금 하나님의 영광을 사모케 하심을 감사합니다. 성전에 거하시는 하나님께서 우리 몸을 성전으로 삼으시고 우리 안에 거하심을 감사합니다. 아버지께 예배하는 자가 영과 진리로 예배하라고 하신 주님, 우리 가운데 하나님의 영으로 충만케 하시고, 진리를 따라 예배하게 하옵소서.

한 마음으로 헌신하게 하소서

하나님의 섭리 가운데 온 교회가 하나님의 전을 건축하기를 사모하는 마음을 주신 하나님! 성전을 건축하기 전에 먼저 하나님 사랑하는 마음을 우리에게 주시고, 성전을 향한 뜨거운 마음을 주옵소서. 주님, 우리가 마음으로만 사랑하는 것이 아니라 다윗과 솔로몬처럼 우리의 소유를 하나님의 일을 위해 쏟아 붓기를 원합니다. 스룹바벨과 여호수아의 마음을 감동시키셨던 하나님께서 우리 교회 온 성도들의 마음도 감동시켜 주셔서 능히 하나님의 성전을 건축하고도 남을 만한 자원을 허락하소서.

내가 이 성전에 영광이 충만하게 하리라고 약속하신 하나님께서 이미 시작하신 일을 친히 성취하여 주옵소서. 은도 내 것이요 금도 내 것이라고 말씀하신 하나님, 온 성도들에게 성전 건축을 감당할 수 있는 믿음과 물질을 넉넉하게 채워 주소서. 어느 한 사람도 뒤로 물러나 있지 않게 하시고, 누구를 막론하고 앞장서서 헌신하게 하소서. 성전 기공 예배를 드리는 우리 모두가 마지막까지 한 마음이 되게 해주시고, 한 비전을 품고 함께 달려가는 기쁨을 주옵소서. 온 성도가 직접 삽을 들고 벽돌을 쌓는 마음으로 교회 건축을 돌아보게 하소서. 성전 건축을 하는 모든 과정 속에 악한 사탄이 훼방하지 않도록 성령께서 지켜 주옵소서.

마음의 성전을 건축하게 하소서

교회의 반석이 되신 주님! 우리가 짓는 성전의 영원한 머릿돌이 되어 주소서. 교회의 머리되신 주님이 우리 교회와 온 성도들을 친히 다스려 주시고 공사를 하는 중에 이웃들과 관계가 불편해지지 않게 하옵소서.

우리의 더러운 마음을 정결케 하시고, 우리 마음을 성령이 거하시는 성전으로 삼아 주시니 감사합니다. 성전을 건축하기 전에 먼저 우리 마음의 성전을 건축하기 원합니다. 우리의 믿음이 더욱 자라 가게 하시고, 헌신의 폭도 넓어지고, 주님을 향한 사랑의 부피도 더해지게 하옵소서.

성전을 친히 지어 나가시는 주님, 우리 모두는 거룩한 성전으로 지어져 가는 불완전한 존재입니다. 황량한 공터 위에 땅을 파고 다지고 주춧돌을 세워 온전한 교회가 형태를 갖추듯 우리의 인격도 온전함을 향해 지어져 가는 것을 알게 하소서. 그래서 서로를 향해 완전함을 요구하지 않고, 함께 지어져 가는 과정에 있다는 것을 인정하기 원합니다. 성도들의 관계를 무너뜨리려는 사탄의 궤계에 넘어가지 않도록 이 공동체를 지켜 주소서. 우리가 서로 배려하고 이해하고 용납하는 마음을 갖게 하옵소서.

주님, 성전 건축을 통해 각 가정들이 더욱 견고히 세워지게 하시고, 온 성도들이 우주적인 교회를 바라보는 더 큰 비전의 세계로 나아가게 하옵소서. 성전의 건축가이신 예수 그리스도의 이름으로 기도드립니다. 아멘.

성전기공예배 2

the Lord's Prayer

감사와 찬양

일을 시작하신 여호와, 일을 성취하시는 여호와 하나님이 거하시는 집인 성전을 건축하기 위해 성전기공예배를 드립니다. 하나님이 거하시는 거룩한 성전을 건축하는 영광을 우리에게 허락하신 하나님을 찬양합니다. 에스겔이 "내가 보니 여호와의 영광이 성전에 가득하더라"(겔 43:5)라고 고백했던 것처럼 성전 건축 공사를 시작하기 위해 첫 삽을 뜨는 우리에게 그 영광의 풍성함을 미리 바라보게 하옵소서.

후회가 남지 않는 공사가 되게 하소서

이제 우리는 그 옛날 다윗이 그토록 갈망했던 성전을 건축하기 위해 첫 발을 내딛습니다. 주님의 은총에 감사를 드립니다. 과분한 은혜인 줄 알고 성전 건축을 잘 감당할 수 있게 하옵소서. 불가능 속에서도 희망의 불을 끄지 않으시는 주님, 비록 가진 것이 없을지라도 믿음으로 최선을 다해 동참할 수 있게 하시고, 우리의 소유가 아니라 믿음으로 건축하게 하옵소서. 과중한 짐과 부담으로 지칠 때 구원의 은총을 생각하게 하시고, 땅에 투자하는 것보다 더 가치 있는 투자를 하고 있다는 자부심을 잊지 않게 하소서.

어려움이 닥쳐올 때마다 온 성도들이 긍정적인 말로 서로를 세우게 하소서. 서로를 향해 격려하고 축복하는 가운데 전능하신 하나님을 의지해서 일어나게 하옵소서.

느헤미야 공동체가 성벽 재건 공사를 할 때 비난하고 대적하는 자가 있었지만, 우리가 하는 공사에는 사탄의 유혹에 넘어져서 불평하고 원망하거나 비난하는 자가 한 사람도 없게 하소서. 거룩한 공사를 진행하는 동안 이탈하는 자가 없게 하시고, 무책임하게 외면하는 자가 없게 하옵소서. 주님을 위해 드리는 데 인색하지 않고 기꺼운 맘으로 참여하게 하소서.

'내'가 아닌 '우리'의 힘을 믿게 하시고, 뭉쳐진 우리를 통해 일하시는 하나님의 능력을 신뢰하게 하옵소서. 성전을 세우기 위해 드리는 헌물이 낭비가 아니라 최고의 투자임을 깨닫게 하시고, 더 없이 가치 있는 사역임을 확신케 하옵소서. 완공하는 날에 하나님 앞에서 부끄러움 당하거나 후회가 남지 않도록 최선을 다해 동참하기 원합니다.

더 소중한 성전 건축을 위해 첫 삽을 뜨게 하소서

하나님이 임재하시겠다고 약속하신 성전을 짓기 위해 첫 삽을 뜨는 영광을 허락하신 주님, 이 거룩한 공사에 참여하는 우리가 그리스도의 몸인 교회를 한 몸으로 세워 나가는 첫 삽을 뜨게 하옵소서. 교회의 하나 됨을 깨뜨리는 사탄의 간악한 전략에 빠지지 않게 하시고, 그리스도의 영광을 세상에 선포하기를 원합니다.

처음과 나중 되신 주님, 성전을 건축하는 삽을 뜨면서 성령이 거하시는 거룩한 성전인 우리의 마음을 아름답게 건축하기 위해서도 첫 삽을 뜨게 하옵소서. 늘 성령의 음성에 민감하고 성령의 다스림에 순종함으로 아름다운 성령의 열매를 맺게 해주옵소서. 마음의 성전에 사탄의 잡초가 나지 않도록 마음의 정원을 잘 관리하게 하시고 성령이 기뻐하시는 정원으로 가꾸게 하옵소서. 이 땅에 살아가는 동안 하늘에 있는 성전을 바라보며 희망과 용기를 갖게 하시고, 이 세상의 금은보화보다 하늘 성전을 더 사모하게 하옵소서. 성전 건축을 시작하실 뿐만 아니라 완공하실 예수님의 이름으로 기도드립니다. 아멘.

성전준공예배 1

찬양과 감사

성전준공예배를 드릴 수 있는 영광스러운 날을 우리에게 주신 하나님을 찬양합니다. 이 위대한 역사를 이루신 하나님께서 모든 영광을 받으시고, 준공예배를 드리는 이곳에 하나님의 영광과 능력을 선포하여 주옵소서. 성전 건축을 친히 이끌어 오신 주님, 이 시간도 우리 가운데 충만히 임재하시고 우리의 영혼을 영광의 영으로 덮어 주옵소서.

은혜를 잊지 않게 하소서

오늘 이렇게 성전준공예배를 드리는 것이 모두 하나님의 은혜임을 고백합니다. 하나님은 우리에게 성전 건축에 대한 비전을 주셨고, 성전을 건축할 수 있는 능력을 주셨습니다. 이제는 이렇게 완공하게 해주시니 무한 감사합니다. 놀라운 그 은혜를 한 시도 잊지 않게 하시고, 어떤 상황 속에서도 감사를 잃지 않게 하옵소서. 한없는 은혜로 우리에게 채워 주시는 주님, 성전 건축을 통해 우리에게 하나 됨의 기쁨을 맛보게 하시고, 선한 일에 협력하는 행복을 경험케 하시니 감사합니다. 이 성전에 거하는 온 교회가 하나님이 기뻐하시는 선한 사역을 위해 한 마음으로 협력하게 하옵소서.

때마다 일마다 평강으로 채우시는 주님, 성전 건축을 위해 헌신했던 모든 성도들에게 좋은 것으로 충만히 채워 주옵소서. 자녀들의 생애가 복되게 하시고, 이 성전에서 대대로 복음의 은총을 누리게 하소서. 이 성전에 거하는 자들이 사죄의 은총을 누리게 하시고, 낙심치 않고 성전 준공의 역사를 이룬 것처럼 선한 일을 행하다가 결코 낙심치 않는 큰 믿음의 사람들이 되게 하옵소서. 우리 앞에 태산 같은 장애물들이 닥쳐올지라도 성전 건축을 하는 동안 우리를 도우셨던 하나님을 신뢰함으로 담대히 나아가게 하옵소서.

하나님이 기뻐하시는 일에 쓰임받게 하소서

우리를 충성스럽게 여겨 귀한 직분을 맡겨 주신 하나님, 저희를 하나님의 거룩하고 위대한 사역에 아름다운 일꾼으로 세워 주심을 감사합니다. 온 성도들이 함께 일어나 건축한 이곳이 진리의 전당이 되게 하시고, 죽어 가는 영혼들을 살려 내는 생명의 터전이 되게 하옵소서. 이 성전의 문턱을 밟는 모든 이가 구원의 은총을 경험하게 하소서. 영광스러운 대업을 이룬 온 성도들이 세상의 빛과 소금으로 세움 받았듯이 이 성전이 이 지역을 비추고 살리는 생명선이 되게 하소서.

이 성전을 성도의 풍성한 교제의 장소요 성도들의 영적인 훈련소로 사용해 주소서. 영적 생명이 흘러넘치는 예배 처소가 되게 하옵소서. 만민이 기도하는 집이 되게 하시고, 이곳에서 기도하는 모든 성도들의 기도가 응답되게 하시고, 하나님의 영광을 경험하는 축복을 허락해 주옵소서. 성령의 능력을 갖고 살아가는 성도들로 가득 채워 주옵소서. 네 이웃을 네 몸 같이 사랑하라고 하신 주님, 이 성전이 지역 주민들의 삶을 윤택하게 하고 주민들에게 쉼터와 안식처의 역할을 감당하게 하옵소서. 이곳을 찾아오는 모든 이들이 마음의 상처를 치유받게 하시고, 지친 영혼에 차고 넘치는 새 힘을 공급받게 하소서. 여기에서 복음의 증인들이 불같이 일어나게 하시고, 세계 선교의 비전을 품은 복음의 헌신자들이 파송되게 하소서. 한없는 은총을 베푸시는 예수님의 이름으로 기도드립니다. 아멘.

성전준공예배 2

감사와 찬양

"여호와의 영광에 합당한 영광을 그에게 돌릴지어다"(대상 16:29). 영광 받으시기에 합당하신 주여, 성전준공예배의 주인공이 우리가 아니라 여호와이심을 고백합니다. 비축한 재정 없이 초라하게 시작하였던 공사였지만 이제 성전을 준공하는 영광스러운 날을 맞이했습니다. 모든 것을 이루신 하나님을 찬양합니다.

눈물 흘려 기도하고 땀 흘려 수고하고 힘에 지나도록 넘치는 헌물로 하나님께 봉헌했던 모든 성도들 위에 하나님의 한없는 은혜와 복으로 충만하게 채워 주소서.

영원토록 함께하소서

하나님의 성전을 짓고자 했던 다윗에게 "네가 어디로 가든지 내가 너와 함께 있어 네 모든 대적을 네 앞에서 멸하였은즉 세상에서 존귀한 자들의 이름 같은 이름을 네게 만들어 주리라"(대상 17:8)고 약속하신 여호와여, 성전 건축을 하는 과정에 함께하신 여호와께서 앞으로 영원토록 이곳에 함께 거하시고 성전준공예배에 참석한 모든 성도들의 가정과 직장과 사업장에 함께하옵소서. "내가 사망의 음침한 골짜기로 다닐지라도 해를 두려워하지 않을 것은 주께서 나와 함께 하심이라"(시 23:4)는 다윗의 고백이 바로 우리의 고백입니다. 어려운 고비마다 하나님께서 외면하지 않으셨고, 은혜의 보좌 앞으로 나아가 눈물로 기도할 때마다 필요한 은혜를 베푸신 하나님께 감사와 찬양과 영광을 올립니다.

성전 건축을 위해 수고하고 애썼던 하나님의 백성들을 형통하게 하시고, 인생의 장애물이 닥쳐 올 때마다 그들의 신음하는 기도를 들으시고 응답하소서. 이들을 대적하는 자들이 없게 하시고, 혹여 대적하는 자들이 몰려 올지라도 한길로 왔다가 일곱 길로 도망가는 은총을 허락해 주옵소서. 매순간 하나님께서 동행해 주셔서 이들이 가는 곳마다 여호와의 지혜와 권능이 드러나게 하소서. 주를 바라는 자들이 수치를 당하지 않도록 구름기둥과 불기둥으로 인도하시고, 반석에서 샘이 터져 해갈하는 은총을 허락해 주옵소서.

합력하여 선을 이루어 주소서

우리가 생각하지도 못한 은혜로 채우시고, 우리가 계산할 수 없는 방법으로 공급하신 여호와께서 합력하여 선을 이루시니 감사합니다. 성전을 건축하는 동안 생각이 맞지 않아 갈등할 때도 있었고, 힘에 겨워 불평불만을 토로한 적도 있었습니다. 때론 아예 뒷전으로 물러나 있을 때도 있었습니다. 그러나 전능하시고 지혜로우신 하나님께서 일하실 때마다 아름다운 결실이 맺혀지는 것을 볼 수 있었습니다. 이렇게 인도하신 하나님을 의지하여 어떤 상황에도 두려워하지 않고 신실하신 하나님을 신뢰하며 나아가게 하옵소서.

우리가 두려워하는 것은 우리의 나약함과 어리석음이 아니라 합력하여 선을 이루시는 하나님에 대한 믿음이 약해지는 것이오니, 우리의 믿음을 굳세게 하시고 큰 믿음으로 주의 일을 감당하게 하옵소서. 내가 하는 것이 아니라 하나님이 하시는 일을 바라보게 하시고, 안 될 것 같은 일 앞에서도 합력하여 선을 이루시는 하나님을 의지하고 기도하게 하소서. 합력하여 선을 이루시는 하나님 앞에서 염려하기 전에 구할 수 있게 하시고, 불평하기 전에 감사하게 하시며, 부정적인 말을 하기 전에 믿음으로 순종하게 하옵소서. 합력하여 선을 이루시는 예수 그리스도의 이름으로 기도드립니다. 아멘.

헌당예배 1

찬양과 감사

일을 시작하실 뿐만 아니라 자기의 기뻐하시는 뜻을 따라 아름답게 성취하시는 하나님을 찬양합니다. 하나님의 영광으로 채우신 이 성전을 하나님께 봉헌할 수 있는 은총을 허락하신 하나님께서 이곳에서 예배하는 모든 자들에게 하늘의 평강과 기쁨으로 충만케 하옵소서. 죄인 된 우리를 하나님의 자녀 삼으시고 아버지께로 나아와 예배하게 하셨으니, 우리로 하나님이 찾으시는 예배자가 되게 하옵소서.

하나님을 영화롭게 하는 성전이 되게 하소서

너희가 먹든지 마시든지 무엇을 하든지 다 하나님의 영광을 위해 하라고 하신 주님, 이 집을 살아 계신 하나님의 교회요 진리의 기둥과 터로 삼아 주신 하나님께 감사와 찬양과 영광을 돌립니다. 겨자씨가 자라 새들이 깃드는 쉼터를 이루듯이 복음의 씨앗으로 시작된 이 성전이 하나님의 영광을 선포하는 영광스러운 하나님의 집이 되게 하심을 감사합니다. 이곳에 복음의 영광을 충만하게 비추사 주변에 있는 사람들을 살리게 하소서. 이곳에 찾아오는 모든 이들이 사죄의 은총을 경험하고 그 감격으로 아버지를 온전히 섬기는 믿음의 대장부로 거듭나게 하옵소서. 이곳에서 드려지는 모든 기도가 천사들의 손에 들려 하늘 제단에 이르기를 원합니다. 그래서 우리가 하늘 보좌를 움직이게 하는 능력을 경험하게 하소서. 이 성전에서 기도의 향연이 끊이지 않게 하시고, 365일 기도의 불씨가 꺼지지 않는 하나님의 처소가 되게 하옵소서.

길이요 진리요 생명이신 주님, 이 성전에서 영생을 주는 샘물이 흘러넘쳐 죽음의 골짜기를 적시는 은총을 허락하시고, 상하고 지친 영혼들을 소성케 하는 생명의 말씀이 풍성한 강단이 되게 하옵소서. 이 성전의 머릿돌이 되신 주님, 우리가 봉헌하는 이 성전에서 하나님의 복음이 수시로 전파되게 하셔서 더 많은 사람들이 복음을 듣게 하옵소서. 이곳에 찾아오는 가난한 자들이 배부르게 하시고, 불안한 자들이 평안을 맛보며, 염려로 가득한 자들이 참 기쁨과 평안을 누리게 하옵소서.

여호와의 열심을 갖게 하소서

일의 시작이요 마침이 되신 주님, 이 모든 것이 하나님의 열심으로 이룬 열매입니다. 성전 헌당을 통해 하나님의 의가 드러나게 하시고, 우리로 하여금 하나님의 열심에 동참하는 기쁨을 누리게 하심을 감사합니다. 우리 교회가 이 시대에 하나님의 의를 이루는 일에 쓰임받는 교회가 되게 하시고, 온 성도들이 하나님의 열심을 드러내는 도구가 되게 하옵소서. 자원함으로 자기 것을 아낌없이 쏟아부은 성도들의 헌신 위에 하나님의 은혜가 넘쳐나게 하소서. 자손 대대로 하나님이 베푸시는 축복의 잔치에 참여하게 하옵소서. 이곳을 드나드는 자들이 성령의 충만한 은혜를 누릴 때 지금까지 성전 건축을 위해 헌신한 성도들이 교회 부흥의 역사를 목도함으로 수고의 열매를 거두게 되기를 소원합니다. 우리의 헌신을 기뻐 받으신 하나님 아버지, 하나님의 왕국을 위해 섬기기를 기뻐하는 이들이 여기에 모였나이다. 우리로 하여금 세상에서 빛과 소금으로 살게 하시고, 어디를 가든지 복음의 깃발을 들고 승리하게 하옵소서. 앞으로 남은 생애가 더 아름답게 하시고, 하나님을 사랑하고 가까이하는 것이 복이라는 사실을 잊지 않게 하소서. 성전에 거하시기를 기뻐하시는 예수님의 이름으로 기도드립니다. 아멘.

헌당예배 2

감사와 찬양

"이 성전의 나중 영광이 이전 영광보다 크리라 만군의 여호와의 말이니라. 내가 이곳에 평강을 주리라 만군의 여호와의 말이니라"(학 2:9).

헌당예배의 영광을 허락하신 하나님, 감사합니다. 크신 하나님을 찬양합니다. 솔로몬 성전보다 더 영광스러운 성전의 실체로 오신 주님, 주님의 영광과 은총이 이 성전과 온 성도들 위에 충만히 거하기를 소원합니다. 힘들어서 흘렸던 모든 성도들의 눈물을 이제 감격과 감사의 눈물로 변하게 하시니 감사합니다. 모든 영광과 찬양을 주님이 홀로 받으소서.

순기능으로 쓰임받게 하소서

"땅의 모든 끝이 여호와를 기억하고 돌아오며 모든 나라의 모든 족속이 주의 앞에 예배하리니 나라는 여호와의 것이요 여호와는 모든 나라의 주재심이로다"(시 22:27).

모든 나라의 통치자가 되신 여호와여, 봉헌하는 이 성전이 주인 되신 여호와의 온전한 통치 아래 있게 하옵소서. 사람이 통치하지 않게 하시고 교회의 머리 되신 주님의 생각과 아이디어를 따라 경영되게 하옵소서. 많은 사람들이 이곳으로 몰려와 예배하는 은혜가 있게 하시고, 이곳에서 흘러나오는 생수로 많은 이들이 영혼의 만족을 얻게 해주옵소서. 지치고 상한 심령들이 이곳에 와서 안식을 얻고, 대적들로부터 쫓기는 자들이 이곳에 와서 피하게 하시며, 절박한 기도 제목을 갖고 이 성전에서 드리는 기도가 하늘 보좌에 상달되어 응답 받는 은총을 허락해 주옵소서.

세상을 품고 사랑하게 하시고, 지역 주민들의 필요를 살펴 그들을 섬기는 교회가 되게 하시고, 상처 받고 병든 영혼들을 치료하는 영적인 병원이 되게 하소서. 우리의 필요에만 급급한 게 아니라 지역과 세계를 품고 선교의 비전을 성취하는 성전이 되게 하소서. 세상 사람들로부터 조롱받는 교회가 되지 않게 하시고, 이곳에서 분쟁과 다툼의 소리가 나지 않게 하소서. 사람의 목소리는 작아지고 성령님의 음성만이 크게 들리게 하시고, 사람들의 잡다한 생각은 주님의 거룩한 생각 앞에 굴복하게 하소서.

거룩한 백성으로 살게 하소서

"여호와의 산에 오를 자가 누구며 그의 거룩한 곳에 설 자가 누구인가 곧 손이 깨끗하며 마음이 청결하며 뜻을 허탄한 데 두지 아니하며 거짓 맹세하지 아니하는 자로다 그는 여호와께 복을 받고 구원의 하나님께 의를 얻으리니 이는 여호와를 찾는 족속이요 야곱의 하나님의 얼굴을 구하는 자로다"(시 24:3-6).

거룩하신 주님, 이 성전에 오르는 자마다 악을 행하는 자는 사라지고 선을 행하는 자로 가득하게 하소서. 깨끗한 손으로 주의 일을 섬기게 하시고, 청결한 마음으로 여호와께 예배하게 하소서. 입술로만 예배하는 자가 아니라 전심으로 예배하게 하시고, 성전에서만 예배하지 않고 삶의 현장에서 우리의 몸을 거룩한 제물로 하나님 앞에 불사르게 하옵소서. 인간의 영광에 도취되어 살지 않게 하시고 먹든지 마시든지 무엇을 하든지 여호와의 영광에 집중하게 하소서. 나에게 집중된 이기적인 마음을 벗어 버리고 다른 사람들과 지체들을 생각할 줄 알게 하소서. 우리로 거룩한 성전에 합당한 거룩한 백성이 되게 하소서. 성전의 주인 되신 예수 그리스도의 이름으로 기도드립니다. 아멘.

임직예배 1

찬양과 감사

온 땅을 선교지로 삼으시고, 우리 교회와 온 성도를 영광스러운 복음의 증인으로 삼으신 하나님을 찬양합니다. 다윗의 무너진 장막을 일으키신 주님, 이 시간 하나님의 사랑을 입은 자녀들이 임직 예배 가운데 임하신 하나님을 만나고, 그 영광을 뵙게 하시니 감사합니다. 우리 교회가 하나님의 영광을 가리고, 하나님을 온전히 드러내지 못한 죄악들을 용서하시고 일꾼을 세우는 이 시간을 통해 하나님을 기쁘게 해드리기로 결단하는 은혜가 있게 하옵소서.

교회를 세우는 일꾼이 되게 하소서

우리가 죄인 되었고 경건치 못했을 때 독생자 예수님을 십자가에 못 박으심으로 우리를 향한 넘치는 사랑을 확증해 주신 하나님, 우리를 충성되이 여겨 직분을 맡겨 주셔서 감사합니다. 주님이 맡겨 주신 직분을 늘 감사하는 마음으로 기쁘게 감당하는 참된 일꾼이 되게 하옵소서. 오늘 세움을 받는 모든 직분자들이 선한 싸움을 싸우게 하시고, 믿음과 선한 양심을 가질 수 있게 하시며, 온 교회와 성도들에게 아름다운 덕을 끼치게 하소서.

지혜의 성령님, 모든 직분자들에게 지혜를 주셔서 늘 자신을 돌아보게 하시고 기도와 말씀으로 거룩한 삶을 추구하게 하소서. 다른 지체들을 돌아보아 사람을 양육하고 세우는 일꾼이 되게 하옵소서. 목회자와 아름다운 동역을 이루게 하사 맡은 자리에서 하나님의 마음을 시원케 해드리게 하옵소서. 날마다 주의 말씀으로 훈련받고 성장하여 온전한 성도가 되고 봉사의 일을 잘 감당하여 그리스도의 몸을 세우는 일꾼이 되게 하옵소서. 우리의 열심이 오히려 교회를 힘들게 하지 않기를 원합니다. 예수님을 다시 십자가에 못 박는 어리석은 자가 되지 않게 하옵소서.

하나님이 주신 은사와 재능을 잘 계발하기 원합니다. 자기를 자랑하고 자기 의를 드러내지 않고 십자가와 예수 그리스도만을 자랑하고 간증하는 일꾼이 되게 하옵소서.

은혜로운 교회가 되게 하소서

그리스도의 남은 고난을 우리의 육체에 채우기를 기뻐하시는 주님, 주님께서 우리를 위해 한 알의 밀알이 되어 주셨듯이 우리도 그리스도의 몸 된 교회와 성도들을 위해 한 알의 밀알이 되어 남에게 유익을 주게 하소서. 자기 유익을 구함으로 교회와 성도들을 힘들게 하는 것이 아니라 그리스도의 유익을 구하는 은혜로운 교회가 되게 하옵소서.

사랑하는 주님, 지혜로운 일꾼이 되어 성령을 근심시키지 않기를 원합니다. 성령의 사역을 풍성히 드러내는 성령의 사람이 되게 하옵소서. 십자가에 죽으심으로 막힌 담을 허무시고 한 몸을 만드신 주님, 우리 역시 한 몸을 이루는 교회가 되어 하나님의 영광을 가리지 않게 하옵소서. 종이 자신의 자리를 이탈하여 주인 행세 하지 않게 하시고, 오직 그리스도만이 온 교회와 성도들을 다스리는 머리가 되어 주옵소서. 주의 일을 하되 불평과 원망이 없게 하시고, 분열하고 다투어 서로에게 상처를 주는 일이 없게 하소서. 은혜롭고 덕스러운 말로 다른 성도를 세우는 교회가 되기 원합니다. 착함과 의로움과 진실함의 열매로 주를 기쁘시게 하는 교회가 되게 하소서. 우리를 은혜와 사랑이 넘치는 일꾼으로 세우시는 예수님의 이름으로 기도드립니다. 아멘.

임직예배 2

감사와 찬양

교회의 주인 되신 여호와여, 오늘 이 시간 그리스도의 몸 된 교회를 세우기 위해 여러 일꾼들을 세워 주심을 감사합니다. 이들을 통해 세계를 경영하시고 교회를 다스리시는 하나님의 영광과 위엄이 나타나게 하시고, 하나님의 이름이 높아지게 하옵소서. 임직예배의 순서를 맡아 섬기는 모든 분들에게 성령으로 기름 부어 주소서.

걸림돌이 아닌 디딤돌이 되게 하소서

그리스도의 몸을 온전케 하시려 교회의 여러 일꾼들을 세우시는 주님, 오늘 임직을 하는 모든 직분자들이 하나님의 영광을 위해 쓰임받을 줄 믿습니다. 이들로 교회에 유익이 되게 하소서. 주의 일을 섬기는 동안 그리스도의 몸인 교회를 세우는 자들이 되게 하옵소서. 교회와 목회에 걸림돌이 아니라 디딤돌이 되게 하시고, 성도들에게 훼방꾼이 아니라 조력자가 되게 하옵소서.

성령의 통치에 온전히 순종함으로 성령의 열매를 맺게 하옵소서. 성품과 인격이 변화되어 성도들보다 앞장서서 주의 일을 감당하게 하옵소서. 주님의 뜻으로 세워진 일꾼들이 주님 앞에서나 교회 앞에서 부끄러움이 없게 하소서. 자신의 감정과 뜻을 주장하지 않고 주님의 뜻과 성도들의 생각을 앞세우며 섬기게 하소서. 교회를 통해 자신의 유익을 추구하는 일꾼이 아니라 자기 가진 것을 주님의 유익을 위해 사용하게 하소서. 어떤 일에든지 긍정적인 인자가 되어 감사와 행복의 에너지를 전해 줄 수 있는 일꾼이 되게 하소서. 말이나 행동에 있어서 본이 되게 하시고, 교회를 위해서라면 말할 때와 침묵할 때를 가릴 수 있는 용기와 절제를 허락해 주소서. 또 다른 사람들의 말에 귀를 기울이는 지혜를 주옵소서. 남에게 대접받기 바라는 대로 남을 대접하는 일꾼이 되게 하옵소서.

칭찬받는 일꾼이 되게 하소서

맡은 자들에게 구할 것은 충성이라고 하셨으니 몸을 아끼지 않고 주의 일을 위해 죽도록 충성하는 일꾼이 되게 하시고, 작은 일이나 큰일이나 모두 귀히 여기고 충성하는 신실한 일꾼들이 되게 하소서. 주의 일을 하되 분내거나 다투지 않고, 주님 앞에서 결산할 날을 생각하며 섬기게 하소서. 우리에게 맡겨진 달란트를 충분히 발휘해서 하나님의 맘을 흡족하게 해드리기 원합니다.

"집사의 직분을 잘 한 자들은 아름다운 지위와 그리스도 예수 안에 있는 믿음에 큰 담력을 얻느니라"(딤전 3:13)고 말씀하셨으니, 임직을 하는 것보다 맡은 직분을 잘 감당하는 데 주력하게 하옵소서. 직분을 잘 감당하지 못하여 게으르고 악한 종이라고 책망받지 않게 하시고, 착하고 충성된 종이라고 칭찬받게 하옵소서. 있으나 마나한 일꾼이 아니라, 꼭 필요한 일꾼이 되게 하시고 하나님과 사람들에게 칭찬받게 하옵소서. 초대 교회 일곱 집사처럼 지혜와 믿음과 성령이 충만하여 교회를 부흥시키는 밑거름이 되게 해주시고, 가정이나 직장이나 교회에서나 이웃에게 자랑거리가 되게 해주옵소서. 교회의 주인 되셔서 친히 통치하시는 예수님의 이름으로 기도드립니다. 아멘.

성찬식 1

the Lord's Prayer

찬양과 감사

진노의 자녀로 영원한 형벌을 받아야 될 우리에게 십자가의 은총을 주시고 우리로 당신의 자녀 삼으신 하나님을 찬양합니다. 어두움의 나라에서 우리를 건지시어 사랑의 아들의 나라로 옮겨 하나님 아버지께 예배하는 특권을 허락하신 하나님께 모든 존귀와 영광을 돌립니다.

예배하는 우리의 심령이 하나님의 영으로 기뻐하는 예배가 되게 하옵소서. 거룩한 예식에 참여하기에 거리끼는 모든 죄악들을 용서하시고, 우리의 마음과 손과 발, 입술과 생각까지도 십자가의 보혈로 정결케 하옵소서.

그리스도께 온전히 속한 삶을 살게 하소서

십자가의 보혈로 모든 죄를 깨끗하게 하시는 주님, 이 시간 믿음으로 준비하여 학습과 세례를 받고 입교와 유아세례를 받게 하신 은혜를 감사합니다. 하나님의 말씀을 통해 자신이 죄인임을 고백하게 하시고, 예수님을 나의 주 나의 하나님으로 모실 수 있게 하심을 감사합니다. 문답을 잘 마치고 성도들 앞에서 신앙고백을 할 때, 이들의 영혼을 성령으로 충만케 하옵소서. 이제는 죄악 된 삶과 옛 습관을 벗을 수 있게 하소서. 그리스도 안에서 새로운 피조물이 되었으니 하나님이 기뻐하시는 삶을 살게 하옵소서. 이제는 세상에 대해 죽고 하나님에 대해 살게 하시고, 죄에 대해서는 죽고 의에 대해서 살아나게 하옵소서.

참 포도나무 되신 주님, 이제는 예수 그리스도에게 연합되어 아름다운 열매 맺게 하시고, 예수 그리스도의 사람으로 아름다운 향기를 발하는 신실한 성도가 되게 하옵소서. 그리스도의 사랑과 복음에 빚을 졌사오니 남은 삶은 하나님 왕국에 헌신된 자로 살기 원합니다.

영광스러운 성찬식이 되게 하소서

십자가에 못 박히심으로 고난받는 종의 길을 걸으신 주님, 이 시간 성찬식 가운데 주님의 한량없는 은혜를 다시 경험하고 우리도 그리스도를 위한 고난의 길을 걸어가기를 소원합니다. 주님은 자신을 내어 주는 섬김의 종으로 사셨는데, 저희는 주인 노릇을 하려고 발버둥 쳤습니다. 우리 죄를 용서하여 주옵소서.

우리의 죄를 대신하여 십자가에서 죽으신 주님을 생각하며 죄를 미워하고 죄의 쇠사슬을 끊어 버리기를 갈망하는 믿음의 결단이 있게 하소서. 주님의 살을 먹고 주님의 피를 마실 때, 우리 안에 그리스도를 위해 헌신하겠다는 마음의 소원이 불일 듯 일어나게 하소서.

주님께서 십자가에서 죽으심으로 막힌 담을 허시고 원수 된 우리를 하나로 묶으셨는데, 우리는 자꾸 서로 간에 담을 쌓으려고 합니다. 우리의 죄를 용서해 주옵소서. 화목케 하시는 말씀을 붙잡고 평화로운 세상을 만드는 주역이 되기 원합니다. 주께서 천하보다 귀하게 여긴 형제들을 업신여기지 않고 작은 자를 귀하게 여기며 서로를 통해 그리스도를 볼 수 있기를 소원합니다.

거룩한 성찬식에 참여하지 못한 성도들에게도 동일한 은혜를 베푸셔서 일상에서 주님을 경험케 하시고, 아직까지 세례를 받지 못한 자들에게 성찬을 갈망하는 맘을 주시고, 세례와 성찬의 은혜에 동참할 수 있는 복을 주옵소서. 성찬식에서 누린 이 기쁨과 감격을 한 주간의 삶에서 다른 사람들에게 나누어 줄 수 있는 은혜를 주옵소서. 예수님의 이름으로 기도드립니다. 아멘.

성찬식 2

감사와 찬양

우리의 허물과 죄를 대신 짊어지시고 십자가에 죽으신 주님, 그 피를 인하여 구원받은 하나님의 자녀들이 한 자리에 모여 거룩한 예식을 거행하오니 이 자리에 하나님의 은총을 가득 부어 주소서. 예수님의 피로 한 가족이 된 영광을 알게 하시고, 예수 보혈의 권세와 능력을 깨닫는 예식이 되게 하옵소서.

학습자와 세례자가 더 성숙된 길로 나아가게 하소서

"무릇 그리스도 예수와 합하여 세례를 받은 우리는 그의 죽으심과 합하여 세례를 받은 줄을 알지 못하느냐"(롬 6:3). 죄로 말미암아 영원히 죽을 수밖에 없는 진노의 자녀들을 십자가의 보혈로 깨끗하게 씻어 주시고 하나님의 자녀가 되는 권세를 얻게 하시니 감사합니다.

학습과 세례 문답을 익히고 참된 신앙고백으로 온 회중 앞에 서약하는 성도들에게 성령께서 충만히 거하여 주옵소서. 이제 이들의 죄가 씻겼으니 성결하고 거룩한 삶을 살게 하시고, 죄에게 종노릇하지 않고 하나님의 종이 되게 하시고, 불의의 도구가 되지 않고 의의 도구가 되게 하옵소서. 예수 그리스도와 신비한 연합을 이루어 그리스도를 위해 죽고 그리스도를 위해 살게 하소서. 깨끗한 양심을 가지고 하나님의 뜻을 이루게 하옵소서.

"오직 사랑 안에서 참된 것을 하여 범사에 그에게까지 자랄지라. 그는 머리니 곧 그리스도라"(엡 4:15). 이 말씀을 따라, 학습을 받고 세례를 받는 데 그치지 않고 날마다 영적인 성장과 진보를 이루게 하소서. 그래서 충성스러운 그리스도의 일꾼으로 세움을 받게 하옵소서. 입술의 신앙고백을 넘어 삶으로 예수 그리스도를 증언하는 증인이 되게 하시고, 세상 속에서 그리스도의 영광을 가리지 않도록 축복해 주옵소서.

합당한 성찬을 행하게 하소서

민음의 권속들이 한 마음으로 거룩한 성찬식에 동참케 하시니 감사합니다. "누구든지 주의 떡이나 잔을 합당하지 않게 먹고 마시는 자는 주의 몸과 피에 대하여 죄를 짓는 것이니라"(고전 11:27)고 하신 말씀을 기억합니다. 합당한 성찬식이 되도록 자신을 돌아보게 하시고, 십자가의 놀라운 사랑과 은총을 기념하게 하옵소서. 하나님이 기뻐하시는 삶을 살지 못하고, 주의 영광을 가리는 삶을 살았던 저희를 용서하시고, 십자가의 보혈로 우리의 양심과 온 몸을 정결케 하옵소서. 십자가의 피로 한 형제자매가 되게 하신 주님, 주의 성찬에 참여하는 우리가 한 가족임을 기억하면서 서로 사랑하고 섬기는 사랑의 공동체를 이루기 원합니다.

"너희가 이 떡을 먹으며 이 잔을 마실 때마다 주의 죽으심을 그가 오실 때까지 전하는 것이니라"(고전 11:26). 떡을 먹으면서 주님의 찢기신 몸을 기억하고, 포도주를 마시면서 십자가의 보혈을 감사하게 하소서. 우리 모두가 성령으로 충만하여 주님 오시는 그날까지 그리스도의 죽으심을 모든 사람들에게 전파하게 하옵소서. 십자가의 보혈로 정결해진 입술을 가지고 성령의 도우심을 따라 복음을 전파하게 하소서. 보혈의 능력을 힘입고 성령의 권능을 받아 삶으로 그리스도를 나타내게 하소서. 언젠가 하늘에서 주께서 베푸시는 상에서 함께 먹고 마시는 그날까지 십자가를 자랑하며 살기 원합니다. 성찬식의 떡과 포도주가 되신 예수 그리스도의 이름으로 기도드립니다. 아멘.

헌신예배 대표기도

헌신예배 대표기도
제직 헌신예배 1

감사와 회개

사랑과 긍휼이 풍성하신 하나님 아버지, 부족하고 연약한 저희를 하나님 나라와 교회의 일꾼으로 삼아 주심을 감사합니다. 하나님께서 우리를 충성스럽다고 여기셔서 제직의 직분을 주셨으나 충성하지 못하고 헌신하지 못했던 저희를 용서해 주소서. 주님의 영광을 드러내야 할 저희가 자신의 이름과 의를 드러내려고 했고, 주의 일을 하면서도 서로에게 상처를 주었습니다. 이 시간 제직 헌신예배를 통해 하나님이 기뻐하시는 일꾼으로 거듭나게 하소서.

지체들을 세우는 일꾼이 되게 하소서

맡겨 주신 사명을 감당할 수 있는 지혜와 능력을 주시는 주님! 올 한 해에도 제직의 직분을 받아 교회를 섬길 수 있는 영광을 주심을 감사합니다. 지혜로운 일꾼이 되어 다른 성도들과 교회에 유익을 주기 원합니다. 다른 지체들과 동역하면서 독선에 빠지지 않게 하시고, 자기주장을 고집하지 않고 다른 지체들의 생각을 들을 수 있는 귀를 주옵소서. 하나님이 주신 입술로 부정적인 영향을 미치지 않게 하시고, 다른 사람들의 마음에 상처를 입히지 않게 하소서. 위로하고 칭찬하고 격려함으로 공동체와 지체들을 세워 주기를 원합니다. 내가 존재함으로 다른 지체들과 공동체가 유익을 얻고 행복해졌으면 좋겠습니다. 일꾼들 자신도 자부심과 행복을 느끼는 섬김이 되게 하소서.

358

다른 사람을 나보다 낫게 여기기를 원하시는 주님! 주님이 세워 주신 다른 지체들의 존귀함을 알게 하시고, 그들을 돌아보고 섬김으로 주님의 사랑을 증명할 수 있게 하옵소서. 더불어 섬기는 기쁨을 맛보게 하시고 공동체의 선을 위해 자신을 내려놓는 훈련을 받게 하소서.

모든 허물에도 불구하고 우리를 용납하신 주님! 우리가 바리새인처럼 남을 정죄하고 비난하는 자리에 가지 않게 하시고, 말로 누군가를 죽이는 자가 아니라 살리는 자가 되게 하옵소서.

칭찬받는 일꾼이 되게 하소서

하나님에게만이 아니라 사람들에게도 칭찬받고 인정받기를 원하시는 주님, 맡겨 주신 사명에 충성함으로 하나님 앞에서 부끄러움을 당하지 않게 하시고 다른 사람들에게 해를 끼치지 않게 하소서. 이 땅에서 누리는 영광보다 하나님 앞에서 받게 될 상급을 기억하게 하시고, 사람에게 받는 칭찬보다 하나님에게 받는 칭찬을 사모하는 일꾼이 되게 하소서.

자신의 유익보다는 남의 유익을 추구하고, 교회의 덕을 위해 자신을 희생하기를 원합니다. 자신이 져야 할 짐을 남에게 미루지 않고 다른 사람의 짐을 져줄 수 있는 섬김의 마음도 주옵소서. 내가 가진 힘과 지혜로 섬기기보다 하나님이 공급하시는 능력으로 감당하게 하시고, 몸 바쳐 충성하고도 무익한 종이라고 고백하는 진실한 종이 되게 하소서. 다른 지체들과 누가 크냐는 싸움을 하지 않게 하시고, 서로 분열하고 다툼으로 그리스도의 영광을 가리지 않게 해주옵소서.

이 시간 우리의 영혼과 마음을 새롭게 하시기를 기뻐하시는 주님, 오늘 우리에게 주시는 말씀으로 세상을 이기게 하소서. 가족들에게 주님의 사랑을 드러내고 직장과 이웃들과의 관계에서 하나님의 사람으로 인정받기를 원합니다. 착하고 충성된 종에게 상급을 주실 예수님의 이름으로 기도드립니다. 아멘.

제직 헌신예배 2

감사와 찬양

자비롭고 은혜로우신 하나님 아버지, 제직들이 헌신예배를 드릴 수 있도록 불러 모아 주신 은혜를 감사드립니다. 지난해에도 우리는 사업과 가정을 핑계로 주님 앞에 충성을 다하지 못했고 주님의 일을 성실히 감당하지 못했는데, 주님은 우리를 책망하지 않으시고 금년에 다시 직분을 선물로 주시니 감사합니다. 이제껏 게을렀던 저희를 용서해 주시고, 금년에는 주님이 주신 귀한 직분을 잘 감당할 수 있게 도와주소서.

본이 되는 제직들이 되게 하소서

사랑의 주님, 제직들이 믿음이 약해질 때 더욱 엎드려 기도하게 하소서. 주님이 맡겨 주신 귀한 직분을 억지로 감당하거나 말과 지식만 앞서는 직분자가 되지 않게 하소서. 수단과 방법을 앞세우는 것이 아니라 주님의 희생과 섬김을 본받아 진정한 봉사를 실천하게 하옵소서.

초대 교회 집사들같이 생명을 다하여 사명을 감당하기 원합니다. 교만과 나태함으로 주님의 영광을 가리는 일이 없도록 겸손과 신앙의 덕을 겸비한 부지런한 일꾼이 되게 하소서. 맡겨진 일이 작든 크든 최선을 다하기 원합니다.

교회뿐만 아니라 이 지역을 위해서도 구제와 봉사에 힘쓰기를 원합니다. 교회 안에서만이 아니라 교회 밖에서도 주님의 일꾼으로서 살아, 믿지 않는 자들로 하여금 하나님 앞에 영광을 돌리는 자리로 돌아오게 하는 신실한 종들이 되게 하소서.

교회의 비전과 목사님의 목회 방침에 발맞추어 가는 제직들이 되기를 원합니다. 교회의 일을 긍정적으로 보는 제직들이 되게 하소서. 담임 목사님을 중심으로 하나가 되어서 어렵고 거칠고 소외된 일이라 할지라도 솔선수범 하는 자세를 잃지 않기를 원합니다. 평신도들에게도 모범과 기준이 되는 제직들이 되게 하시고, 교인들을 섬기는 제직들이 되게 하여 주시옵소서.

제직들의 가정과 경영하는 사업장마다 축복해 주셔서 물질로 주님의 교회를 섬기고 이웃을 돌아보는 데 부족함이 없게 하옵소서. 교회 모임에도 항상 모범이 되는 제직들이 되기를 원합니다.

말씀의 은혜를 사모합니다

오늘도 강단에 세워 주신 목사님을 성령의 능력으로 붙들어 주셔서 저희로 하여금 주님의 귀한 말씀을 듣고 깨닫게 하소서. 말씀에 도전받아 다시 한 번 결단할 수 있는 이 밤이 되게 하옵소서.

오늘 헌신예배의 순서를 맡은 제직들을 성령의 능력으로 붙들어 주셔서 실수하지 않고 잘 감당하도록 인도하소서. 예수 그리스도의 이름으로 기도드립니다. 아멘.

구역장 헌신예배 1

찬양과 감사

한 생명을 천하보다 귀하게 여기시는 주님, 우리에게 하나님의 마음을 부어 주시니 감사합니다. 하나님을 알고 사랑하게 하셔서 당신께 나아가 예배할 맘을 주시니 감사합니다. 이 시간 우리가 드리는 예배를 통해 온 천지만물에 충만한 하나님의 영광을 보게 하시고 하나님의 자녀 됨의 기쁨을 다시 경험하게 하옵소서.

영혼을 돌보는 구역장이 되게 하소서

선한 목자 되시는 주님, 저희를 늘 지키시고 인도하시니 감사합니다. 헌신예배를 드리는 구역장들이 양떼를 푸른 초장과 잔잔한 물가로 인도하시는 주님의 본을 따르게 하옵소서. 예수님의 마음으로 죽어 가는 영혼들을 찾아가는 구역장이 되게 하시고, 상하고 지친 구역원들을 위로하고 세우게 하소서. 그리고 고통스러운 문제로 신음하고 있는 가정들을 그리스도의 사랑으로 품을 수 있게 하옵소서. 구역원들의 가정이 당하는 아픔과 고통의 문제를 알고 느끼게 하시며, 그 고통과 아픔을 함께 나눌 수 있는 마음을 주소서. 고통 중에 있는 그들을 하나님의 말씀으로 격려하고 도전하게 하옵소서.

이들이 영혼들을 품고 하나님 앞에서 눈물 흘려 기도하게 하소서. 영혼들이 하나님의 말씀에서 벗어나 자기 길을 고집할 때 하나님의 말씀으로 경책하여 바른 길로 인도하게 하소서. 상한 마음을 치유하여 그리스도의 장성한 분량에 이르기까지 자라도록 돕는 구역장들이 되게 하옵소서. 한 영혼을 하나님의 말씀으로 양육하고 훈련하여 하나님의 사람으로 세워 나가는 가치를 알게 하시고, 그들을 세우기 위해 예수님처럼 자신을 아낌 없이 내어 주는 삶을 살게 하옵소서.

부흥을 가져오는 구역장이 되게 하소서

세상에서 가장 위대한 스승이신 주님, 모든 구역장들에게 예수님과 같은 은혜로운 입술을 주시고 다른 사람들을 잘 가르칠 수 있는 은사를 주셔서 구역 식구들을 진리로 세워 나아가게 하옵소서. 구역장들에게 영혼을 책임지게 하신 주님, 이들이 구역을 부흥시켜 하나님의 마음을 시원케 해 드리기 원합니다. 여기서 그치지 않고 다른 리더를 세워 재생산을 할 수 있는 구역장이 되게 하옵소서. 복음을 전하고 영혼을 건질 수 있는 사람을 낚는 어부가 되게 하시고, 그 사명을 감당할 수 있는 성령의 충만을 허락해 주옵소서.

빈들에서 오병이어의 기적을 베푸심으로 주린 영혼들에게 영과 육의 양식으로 충만하게 채워 주셨던 주님! 구역장들이 자신의 영적인 상태를 잘 관리하는 유능한 영성 관리자가 되기를 원합니다. 다른 사람들을 돌보느라 영적 탈진에 이르지 않게 하소서.

형제를 위해 기도하기를 원하시는 주님, 이 시간 참여한 온 성도들이 구역장들을 위해 기도하게 하시고, 그들이 사역을 잘 감당할 수 있도록 격려하고 지지하게 하소서. 푸른 초장과 잔잔한 물가로 인도하시는 선한 목자 되신 예수님의 이름으로 기도드립니다. 아멘.

구역장 헌신예배 2

주님의 뜻을 묵상하게 하소서

연약한 우리를 부르셔서 세상의 어떤 것보다 더욱 복되게 하신 당신의 크신 은혜에 감사와 영광을 돌립니다. 이 시간 진정 사모하는 마음으로 주님의 이름을 높이 부릅니다. 주님께서 피로 사신 권속들이 한 자리에 모여 예배하오니 하늘에서 홀로 영광받아 주옵소서.

지난 한 주간을 돌이켜 보건대 주님의 뜻대로 살겠노라 하면서도 죄악된 길에서 벗어나지 못하고 세상에 동조하며 살았음을 고백하지 않을 수 없습니다. 분주한 생활로 죄가 영혼 깊숙이 스며드는 것도 잊고 살았습니다.

죄가 우리 속에서 왕 노릇 하기 전에 주님의 용서와 은총을 구하오니 불쌍히 여겨 주소서. 더 이상 죄의 시녀가 되어 성령을 거역하는 삶을 살지 않도록 말씀으로 사로잡아 주옵소서.

맡기신 본분을 잘 감당하게 하소서

은혜의 주님! 이 시간에 특별히 구역장 헌신예배로 드릴 수 있도록 은혜 베풀어 주심을 감사드립니다. 저희를 구원하여 주시고 천국 백성으로 삼아 주시고 교회의 혈관과 같은 구역을 돌보는 사명을 주시니 그 크신 은혜에 감사할 뿐입니다.

저희에게 귀한 직분을 맡겨 주셨으니 죽도록 충성할 수 있는 구역장들이 되게 하소서. 혹 저희의 부족함과 연약함 때문에 상처 받는 구역 식구들이 없도록 스스로 돌아보고 기도하게 하소서. 구역장으로서 범사에 모범이 될 수 있게 하시고, 맡겨진 구역 식구들을 열과 성의를 다하여 잘 살필 수 있는 저희가 되게 하여 주옵소서. 그리고 우리 구역장들이 언제나 십자가의 정신을 잃지 않고 사역하게 하소서.

주님께서 "나는 마음이 온유하고 겸손하니 나의 멍에를 메고 내게 배우라"(마 11:29) 말씀하셨으니 구역 안에서 그 어떤 일이 발생해도 주님이 말씀하신 이 귀한 말씀을 잊지 않도록 도와주옵소서. 구역장들의 섬김으로 가정마다 천국이 이루어지는 축복이 있게 하시고, 구역을 통해서 전도의 문이 열려 교회가 부흥 성장하게 하소서.

권위를 주장하기보다는 겸손히 행하는 구역장들이 되게 하시고, 대접받기보다는 대접하기를 먼저 하는 구역장들이 되게 하소서.

이 시간 생명의 말씀을 전하실 목사님을 성령의 능력으로 붙드셔서 말씀을 듣는 저희 모두가 다시 한 번 새롭게 결단하는 시간이 되게 하소서.

예배의 시종을 주님께 의탁합니다. 예배 순서를 맡은 종들에게도 크신 은혜를 내려 주셔서 실수하지 않게 인도하소서. 우리를 죄악에서 구원하신 예수 그리스도의 이름으로 기도드립니다. 아멘.

남전도회 헌신예배 1

찬양과 감사

아침마다 새로운 주의 성실을 고백케 하시는 하나님 아버지, 한 가정의 남편이요 아버지이며 교회의 허리요 기둥인 남전도회가 하나님께 헌신을 다짐하는 예배를 드리게 하심을 감사합니다. 모든 남전도회 회원들과 예배드리는 온 성도가 하나님의 영에 압도되어 주의 임재 앞으로 나아가는 시간이 되게 하소서. 이 헌신예배를 하나님의 빛으로 채워 주소서.

신실한 영혼의 관리자가 되게 하소서

고초와 재난 가운데서도 늘 소망을 불러일으키시는 주님, 어려운 시대를 살아가는 우리 남전도회 회원들에게 날마다 성령 충만한 은혜를 주셔서 자신을 이기고, 죄를 물리치며, 사탄을 대적할 수 있게 하옵소서. 주님의 일을 섬기기 전에 자신의 영혼을 생기 있고 풍요롭게 관리할 수 있는 영혼의 관리자가 되게 하시고, 주의 일을 하면서 스스로 지쳐 탈진되지 않게 하옵소서. 건강하고 온전한 가정이 되어 하나님의 일을 하는 데 온 가족이 서로 협력하게 하소서. 믿지 않는 가족이 있다면 그들을 전도하기 원합니다. 그래서 그들과 천국까지 동행하게 하소서.

위로와 소망의 하나님, 마음속에 불평과 불만의 잡초가 자라지 않게 하소서. 부정적인 생각에 영양분을 공급하지 않도록 우리의 생각을 지켜 주옵소서. 육체의 소욕을 따라 주의 일을 하지 않게 하시고 성령의 소욕을 따라 선한 열매를 맺게 하소서. 악한 영이 다툼과 분열을 일으키려 할 때 믿음으로 물리치는 용기를 허락해 주옵소서. 평화의 주님, 우리 안에 불화가 만들어지지 않게 하소서. 다른 지체들과 더불어 불화를 조장하는 사람이 되지 않도록 우리의 감정을 성령께서 온전히 다스려 주옵소서. 날마다 하나님의 말씀으로 자신을 다스려 나가게 하시고, 인간의 혈기나 재주로 일하는 것이 아니라 무릎으로 일하는 기도의 사람이 되게 하옵소서.

남전도회가 부흥하게 하소서

남전도회원들의 기도가 막히지 않도록 그들의 영혼과 관계를 새롭게 하여 주시고, 이들이 교회의 부흥을 위한 불씨가 되게 하옵소서. 이들이 환경을 초월해서 일하시는 하나님을 신뢰하고 믿음으로 나아가는 대장부들이 되게 하옵소서. 남전도회가 하는 말을 통해 목회자들이 힘을 얻게 하시고, 성도들이 위로받고 격려받게 하소서. 전도회원들이 아름다운 평신도 사역자로 그리스도의 몸 된 교회를 든든히 세워 가게 하소서.

남전도회 안에 있는 회원들을 잘 돌아보고 관리하게 하시며, 힘들고 아픈 문제를 안고 있는 가정들을 하나님의 말씀으로 서로 세워 가게 하소서. 상처 받은 회원들을 부축하여 그들이 다시 일어날 용기를 불어넣게 하시며, 사업이나 직장 문제 때문에 경제적으로 힘든 지체들에게 하나님을 붙잡을 수 있는 믿음을 허락해 주옵소서.

이들의 사업과 직장을 축복해 주셔서 이들의 곳간이 차고 넘치게 하시고, 하나님의 일을 위해 재정적으로 아낌없이 헌신할 맘을 부어 주소서. 모든 회원들이 한 마음이 되어 복음을 위해 협력하며, 전도회와 교회의 부흥을 위해 모여서 기도하는 일에 전념하게 하옵소서. 예수님의 이름으로 기도드립니다. 아멘.

헌신예배 대표기도

남전도회 헌신예배 2

증인으로 살게 하소서

우리로 항상 승리하게 하시는 하나님, 오늘 이 시간 특별히 남전도회 헌신예배로 구별하여 예배드릴 수 있도록 인도해 주심을 감사드립니다. 날로 험악해져 가는 세상 가운데 우리 남전도회 회원들을 지키시고 이 시간 하나님을 경배할 수 있는 특권과 기쁨을 주신 것을 감사합니다. 모든 영광과 찬양을 홀로 거두어 주옵소서.

사랑의 하나님 아버지, 하나님께서 우리에게 많은 재능과 능력을 허락해 주셨는데, 사실상 우리는 하나님의 섭리하심을 제대로 깨닫지 못하고 지금까지 우리의 의지대로 세상일에만 골몰하였음을 고백합니다. 저희의 부족한 믿음을 용서하시고 다시 한 번 주님의 영광을 드러내는 귀한 삶을 살 수 있도록 은혜와 능력을 허락하여 주옵소서.

능력의 주님, 사죄의 은총을 입은 우리 남전도회가 주님의 사랑으로 다시 회복되는 기쁨을 가지기를 소원합니다. 이 시간 구원의 은총을 다시 회복시키시고 주님께서 우리에게 분부하신, 땅 끝까지 이르러 내 증인이 되라는 지상명령을 제대로 수행할 수 있도록 능력을 덧입혀 주옵소서.

이제 회장 이하 모든 임원들이 주님이 우리를 향해 원하시는 뜻이 무엇인지를 분별하게 하소서. 영적인 지각력을 가지고 이 시대에 우리 남전도회가 감당해야 할 몫을 성실하게 수행할 수 있도록 은혜를 주소서. 모든 회원들이 한 마음 한 뜻이 되어서 이 교회와 하나님 나라를 위해서 일할 때에 주님의 큰 영광을 우리에게 보여 주옵소서.

충성하기 원합니다

자비로운 하나님, 지금 이 자리에 특별히 헌신을 다짐하기 위해 머리 숙인 남전도회 회원들이 사회 각 분야에서 맡은 일들이 있습니다. 주님께서 그들이 일하는 곳마다 친히 찾아가 주셔서 복 내려 주시고 그들이 맡은 일들을 성실하게 감당할 때 주위 사람들에게 그리스도의 향기가 전달되는 은총을 허락해 주옵소서. 그리고 모든 회원들을 교회와 사회에 꼭 필요한 인물들로 세워 주소서.

말씀의 은혜가 충만하게 하소서

하나님의 말씀을 대언하실 목사님을 주께서 친히 인도하여 주시고 은혜로운 말씀을 전하실 때 우리의 심령이 뜨거워지며 새롭게 되는 역사를 허락하소서.

은혜의 주님, 주님이 사랑하시는 우리 교회가 남전도회의 힘 있는 섬김과 봉사를 통해서 더욱 부흥하고 성숙하기를 원합니다. 교회와 하나님 나라를 향한 헌신의 결의와 구체적인 섬김을 통해서 아름다운 부흥이 앞당겨지기를 갈망합니다. 예수 그리스도의 이름으로 기도드립니다. 아멘.

여전도회 헌신예배 1

찬양과 감사

아무도 멸망하지 않고 회개하기까지 오래 참으시는 하나님, 우리를 향한 하나님의 놀라운 사랑과 자비하심에 감사와 찬양을 돌립니다. 우리에게 십자가를 붙잡고 영원한 천국을 사모하는 믿음을 주셔서 아버지 앞으로 나아와 헌신예배를 드리게 하시니 감사합니다. 헌신예배 가운데 임재하시는 성령님께서 우리의 영혼을 새롭게 하시고 하늘로부터 내려오는 신령한 은혜로 날마다 하나님을 향해 독수리처럼 올라가게 하옵소서.

향기 나는 여인이 되게 하소서

우리를 예수 그리스도의 향기로 불러 주신 하나님, 우리의 삶이 지치고 힘겹지만 그러한 현실 속에서도 부르심에 합당한 삶으로 하나님의 명예를 드러내는 아름다운 여인들이 되게 하옵소서. 가정에서 현명하고 덕스러운 아내가 되게 하시고, 현숙한 엄마로서의 사명을 감당하게 하소서. 온 가족을 화평하게 하는 며느리와 시어머니가 되게 하옵소서. 온 가족이 집을 그리워하도록 가정을 편안한 보금자리로 만들기 원합니다. 그래서 우리의 가정을 통해 이웃들이 예수 그리스도의 사랑을 알게 하옵소서. 아름다운 외모를 치장하기 위해 노력하기보다는 마음을 아름답게 단장하기 원합니다. 주님을 닮은 성품과 인격으로 온 가족을 감동시키는 여전도회원들이 되게 하옵소서.

너무 이기적이어서 이웃 주민들에게 욕을 먹는 일이 없게 하시고 그리스도의 사랑을 나눔으로 매사에 칭찬 듣는 그리스도인이 되게 하소서. 손해 보고 인내함으로 그리스도의 덕을 드러내는 진실한 그리스도인으로 세워 주소서. 우리의 웃는 얼굴을 전도지 삼아 이웃을 그리스도께로 인도하게 하소서. 그리스도를 자랑하고 교회를 자랑하고 목회자를 자랑하여 이웃들에게 좋은 이미지를 심어 주는 데 힘쓰기 원합니다.

칭찬받는 일꾼이 되게 하소서

수년 내에 부흥을 일으키기를 기뻐하는 주님, 우리 여전도회가 교회 부흥의 불씨가 되게 하옵소서. 예수 그리스도의 마음으로 섬기는 아름다운 봉사자로 우리를 사용해 주소서. 하나님이 공급하시는 힘과 은혜로 헌신하여 전도회가 배가 되는 축복을 허락해 주옵소서.

목사님의 목회 비전을 받들어 동역하게 하시고, 온 성도들을 자신보다 낮게 여김으로 조화와 일체를 이룰 수 있게 하소서. 하나님께서 맡겨 두신 은사와 재능을 충분히 활용하여 30배, 60배, 100배의 열매를 맺게 하옵소서. 형제들을 해치거나 교회를 허무는 부정적인 생각은 단호하게 거절하게 하시고, 분노를 자제하지 못해서 서로의 마음을 아프게 하는 일이 없기를 원합니다.

모이기를 폐하는 어떤 사람들의 습관을 따르지 않고, 은혜 받는 일에 앞장서기를 소원합니다. 여전도회가 교회 안에서 없어서는 안 될 보배 같은 일꾼이 되게 하소서. 예수 그리스도의 이름으로 기도드립니다. 아멘.

여전도회 헌신예배 2

슬기로운 자가 되게 하소서

이 시간 여전도회 회원들이 한 자리에 모여 헌신예배를 드립니다. 여전도회를 사랑해 주시고 축복해 주신 하나님의 은혜에 감사를 드립니다.

여전도회가 사업을 계획해 놓고도 여러 가지 핑계를 대면서 주님의 일을 소홀히 했음을 솔직히 고백하오니, 우리의 불충함을 용서해 주소서. 주님! 신랑을 맞으러 나간 열 처녀 중에서 슬기로웠던 다섯 처녀처럼 주님 맞이하는 일에 소홀함이 없기 원합니다.

저희가 아내이자 어머니로서 남편을 지혜롭게 내조하고 자녀를 어질게 양육하여 여인으로서 본분을 다하기 원합니다. 그리고 여전도회 회원이자 교회의 봉사자로서 주님의 일에도 충성하는 지혜로운 여인들이 되기를 소원합니다.

제자들의 발을 씻기셨던 주님을 본받아 겸손하게 섬기며 사랑하게 하옵소서. 한나와 같이 기도의 승리자가 되게 하시고, 위기에 처한 가문을 구해 낸 나발의 아내 아비가일과 같이 담대한 믿음과 지혜를 주소서. '죽으면 죽으리라'는 굳센 믿음으로 조국을 구한 에스더와 같은 믿음을 우리 여전도회 회원들에게 내려 주옵소서.

전도의 사명을 온전히 감당하게 하소서

하나님 아버지, 올해 여전도회에서 계획한 모든 사업들이 차질 없이 실행되기를 소원합니다. 저희는 연약한 여성이지만 믿음의 전신갑주를 덧입어, 복음을 들고 담대하게 세상으로 나가게 하옵소서.

여전도회 헌신예배를 위해 강단에 세우신 귀한 목사님을 기억하여 주옵소서. 목사님에게 능력을 주시고 주님의 장중에 붙들어 주셔서 능력의 말씀을 전파하게 하옵소서.

주님, 저희 연약한 여전도회 회원들이 드리는 헌신예배를 기쁘게 받아 주옵소서. 이 시간 저희가 주께 충성하기로 다시금 결단하오니 이 마음이 변치 않게 붙들이 주옵소서.

여러 모양으로 어려운 상황에 있으면서도 열심히 봉사하는 자들이 헌신예배를 통해 위로받기를 소원합니다. 여전도회 헌신예배 위에 거룩하신 성령께서 함께하여 주옵소서. 우리 주 예수 그리스도의 이름으로 기도드립니다. 아멘.

교사 헌신예배 1

찬양과 감사

우리를 자녀로 불러주시고 하나님의 일에 동참하게 하신 하나님을 찬양
합니다. 저희같이 부족한 자에게 영혼을 가르치고 훈련하는 직분을 맡겨
주신 하나님께 감사를 드립니다.

영혼을 세우는 교사가 되게 하소서

한 영혼을 천하보다 귀하게 여기시는 주님, 저희로 사람을 낚는 어부가
되게 하시고 학생들을 가르치고 양육하여 하나님의 사람으로 세울 수 있
는 특권을 허락하시니 감사합니다. 우리의 심령에 예수 그리스도의 사랑
을 부어주시고, 부르심의 소망 가운데 죽도록 충성할 수 있는 교사가 되
게 하옵소서. 영혼을 세우는 일이라면 작은 일에도 최선을 다하는 열정을
허락해 주옵소서. 학생들의 필요에 민감한 교사, 학생들의 고민을 들어
줄 수 있는 교사가 되게 하소서. 학생들이 가정에서 당하는 아픔을 살피
고 학교생활 속에서 부딪히는 갖가지 일들을 공감할 수 있는 멋진 교사가
되게 하옵소서.

날마다 기도에 힘쓰고, 하나님의 말씀을 읽고 듣고 배우고 묵상하는 일
에 열심을 다하여, 먼저 신앙의 기본을 갖춘 신자가 되기 원합니다.

모든 교사들이 먼저 예수 그리스도를 본받아 '너희도 나를 본 받으라'
고 담대하게 말할 수 있는 교사가 되게 하옵소서. 예수님께서 제자들을
끝까지 사랑하셨듯이 우리에게 맡겨 주신 영혼들을 포기하지 않고 끝까

지 품고 기도하기 원합니다.

주일학교를 부흥케 하소서

장차 민족과 하나님 나라의 미래를 짊어지고 갈 다음 세대가 부흥되기를 갈망합니다. 우리에게 주의 성령으로 충만케 하시고 권세와 능력을 부어 주옵소서. 현재에 안주하지 않고 더 큰 부흥을 사모하며 하나님의 은혜에 늘 목마르게 하소서. 아이들에게 가르칠 말씀을 준비할 때 성령의 기름 부으심이 있게 하시고, 그 어린 영혼들에게 말씀이 젖어들 때까지 쉬지 않고 기도하는 열정을 주소서.

각 부서들이 서로 협력하여 다음 세대를 위해 헌신하며, 교사들도 서로 분열되지 않도록 이들의 마음을 지켜 주소서. 아이들의 영혼이 변화되고 부흥하기 위해 온 교사들이 하나 되어 한 비전을 품고 달려가기를 원합니다. 영혼들을 적극적으로 심방하며 잃어버린 영혼을 찾아 전도하는 교사가 되게 하소서.

이 시간 선포되는 말씀을 통해 교사들의 영혼을 흔들어 깨우시고, 지치고 상한 교사들이 하늘로부터 내려오는 생명의 양식을 먹고 다시 일어날 힘을 얻게 하소서. 예수 그리스도의 이름으로 기도드립니다. 아멘.

교사 헌신예배 2

교사의 사명을 잘 감당하게 하소서

교사라는 귀한 직분을 맡은 자들이 하나님께 헌신을 다짐하러 모였습니다. 연약하고 부족한 자들을 가르치는 자리에 세워 주셔서 주님의 사역에 동참하게 하신 하나님께 찬양과 감사를 드립니다. 이 시간에 지금까지의 섬김을 돌아보고 앞으로의 사역을 위해 힘을 얻게 하소서.

여태껏 교사로 섬겨 왔지만 하나님 앞에서 충실하고 성실하지 못했던 것을 생각하면 참으로 부끄럽습니다. 다시 헌신하겠노라고 이 예배를 드리오니 지난날의 죄악들을 성령의 불로 태워 도말하여 주소서. 정결한 마음으로 주님께 모든 것을 바쳐 교사의 직분을 잘 감당하기 원합니다.

주님, 우리에게 맡겨 주신 사명은 어린 생명들을 주님께로 인도하는 귀한 일입니다. 소자 하나라도 잃지 않도록 우리에게 주의 깊음을 허락해 주소서. 교사로서 아이들에게 신앙의 모범을 보여 주기를 원합니다. 우리의 부족함 때문에 아이들이 상처 받거나 낙심하는 일이 없도록 인도해 주소서.

비전의 세대를 세워 주소서

특별히 부장 선생님과 각 교사들에게 영육 간에 강건하게 지켜 주시고 직분을 감당하기가 고될 때마다 주님의 십자가 그늘 아래서 쉼을 얻게 하옵소서.

주님, 우리가 목양하는 영혼들이 교회와 나라의 미래를 짊어지고 나가

376

야 합니다. 세상은 이들에게 무한 경쟁을 부추기고 스펙을 강조하지만 우리 교사들은 이들을 신앙으로 양육하여 주님의 일꾼으로 세우길 원합니다. 누가 뭐라고 하든지 이들에게 가장 시급한 것은 예수님을 아는 것이라는 믿음이 흔들리지 않도록 교사들의 마음을 굳세게 하소서.

교사들의 심장에 주님의 사랑을 가득 부어 주시어 아이들에게 예수 그리스도의 심장으로 말씀을 가르치게 하소서. 이 사랑으로 말미암아 아이들이 영혼의 진정한 변화를 경험하기를 간절히 소원합니다.

직분을 귀히 여기기 원합니다

하나님께서 맡기신 직분이 얼마나 영광된 것인지 분명히 알아 이 자리를 가볍게 보지 않게 하소서. 예수님이 아이들을 사랑하셨던 것처럼 여기 모인 교사들도 어린 생명들을 더욱 사랑하기를 원합니다.

주님, 이 시간 주님의 말씀을 가지고 강단에 서신 목사님에게 능력을 더하소서. 말씀이 힘 있게 선포될 때 교사들의 심령이 온전히 진리의 말씀에 사로잡히기를 갈망합니다. 우리 주 예수 그리스도의 이름으로 간절히 기도하옵나이다. 아멘.

성가대 헌신예배 1

감사와 간구

찬양과 영광을 받으시기에 합당하신 하나님께 찬양과 영광을 올려 드립니다. 죄인 된 자리에서 우리를 불러 주셔서 주님의 자녀로 삼으시고 세상을 노래하던 입술로 주님을 찬양하게 하시니 감사합니다. 호흡이 있는 자마다 여호와를 찬양하라 하신 하나님, 하나님이 만드신 입술로 오직 당신의 은혜만을 찬송케 하옵소서.

성가대가 드리는 찬양이 온 회중의 신앙고백이 되게 하소서. 성가대의 찬양이 하늘의 기쁨이 되기를 간절히 소원합니다.

성가대의 찬양을 듣는 자마다 주님께로 이끌리는 큰 은혜가 있게 하옵소서. 성가대원들의 가정에 크신 은혜를 베풀어 주셔서 주님 안에서 평안을 누리는 가정들이 되게 하소서. 찬양이 끊이지 않는 가정들이 되게 하소서.

신실함으로 교회를 섬기게 하소서

성가대가 구속의 은총을 찬양하고 하나님께 대한 감사를 찬양으로 올려 드릴 때 듣는 이들도 같은 마음으로 찬양하기 원합니다. 성가대가 찬양할 때, 사람을 의식하기보다는 찬양의 대상이신 하나님만 향하게 하소서.

성가대원들이 주님께 받은 찬양의 은사를 교회를 신실하게 섬기는 데 사용해서 주님께서 계수하시는 날에 칭찬 듣는 일꾼들이 되게 하소서.

성가대를 이끄는 일꾼들에게 크신 은총을 내려 주셔서 그들이 가정이나 일터에서 그리스도의 편지로 살게 하소서. 세상이 그들을 보고 그리스도가 누구신지 궁금해 하고 예수님을 믿고 싶은 마음이 생기게 하옵소서.

이 시간 말씀을 듣고 서신 귀한 목사님을 지키시고 영육 간에 강건함을 허락하소서. 목사님의 말씀에 생명력이 있게 하옵소서. 예배 순서를 맡은 성가대도 은혜 가운데 하나님을 찬송하게 하옵소서. 예배의 시종을 주님께 의탁하오며 예수님의 이름으로 기도합니다. 아멘.

성가대 헌신예배 2

구원의 은혜를 찬양하는 성가대가 되게 하소서

존귀와 영광을 받으시기에 합당하신 하나님 아버지! 주님의 높으신 이름을 찬양하고 당신께 영광을 올리나이다. 주님, 아버지의 이름과 그 영광을 날마다 노래하며 예배 때마다 귀중한 찬양을 담당하는 성가대원들이 헌신예배를 드립니다.

은혜로우신 주님! 주님께서는 저희를 택하시고 특별히 아름다운 목소리로 주님을 찬양하게 하셨으나 저희는 주님을 영화롭게 하지 못했고 귀한 직분을 맡았으면서도 충실히 감당하지 못했습니다. 이 시간 저희의 부족함을 깨닫게 하시고 다시 한 번 죄 사함을 받게 하옵소서.

저희 성가대가 구속의 은총에 대한 감격과 특별한 은사에 대한 기쁨으로 찬양하게 하옵소서. 영혼 깊은 곳에서 울려 나는 찬양으로 듣는 이들의 영혼을 촉촉하게 하는 은혜로운 성가대가 되게 하소서.

부지런히 준비되기 원합니다

영혼을 울리는 찬양을 드리기 위해 우리가 개인 신앙에 있어서도 부지런히 훈련받기를 원합니다. 날이 갈수록 혼미해지는 세상에서 우리가 믿음 안에서 중심을 잡고 바로 서게 하옵소서. 그래서 우리가 세상에 선한 영향을 끼칠 수 있기를 원합니다. 날이 갈수록 더욱 진리의 참맛을 알고 자기의 사명을 깨달아서 충성하는 대원들이 되게 하옵소서.

아직 부족한 것이 많고 주님을 찬양하기에는 부끄러운 것도 있사오나 저희의 찬양을 주님께서 받아 주시고 흠향해 주옵소서. 성가대를 지휘하는 지휘자와, 반주자, 성가대장에게 더 뛰어난 재능과 지혜와 건강을 주셔서 귀한 직분을 감당하는 데 어려움이 없게 하옵소서. 그리고 모든 대원들에게도 동일한 은혜를 허락하소서.

교회의 부흥에 동참하기 원합니다

거룩하신 주님! 우리 교회를 사랑해 주시고 지켜 주셔서 감사합니다. 저희 교회가 주님의 인도하심을 따라 날로 부흥케 하시고 찬양과 감사가 끊이지 않는 교회가 되게 하소서.

예배의 감격이 있는 교회가 되게 하사 이 지역과 사회를 하나님 앞에 온전히 올려 드리는 제사장의 사명을 감당하게 하옵소서. 이 예배를 주님께 온전히 맡깁니다. 우리의 부족한 입술로 주님을 찬양하게 하신 하나님께 감사드립니다. 예수님의 이름으로 기도합니다. 아멘.

청년대학부 헌신예배 1

감사와 간구

"청년이여 네 어린 때를 즐거워하며 네 청년의 날들을 마음에 기뻐하여 마음에 원하는 길들과 네 눈이 보이는 대로 행하라 그러나 하나님이 이 모든 일로 말미암아 너를 심판 하실 줄 알라"(전11:9).

주를 앙망하고 의지하는 자에게 새 힘을 주시는 하나님, 오늘 청년대학부가 하나님을 앙망하며 예배드립니다. 자신의 주장과 패기를 앞세우며 마음대로 세상을 좇으며 살 수도 있겠지만 그러한 삶에서 돌이켜 하나님을 예배하기 위해 모인 이들을 축복해 주소서.

청년들이 신앙을 갖기가 너무 힘든 세상이라, 청년들 중에는 교회에 몸만 담고 있을 뿐 신앙은 없는 자들이 있습니다. 그들도 주님을 구주로 영접하고 함께 하늘의 기쁨을 나누면 좋겠습니다. 주님께서 그들의 마음을 만져 주소서.

청년부 공동체를 세우기 위해 헌신하는 이들이 있습니다. 그들의 땀방울을 기억하셔서 하늘의 상급으로 채워 주옵소서. 그들이 흘린 땀이 헛되지 않도록 청년부 공동체를 견고하게 세워 주시고 한 사람 한 사람이 믿음의 사람들로 자라게 하소서.

청년들이 사람이 주는 영광을 바라며 살지 않게 하시고 오직 주의 은혜만을 바라고 헌신하게 하소서.

열방을 향한 하나님의 마음을 알게 하소서

거룩하신 주님! 이 시간 열방을 향한 하나님의 마음을 알게 하옵소서. 혼합주의와 종교다원주의 사상으로 가득한 세상 속에서 예수 그리스도의 심장을 가지고 복음을 전하기 원합니다. 거룩한 주의 백성들이 복음을 가지고 세상을 향해 전진할 때 그리스도의 향기요 편지가 되어 살게 하옵소서.

예배를 회복시켜 주소서

하나님! 우리에겐 소원이 있습니다. 그것은 이 땅에 무너진 예배를 회복하는 것입니다. 세상은 어떤 것이든 겉모양만 보고 열광하지만 우리는 본질을 통찰하게 하소서. 예배의 외형에 연연하지 않고 그 본질을 붙들게 하소서. 교회가 교회 되고 예배가 예배 되어 무너진 신앙을 다시 회복하길 원합니다.

이 시간 말씀을 전하시는 목사님께 성령의 놀라운 은혜를 내려 주소서. 이 말씀에 찔림을 받아 도전받고 그대로 순종하기 원합니다. 예수님의 이름으로 기도합니다. 아멘.

청년대학부 헌신예배 2

청년의 때 신앙을 갖게 하신 하나님께 감사

주님을 앙망하고 의지하는 자에게 새 힘을 주시는 능력의 하나님! 지난 한 주간도 저희를 주님의 은혜로 지켜 보호하여 주시고 오늘 이렇게 주의 백성들이 함께 모여 주님 앞에 찬양 드리며 예배할 수 있도록 이끌어 주시니 감사합니다.

자기를 주장하고 혈기를 부리며 살기 쉬운 청년 시절에 주님을 경외하고 의지하는 지혜를 주시니 더욱 감사합니다.

주님의 은혜를 기억하는 청년이 되게 하소서

사랑의 주님! 우리가 젊음과 패기만 있으면 무슨 일이든지 해낼 수 있을 것이라고 자만할 때가 많습니다. 젊음은 영원하지 않다는 것을 깨닫고 모든 죄와 허물을 회개하게 하소서. 인생의 주인이 되신 주님께 겸손히 자신을 내어 맡길 수 있는 청년들이 되기를 소원합니다.

우리 청년들 중에 아직도 주님을 영접하지 못한 자들이 있다면 우리 주님이 그 심령 속에 찾아 가셔서 저들의 영안을 밝혀 주소서. 그래서 인생의 참된 주인이 되시는 주님을 온전히 영접하게 하사 주님께 더욱 귀하게 쓰임받을 수 있는 일꾼들로 사용하여 주소서.

주님을 위해서 자신을 드리는 청년들도 있습니다. 그러나 자칫 주님을 위한 열심과 열정만 앞서서 교만해지지 않도록 하옵소서.

교회를 세우는 청년이 되기 원합니다

오늘 이 교회에 모인 청년들이 주님의 교회를 든든히 세우는 귀중한 일꾼으로 쓰임받기를 원합니다. 청년들의 헌신을 통해서 더욱 건강한 교회, 젊은 교회가 되게 하시고 독수리가 날개 치고 올라감같이 강한 믿음으로 비상하는 힘 있는 교회가 되게 하여 주옵소서.

오늘 이 시간 헌신을 다짐하면서 드리는 청년들의 예배를 향기로운 제물로 받아 주시고 이들을 주님의 역사를 이끌어 가는 도구로 삼아 주소서.

청년들에게 생명의 말씀을 증거하실 목사님을 기억하시고 선포하시는 말씀마다 권세를 더하여 주셔서 이 자리에 참석한 청년들과 모든 성도님들의 심령이 뜨거워지는 역사를 허락하소서. 거룩하신 예수 그리스도의 이름으로 기도드립니다. 아멘.

중고등부 헌신예배 1

청소년들의 예배를 기쁘게 받으소서

불꽃 같은 눈동자로 당신의 백성을 지키시는 하나님 아버지, 우리를 하나님의 것이라 말씀하시며 부르시어 이곳에 있게 하시니 감사합니다. 호기심이 많은 청소년들이 더 흥미로운 곳으로 발길을 돌릴 수도 있었지만 하나님을 경외하는 마음으로 이렇게 당신께 예배드립니다. 이 예배를 기쁘게 받아 주소서.

신실하신 하나님께 회개합니다

이 시간 하나님 앞에 우리의 죄를 자복하고 회개합니다. 인터넷과 게임에 빠졌고, 친구의 마음을 아프게 했고, 부모님의 말씀을 거역했으며, 하나님께 드리는 예배를 소홀히 했습니다. 용서해 주소서.

하나님은 우리를 향해 새벽이슬 같은 주의 백성이라 하셨는데 우리는 깨끗함과는 거리가 먼 삶을 살았음을 고백합니다. 우리의 고백이 진정한 회개가 되게 하시며 그 회개를 들으시고 용서하여 주옵소서.

비전을 위한 기도

말씀에 온전히 붙들리는 삶이 가장 복되다는 것을 깨닫게 하소서. 젊은 날에 창조주를 기억하며 그분께 헌신하는 피조물로 살게 하소서.

하나님, 우리에겐 꿈이 있습니다. 그 꿈은 바로 이 조국의 미래를 감당하는 것입니다. 지금부터 준비하기를 원합니다. 말씀과 기도로 이 어두운 세대를 능히 이기기를 원합니다. 이 혼탁한 세상에서 하나님을 향한 마음을 순전히 지키도록 우리를 보호해 주소서. 그래서 꿈을 향해 순전한 마음을 가지고 전진하는 믿음의 세대가 되게 하옵소서.

하나님, 청소년들이 앞으로 통일 조국의 미래를 담당해야 할 텐데, 이들을 준비시켜 주소서. 북녘의 동포들과 더불어 하나님을 예배하는 날을 꿈꾸며 기다립니다.

하나님을 향한 간절한 열망이 청소년들 안에 끓어 넘쳐 민족과 세계를 하나님께 올려 드리는 거룩한 세대가 되게 하소서. 교회를 세우며, 통일 조국의 미래를 담당하는 거룩한 세대로 청소년들을 사용하여 주옵소서.

중고등부를 위해 헌신하는 교사들에게 은혜를 베풀어 주소서. 그들이 그리스도의 사랑으로 제자들을 양육할 때, 믿음의 세대가 세워져 가는 것을 보길 원합니다.

이 시간 말씀을 전하시는 목사님께도 한량없는 성령의 감동이 있어 말씀 듣는 우리의 마음이 감격하게 하시며 선포되는 말씀이 생명력 있는 말씀 되게 하옵소서. 예수님의 이름으로 기도합니다. 아멘.

헌신예배 대표기도

중고등부 헌신예배 2

비전의 세대로 우리를 부르신 하나님을 찬양

우리의 창조주시며 구원자가 되시고 우리의 모든 삶 가운데서 섭리하시는 하나님 아버지! 오늘도 저희를 향하여 은혜와 평강의 빛을 비춰 주시니 감사드립니다. 우리를 복된 세대, 구원의 세대, 비전의 세대로 불러 주심도 감사합니다. 복된 주일, 중고등부 학생들이 주님 앞에 나와서 헌신예배를 드리니 받아 주소서.

거룩한 세대로 하나님께 쓰임받게 하소서

어릴 때부터 주님을 섬기고, 주님의 말씀을 가까이 하며, 주님을 본받아 살기를 원하는 귀한 학생들을 축복하시고 붙들어 주소서. 그들이 늘 주님의 은혜를 체험하고 주님을 만나게 하옵소서. 다윗과 같이 주님만을 섬기고 주님만 의지하며 주님만을 따라가는 복을 누리게 하소서. 솔로몬과 같이 지혜롭게 하시어 늘 진리 안에 거할 수 있도록 인도해 주소서.

이들의 인격이 주님의 성품을 닮아 가게 하소서. 주님을 본받아 겸손과 섬김의 도를 실천하게 하시고, 주님과 이웃을 위해서 봉사하게 하소서.

청소년기는 나쁜 길로 빠지기 쉬운 때입니다. 이들이 세상 유혹에 손을 내밀지 않도록 지켜 주소서. 충동적으로 인생의 중요한 결정을 내리지 않도록 인도하시고, 이들이 정녕 자신의 미래를 진지하게 고민하게 하소서.

말씀으로 훈련받는 학생들이 되게 하소서

학업을 연마하는 가운데 있습니다. 선생님으로부터 가르침을 잘 받게 하시고, 배운 만큼 민족과 사회의 공익을 위해 지식의 힘을 사용할 수 있는 학생들이 되게 하여 주시옵소서. 무엇보다 하나님의 말씀에 잘 순종하고 하나님을 기쁘시게 하는 데 집중하는 자들로 세워 주소서.

청소년들을 맡고 있는 담당 교역자님 이하 선생님들에게도 은총을 더하여 주셔서 학생들을 신앙의 인격을 고루 갖춘 사람으로 지도하는 데 부족함이 없게 하소서.

이 시간 목사님의 입술을 통해 학생들에게 꼭 필요한 영생의 말씀을 들려 주옵소서. 학생들이 정성껏 찬양을 준비했습니다. 저들의 입술을 통해 하늘에서 홀로 영광 받아 주시기를 원합니다. 예수 그리스도의 이름으로 기도드립니다. 아멘.

어린이 · 중고등부 · 청년부 예배 대표기도

the Lord's Prayer

어린이 주일 낮 예배 (방학중)

한 주간 지켜 주신 하나님께 감사

사랑의 하나님 아버지, 한 주간도 저희를 지켜 주셔서 감사합니다. 방학인데도 다른 데 놀러가지 않고 예배드리는 자리로 나오게 하시니 감사합니다.

하나님은 약속을 꼭 지키시는 분이심을 우리는 믿습니다. 우리에게 영원한 생명을 주겠다고 하신 하나님의 약속을 기억하며 기쁘게 예배드리기 원합니다.

한 주간 지은 죄를 회개

그러나 하나님, 우리는 한 주간 살면서 하나님 앞에 많은 죄를 지었습니다. 방학이라 신나게 노느라 성경도 보지 않고 기도도 하지 못했습니다. 또 부모님 말씀에도 순종하지도 않고 하나님보다 컴퓨터 게임을 더 사랑했습니다. 하나님, 우리를 용서해 주세요. 하나님을 가장 많이 사랑하고 싶습니다. 이제는 가정에서나 친구들과 어울릴 때나 하나님의 자녀답게 살도록 도와주세요.

날마다 힘 주시는 하나님께 간구

하나님, 어려서부터 하나님을 믿고 하나님의 자녀로 살게 인도해 주셔서 감사합니다. 우리가 키가 커갈수록 하나님께서 주시는 지혜가 더 자랄 수 있게 도와주세요. 그래서 나중에 하나님 나라의 귀한 일꾼이 되고 싶어요. 또 남은 방학기간 동안 하나님을 기쁘시게 하는 날이 더 많아지도록 인도해 주세요. 학교에 나갈 때보다 예수님을 더욱 깊이 만나는 시간이 되게 해주세요.

예배를 위한 기도

하나님 이 시간 예배드릴 때 우리 가운데 떠들고 싶은 마음 없도록 해주시고, 전도사님 말씀에 집중하여 하나님의 말씀을 잘 들을 수 있도록 도와주세요. 또 우리를 가르쳐 주시는 선생님들에게도 은혜를 주셔서 우리를 사랑으로 잘 가르칠 수 있도록 힘을 주세요. 또 성가대와 헌금안내로 봉사하는 친구들에게도 함께해주셔서 아름다운 예배가 될 수 있도록 도와주세요. 사랑이 많으신 예수님 이름으로 기도드립니다. 아멘.

어린이 주일 낮 예배 (학기중)

한 주간 지켜 주신 하나님께 감사

사랑의 하나님 아버지 감사합니다. 우리에게 예수님을 보내 주셔서 생명을 얻게 해주시고 하나님의 자녀가 되는 권세를 주시니 감사합니다. 한 주간 동안 우리를 지켜 주셔서 다치지 않고 건강하게 공부할 수 있도록 해주신 것도 정말 감사합니다. 오늘은 교회에 나와서 여호와의 이름을 맘껏 부릅니다. 저희가 작은 입술을 벌려서 예배드릴 때 영광 받아 주시고 하나님을 만나는 은혜의 시간이 되게 해주세요.

한 주간 지은 죄를 회개

우리는 하나님께 많은 것을 받고도 하나님이 원하는 대로 살지 못했습니다. 나만을 생각하고 욕심을 부렸습니다. 예수님께서는 네 이웃을 네 몸과 같이 사랑하라고 하셨는데, 우리는 다른 친구들을 사랑하지 못하고 미워했습니다. 우리의 죄를 용서해 주시고, 이제부터는 하나님 뜻대로 살아갈 수 있도록 도와주세요.

날마다 힘 주시는 하나님께 간구

우리에게 소망을 주신 하나님, 우리에게 꿈을 주시고 그것을 이룰 수 있는 지혜와 능력도 주세요. 그래서 우리가 하나님의 영광을 나타낼 수 있도록 도와주세요. 특별히 예수님을 믿지 않는 친구들에게 예수님을 전할 수 있는 힘과 용기를 주세요. 우리에게 믿음을 더해 주셔서 하루하루 예수님의 능력으로 살게 해주세요.

예배를 위한 기도

이 시간은 예배를 드리는 시간입니다. 성령님께서 우리 마음에 다가와 주셔서 하나님께 영광 돌리는 일만 생각하도록 도와주세요. 하나님의 말씀을 들을 때 우리의 마음 문을 열어 주세요. 설교하시는 전도사님께 은혜를 내려 주시고 우리들은 말씀에 집중할 수 있도록 도와주세요. 성가대의 찬양을 통해 우리 모두 은혜 받고 하나님께 영광을 돌리기 원해요.

예배를 드리고 각자 집과 학교로 돌아갈 텐데 그곳에서 주님의 자녀답게 사는 어린이가 되도록 인도해 주세요. 감사드리며 예수님 이름으로 기도드립니다. 아멘.

어린이 주일 낮 예배 (새 학년, 새 학기)

지켜 주신 하나님께 감사

사랑의 하나님 아버지 감사합니다. 작년 한 해도 하나님 은혜로 지켜주셔서 하나님 안에서 살 수 있도록 도와주시고, 이렇게 새 학기를 맞아 다시 모여 하나님께 예배드릴 수 있게 해주시니 정말 감사드립니다.

회개

하나님 신나는 방학이 되었어요. 방학이 되면 친구들과 놀러 다니거나 가족여행을 다닌다고 하나님을 잊어버리기가 쉽잖아요. 방학을 하나님 없이 보내지 않게 지켜 주세요. 하나님을 제일 귀한 분으로 알고, 예배를 소중히 여기기 원해요. 여태까지 하나님을 뒤로 하고 우리가 좋아하는 대로만 방학을 보냈다면 우리를 용서해 주세요. 새 학기에는 하나님과 더욱 가까워지는 우리들이 될 수 있도록 도와주세요.

새 학기를 위한 기도

하나님 아버지, 저희는 방학이 끝나면 새 학기를 맞이해요. 새 학기가 되면 새 친구들을 잘 사귀고 선생님과 더 친밀하게 지내도록 도와주세요. 공부할 때 지혜를 주시고 성실하게 배우고 실천하게 해주세요. 낯선 친구들을 만날 때 용기를 내서 예수님의 사랑을 전할 수 있도록 도와주세요. 좋은 친구와 좋은 선생님을 만나게 해주셔서 지혜와 키가 더욱 자라게 해주세요.

예배를 위한 기도

하나님, 예배는 하나님을 향한 사랑의 표현이라고 배웠어요. 이 소중한 시간을 허락해 주시고 하나님 앞에 나와 하나님을 사랑하는 마음을 보여 드리게 해주셔서 참 감사해요.

말씀을 들을 때, 찬양할 때, 기도할 때, 성경 말씀을 배울 때, 떠들거나 장난치지 않도록 우리의 마음을 지켜주세요. 가장 멋진 모습으로 정성 모아 예배드리기 원해요. 예수님 이름으로 기도드립니다. 아멘.

어린이 분반공부

감사

우리를 사랑하시는 하나님 아버지, 예배를 다 마치고 하나님 말씀을 더 자세히 배우려고 모였어요. 하나님께 예배드리고 성경을 통해 하나님을 알아갈 수 있도록 교회로 인도해 주셔서 감사해요. 성경을 배우면서 우리의 생활도 변화되었으면 좋겠어요.

회개

분반공부 시간마다 떠들거나 선생님 말씀을 잘 듣지 않았던 일도 많았어요. 하나님과 선생님 마음을 아프게 했던 것을 용서해 주세요. 이제부터라도 공부에 집중하고 말씀을 잘 듣고 실천하도록 우리 마음을 새롭게 해주세요.

분반공부에 대한 간구

우리가 분반공부를 통해서 하나님의 말씀을 더 깊이 깨달아서 하나님이 언제나 우리 곁에 계신 것을 느끼게 해주세요.

선생님이 말씀을 가르쳐 주실 때, 우리 마음이 열리게 해주세요. 열심히 배우고 싶어요. 선생님 말씀 듣고 우리의 생각과 말과 행동이 새롭게 변화되었으면 좋겠어요. 그래서 친구들과 가족에게 사랑받는 어린이가 되고 싶어요.

학교에서 친구들을 어떻게 사랑할까, 집에서는 부모님을 어떻게 기쁘게 해 드릴까 생각하면서 말씀을 듣고 실천하는 어린이가 되게 해주세요.

하나님의 말씀을 배우고 경험하고 실천할 때마다 우리 모두가 점점 더 예수님을 닮아가게 해주세요. 예수님 이름으로 기도합니다. 아멘.

성경학교

감사

하나님 아버지 정말 감사합니다. 하나님의 도우심을 힘입어 한 학기를 잘 마쳤습니다. 언제나 우리를 떠나지 않으시고 늘 도와주시니 감사합니다. 앞으로도 우리와 함께해 주시고, 특별히 방학을 보내는 동안 교회에 잘 나올 수 있도록 도와주세요.

회개와 고백

하지만 하나님, 한 학기를 보내면서 아쉬움도 많이 남아요. 더 열심히 공부하고 친구들을 사랑했어야 하는데 그러지 못했어요. 하나님 앞에 잘 못한 것들을 정직하게 고백해요. 용서해 주세요. 2학기에는 더욱 열심히 기도하고 공부해서 다윗처럼 하나님의 마음에 합한 사람, 솔로몬처럼 지혜로운 사람이 되고 싶어요.

간구

여름방학이 되면 가장 기다려지는 것이 바로 여름성경학교예요. 올해도 어김없이 여름성경학교를 시작했어요. 주제를 따라 예수님을 체험하고 하나님을 더욱 깊이 알아가며 성령님의 함께하심을 느끼는 특별한 시간이 되게 해주세요.

우리 주변에 살고 있는 많은 친구들을 하나님께로 전도하고 함께 여름성경학교에 참석하고 싶어요. 우리 모두에게 전도할 힘과 용기를 주세요.

성경학교 기간에 큰 은혜를 베풀어 주세요. 그래서 예수님을 믿지 않는 친구들도 많이 참석하고 그 아이들도 예수님을 만날 수 있도록 도와주세요.

선생님들이 특별히 시간을 내서 성경학교를 위해 헌신하고 계세요. 이렇게 귀한 헌신이 아깝지 않도록 저희가 선생님 말씀에 순종하게 해주세요. 이번에도 여름성경학교를 통해 예수님을 만나고 싶어요. 그래서 우리의 말과 생각과 행동이 점점 예수님을 닮게 해주세요.

말씀과 기도 시간을 위해

지금은 우리가 하나님의 말씀을 듣고 기도하는 시간입니다. 우리 마음이 집중될 수 있도록 도와주세요. 전도사님이 전하시는 말씀을 특별히 잘 듣고, 기도하는 시간에는 딴 짓 하지 않게 도와주세요. 우리가 예수님을 간절히 부르며 기도할 때 우리를 꼭 만나주세요. 전도사님과 선생님들에게도 은혜를 주셔서 이 예배를 통해 하나님께 영광 돌리게 해주세요. 예수님의 이름으로 기도합니다. 아멘.

어린이 부흥회

감사

"어린 아이들이 내게 오는 것을 용납하고 금하지 말라 하나님의 나라가 이런 자의 것이니라"(막 10:14).

세상의 그 누구보다 우리를 사랑하셔서 우리를 위해 대신 죽으시고, 부활하셔서 우리와 늘 함께해주시겠다고 약속해 주시니 감사드립니다. 하나님, 특별히 오늘은 어린이 부흥회로 모였어요. 특별한 은혜를 사모하게 해주셔서 감사해요.

회개

하나님, 우리는 항상 하나님 말씀대로 살기보다는 우리 마음대로 살아가기를 좋아하는 버릇이 있습니다. 하나님을 만나는 시간보다 컴퓨터 앞에 앉아 있는 시간이 더욱 즐거웠고, TV에 나오는 가수나 연예인을 더 좋아했습니다. 하나님, 우리의 잘못을 용서해 주세요. 어린이 부흥회를 통해서 하나님이 주시는 은혜를 받고 이제는 하나님만 사랑하는 어린이들이 될 수 있도록 도와주세요.

간구

하나님 아버지, 우리가 학교에서 공부할 때 힘과 지혜를 주셔서 하나님 자녀로서 공부도 잘할 수 있도록 도와주세요. 가정에서는 부모님의 말씀을 잘 들어서 하나님과 부모님에게 기쁨이 되는 친구들이 될 수 있도록 도와주세요.

이 세상에는 우리 또래의 어린이들이 많습니다. 그중에서 우리에게 먼저 예수님을 알 수 있는 귀한 은혜를 주셨으니 우리가 예수님의 사랑을 널리 전하는 어린이들이 되도록 도와주세요.

집회를 위해

오늘 이 자리에는 부흥회를 맞이해서 처음 교회에 나온 친구들도 있습니다. 사랑의 예수님께서 친구들의 마음을 찾아가셔서 예수님을 만나고 예수님을 믿는 귀한 믿음의 친구들이 될 수 있도록 도와주세요. 또 이미 교회를 다니고 있는 친구들에게는 이번 기회를 통해서 예수님을 더 닮아가게 해주세요.

말씀을 준비하신 전도사님께 하나님의 능력을 더해 주시고, 참석한 모든 어린이들이 말씀을 통해 말과 생각이 변화되는 시간이 될 수 있도록 도와주세요. 예수님의 이름으로 기도합니다. 아멘.

중고등부 주일 낮 예배 (방학중)

찬양

하나님 아버지, 오늘도 우리 친구들에게 건강을 주셔서 교회에 나와 예배드리게 하시니 감사합니다. 오늘 우리가 신령과 진정으로 예배드리오니 이 예배가 하나님께 영광이 되게 하옵소서.

회개

사랑의 하나님! 우리의 더러운 옷과 같은 의로는 하나님께 나아갈 수 없음을 고백합니다. 때때로 우리는 예배를 소홀히하고 하나님을 예배하는 자리를 떠나 우리의 마음이 끌리는 대로 행동하며 살아왔습니다. 하나님의 말씀을 들으면서도 감격이 없었습니다. 방학이 되면 여유가 생기니까 하나님을 더 잘 섬길 줄 알았더니, 오히려 예배 생활을 소홀히 하게 됩니다. 우리 마음대로 시간을 사용하고 인터넷과 게임에 빠져 허송세월을 보내기가 십상입니다. 우리 마음에 있는 무거운 짐과 죄악을 이 시간 예수님 앞에 내려놓습니다. 주님의 사랑으로 덮어 주셔서 하나님께 나아가기에 부족함이 없도록 도와주세요.

새 학기를 기도로 준비하게 하소서

방학은 새로운 학기를 준비 할 수 있는 중요한 시간입니다. 집에서 절제 없이 잠만 자거나 무의미하게 학원을 왔다 갔다 하는 방학이 되지 않도록 도와주세요. 방학을 어떻게 보낼까 기도하면서 계획하고 그대로 실천하기 원합니다. 하나님의 지혜를 구합니다. 지혜의 영을 충만하게 부어 주세요.

말씀의 은혜를 사모합니다

이 시간 말씀을 전하시는 목사님에게 지혜와 계시의 영을 부어 주시고 영육 간의 강건함도 주셔서 말씀을 전하는 데 부족함이 없게 하옵소서. 말씀을 듣는 우리 친구들의 마음을 주장하시어 늘 깨어서 주님만 바라보게 하옵소서.

주님! 이 자리에 좌정하여 주시고, 예배를 마치는 시간까지 주님 홀로 영광을 받으옵소서! 사랑이 많으신 예수님 이름으로 기도드립니다. 아멘.

중고등부 주일 낮 예배 (학기중)

세상에 물들지 않는 그리스도인이 되기 위해

사랑하는 아버지 하나님! 우리를 불러 주셔서 예배의 자리에서 하나님을 찬양하게 하시니 감사드립니다. 우리를 구원하셨을 뿐만 아니라 하나님의 자녀로 삼아 주시고 거룩한 세대로 세워 주시니 감사드립니다.

하나님, 우리 중고등부를 기억하여 주옵소서. 이 시대의 구조가 우리 친구들을 하나님 없이 살게 하는 환경으로 몰아 가며 세상의 풍조와 가치관이 이들을 혼란스럽게 하지만 우리 친구들은 주님 앞에 나왔사오니 이들에게 영적인 풍성함을 경험하게 하옵소서. 보좌로부터 은혜의 물이 흘러 세상에 오염된 친구들의 영혼을 깨끗이 씻어 주소서. 친구들의 마음이 무너져 있다면 주님의 은혜로 다시 세워 주시고 상한 마음을 치유하여 주소서.

가정을 위해

특별히 우리 친구들의 가정을 위해서 기도합니다. 이 시대의 많은 청소년들이 무너진 가정 때문에 신음하고 있습니다. 감수성이 예민한 청소년 시기에 가정에서 받은 상처로 평생을 아파하며 살기도 합니다. 세상 어느 누구도 우리 친구들의 마음을 고쳐줄 수 없지만 좋으신 하나님 아버지께서는 어떤 아픔이라도 어루만지실 수 있음을 믿습니다. 이들이 하나님의 특별한 사랑을 경험하게 하시고 그 사랑으로 가정을 회복시키는 귀한 도구가 되게 하옵소서.

비전을 발견하고 실현하는 새 학기가 되게 하소서

우리 친구들이 그리스도 안에서 비전을 발견하길 원합니다. 인생을 걸고 하나님의 영광을 위해서 헌신할 수 있는 비전을 이들에게 주옵소서. 공부할 때, 친구들을 만날 때, 선생님과 대화할 때, 예배할 때, 언제라도 하나님께서 이들에게 허락하신 비전을 발견할 수 있도록 친구들의 마음을 감동시켜 주소서. 그래서 우리 친구들이 뚜렷한 인생의 목적을 가지고 하루하루 최선을 다해 살아갈 수 있도록 인도하소서.

선생님들을 위해

중고등부를 담당하는 교사들을 위해서 기도합니다. 구원의 감격을 늘 떠올리며 영혼을 인도하는 귀한 직분을 신실하게 감당하는 교사가 되게 하옵소서. 우리 안에는 선한 것이 하나도 없습니다. 하나님께서 우리 안에 사랑을 부어 주소서. 우리 안에서 예수 그리스도의 사랑이 흘러 넘쳐 친구를, 부모님을, 선생님을 능히 품고 사랑하게 하소서.

오직 주님의 참 평안과 은혜만이 우리 가운데 충만하길 원합니다. 우리의 작은 신음에도 응답하시는 신실하신 예수 그리스도의 이름으로 기도합니다. 아멘.

어린이 · 중고등부 · 청년부 예배 대표기도

중고등부 주일 낮 예배 (새 학년, 새 학기)

찬양과 감사

사랑의 주님! 오늘도 우리 학생들을 붙들어 주셔서 거룩한 날 주님 앞에 나와 예배할 수 있게 하시니 감사드립니다. 특별히 많은 학생들 가운데서 이들을 구별하시고, 주님을 섬기며 주님을 인생의 주인으로 모시고 살아갈 수 있도록 축복하여 주심을 감사드립니다.

주의 보호하심에 맡기며

새 학년, 새 학기를 시작하며 하나님께서 우리 학생들을 보호해 주시길 간절히 소원합니다. 예민하고 충동적인 청소년기를 지나는 이들의 생각과 마음을 다스려 주소서. 이들이 주님의 자녀로 깨끗하고 정직하게 성장할 수 있도록 도와주옵소서. 이들은 스스로 죄의 유혹을 이길 힘이 없고 인격적으로도 미숙합니다. 길이요 진리요 생명이신 우리 주님께서 연약한 학생들을 강하게 붙잡아 주셔서 주님의 법도를 잘 따라서 흔들리지 않게 하소서. 우리 학생들이 불의와 싸워 가며 주님께 영광 돌리는 믿음의 사람으로 성장할 수 있도록 도와주시옵소서.

유혹의 손길을 이기지 못하여 잘못된 길로 들어선 학생들도 적지 않습니다. 저들을 불쌍히 여겨 주시기를 원합니다. 잘못된 길에서 돌이켜 주님을 바라보게 하시고 하나님을 인생의 주인으로 모시고 살아갈 수 있게 도와주옵소서.

특별히 하나님을 섬기는 귀한 학생들을 강하게 붙들어 주셔서 악하고 험난한 이때에 악에 물들지 아니하고 선한 싸움을 잘 싸울 수 있는 주님의 용사들이 되게 하소서. 순결과 사랑을 배우며, 맡겨진 책임을 잘 감당해 낼 수 있는 신앙의 사람들이 되게 하소서.

모세와 같이 민족을 위하여 귀하게 쓰임 받는 학생들이 되기를 원합니다. 여호수아와 같이 행동하는 믿음의 사람이 되기를 원합니다. 갈렙과 같이 하나님을 의지하는 신앙의 사람이 되기를 원합니다. 다윗과 같이 주님을 사랑하는 사람이 되기를 원합니다. 중고등부 학생들이 교회와 민족에게 꼭 필요한 사람들이 되게 하시고, 세상에 빛과 소금으로 쓰임 받게 하소서.

온전한 예배로 하나님께 영광 돌리게 하소서

주님! 이 시간에 생명의 말씀을 들려 주실 목사님께 성령께서 함께하소서. 학생들이 말씀을 통해 앞길을 지도받기를 원합니다. 특별히 중고등부 임원을 맡은 학생들을 기억하사 그들이 학업에 전념하면서도 학생회를 위하여 힘쓸 수 있도록 지혜와 능력을 주소서. 저들의 수고로 학생회가 날로 성장하게 하소서.

주님이 기쁘게 받으시는 예배가 되기를 소원합니다. 예수 그리스도의 이름으로 기도드립니다. 아멘.

중고등부 분반공부

우리 안에 사랑이 가득하게 하소서

영원한 찬양을 받으실 주 여호와 하나님 아버지! 우리를 주님의 백성으로 택하셔서 천국 시민이 되게 하시니 감사합니다. 주님의 품 안에서 주님의 법도를 배우고 제자로 쓰임 받게 하소서. 이 시대에 저희를 십자가 군병으로 부르셨으니 귀한 그릇으로 쓰임받는 학생들이 되게 하소서. 오늘도 주님 앞에 나와 분반공부를 합니다. 진리 안에서 따뜻한 교제가 있기를 소원합니다.

하나님 아버지! 우리 친구들이 학교와 학원 수업 때문에 예배에 잘 참석하지 못하는 일이 없게 하소서. 우리의 삶이 분주하지만 그래도 하나님께 기도하며 알차게 살아가는 친구들이 되게 하소서. 주를 의지하고 기도하면서 삶속에서 하나님께서 주신 비전을 찾아 주안에서 승리할 수 있도록 인도하여 주소서.

하나님 나라를 세우는 차세대가 되게 하소서

주님, 저희가 전도하기 원합니다. 학교에서, 학원에서, 입술을 열어 복음을 전하게 하소서. 영혼 구원에 마음을 쏟아서 저희들을 통하여 학교와 학원의 복음화가 앞당겨지기를 원합니다.

저희가 어디에서 무엇을 하든지 하나님의 자녀로서의 본분을 다하기를 소원합니다. 신앙인의 아름다운 자태를 드러내고 주님의 향기를 퍼트리게 하소서.

우리 학생들이 학업에 충실하여 귀하게 쓰임받는 인재가 되기를 원합니다. 학문에 대해 진지한 자세를 갖게 하시고, 건전한 호기심을 탐구를 통해 채우고, 자기 한계를 극복하여 성장하는 용사들이 되게 하소서. 언제나 믿음의 본을 보임으로 신뢰받는 학생들이 되게 하시고, 모든 일을 성실하게 행해서 존경받는 사람이 되게 하소서.

분반공부 안에 사랑의 나눔과 교제가 있게 하소서

분반공부에 참석하지 못한 학생들이 있습니다. 다음에는 그들도 함께 공부할 수 있도록 인도해 주소서.

중고등부 담당 목사님을 기억하셔서 피곤치 않게 하시며 저희를 주님의 말씀으로 지도하기에 조금도 부족함이 없도록 영력을 더하여 주시옵소서. 늘 학생들을 위하여 기도하는 교사들을 위로해 주소서. 그들의 수고가 헛되지 않도록 중고등부에 부흥의 열매가 맺히게 하옵소서. 중고등부를 위하여 앞장서서 수고하는 임원들에게도 함께하시고, 그들이 계획하는 모든 일들 속에 놀라운 열매가 나타도록 축복하소서. 예배의 시종을 주님께 의탁하오며 예수 그리스도의 이름으로 기도드립니다. 아멘.

중고등부 수련회 (여름, 겨울)

찬양

하늘에 계신 하나님 아버지, 우리를 수련회로 불러 모아 주시니 감사합니다. 이 시간 우리를 하나님의 능력으로 지켜 주시어 당신의 이름을 온전히 예배하며 찬양하게 하소서.

회개와 고백

우리를 사랑하시는 주님, 이제 우리들의 모든 죄를 고백합니다. 주님께서는 우리의 죄 때문에 십자가에 달려 죽으시고 부활하셨습니다. 지금도 그 무한하신 사랑과 은혜를 거두지 않으시니 감사합니다. 하지만 우리는 늘 주님의 가르침대로 살지 못하고 주님의 인도를 거부했습니다. 우리를 용서해 주옵소서. 우리의 몸과 마음을 씻어 주셔서 늘 주님의 품안에서 살게 하옵소서.

분주한 삶이 계속되고 있지만 따로 시간을 구별하여 은혜의 자리로 나아왔습니다. 이 자리에 성령의 기름 부으심이 충만하게 하옵소서.

믿음과 지혜를 구합니다

거룩하신 하나님 아버지, 우리에게 바른 신앙과 인격을 허락하셔서 어렸을 때부터 하나님의 뜻을 바로 깨닫도록 축복해 주옵소서. 우리의 인격이 주님의 성품을 닮아 가는 훌륭한 인격으로 성장하게 도우셔서 자기 자신만을 위한 이기적인 생각에서 벗어나 하나님을 영화롭게 하고 이웃에게 봉사할 수 있게 인도하옵소서.

우리의 학업에 깊이 간섭해 주소서. 겸손한 자세로 진리를 대하게 하시고 학업을 통해 주님의 영광과 선하심을 더 깊이 알게 하소서. 우리가 가진 지식으로 남을 도울 수 있기를 소원합니다.

수련회를 위해 기도합니다

이 수련회를 주님께서 주관해 주소서. 모든 학생들이 이 기간을 통해 사랑으로 하나 되게 하소서. 임원들이나 지도하시는 선생님들이 이 수련회를 잘 감당하게 하옵소서. 이곳이 은혜의 자리가 되게 하사 여기 모인 모든 학생들이 변화되는 역사가 일어나기 원합니다.

이 시간 우리가 드리는 예배를 기쁘게 받으소서. 형식적으로 예배드리는 이들이 없도록 우리 마음을 주장해 주옵소서. 말씀 전하실 목사님과 함께하시고, 목사님의 귀한 말씀을 듣고 우리가 다시 한 번 신앙의 결단을 내리게 하옵소서. 우리를 사랑하시는 예수님의 이름으로 기도합니다. 아멘.

청년대학부 예배 1

말씀으로 우리를 비추소서

거룩하신 하나님 아버지! 우리를 예배로 부르시고 하나님을 찬양하게 하시니 감사합니다. 어지러운 세상 속에 우리를 하나님의 소유로 택하시고 지켜 주신 은혜를 감사합니다.

이 시간 말씀의 빛으로 우리의 인생을 비춰 주셔서 하나님 앞에 흠이 없는 백성으로 변화되게 하옵소서.

회개와 비전의 기도

하나님, 이 시간 우리의 죄를 회개합니다. 하나님을 위해 사용해야 할 우리의 젊음을 세상의 정욕과, 육신의 정욕과, 이생의 자랑에 아낌없이 사용하였음을 고백합니다. 우리는 세상의 헛된 야망을 좇아 재빠르게 달려 갔습니다. 기도를 게을리했고 말씀 묵상을 지루하게 여겼습니다. 신령과 진정으로 예배드리지 않고 나의 만족과 유익을 위해 예배를 드렸습니다. 우리를 불쌍히 여겨 주옵소서. 우리의 평생에 예배다운 예배를 드리고, 신자다운 신자로 사는 거룩한 비전을 향해 달려가게 하소서.

비전을 향한 열정을 갖게 하소서

"청년이 무엇으로 그 행실을 깨끗케 하리이까 말씀으로 지킬 따름이니이다"(시 119:9)라는 주님의 말씀을 기억합니다. 말씀으로 우리의 삶을 조명하시고 인도하셔서, 우리로 주 앞에서 살고 행하게 하옵소서.

길과 진리와 생명이신 주님께 우리의 꿈과 비전을 두게 하옵소서. 우리 마음이 거룩한 비전으로 충만하여 그리스도인으로서의 사명을 감당하게 하옵소서. 그리스도인의 사명은 세상의 빛과 소금이 되는 것이요, 그리스도의 향기를 전하는 것임을 잘 알고 있습니다. 여호와 닛시의 하나님께서 우리를 승리케 하심을 믿고 사명을 향하여 전진하게 하소서.

새벽이슬 같은 청년들이 하나님의 나라를 위해 쓰임받기를 원합니다. 패역한 세대 가운데 우리 청년들이 서 있습니다. 이들을 믿음 안에서 강건하게 하소서. 그래서 세상 모든 족속이 예배하는 날을 바라보며 그리스도의 복음을 담대히 전하게 하소서.

이 시간 하나님 앞에 예배할 때 거룩한 비전을 품고 헌신을 다짐하기 원합니다. 우리가 드리는 이 예배가 감격이 있는 예배, 성령의 임재하심이 있는 예배되게 하옵소서.

말씀을 전하시는 목사님과 찬양으로 영광 돌리는 찬양팀에게 놀라운 은혜를 주셔서 주의 은혜를 온전히 전하는 하나님의 사람으로 살아가게 하옵소서. 주 예수 그리스도의 이름으로 기도합니다. 아멘.

청년대학부 예배 2

하나님께 마음의 중심을 두기 원합니다

하나님, 저희에게 젊음과 열정을 주심을 감사드립니다. 새벽이슬 같은
주의 청년들이 드리는 이 예배를 받으시옵소서. 청년의 때에 주의 날을
기억하는 청년들이 되게 하소서.

이 세상은 얼마나 많은 것을 소유했느냐에 따라 인간의 가치를 매깁니
다. 그 가치 기준에 우리 인생을 떠맡기지 않기를 원합니다. 우리의 가치
는 바로 예수님이 십자가에서 흘리신 보혈의 가치란 것을 알고 당당히 살
게 하소서.

범사에 하나님을 찾는 청년이 되게 하소서

요동하는 세상 속에서 신실하게 하나님을 바라보기 위해 늘 말씀을 붙
들고 묵상하게 하소서. 하나님의 세미한 음성에 민감하게 반응하는 청년
들이 되게 하소서.

예배하는 자를 찾으시는 주님! 우리가 드리는 예배가 구태의연한 의식
이 되지 않기를 원합니다. 삶이 예배가 되고 예배가 삶이 되는 은혜를 허
락하소서.

복음적으로 살게 하소서

역동하는 청년이 되기를 원합니다. 진리의 말씀 앞에 엎드릴 줄 아는 청
년이 되기를 원합니다. 움켜진 것을 놓을 줄 알고 가진 것을 베풀기를 원

합니다. 남을 나보다 낫게 여기고 낮은 자리에서 섬기는 청년들이 되기를 원합니다.

예배를 통해 헌신을 다짐합니다

이 시간 청년들이 하나님 앞에 예배합니다. 예배를 통해 하나님에 대한 헌신을 다짐하고, 그리스도의 보혈의 사랑을 경험하게 하소서. 젊음을 송두리째 바치심으로 우리를 사랑하신 예수님의 이름으로 기도드립니다. 아멘.

청년대학부 수련회

말씀 안에서 지혜를 찾는 청년이 되게 하소서

예수님도 청년의 때에 말씀에 순종하고 부모를 공경하셨던 것처럼 이 시대의 청년들도 주님의 말씀에 순종하고 주님을 경외하게 하소서. 기도할 수 있는 능력을 주셔서 하나님 아버지와 늘 교통하는 축복을 누리게 하소서.

말씀 속에 있는 지혜와 훈계를 가까이 하여 믿음이 후퇴하지 않게 하시고, 어떤 고난이나 시험도 말씀에 의지하여 승리하게 하소서.

혼탁한 세상 속에 그리스도를 바라게 하소서

세상은 복잡하고 영적으로 혼탁합니다. 어지러운 이 세대에 주님이 붙잡아 주시지 아니하시면 죄악에 빠져들 수밖에 없습니다. 이단이 난무하고 사탄도 호시탐탐 청년들을 노리고 있습니다. 이런 모든 올무에 걸려 넘어지지 않게 하시고 이겨낼 수 있는 믿음을 주소서. 진리 문제에 있어서는 절대 타협하지 않고 승리하게 하소서.

좋은 사람들을 만나게 하셔서 영권, 인권, 물권으로 축복하시고 계획을 따라 충실히 살도록 이끌어 주소서. 어려움 속에서도 방황하지 않게 하시고 참고 인내하면서 기도로 하나님께 사정을 아뢰게 하소서. 하나님께 해답이 있고 피할 길이 있는 것을 늘 기억하게 하소서.

어둠의 세력이 위협할 때마다 성령께서 깨닫는 은혜를 주시고 넘어지는 것을 합리화하지 않도록 진리의 말씀에 깨어 있는 자가 되게 하소서.

수련회를 통해 젊음의 가치를 깨닫게 하소서

거룩하신 하나님 아버지! 수련회라는 은혜의 자리를 통하여 우리를 향하신 하나님의 사랑과 계획을 알게 하시니 감사드립니다.

학교에서나 직장에서 여러 가지 어려움을 만날 때, 십자가의 은혜를 떠올리며 믿음이 흔들리지 않도록 보호해 주소서. 젊다는 것 자체가 귀한 자산이요, 젊은 까닭에 나라와 사회와 가정의 기대를 받기에 충분하다는 깃을 깨닫게 하소서.

주님께서 저들 각자에게 주신 재능이 있습니다. 그들이 믿음에서 자라가면서 그 재능이 빛을 발하게 하시고, 재능을 사용해서 주님의 영광을 나타내게 하옵소서.

저들이 하나님과 원수가 된 이 세상에 물들지 않게 하소서. 복음의 비전을 갖고 살게 하시고 그들이 성령님과 늘 동행하며 진리 안에서 하나님 나라를 바라게 하소서.

이 시간 수련회 가운데 주실 하나님의 말씀을 기대합니다. 말씀을 전하실 목사님을 붙잡아 주시고 우리의 심령을 찔러 쪼개는 하나님의 말씀을 선포케 하옵소서. 예수님의 이름으로 기도합니다. 아멘.

청년대학부 신입회원 환영기도

신앙의 친구를 보내 주심에 감사

신실하신 하나님 아버지! 우리에게 새로운 믿음의 친구를 보내 주셔서 감사합니다. 자신의 주장과 패기만을 앞세우며 살기 쉬운 청년 시절부터 주님을 경외하고 의지할 맘을 주셔서 하나님의 일꾼으로 쓰임받으며 주님의 오묘한 진리를 깨닫게 하시니 감사드립니다. 청년 공동체에 새롭게 들어온 청년들을 기억하시고 하나님의 놀라운 은총이 그들과 함께하길 기도합니다.

서로 축복

사랑의 하나님 아버지! 우리로 주 안에서 하나가 되게 하시고 믿음 안에서 서로가 서로를 격려하는 아름다운 공동체가 되게 하여 주시옵소서. 하나님! 이 공동체 가운데 하나님의 사랑이 충만하길 원합니다. 그리하여 서로를 축복하며 이 땅 가운데 하나님 나라를 세워 가며 새 창조의 동역자로 살아가길 원합니다.

이 공동체에 새로 들어온 청년들과 동행해 주소서. 하나님께서 이들에게 부어 주시는 넘치는 은혜를 맛보아 알게 하소서. 우리가 서로 사랑으로 교제하고 주의 이름으로 축복하기 원합니다.

꿈을 향해 비상하는 청년들이 되게 하소서

청년들 중에 아직도 주님을 온전히 영접하지 못하고 기분에 이끌려 교회의 문턱만 밟는 청년들도 있는 줄 압니다. 주님께서 그 심령 속에 찾아 가셔서 저들의 마음눈을 밝혀 주시고 인생의 참된 주인이 되시는 주님을 온전히 영접하게 하옵소서.

주님을 위해서 특별히 헌신하는 청년들도 있습니다. 주님을 위한 열정이 교만으로 나타나지 않게 하시고 매사에 주님의 뜻을 앞서는 일이 없도록 인도해 주소서.

우리 교회의 청년들이 주님의 교회를 든든히 세우는 데 귀한 일꾼으로 쓰임받기를 원합니다. 청년들의 헌신을 통해서 우리 교회가 더욱 건강하고 젊은 교회가 되게 하소서.

예배 가운데 함께하실 하나님을 찬양

이 시간 청년들에게 생명의 말씀을 증거 하러 단 위에 서신 목사님을 기억하시고, 선포하시는 말씀마다 권세 있게 하소서. 이 자리에 참석한 청년들이 말씀을 통해 심령이 뜨거워지게 하시고 새 힘을 얻어 승리의 삶을 살아 가게 하소서. 예배의 시종을 주님께 의탁하오며 거룩하신 예수 그리스도의 이름으로 기도드립니다. 아멘.

각종 모임 대표기도

구역예배 때 드리는 기도 1

찬양과 감사

형제가 연합하여 동거하는 아름다움을 이루어 주시는 하나님을 찬양합니다. 고아와 같은 우리를 부르셔서 자녀 삼으시고 하나님을 아버지라 부를 수 있게 하신 은혜에 감사드립니다. 이 시간 예수님의 사랑 안에서 한 가족 된 우리가 함께 모여 예배를 드리오니 성령께서 임재하셔서 영광 받아 주옵소서.

가족의 사랑을 경험하게 하소서

사랑이 메마른 이 세대에 예수 그리스도의 한없는 사랑을 날마다 경험하며 살게 하시니 감사합니다. 하나님의 사랑 안에서 저희가 사랑의 띠로 묶였고, 위로부터 내려오는 사랑을 받아 서로를 사랑할 수 있게 하시니 감사합니다. 오늘 여기에 모인 구역원들에게 서로 관심을 가지고, 서로를 돌아보고자 하는 마음을 허락하시니 감사합니다. 저희에게 서로의 필요를 알게 하시고, 그 필요를 채워 줄 수 있는 아름다운 마음도 허락해 주옵소서. 온 구역 식구들이 고통당하는 지체들을 위해 서로 기도하게 하시며, 하나님의 말씀으로 서로를 격려하게 하옵소서. 함께 세워 줄 때 일어설 용기를 허락해 주옵소서. 서로 자기 일에만 급급한 것이 아니라, 서로에게 다가가 마음을 나누고자 하는 선한 열망을 허락해 주옵소서. 우리가 서로 사랑함으로써 그리스도의 제자임을 나타내게 하시고, 말과 혀로만 하는 사랑이 아니라 행함과 진실함으로 사랑을 표현하고 실천할 수 있는 구역 식구들이 되게 하옵소서. 우리 가운데는 육신의 가족에게서 사랑받지 못하는 지체들도 있습니다. 이 구역예배 시간을 통해서 하나님의 은혜로 따뜻해지는 사랑의 경험을 하게 하시고, 가정으로 돌아가서 이 사랑으로 온 가족들을 품고 사랑하게 하소서.

가정을 세워 가는 구역이 되게 하소서

아담을 만드시고 그 갈비뼈를 취하셔서 하와를 지으신 하나님, 이들로 가장 아름다운 연합을 이루어 살게 하셨듯이 우리에게도 귀한 식구들을 주셔서 행복한 가정을 이룰 수 있게 하심에 감사드립니다. 주님이 주인되셔서 온 가족을 행복하게 만들어 주옵소서. 화목한 웃음이 떠나지 않는 가정이 되게 해주옵소서.

우리 가정의 남편들이 아내를 자기 몸처럼 사랑하게 하시고 자녀를 교양과 훈계로 양육할 수 있는 아버지가 되게 하옵소서. 아내들이 남편을 순종으로 존경하게 하시고 어머니로서 자녀를 세심히 돌아보고 필요를 채워주게 하소서. 우리 자녀들이 하나님 말씀을 좇아 부모를 공경하고 효도하게 하시고 그릇된 길을 걷지 않게 해주옵소서. 하나님의 품을 떠나 죄악의 길을 걷고 있는 가족들이 하루 속히 주님의 품으로 돌아오게 하시고, 복음으로 하나 되어 하나님의 뜻을 이루는 가정이 되게 하여 주옵소서.

사탄이 가정의 울타리를 공략하지 않게 하시고, 외부에서 폭풍우가 몰아칠 때 온 가족이 연합하게 하옵소서. 서로에게 상처를 주기보다는 험한 세상을 살아갈 힘을 불어넣는 가족이 되게 하시고, 우리 가정 안에 임마누엘하시는 하나님을 이웃들에게 보여 주는 가정이 되게 하옵소서. 인간의 혈기가 앞서지 않게 하시고, 섬김받고자 하기보다는 먼저 섬기게 하여주옵소서. 세상 풍조에 동화되는 그리스도인이 아니라 세상을 이기는 담대한 믿음의 가정이 되게 하실 예수님의 이름으로 기도드립니다. 아멘.

구역예배 때 드리는 기도 2

찬양과 감사

우리를 지켜 모든 환난을 면하게 하시고 날마다 우리 영혼을 든든히 지키시는 여호와를 찬양합니다. 복으로 항상 우리를 채우시는 하나님께서 구역 식구들의 가정과 직장과 사업장을 지켜 주시니 감사합니다. 이스라엘을 위하여 큰 일을 행하신 하나님께서 구역에 속한 우리 모든 가정에게도 큰 일을 행하여 주옵소서.

구역의 부흥을 위해 함께 노력하게 하소서

하나님 나라가 확장되기를 원하시는 주님, 하나님께서 줄로 재어 주신 우리 구역이 날마다 부흥하게 하옵소서. 우리 마음에 성령 충만함을 허락해 주시고, 말씀으로 회개하는 은총을 부어 주옵소서. 하나님의 말씀을 가까이 하고, 늘 깨어 기도하는 구역원들이 되게 하옵소서. 우리 구역이 교회 부흥의 불씨가 되게 해주옵소서. 구역이 부흥됨으로 말미암아 교회도 부흥되게 하옵소서. 또한 우리 구역이 교회 안에서 모범이 되는 구역이 되기를 원합니다. 모이기에 힘쓰고, 교회 봉사에 앞장서며, 전도하는 데 주력하는 구역이 되게 하옵소서.

구역 식구들이 한 마음이 되어 태신자를 작정하게 하시고 그들을 위해 시간마다 기도하고 그리스도의 사랑으로 다가가게 하옵소서. 교회의 공적 예배에서 베푸실 은혜를 사모하며 나아오게 하시고 받은 은혜로 충만하게 하옵소서. 성령의 도움을 받아 살아가는 구역이 되게 하시고, 구역 안에서 재생산을 통한 배가 운동이 일어나게 하시옵소서. 같은 뜻과 같은 마음을 가진 구역이 되게 하옵시고, 교회와 목사님의 비전을 함께 품고, 기도하며 헌신하는 일에 앞장서게 해주옵소서.

연합하는 구역이 되게 해 주옵소서

성령 안에서 하나 되기를 힘쓰라고 하신 주님, 사탄이 좋아하는 분쟁이나 서로 간에 상처 주는 일이 없는 모범적인 구역이 되게 하소서. 하나님께서 교회를 통해 세우신 구역장과 권찰에게 복 주시고 이들을 성령으로 충만케 하옵소서. 구역을 돌아보기에 부족함이 없도록 건강과 지혜와 능력을 부어 주옵소서. 주님의 일을 감당하기에 부족함이 없도록 물질과 가정의 평강을 허락하소서. 그래서 주의 일과 구역을 돌아보는 데 후고의 염려가 없게 하시길 기도합니다. 구역장님에게 하나님의 말씀의 권세와 능력을 부어 주셔서 담대하게 말씀을 전하게 하시고, 온 구역 식구들이 그 말씀으로 날마다 자라 가는 기쁨이 있게 하옵소서.

구역 식구들이 은혜 안에서 장성하여 앞으로 또 다른 영적 지도자들을 배출하게 하시고 지도자를 본받아 구역원 간에도 서로 격려하고 세워 주게 하옵소서. 한 마음을 품고 복음을 위해 협력하는 구역이 되게 하시기를 기도합니다. 교회가 하는 일에 부정적인 생각을 버리게 하시고 악한 영이 조장하는 불평불만에 휩쓸리지 않고 성령을 따라 행하게 하소서. 지혜로운 자와 동행하면 지혜를 얻고 미련한 자와 사귀면 해를 받는다고 하셨사오니 우리에게 분별력을 주셔서 진리와 함께 동행하게 하시고, 이단이나 잘못된 영들을 용납하지 않게 하옵소서. 구역을 통해 천국을 확장해 가실 예수 그리스도의 이름으로 기도드립니다. 아멘.

구역예배 때 드리는 기도 3

주가 주신 능력으로 살기를 원합니다

전능하신 하나님! 저희가 구역예배로 모여 주님께 경배를 드리며 주 안에서 사랑과 교제를 나눌 수 있도록 허락하신 은혜에 감사를 드립니다.

하나님, 하나님의 거룩하신 뜻이 저희를 통해 이루어지게 하시고, 저희를 통해 주님의 나라가 확장되기를 원합니다. 주님, 살아 계신 주님께서 질그릇 같이 연약한 저희 속에 임재하셔서 인생의 힘이 아니라 주님의 능력으로 살게 하시옵소서.

삶으로 선한 영향력을 끼치게 하소서

저희가 착한 행실을 많이 행할 때 세상 사람들이 그것을 보고 하나님께 영광 돌리게 되기를 기도합니다. 기회 있는 대로 모든 이에게 선을 베풀게 하시되 특별히 저희 구역의 연약한 가정들과 믿지 않는 이웃들에게 베풀도록 인도하여 주옵소서.

은혜가 풍성하신 하나님, 저희 가운데 역사하시는 능력으로 저희가 구하는 것이나 생각하는 것에 넘치도록 복을 주시옵소서. 주님, 저희가 미처 생각하지 못하여 구하지 못하는 것 그 이상으로 채워 주시며, 저희가 평온함을 인하여 기뻐하는 중에 소원의 항구로 인도하여 주옵소서.

승리하는 그리스도인이 되게 하소서

여호와 닛시의 하나님, 저희가 언제나 승리하게 하옵소서. 다윗이 어디

428

로 가든지 하나님께서 이기게 하신 것처럼, 저희도 항상 이기게 하시옵소서. 세상의 죄악과 마귀의 세력을 능히 이길 수 있도록 담대한 믿음과 능력을 주시옵소서.

주님, 구역 식구 가운데 환난을 당한 성도들을 기억하여 주옵소서. 주님께서 이러한 심한 고난을 허락하신 것은 저희로 하여금 자신을 의뢰하지 않고, 오직 하나님만 의지하기 위한 것임을 깨닫게 하시며, 고난을 극복하게 하시는 하나님을 경험하게 하시옵소서.

사랑으로 교제하는 예배 되기 원합니다

주님께서 십자가에서 찔리신 것은 저희의 허물을 인함이요 주님께서 상하신 것은 저희의 죄악 때문인 것을 고백합니다. 저희의 모든 허물과 죄악을 용서하여 주시고, 이 시간 은혜받는 시간이 되게 하시옵소서. 공과 말씀을 전하시는 구역장님에게도 성령께서 함께하시고 능력을 7배나 더하소서.

이 시간 불참한 구역 식구들에게도 동일한 은혜를 내려 주시고, 언제 어디서나 항상 하나님께 영광 돌리는 구역원들이 되게 하여 주옵소서. 자비로우신 예수님의 이름으로 기도드립니다. 아멘.

성경공부 때 드리는 기도 1

말씀이신 하나님을 찬양

말씀이신 하나님, 말씀으로 당신의 놀라운 은혜를 보이시며 우리로 감격하게 하시는 하나님의 이름을 찬송합니다. 말씀으로 천지를 창조하시고 이스라엘을 선택하셔서 종 되었던 곳에서 약속의 땅으로 인도하신 하나님의 섭리와 경륜을 기억하며 찬양합니다.

독생자 예수 그리스도를 우리에게 보내시어 십자가 죽음으로 당신의 사랑을 확증하시고, 죄인된 우리를 당신의 백성 삼으시니 감사합니다. 하늘보다 더 높으신 하나님의 사랑을 찬양합니다.

그리스도인다운 삶을 살게 하소서

이 시간 우리의 지나간 삶을 돌이켜 보며 회개합니다. 말씀에 붙잡혀 산 것이 아니라 세상의 노예가 되어 세상이 추구하는 이익을 위해 살았습니다. 살아가는 현장 속에서 말씀의 증거자로 살기보다는 명목상의 신자로 살았음을 회개합니다. 말씀을 들을 때의 감격보다 말씀을 전할 때의 은혜가 더 충만함을 저희는 경험하지 못하였습니다. 예수 그리스도를 알기 원한다고 입술로 고백하면서도 주님께서 우리에게 무엇을 원하시는지에 대해 무관심하였습니다. 우리를 긍휼히 여기시어 그리스도인답지 못한 삶에서 온전히 돌아서게 하옵소서.

예수님을 더 알기 원합니다

존귀하신 하나님! 우리가 진정 그리스도를 알기 원합니다. 하나님께서 우리에게 원하시는 것이 무엇인지 깨닫기 원합니다. "복 있는 사람은 악인의 꾀를 쫓지 아니하며 죄인들의 길에 서지 아니하고 오직 율법을 즐거워하며 그 율법을 주야로 묵상하는 자로다"(시 1:1). 그리스도인의 삶의 표준이 되는 말씀을 가까이 하며 말씀에 붙들려 살게 하옵소서. 말씀이 꿀송이보다 더 달다고 표현한 성경 저자의 고백이 나의 고백이 되기를 기도합니다. 또한 하나님의 말씀으로 저희의 전인격이 변화되기를 원합니다. 겸손한 마음으로 말씀 앞에 서게 하시며, 경건한 심정으로 말씀을 대하게 하시옵소서. 말씀을 사모할 때 하나님께서 은혜를 더하실 줄 믿습니다.

하나님 앞에 정직히 고백합니다. 저희는 일상의 많은 스케줄 속에 말씀과 기도보다는 상황과 환경에 쫓겨다니는 연약한 존재들입니다. 이 연약함으로 인해 주님을 더욱 의지합니다.

은혜가 풍성하신 하나님, 믿음의 길에서 넘어져 있는 당신의 백성들이 있습니다. 이들에게 말씀을 보내셔서 일어나게 하시옵소서.

이 시간 우리가 성경공부를 하려고 모였습니다. 한 번 듣고 잊어버리는 성경공부가 아니라, 그리스도를 더욱 깊이 알아 가는 시간이 되길 원합니다. 성령으로 조명하셔서 말씀을 우리에게 비추시고 우리의 영혼을 새롭게 하옵소서. 이 시간 함께하실 하나님께 영광을 돌리며 예수 그리스도의 이름으로 기도합니다. 아멘.

성경공부 때 드리는 기도 2

찬양과 감사

우리의 생명이요 소망되시는 하나님, 하나님의 한량없는 은혜와 사랑을 찬양합니다.

하나님이 사랑하시는 우리 공동체가 모여 성령 안에서 교제하며 말씀을 나눌 수 있는 시간을 주심에 감사드립니다. 주의 사랑으로 저희를 품어 주시고 은혜 내려 주시길 원합니다. 말씀을 사모하여 주 앞에 모인 저희에게 주의 세심한 돌봄을 허락하시고 당신의 진리로 새롭게 하시옵소서.

회개

저희의 지나온 과거를 돌이켜 볼 때, 주의 길에 서지 않고 사망의 길로 이탈하여 방황하였음을 고백합니다. 이러한 저희가 주의 크신 사랑으로 죄 가운데에서 돌이키길 원합니다. 온전히 주님만을 따르길 원합니다. 하나님을 기대하기보다는 세상을 더욱 사랑했습니다. 이러한 저희의 마음과 삶을 말씀으로 변화시켜 주시길 간절히 기도합니다.

세상 사랑으로 나누어진 우리의 마음을 새롭게 하옵소서. 거짓된 마음을 제거하시고 신실하고 진실한 마음으로 거듭나게 하옵소서.

간구

하나님, 여기에 모인 우리 모두를 주 앞에 올려 드립니다. 각 가정에 하나님의 위로가 있게 하시며, 평강의 하나님께서 때마다 일마다 함께하시고 지켜 주시길 기도합니다. 하나님을 주인으로 모신 가정이 되어 주께서 주시는 평안과 희락으로 가득하게 하옵소서.

하나님, 저희는 나약하고 초라한 인생이지만 주께서 함께하시면 이 모든 것을 능히 이길 수 있을 줄로 믿습니다. 우리는 자주 넘어지고 쉽게 변하는 연약한 존재들입니다. 그러나 이러한 저희를 사랑하시는 주님께서 강권하시는 능력으로 붙잡아 주시길 기도합니다.

말씀을 사모하는 지체들이 성경을 공부하고자 함께 모였습니다. 말씀에 대한 갈급함이 저희를 이곳으로 인도한 줄 믿습니다. 말씀이 단비가 되어 갈급한 우리의 심령에 촉촉이 내리기를 기도합니다. 이 모임을 인도하시는 ㅇㅇㅇ님에게 크신 은혜를 베푸셔서, 주의 말씀을 심령으로 대언하는 참된 증거자가 되게 하여 주옵소서.

우리 교회를 사랑하셔서 지역과 사회를 그리스도의 사랑으로 섬기는 공동체, 세상을 구원하는 일에 앞장서는 공동체가 되게 하옵소서. 담임 목사님과 교역자들, 그리고 교회를 위해 수고하는 모든 손길을 당신의 불꽃 같은 눈동자로 지키시고, 좌로나 우로나 치우치는 일 없이 말씀의 지도하심에 순종하는 지도자가 되게 하옵소서.

사랑의 하나님, 이 모임 가운데 함께하신 하나님께 감사드립니다. 오늘 이 예배를 통해 성령의 임재를 경험하고 충만한 은혜를 공급받기 원합니다. 하나님이 저희에게 원하시고 기뻐하시는 뜻이 무엇인지 분별하고 그 뜻대로 살아가는 능력을 주시옵소서. 우리의 삶의 현장에서 하나님께 영광 돌리는 참된 그리스도의 제자가 되게 하옵소서. 예수님의 이름으로 기도합니다. 아멘.

성경공부 때 드리는 기도 3

말씀의 양식을 공급받기 원합니다

살아계신 하나님 아버지, 이 시간 저희를 성경공부 모임으로 부르시고 인도하여 주심에 감사드립니다. 이 시간을 통해 하나님의 말씀을 더 깊이 연구하고 우리 삶에 적용하게 하옵소서. 하나님 저희는 육의 양식이 없어서 궁핍한 것이 아니라 영의 양식이 없기에 기갈이 들어 있습니다. 말씀을 통해 생명의 양식들이 풍성히 공급되게 하옵소서.

하나님 아버지, 우리의 영혼이 갈급합니다. 외치는 자는 많지만 생명수는 말랐습니다. 우리에게 참 진리의 말씀을 공급하여 주셔서 말씀이 우리의 삶에 어떠한 능력인지 경험하게 하옵소서. 우리 자신을 말씀에 비추어 주시고 말씀대로 살기를 거부한 저희를 고쳐 주시옵소서. 하나님 아버지, 말씀에 순종할 때 손해를 보고 불이익을 당할까 봐 두려워하였습니다. 하나님! 우리를 불쌍히 여겨 주옵소서. 그 말씀 앞에 저희의 전부를 내려놓습니다.

성령님, 강하게 역사하셔서 우리가 성경공부에서 배운 내용이 머리에 흔적으로만 남는 것이 아니라 삶과 인격을 변화시키게 하옵소서.

성경공부 멤버들을 위해 기도합니다

모임을 인도하는 리더를 위해 기도합니다. 그에게 학사 에스라가 가졌던 진리의 영을 더하여 주옵소서. 참여하는 모든 지체들에게도 갈급한 심령으로 말씀 앞에 다가서도록 은총을 내리시옵소서. 우리가 말씀을 깨달을 수 있도록 성령님께서 조명하여 주시고 마음의 눈을 열어 주의 법의 기이한 것을 보게 하소서. 말씀으로 우리의 삶을 움직여 주셔서 우리의 인생을 회복시켜 주옵소서.

참된 말씀이 사라진 시대, 선명한 진리의 선포가 사라진 시대 속에서 우리가 말씀을 가까이 하기 원합니다. 말씀을 통해 우리 삶을 반성하기를 원합니다. "복 있는 사람은 악인의 꾀를 쫓지 아니하며 죄인의 길에 서지 아니하며 오만한 자의 자리에 앉지 아니하고 오직 그 율법을 즐거워하여 주야로 묵상하는 자로다 저는 시냇가에 심기운 나무가 시절을 쫓아 과실을 맺으며 그 잎사귀가 푸르름 같을 것이며 그 행사가 다 형통하리로다" (시 1:1-3)라는 다윗의 고백처럼 우리의 평생에 주의 말씀의 도를 쫓아 행하게 하여 주옵소서.

이 자리에 함께한 모든 지체들에게 열린 마음을 허락해 주시기를 다시 한 번 간구하오며, 예수 그리스도의 이름으로 기도드립니다. 아멘.

각종 모임 대표기도

성가연습 때 드리는 기도

생명을 살리는 찬양 되게 하옵소서

우리의 찬송 중에 거하시는 하나님 아버지, 우리의 모든 죄악을 사하시고 질병을 고치시며 좋은 것으로 만족케 하시니 감사와 찬송을 돌립니다. 찬양으로 영광을 올려 드리는 성가대원들이, 찬양하는 사람으로 선택해 주신 하나님의 은혜에 감사하며 예배합니다. 이 헌신을 기쁘게 받아 주옵소서. 또한 우리 성가대원들에게 한량없는 은혜로 함께하옵소서. 구약시대에 레위족속 가운데 음악으로 단련된 백성들이 여호와의 성전에서 찬양의 직무를 감당했듯이 우리 성가대원들도 신앙뿐만 아니라 음악적 훈련에 열심을 내게 해주옵소서.

헌신하는 성가대가 되기를 원합니다

하나님을 찬양하는 일로 부름 받았다는 확신과 기쁨으로 사명을 감당하게 하옵소서. 우리의 찬양으로 하나님의 이름을 온전히 높이게 하시옵소서. 찬양을 부르는 자, 듣는 자 모두에게 기쁨과 즐거움을 더하여 주시고, 고통받는 자들의 슬픔과 탄식이 사라지는 역사를 체험하게 하소서. 주님께서 주신 재능과 은사를 온전히 하나님께 드리는 성가대가 되게 하옵소서. 이들이 시간과 정성을 드려 찬양할 때마다 성령의 감동하심을 경험하게 하시고 기도하는 마음으로 찬양하게 하옵소서.

지휘자와 반주자 그리고 대원들이 찬양하는 가사 한 절 한 절이 신앙으로 고백되게 하옵소서. 우리 성가대원들은 가정, 직장, 사업, 학업 등 여러 가지로 바쁜 생활 중에 있지만 성가대원의 사명을 감당하기에 부족함이 없도록 지켜 주옵소서.

예배의 자리에서 온전한 섬김이로 서게 하옵소서

오늘도 예배를 섬기는 자로 저희를 세워 주시니 감사합니다. 저희의 찬양이 하나님의 마음을 기쁘시게 하길 원합니다. 또한 우리의 찬양이 향기가 되어 성도들의 마음을 하나님께 이끌어 함께 찬양하게 하소서. 우리가 예배의 자리뿐만 아니라 삶의 자리에서도 하나님을 찬양하게 하시며 하나님의 거룩하신 이름을 온전히 높이게 하옵소서.

오늘도 예배를 준비하는 성가대원들이 하나님께 드려지는 산 제물이 되기를 소원합니다. 예수님의 이름으로 기도드립니다. 아멘.

교사준비회 때 드리는 기도

교사의 자리에서 섬기게 하심을 감사

길이요 진리요 생명 되시는 하나님 아버지! 우리를 주님의 거룩한 백성 삼아 주시고 교사의 직분을 주셔서 주의 몸 된 교회에서 헌신하게 하시니 감사드립니다. 우리를 부르신 은혜에 마음 깊이 감사하며 마음과 뜻과 정성을 다해 주님을 사랑하기 원합니다.

기도로 준비하는 교사 되게 하소서

하나님 아버지! 오늘 이 시간 교사준비회로 모였습니다. 맡은 자들에게 구할 것은 충성이라고 하였는데 그동안 나태하고 게을렀던 저희의 모습을 용서하여 주옵소서. 이 시간 새 은혜를 부어 주셔서 주를 향한 헌신과 봉사를 마음속으로 다짐하게 하옵소서. 기도와 찬양을 드리는 이 기도회를 기쁘게 받아 주시옵소서. 우리 교사들에게 그리스도의 심장을 주옵소서. 구령의 열정을 가지고 우리 학생들에게 참된 그리스도의 복음을 온전히 전하게 하옵소서.

신앙의 본을 보이는 교사 되게 하소서

하나님 아버지! 우리 교사들에게 신앙의 깊이를 더하여 주옵소서. 성령님께서 함께하셔서 뜨겁게 기도하며 성경을 가까이 하는 교사가 되게 하옵소서. 우리 교사들이 사랑으로 어린 학생들을 대하게 하시고 기쁜 찬양을 드리게 하셔서 학생들에게 신앙의 본보기가 되게 하여 주시옵소서.

밤낮으로 어린 영혼들을 위해 무릎 꿇는 교사들이 되도록 인도하여 주시길 원합니다. 오늘 이 자리가 초대 교회 마가의 다락방이 되고 새로운 영의 양식과 능력을 공급받는 기도회가 되게 하여 주시옵소서.

학생들과 섬기는 이들을 위해 기도합니다

하나님 아버지! 악하고 험한 세상에서 살아가는 우리 학생들에게 좋은 친구, 훌륭한 선후배들과 교제하는 축복을 주옵소서. 어린 학생들이 주 안에서 튼튼히 자라서 모세와 같은 지도자, 엘리야와 같은 능력의 종들로 성장하게 하옵소서.

말씀을 전하시는 목사님을 귀하게 사용하여 주시고 주일학교를 위하여 애쓰시는 위원장님, 그리고 궂은 일도 마다 않는 총무님들의 노고를 기억하여 주시옵소서. 이름 없이 빛도 없이 시간과 물질을 들여 몸으로 수고하는 교사들을 위로하여 주옵소서.

저희가 하나님 나라의 사역에 충성하고 봉사할 때 주님께서 저희의 부족한 것과 필요한 모든 것을 채워 주실 줄 믿습니다. 육신도 강건하게 하여 주시길 원하오며 예수님의 이름으로 기도드립니다. 아멘.

각종 모임 대표기도

당회 때 드리는 기도

감사와 찬양

그리스도의 몸인 교회를 세우시고 당회를 통해 교회를 세워 갈 수 있게 하신 하나님을 찬양합니다. 이 시간 교회와 성도들을 온전히 섬기기 위해 당회로 모였사오니 성령님이 주도하시고 결정하시는 당회가 되게 해주옵소서. 당회원들 한 사람 한 사람에게 하나님의 지혜를 더하시고, 예수 그리스도의 마음을 품게 하셔서 하나님의 뜻을 분별하는 당회가 되게 하여 주옵소서.

성령의 음성을 듣게 하소서

우리 안에 자기의 기쁘신 뜻을 두고 행하시는 주님, 사람의 주관과 목소리가 커지는 당회가 아니라 하나님의 음성이 크게 들리는 축복을 허락해 주옵소서. 인간의 목소리가 커질 때 하나님의 음성이 들리지 않고, 인간의 뜻이 분명해질수록 하나님의 뜻이 흐려질 수 있음을 기억합니다. 사람의 뜻이 서는 당회가 아니라 하나님의 뜻을 분별하고 세우는 당회가 되게 하시옵소서. 우리 교회를 다스려 나가시는 성령께서, 지금까지도 교회의 모든 사역을 통치하신 성령께서 이 시간 모든 당회원들의 생각을 다스려 주옵소서. 인간의 욕심과 감정을 따라 의견을 개진하는 것이 아니라 하나님의 뜻과 마음을 헤아리게 하옵소서.

사랑하는 주님, 오늘 내려진 모든 결정들이 그리스도의 몸을 세우는 데 사용되게 하시고, 성도들의 평안과 영적 성장을 도모하는 의견들이 나오게 하여 주옵소서. 자신의 생각을 주장하기보다는 공동체의 유익을 추구하게 하시고, 의결된 모든 사안들이 그리스도의 몸을 세우는 데 덕이 되게 하옵소서. 하나님 말씀의 기준을 벗어나서 생각하고 의견을 개진하는 일이 없게 하시고, 하나님이 기뻐하시는 뜻을 추구하고 하나님의 영광만을 나타내게 해주옵소서. 교회의 정책을 입안하고 집행해 가는 모든 당회원들에게 온 성도들이 존경할 만한 경건한 삶과 깊은 영성을 허락해 주옵소서.

화목한 당회가 되게 하소서

교회의 어른인 당회원들이 교회에 아픔을 주기보다는 비전을 제시하게 하소서. 이 시간 회의를 할 때 마음과 뜻이 하나가 되어 한 목표와 비전을 향해 협력하는 마음을 허락해 주옵소서. 당회가 분열된 모습을 성도들에게 보이지 않게 하시고, 원망과 시비가 없이 서로의 의견을 존중하며 주님의 뜻만 추구해 가게 해주옵소서. 자신의 의견이 소중한 만큼 다른 사람들의 의견을 존중하게 하셔서 서로의 의견을 경청할 수 있게 하시고, 자신의 주장을 관철시키려고 고집을 피우지 않고, 성령 안에서 일치된 결정을 내리게 하옵소서. 당회장 목사님에게 지혜로운 마음과 지도력을 허락하셔서 성령의 임재 속에서 하나님의 뜻을 전달하게 하시고, 회무를 잘 이끌어 가게 하옵소서.

부족한 저희를 충성되이 여겨 교회의 영적인 지도자로 세워 주신 주님, 지도자로서 바른 길을 걸어가게 하시고, 말이나 행동에 있어 하나님의 영광을 가리지 않게 해주옵소서. 당회원들 모두가 직장이나 사업장에서 하나님의 임재를 경험하게 하시고, 교회를 섬기는 데 어려움이 없도록 건강을 주시고 가정에도 평화를 주옵소서. 사업장과 직장에서 존경과 인정을 받는 당회원들 되게 하시고, 풍성한 소득을 허락하셔서 교회를 섬기고 사역을 진행함에 있어 물질의 어려움이 없도록 하시옵소서. 겸손하고 온유한 마음으로 살아가신 예수 그리스도의 이름으로 기도드립니다. 아멘.

각종 모임 대표기도

제직회 때 드리는 기도

감사와 찬양

하나님 나라의 경영을 이루어 가시는 주님, 교회와 성도들의 삶을 풍성한 것으로 채우시고 공급하신 하나님께 찬양과 감사를 올려 드립니다. 이시간 온 제직들이 교회의 재정에 관해 논의합니다. 주의 성령께서 충만히 이 자리에 임재하셔서 불평이나 원망이 없이 하시고 하나님 앞에 감사함으로 반응하는 제직회가 되게 해주옵소서.

감사로 시작하고 끝맺게 하소서

하나님 나라의 경륜을 지혜로 펼쳐 가시는 하나님, 주님의 피로 값 주고 사신 교회를 이끌어 주시고 연약할 때마다 저희의 필요를 넉넉하게 공급하시니 감사합니다. 경제적으로 어려운 시대의 환경 속에서도 성도들에게 감사의 제목을 주시고, 교회에서 이루어지는 모든 사역과 재정을 진행해 나갈 수 있게 하시니 감사합니다. 이 시간 모든 성도들이 감사하는 마음으로 제직회에 참여하게 하시고, 모든 회무를 처리하는 회의 속에서도 감사하는 마음으로 임하게 하시어, 하나님을 기대함으로 새로운 회기를 시작하게 해주옵소서.

제직회를 통해 교회의 재정 형편에 관심을 기울이게 하시고 평소에도 교회의 재정을 위해 기도하게 하옵소서. 생각과 의견을 나눌 때도 하나님의 온유함으로 말하게 하시고, 상대방의 의견을 존중하고 서로를 배려하게 해주옵소서. 어느 누구도 자신의 의견만이 옳다고 주장하지 않게 하시고 공동체의 유익과 덕을 세우게 하옵소서. 교회의 물질이 집행될 때도 일을 진행하는 이들이 정직하고 투명하게 재정을 사용하게 하시고 하나님이 기뻐하시는 선한 사업에 바르게 사용되게 하소서. 재정이 사용되는 곳마다 선한 열매가 가득 맺혀지게 하시고 오병이어의 기적이 일어나게 하옵소서.

교회의 재정을 넉넉하게 하소서

솔로몬이 지혜와 지식을 구할 때 그것을 기뻐하사 그에게 부와 재물과 영광을 덤으로 주신 하나님, 우리 교회와 온 성도들도 하나님이 기뻐하는 것을 따라 구하는 성숙함을 허락해 주옵소서. 내일 일을 위하여 염려하지 말라고 하신 주님, 온 성도들이 교회의 재정으로 인해 염려하지 않고 어떤 상황 속에서도 믿음으로 구할 수 있게 하소서. 제직들이 교회의 재정에 대한 책임감을 갖게 하시고, 교회의 재정이 어려울 때 온 성도들이 함께 짐을 나누어 질 수 있게 하옵소서. 성도들의 가정에 하나님께서 물질의 복을 주셔서 하나님의 일에 많이 드릴 수 있기를 원합니다. 성도들이 다니는 직장이 늘 흥왕케 하시고 직장에서도 다른 이들에게 인정받는 성도들이 되게 하옵소서. 성도들이 경영하는 업소나 사업장이 날마다 번성하게 하옵소서. 그래서 하나님 앞에 드리는 데 부족함이 없게 하시고, 하나님께 드리지 못하는 일이 없도록 인도하소서. 교회가 마땅히 감당해야 할 사역임에도 돈이 없어서 하지 못하는 일이 없도록 성도들의 가정 경제를 책임져 주옵소서.

모든 쓸 것을 채우시는 주님, 적게 심는 자는 적게 거두고 많이 심는 자는 많이 거둔다는 하나님의 말씀을 따라 온 성도들이 하나님의 일에 자원하는 마음으로 넘치도록 드릴 수 있는 믿음을 주옵소서. 우리가 누리는 복이 하나님으로부터 공급됨을 잊지 않고 하나님께 드리는 일에 부요한 자로 살게 해주옵소서. 하늘의 신령한 것과 땅의 기름진 것으로 채우시는 예수님의 이름으로 기도드립니다. 아멘.

공동의회 때 드리는 기도

감사와 찬양

때를 따라 필요한 은혜를 베푸시는 하나님 아버지, 어려운 상황 속에서도 교회를 이끌어 주시어 공동의회로 모이게 하신 하나님께 감사와 찬양을 돌립니다. 한 해의 사역을 결산하고 새로운 해를 준비하는 공동의회를 성령께서 인도해 주시고 우리 모두가 감사하는 회의가 되게 하여 주옵소서.

새해에는 더 큰 은혜를 주소서

알파와 오메가가 되시는 주님, 한 해를 시작하게 하실 뿐만 아니라 여기까지 오게 하셔서 한 해를 마무리하게 하신 은혜에 진심으로 감사를 드립니다. 마음의 경영을 이루시고 말의 응답을 허락하시는 여호와께서 성도들의 가정과 교회를 이끌어 주시니 감사합니다. 어렵고 힘든 일들이 있었지만 그때마다 이길 힘을 주시고 피할 길을 주셔서 신앙의 경주에서 승리하게 하시니 감사합니다. 지금까지 지내 온 것이 하나님의 은혜였듯이 오늘 이루어지는 공동의회도 하나님의 은혜가 지배하시고 감사와 찬양만이 넘치게 해주옵소서. 하나님이 하신 일들을 감사하게 하시고, 새해에도 하나님이 하실 일을 기대하게 하옵소서.

여러 가지 어려운 상황들이 많았지만 올해에도 교회의 재정을 넘치도록 채워 주셔서 교회가 해야 할 사역을 너끈히 감당케 하신 하나님, 내년에도 우리 교회 재정이 모자라지 않도록 은혜를 베풀어 주옵소서. 여호와를 의지하는 자는 풍족하게 된다고 말씀하셨습니다. 아무리 어려운 일들이 닥쳐 올지라도 온 교회가 하나님을 신뢰하는 믿음으로 견고히 서게 하여 주옵소서. 재정의 어려움보다 더 심각한 것은 믿음의 빈약함이오니 우리에게 큰 믿음을 허락해 주옵소서. 온 교회가 세상에 대하여 부한 인생이 아니라 하나님께 부한 자로 살게 해주옵소서. 믿음으로 일하게 하시고, 믿음으로 하나님 앞에 드리게 하셔서 새로운 해에도 재정의 어려움을 당하지 않게 해주옵소서. 연초부터 연말까지 온 성도들과 교회를 푸른 초장과 쉴 만한 물가로 인도하여 주옵소서.

주님이 다스리는 회의가 되게 하소서

인간의 앉고 일어섬을 감찰하시는 주님, 공동의회로 모인 이 시간 저희의 소위를 살피게 하옵소서. 우리의 일거수 일투족을 달아 보시는 하나님, 주님 앞에서 말하게 하시고 행동하게 하셔서 하나님께서 기뻐 받으시는 회의가 되게 해주옵소서. 한 해를 결산하면서 하나님의 은혜를 기억하게 하시고, 새로운 예산을 편성하면서 풍족하게 채우실 하나님을 기대하게 하옵소서. 한 해 동안 아픔과 슬픔의 짐을 함께 짊어졌을 뿐만 아니라, 어려운 재정을 함께 감당하고 여기까지 달려온 성도들이 서로 격려하고 감사하는 회의가 되게 해주옵소서. 교회의 재정을 집행함에 있어 한 치의 부끄러움도 없게 하시고 투명하고 깨끗하게 재정을 운용하게 하시며, 신앙의 우선순위를 따라 믿음으로 집행하게 해주옵소서.

이 시간 논의되는 모든 과정에서 공동체를 세우는 발언만 하게 하시고, 성령의 통치 안에 머물게 하여 주옵소서. 회의에 참석한 자들 모두가 어느 누구도 불의의 도구가 되지 않도록 스스로를 잘 절제하게 하옵소서. 악한 사탄이 틈타지 않도록 이 시간을 지키시고, 공동의회를 이끌어 가는 의장에게 지혜를 허락하셔서 회의를 은혜 가운데 잘 이끌어 가게 해주옵소서. 우리의 삶 속에 하나님의 뜻을 세우시는 예수님의 이름으로 기도드립니다. 아멘.

각종 모임 대표기도

임원회 때 드리는 기도

회개와 감사

우리를 새 언약의 일꾼으로 세우신 주님, 부족한 저희를 통해 하나님의 영광스러운 일들을 이루어 가심을 감사합니다. 맡은 자들에게 구할 것은 충성이라고 하셨지만 우리의 생각과 고집대로 행하고, 죽도록 충성하기보다는 주의 일에 게을렀던 저희를 용서하여 주옵소서. 임원회로 모인 이 시간 성령께서 우리 모두를 다스려 주시고 주님의 일들을 감당할 힘과 능력을 공급받게 해주옵소서.

주님의 뜻을 세우소서

모든 임원들이 주님의 일을 위해 한 마음을 갖고 협력하게 하시니 감사합니다. 이 시간 임원회로 모였사오니 저희가 나누는 모든 회의 속에 성령의 일하심이 드러나게 하옵소서. 주님의 뜻을 분별하여 공동체를 온전히 섬기게 하소서.

사랑하는 주님, 우리가 주님의 일을 하는 동안 하나님의 일을 잊고 인간의 일을 생각하는 어리석음을 범하지 않게 하시고, 사탄에게 미혹되어 불의의 도구로 이용당하지 않게 하시옵소서. 매사에 자신의 생각을 고집하지 않게 하시고 서로의 생각을 존중하면서 공동체의 유익을 세우게 하옵소서. 지식 없는 열심 때문에 신앙의 본질을 잃어버리지 않기를 원합니다. 주님의 사랑으로 연약한 영혼을 살리고 공동체를 세우게 하시되, 사랑이라는 명분을 오용하여 진리를 침해하지 않게 하옵소서.

공동체를 세우고 주의 일을 이루기 위해 하나님의 지혜를 주옵소서. 서로 바쁘고 분주한 삶을 살지만 세우신 자의 마음을 아프게 하지 않기 위해 최선을 다해 헌신하게 하소서. 지혜와 능력이 부족할 때마다 하나님이 공급하시는 은혜를 덧입기 위해 무릎을 꿇게 하시고, 혼자서 할 수 없는 일들이 있을 때마다 함께 뭉치는 힘을 갖고 헤쳐 나가게 해주옵소서. 저희가 연말에 임기를 돌아보지만, 궁극적으로 마지막 날에 주님 앞에서 결산하는 인생임을 기억하면서 최선을 다해 주님의 뜻을 섬기는 지혜롭고 충성스러운 일꾼이 되게 해주옵소서.

부흥의 불쏘시개가 되게 하소서

하나님의 말씀과 성령의 역사로 부흥을 이루신 주님, 우리가 하나님의 말씀에 전념하고 성령의 충만함으로 부흥의 역사를 경험하게 되기를 기도합니다. 모든 임원들과 회원들이 하나님의 비전인 부흥을 갈망하게 하시고 부흥을 이루기 위해 함께 헌신하게 해주옵소서. 모든 임원들이 맡겨 주신 영혼들을 위해 합력하여 기도하게 하시고 그들의 필요를 따라 주야로 심방하고 섬기는 데 주력하게 하옵소서. 부흥을 사모하는 모든 지체들이 구령의 열정을 갖고 복음을 전하는 일에 힘쓰게 하시고, 부서 전체가 전도를 중심으로 훈련을 받아 빠른 시간에 부흥을 이루게 하소서. 임원들이 부흥의 불씨로 쓰임받기를 원합니다.

회원들과 임원들의 의사 교환이 막히지 않게 하시고 모일 때마다 서로가 격려하고 힘을 부여하게 하옵소서. 사랑하는 주님, 우리 부서 안에서 기쁨과 아픔을 함께 나누는 아름다운 성도의 교제가 있게 하시고, 모든 지체들이 소속감과 함께 지체들에 대한 책임감을 갖게 하여 주옵소서. 부흥의 주체가 되시는 예수 그리스도의 이름으로 기도드립니다. 아멘.

각종 모임 대표기도

단합대회 때 드리는 기도

함께하는 공동체가 되게 하소서

만복의 근원이 되시는 우리 주 하나님 아버지! 좋은 환경과 맑은 날씨를 허락하시어 ○○시찰 지교회의 성도들이 한자리에 모여 단합대회를 개최할 수 있게 하시니 감사합니다.

오늘 믿음의 식구들이 뜻을 모았습니다. 우리 주님께서 이 시간을 통하여 홀로 영광 받으시고 주께서 주시는 큰 은혜가 더욱 넘치는 귀한 시간이 되게 하여 주옵소서. 하나님 아버지! 바라옵기는 이 단합대회가 단순한 단합대회가 아니라 마귀와의 영적 전투를 어떻게 해야 하는지 배우는 자리가 되게 하시고, 영적으로 승리하는 삶을 살기 위하여 어떤 자세로 살아야 할 것인지를 깨닫는 시간이 되게 하여 주시옵소서.

특별히 간구하는 것은 오늘 경기에 선수로 출전하는 교우들의 마음을 주장하여 주셔서 지나친 승부욕에 집착하지 않게 하시고 서로 용납하는 마음으로 멋진 경기를 만들어 나갈 수 있도록 이끌어 주시옵소서. 규칙을 어기거나 다투는 일 또한 발생하지 않게 하시고 몸을 다치는 일이 없도록 성령께서 보호하여 주시옵소서.

주의 몸 된 교회가 교제를 통해 하나 되게 하소서

성도 간의 친밀한 교제가 이루어지게 하시고 화합하며 기쁨과 웃음이 만발하는 귀한 시간이 되게 하여 주옵소서! 이 체육 대회를 통하여 그 동안의 스트레스와 피로를 날려 버리고 새로운 힘을 얻어 새 마음으로 주님 주신 사명을 잘 감당할 수 있게 하여 주시옵소서!

　오늘 이 복되고 즐거운 자리가 있기까지 마음을 쏟으며 준비하고 또 여러 가지 모양으로 헌신하며 후원하는 아름다운 손길들이 있습니다. 저들의 수고를 위로하여 주시고 격려하여 주셔서 기쁨이 넘치게 하옵소서.

단합대회를 주관하는 이들을 위해

　이 대회를 주관하는 임원들에게도 함께하셔서 주님 주시는 힘과 위로가 넘치게 하소서! 경기에 임하기 전, 목사님을 통하여 주님의 귀한 말씀을 듣습니다. 듣는 저희의 귀가 더욱 복되게 하시고, 말씀을 전하시는 목사님도 성령의 능력으로 붙들어 주시옵소서. 오늘 하루의 모든 일들을 주님께서 주관하시고 인도하시고 함께하여 주실 것을 믿사옵고 예수 그리스도의 이름으로 기도드립니다. 아멘.

야외예배 때 드리는 기도

주가 지으신 세계를 찬양

할렐루야! 주님의 크신 은혜와 사랑에 감사드립니다. 화창한 날씨와 좋은 장소를 허락하시어서 온 교우들이 한 자리에 모여 주님이 선물로 주신 대자연 속에서 예배드리게 하시고, 성도의 교제를 뜨겁게 나누게 하심을 감사드립니다.

야외로 나와 주님이 창조하신 아름다운 대자연을 마주대할 때 인생을 향하신 주의 사랑이 얼마나 넓고 깊은지를 다시 한 번 피부로 느끼지 않을 수 없습니다. 이 시간 야외예배로 한 자리에 모여 친밀한 성도의 교제를 나누는 데만 마음을 쏟을 것이 아니라, 주님이 창조하신 이 아름다운 자연을 보며 주님의 사랑과 정성이 얼마나 놀라운 것인지를 마음 깊숙이 새겨 보는 시간이 되게 하여 주옵소서. 또한 언제나 주님의 성호를 찬양할 수 있는 입술이 되게 하여 주시옵소서.

서로 격려하는 공동체가 되게 하소서

이 복되고 아름다운 자리에 함께하지 못한 성도들이 있습니다. 그들의 안타까운 상황과 마음을 헤아려 주시기를 원합니다. 지금 어디에서 무엇을 하든지 주님께서 함께하시는 복된 자리가 되게 하시고, 그들의 행위 가운데 주님께서 기뻐하시는 모습들이 넘쳐나게 하시옵소서.

특별히 이번 야외 예배를 준비하기 위하여 마음을 쏟은 손길들이 있습니다. 주님께서 더 큰 복으로 함께하시고 위로하여 주시기를 원합니다.

자연 속에서 말씀을 온전히 느끼게 하소서

말씀을 전하여 주실 목사님도 성령의 능력으로 붙들어 주셔서 주님께서 창조하신 자연과 더불어 전해지는 말씀이, 꿀보다 더 달콤한 말씀이 되게 하여 주시옵소서.

진행을 맡아 수고하는 교우에게도 함께하시고 은혜를 더하셔서 마치는 시간까지 유종의 미를 거둘 수 있도록 도와주시옵소서. 오늘의 순서를 다 마치고 돌아가는 교통편에서도 함께하셔서 보호해 주시기를 원하오며, 예수 그리스도의 이름으로 기도합니다. 아멘.

교사단기대학 때 드리는 기도

회개와 감사

우리의 마음과 영혼을 푸른 초장으로 인도하시는 주님, 우리로 하여금 섬기는 사역으로 불러 주셔서 감사합니다. 교사들이 한 영혼이 천하보다 귀한 줄 알아 사람을 세우는 기쁨을 맛보게 하시고, 이번 교사 단기대학을 통해 영적인 진보를 보이게 하옵소서. 맡은 직분에 충성하고 헌신하지 못했던 저희의 죄악을 용서하시고 새로운 각오로 다시 시작할 수 있도록 은혜를 주옵소서.

거룩한 직분의식을 갖게 하소서

모든 민족을 제자로 삼아 아버지와 아들과 성령의 이름으로 세례를 베풀라고 하신 주님의 명령을 따라 제자 삼는 직분을 주시니 감사합니다. 부족하고 연약하지만 우리를 부르신 주님께서 감당할 수 있는 지혜와 능력을 주실 줄 믿습니다. 인간의 얄팍한 지혜와 경험을 의지하지 않게 하시고, 늘 겸손한 마음으로 하늘로부터 채우시는 은혜를 기다리게 하옵소서. 인간의 생각이 하나님의 생각을 앞지르지 않게 하시고, 우리의 걸음이 하나님의 인도하심보다 앞서지 않게 해주옵소서. 늘 하나님의 마음으로 사역하게 하시고, 학생들에게 하나님의 마음을 보여 줄 수 있는 교사들이 되게 하여 주옵소서.

우리에게 사람이 희망임을 깨닫게 하시니 감사합니다. 한 영혼의 가치를 잃지 않게 하시니 감사합니다. 비록 한 영혼을 세우는 일이 작게 보이지만 온 세상을 변화시킬 거룩한 원동력임을 알게 하여 주소서. 이번 교사대학을 통해 교사들의 소명감과 사명감이 다시 불타오르게 하시고, 게으름을 벗어 버리고 사람을 세우는 일에 부지런함과 열정을 쏟아 붓게 하옵소서. 교사들이 성장할 때 학생들의 성장을 도울 수 있으며, 교사들이 하나님을 경험한 만큼 학생들에게 하나님을 보여 줄 수 있음을 깨닫고 날마다 새로운 변화 속에 살게 하소서.

바른 태도로 섬기게 하소서

우리가 구하거나 생각하는 모든 것에 더 넘치도록 채우시는 주님, 모든 교사들이 성령 충만하게 하시옵소서. 인간의 생각과 방법보다 성령의 인도를 의지하게 하시고 은혜의 능력으로 섬기게 하소서. 수건을 두르고 제자들 앞에 무릎을 꿇으시어 그들의 더러운 발을 씻으신 주님처럼 종의 마음을 갖고 섬기게 하옵소서. 은혜로 다스려 주셔서 한 영혼이라도 실족하는 일이 없도록 하옵소서. 말에 있어서나 사역하는 모든 일에 있어 학생들의 본보기가 되게 하시고, 말이 아니라 삶으로 가르치는 진정한 스승이 되게 하여 주옵소서. 교사대학을 통해 배우는 것이 구체적으로 적용되게 하시고, 학생들을 세워 가기 위한 새로운 결단이 일어나게 해주옵소서.

교사대학에서 섬기는 모든 강사님들께 지혜와 능력을 허락하셔서 교사들에게 꼭 필요한 가르침을 베풀게 하옵소서. 매 시간 은혜로운 시간이 되게 해주시고 교사대학을 섬기는 모든 일꾼들에게 건강과 신령한 은혜를 허락해 주옵소서. 교사대학을 진행하는 기간 내내 좋은 날씨도 허락하시고, 악한 사탄의 세력을 막아 주셔서 모든 교사들이 은혜와 도전을 받는 데 장애가 없게 하소서. 교사의 본이 되시는 예수 그리스도의 이름으로 기도드립니다. 아멘.

식사 때 드리는 기도

감사와 찬양

광야에서조차도 이스라엘 백성들의 모든 필요를 채우시고 인도하신 여호와여, 우리가 살아가는 모든 것이 하나님의 은혜임을 알고 감사와 찬양을 드립니다. 이 시간 맛있는 식탁을 주신 하나님의 넘치는 은혜를 잊지 않고 은혜에 보답하는 마음으로 살기를 원합니다.

하나님의 은혜를 기억하며 살게 하소서

물고기가 물을 떠나서 살 수 없고, 열차가 선로를 떠나서 다닐 수 없듯이 우리는 하나님의 은혜를 떠나서 살 수 없음을 고백합니다. 이 시간도 우리에게 일용할 양식을 풍족하게 허락하신 하나님께 감사드립니다. 가진 것이 없다고 불평하거나 푸념하지 않게 하시고, 많이 가졌다고 교만하지 않게 하시며, 오로지 하나님만 바라보는 삶을 살게 해주옵소서. 하나님이 주신 것을 만족하게 여기며 감사하는 마음을 잃지 않게 하시고, 주께서 우리에게 주신 것을 취하시더라도 저항할 수 없는 연약한 존재임을 기억하게 하소서. 가나안의 삶을 누릴 때 애굽의 삶을 잊지 말아야 하듯 풍족한 이때 궁핍했던 시절을 잊지 않게 하시고, 부요할 때 가난한 삶을 생각하며 하나님의 은혜를 구하는 삶을 살게 하소서.

육신이 아니라 영으로 살아가는 우리에게 육신에 속한 것보다는 영적인 것의 필요를 갈망하게 하옵소서. 육의 양식을 채우기에 급급한 삶이 아니라 하늘 양식을 바라보게 하시고, 매일매일 하늘을 바라보고 사는 영의 사람이 되게 해주옵소서. 육의 양식을 채울 때마다 사람이 떡으로만 살 것이 아니요 하나님의 말씀으로 살아가는 존재임을 기억하고 영의 양식도 사모하는 마음을 주옵소서. 이 음식을 통해 육신의 건강을 얻는 것처럼 하나님이 공급하시는 은혜로 영혼이 강건하게 하셔서 오늘도 우리에게 허락하신 시간을 아름답게 사용하게 해주옵소서.

나누는 삶을 살게 하소서

사랑하는 주께서 오늘도 아름다운 식탁을 허락하신 것처럼 우리도 아름다운 삶을 다른 사람들에게 선사할 수 있게 해주옵소서. 우리가 섭취하는 음식이 우리를 위해 아낌없이 희생하듯이 우리 역시 하나님을 위해 헌신하고 이웃을 위해 희생하는 삶을 살게 해주옵소서. 음식을 먹을 때마다 식탁을 인해 투정하지 않게 하시고 이런 식탁도 대하지 못하는 가난하고 헐벗은 사람들을 생각하게 하소서. 주님, 우리가 취하는 식탁에서 나오는 음식 쓰레기를 바라볼 때 지금도 지구촌 어느 한 곳에서 먹을 것이 없어서 굶주린 배를 움켜잡고 죽어 가는 사람들을 생각하게 해주옵소서.

고깃덩어리가 차려진 기름진 식탁보다 초라한 밥상이라도 사랑이 가득한 식탁을 맞이하게 하시고, 식탁의 풍요로움보다 마음과 영혼의 부요함을 먼저 누리게 해주옵소서. 행복이 밥상의 무게에 있는 것이 아니라 사랑의 무게에 있음을 알고 우리에게 주신 하루를 사랑으로 가득 채우는 지혜를 주옵소서. 기름지고 아름다운 식탁을 대할 때 열린 대화와 사랑의 마음을 반찬으로 삼게 하옵소서. 우리가 먹고 누리는 것에서 가난한 자들의 필요를 생각하게 하시고, 선교의 절박성을 깨닫는 넉넉한 마음을 주옵소서. 날마다 일용할 양식을 공급하시는 예수 그리스도의 이름으로 기도 드립니다. 아멘.

심방 대표기도

the Lord's Prayer

임신을 소망하는 가정을 위한 기도

the Lord's Prayer

감사와 찬양

없는 것을 있게도 하시고 있는 것을 없게도 하시는 전능하신 여호와여, 여호와를 바라고 소망하는 이들의 소원을 멸시하지 않으시고 들어 응답하여 주실 것을 믿고 감사하나이다.

기도를 들어 주소서

생육하고 번성하여 땅에 충만하라고 하신 하나님! 결혼한 이래 아직까지 자식이 없어 염려하고 기도하는 이 가정을 불쌍히 여겨 주옵소서. 너무 오래 지체되어 낙심하지 않게 하시고 오히려 이 기다림이 살아 계신 하나님을 경험하고 간증하는 기회가 되게 하옵소서. 하나님의 은총 속에 아름다운 가정을 이루게 하신 주님, 하나님이 맺어 주신 복된 가정이 하나님이 주시는 생명의 복을 누리기를 소망하며 기도하고 있사오니 속히 응답하여 주옵소서.

"너는 내게 부르짖으라 내가 네게 응답하겠고 네가 알지 못하는 크고 은밀한 일을 네게 보이리라"(렘 33:3)고 약속하신 하나님, 이 가정에게 약속을 붙잡고 기도하는 믿음을 주시고, 기도할 때 지체하지 마시고 응답하여 주옵소서. 이들 부부와 양가 어른들이 안타까운 마음으로 소망하고 기도하고 있사오니 하루 속히 응답해 주옵소서.

하나님께 기도하기 전에 먼저 자신을 돌아보게 하시고 하나님의 뜻대로 살지 못한 것이 있다면 용서하여 주옵소서. "너희가 내 안에 거하고 내 말이 너희 안에 거하면 무엇이든지 원하는 대로 구하라 그리하면 이루리라" (요 15:7)고 약속하신 주님, 기도 응답을 사모하기 전에 주님과 풍성한 교제를 나누는 기쁨을 사모하게 하옵소서. 주님과의 친밀한 사랑의 교제를 나누기를 소망하는 사람에게 구하는 것을 다 이루어 주겠다고 약속하셨사오니 먼저 주님을 사랑하고 즐거워하는 부부가 되게 해주옵소서. 하나님께 기도할 때 한나처럼 서원을 드리며 기도하게 하시고, 서원한 대로 살아가게 하옵소서.

문제를 돌아보는 지혜를 주소서

우리가 가진 믿음을 후손들에게 유산으로 물려주기를 원하시는 주님, 이 가정에 생명의 복을 허락하심으로 믿음의 가문을 이룰 수 있게 하옵소서. 이들 부부가 수태하지 못하는 이유가 무엇인지를 찾을 수 있도록 지혜를 허락해 주옵소서. 아이를 갖는 행복을 누리도록 이들 부부의 사랑이 더 깊어지게 하소서. 정신적으로 스트레스를 받지 않고, 육체적으로 과로하거나 피로가 누적되지 않게 해주옵소서. 생리적이고 의학적인 결함이 있다면 발견되게 하시고, 부부의 육체와 마음이 아이를 가질 수 있는 최적의 상황이 되게 하옵소서. 안정된 마음속에서 부부가 서로 사랑하고 존중하고 소중히 여길 수 있게 하시고, 긴장된 생활 환경이 조성되지 않도록 인도해 주옵소서.

무엇보다 부부가 하나님과의 관계를 우선순위에 두게 하시고 날마다 영적으로 충만한 삶을 살아가게 해주옵소서. 주님의 뜻이 어디에 있는지 알지 못하오나 이들 부부를 향한 하나님의 뜻에 주목할 수 있는 부부가 되게 하소서. 어떤 여건 속에서도 주님을 사랑하는 마음과 부부의 친밀한 사랑이 방해받지 않게 하옵소서. 사랑하는 주님, 부모가 될 준비가 미흡하다면 지금부터 주님이 원하시는 부모로 준비되게 하옵소서. 믿음의 사람들에게 태의 문을 열어 주신 예수님의 이름으로 기도드립니다. 아멘.

임신한 가정을 위한 기도

감사와 찬양

인간의 생사화복을 주관하시는 전능하신 하나님 아버지, 이 가정에 생명을 잉태하는 축복을 허락하심을 감사합니다. 하나님이 주신 생명이오니 이 아이가 세상으로 나올 때까지 하나님께서 친히 보호하셔서 순산할 수 있게 하옵소서.

하나님의 보호 아래 있게 하소서

이 가정에 천하보다 귀한 생명을 주신 하나님! 이것이 하나님의 은혜인 줄 알고 날마다 감사하며 살게 하소서. 하나님이 주신 생명이오니 해산하는 그날까지 하나님께서 도우시고 보호하여 주소서. 생명의 주관자 되시는 하나님께서 태중에 있는 생명을 책임져 주소서. 하나님께서 주셨으니 나의 소유라고 주장하지 않고 청지기 의식을 가지고 자녀를 키우도록 준비시켜 주소서.

문제 아이 뒤에는 문제 부모가 있다고 하는데 이들 부부가 지금부터 좋은 부모로 빚어지게 하소서. 복중에 있을 때부터 아이의 영혼을 위해 기도하게 하시고 늘 좋은 생각과 행실로 아이의 정서를 안정시킬 수 있게 하소서. 태아에게 유익한 음식을 먹고 좋은 음악을 듣고 양서를 읽으면서 태중에 있는 아이의 정서와 건강을 위해 최선을 다하게 해주옵소서. 세례 요한이 복중에 있을 때부터 성령 충만했던 것처럼 태중에서부터 성령의 통치를 받으며 살게 하시고, 기도와 말씀에 잠겨 있는 부모로부터 영적인 자원을 풍성하게 공급받게 하옵소서.

좋은 부모의 사명을 감당케 하소서

아이들에게 상처와 아픔을 안겨 주는 부모가 아니라 행복의 거름을 주는 부모가 되게 하소서. 아이들의 마음속에서 존경하는 마음이 우러나올 수 있는 부모가 되게 하소서. 부모로서 아이를 양육하고 교육할 수 있는 경제적인 여건을 조성하도록 직장과 사업장에 복을 내려 주옵소서. 아이들에게 충분한 사랑과 관심을 표현해 줌으로써 아이들이 정서적인 안정을 누리게 하옵소서.

부부의 갈등으로 인해 아이의 정서가 불안하지 않도록 부부가 서로 더 깊이 사랑하게 하소서. 남편은 아내를 자기 몸처럼 사랑하고 아내는 남편을 존중하고 주님께 순복하듯이 순종하는 미덕을 갖게 해주옵소서. 세상 사람들이 살아가는 삶의 방식으로 살지 않고 하나님의 명령을 따라 순종하며 사는 부부가 되게 하옵소서.

추억의 박물관인 가정을 통해 아이들이 어려서부터 좋은 추억을 갖고 자라게 해주시고, 진리가 흐려지는 시대 속에서도 건강한 마음과 정신을 가진 아이들로 자라게 하옵소서. 부모가 자녀들의 롤 모델이 되게 하시고, 부모에게서 듣고 배운 대로 살아가게 하옵소서. 생명을 선물로 주신 예수님의 이름으로 기도드립니다. 아멘.

출산한 가정을 위한 기도

감사와 찬양

하나님 아버지, 귀한 생명을 선물로 주심을 감사합니다. 모든 것이 여호와께로부터 왔음을 알고 날마다 감사와 찬양하는 삶을 살게 하시고, 하나님을 영화롭게 하는 가정이 되게 하옵소서. 우리의 앉고 일어섬이 여호와 앞에 있사오니 아이와 산모가 모두 하나님을 경외하고 바라는 삶을 살게 하소서.

건강을 주소서

"보라 자식들은 여호와의 기업이요 태의 열매는 그의 상급이로다"(시 127:3). 여호와의 기업이요 상급인 태의 열매를 누리게 하신 하나님, 건강한 아이를 무사히 해산하게 하시니 감사합니다. 하루 속히 산모가 몸을 회복할 수 있는 은총도 허락해 주소서. 이전보다 더 건강하게 하시고 아이를 양육하기에 부족함이 없도록 친히 지켜 주옵소서. 해산의 고통을 통해 하나님의 도우심을 다시 한 번 경험케 하신 주님, 앞으로 살아 가는 동안 여호와를 의지하는 복된 삶을 살게 하옵소서.

아이가 자랄 때 하나님께서 친히 생명 싸개로 보호하시고 위험한 일을 당하지 않도록 지켜 주소서. 자라 가면서 실수나 불의의 사고로 장애를 입지 않게 보호해 주소서. 아이가 살아가는 동안 만남의 축복을 주시고 어디를 가든지 무엇을 하든지 형통케 하소서.

경건한 아이로 양육하게 하소서

믿음의 가정에 언약의 자손을 주신 주님! 엄마 아빠가 아이를 잘 양육해서 아이가 하나님 나라의 기둥 같은 일꾼으로 세워지기를 원합니다. 이 민족과 세계를 위해 훌륭한 하나님의 사람으로 쓰임받게 하소서. 이 민족과 그가 속한 공동체에 없어서는 안 될 귀한 사람이 되게 하시고, 많은 사람들에게 긍정적인 영향을 끼칠 수 있는 인생을 살게 하옵소서.

이 아이로 하여금 예수님을 닮게 하소서. 이 아이도 예수님처럼 키가 자라고 지혜가 자라며 하나님과 사람에게 사랑스러운 아이로 자라게 하소서. 아이가 육체적으로 건강하고 튼튼하게 자라도록 인도하시고, 건강한 가정 분위기 속에서 아이가 정서적으로 안정되고 성품이 바르게 자라도록 간섭해 주소서.

엄마와 아빠가 친밀하게 사랑하는 것을 보고 자라나서 사람들과 원만한 대인관계를 맺어가는 데 어려움이 없게 하소서. 어디를 가든지 사람들에게 인정받고 칭찬을 듣게 하옵소서. 무엇보다 어려서부터 성령이 충만하여 하나님 앞에 인정받고 사람들에게 사랑받을 수 있게 하소서. 아이의 앉고 일어섬을 도우실 예수님의 이름으로 기도드립니다. 아멘.

생후 백일 축하 기도

감사와 찬양

우리의 산성이요 방패요 피난처가 되시는 하나님 아버지, 이 아이가 태어나고 백일 동안 눈동자처럼 지켜 주시고 보호해 주심을 감사드립니다. 지금까지 지내온 것이 모두 하나님의 은혜입니다. 생일(백일)을 맞이하여 드리는 감사예배를 통해 하나님께 영광 돌리고 하나님의 은덕을 기억하게 하옵소서.

꿈을 꾸는 아이가 되게 하소서

"하나님이여 주의 생각이 내게 어찌 그리 보배로우신지요 그 수가 어찌 그리 많은지요 내가 세려고 할지라도 그 수가 모래보다 많도소이다 내가 깰 때에도 여전히 주와 함께 있나이다"(시 139:17-18). 이 아이를 향하신 하나님의 놀라운 계획을 늘 잊지 않게 하시고, 깰 때도 하나님과 동행하는 은총을 허락해 주옵소서. 시대의 조류에 휩쓸리는 아이가 아니라 높은 뜻을 세우고 분명한 가치관과 삶의 목표를 갖고 사는 아이가 되게 하소서. 어떤 상황 속에서도 하나님의 법을 따라 살아가는 아이가 되기를 원합니다. 시대와 상황을 읽어낼 수 있는 지혜를 주시고, 뱀처럼 지혜롭고 비둘기처럼 순결하게 세상을 이기며 사는 아이가 되게 하소서.

요셉처럼 어려서부터 꿈을 꾸면서 자라게 하소서. 그 꿈을 이루기 위해 노력하는 지혜로운 삶을 살기를 소원합니다. 하나님이 주신 달란트를 최대한 개발하여 최선의 것으로 하나님 앞에 올려 드리게 하소서. 인생을 결산하는 날에는 후회함이 없이 주님으로부터 잘했다 칭찬을 들을 수 있는 인생이 되게 하옵소서. 꿈을 이루는 과정에 역경이 닥쳐 올지라도 쉽게 낙심하거나 포기하지 않고 인내할 수 있는 강한 의지력도 허락해 주옵소서.

하나님께 귀히 쓰임받게 하소서

수십억의 사람들 가운데 특별한 존재로 이 세상에 태어났사오니 자신에게 주어진 삶의 분복을 미련 없이 살아내게 하소서. 하나님께서 귀하게 쓰시는 그릇이 되게 해주옵소서. 금그릇, 은그릇, 나무그릇, 질그릇 중 어떤 그릇인지는 모르지만 주님이 쓰시기에 적합하고 깨끗한 그릇으로 준비되게 하소서.

수없는 역경과 시련 속에서도 실력과 성품의 두 날개를 잘 계발하여 하나님의 마음을 흡족하게 했던 다윗처럼, 시대적으로 불행한 환경 속에서도 결코 신앙의 정조를 버리지 않고 하나님 편에 서 있기를 즐겨했던 다니엘처럼 하나님이 기뻐하는 사람이 되게 해주소서. 열악한 환경이 돌풍처럼 몰려 올지라도 하나님의 능력을 의지하게 하시고, 어떤 환경 속에서도 웃을 수 있고 희망을 말할 수 있는 긍정적인 사람이 되게 해주옵소서. 불가능을 보기 전에 가능을 보고, 나쁜 것을 보기 전에 좋은 것을 볼 수 있는 긍정적인 눈을 주시고, 정직함과 성실함을 인생의 모토로 삼고 능력 주시는 자 안에 머무를 수 있게 해주옵소서. 이 아이를 귀하게 쓰실 예수님의 이름으로 기도드립니다. 아멘.

어린이 생일(돌) 기도

감사와 찬양

"오직 자기의 하나님을 아는 백성은 강하여 용맹을 떨치리라"(단11:32)고 하신 여호와여! 이 시간도 복된 가정이 1년 동안 지켜 주신 은혜를 생각하면서 생일(돌) 감사예배로 하나님께 영광을 돌립니다. 이곳에 임하셔서 생일(돌)을 맞은 어린 생명을 강하게 하시어 세상을 살아가는 동안 용맹을 떨칠 수 있게 하옵소서.

학자의 입과 귀를 갖게 하소서

"아침에 나로 하여금 주의 인자한 말씀을 듣게 하소서 내가 주를 의뢰함이니이다 내가 다닐 길을 알게 하소서 내가 내 영혼을 주께 드림이니이다"(시143:8).

우리 삶의 일거수일투족을 지키시는 하나님, 아침마다 주의 인자한 말씀을 들으며 살게 하옵소서. 자신이 경영하는 인생이 아니라 하나님이 경영하는 인생이 되게 하시고 자기 뜻을 따라 살아가는 인생이 아니라 하나님의 뜻을 좇아 살아가는 인생이 되게 하옵소서. 거룩하신 주님, 이 아이에게 학자의 혀를 주셔서 말로써 곤고한 자를 깨우치게 하소서. 은혜로운 말, 지혜로운 말로 다른 사람을 유익하게 하고, 다른 사람들의 고통과 그들의 필요에 귀를 기울이는 지혜를 주소서. 자기 고집대로 살아가지 않고 하나님의 음성을 듣고, 다른 사람들의 조언을 경청할 수 있는 넓은 마음을 주시고, 어느 공동체에 소속되든 독선과 아집대로 살아가는 것이 아니라 원만한 대인 관계를 맺을 수 있는 아이가 되게 하옵소서. 예수님의 겸손한 마음을 본받아 남을 나보다 낫게 여기고 자기 짐을 질 뿐만 아니라 다른 사람들의 무거운 짐을 져줄 줄 아는 사람이 되게 하옵소서.

거룩한 스타가 되게 하소서

"지혜 있는 자는 궁창의 빛과 같이 빛날 것이요 많은 사람을 옳은 데로 돌아오게 한 자는 별과 같이 영원토록 빛나리라"(단 12:3).

온 인류의 스타가 되신 주님! 이 아이가 지혜로운 자가 되어 궁창의 빛처럼 빛나게 하시고, 많은 사람을 옳은 대로 돌아오게 하여 영원토록 빛나는 별과 같은 사람이 되게 하옵소서. 지혜로운 하나님의 사람으로 많은 사람들에게 긍정적인 영향력을 미치게 하시고, 그들을 옳은 길로 인도하는 삶을 살게 해주소서. 죽어 가는 사람을 생명의 길로 인도하고, 그릇된 길을 걷는 사람들을 바른 길로 인도하게 하소서. 늘 하나님의 말씀을 사랑해서 성경을 가까이 하는 아이가 되게 하시고 바울처럼 무시로 성령으로 기도하는 사람이 되게 하소서.

다니엘과 친구들에게 학문을 깨우치게 하시고 모든 서적을 깨닫게 하시고 지혜를 주신 하나님, 그리고 다니엘에게 환상을 보고 꿈을 깨닫게 하신 하나님, 오늘 생일(돌)을 당하여 하나님 앞에 감사예배를 드리는 어린 심령 위에 동일한 은총을 허락해 주옵소서. 부모들이 마땅히 아이들을 하나님의 마음에 합당한 사람으로 세우기 위해 하나님의 방법과 뜻을 따라 아이를 양육할 수 있게 해주옵소서. 이 시대에 하나님 중심, 교회 중심, 성경 중심의 아이로 바로 양육할 수 있는 부모가 되게 하옵소서. 예수님의 이름으로 기도드립니다. 아멘.

심방 대표기도
어른 생일 기도

감사와 찬양

언제나 우리를 눈동자처럼 안전하게 보호해 주시는 주님, 이 시간 생일 감사예배를 드리게 하시니 감사합니다. 모든 영광을 주께서 받으시고 앞으로 남은 생애도 하나님의 은혜와 사랑을 떠나지 않고 살게 하소서. 삶의 걸음 걸음 주님의 뒤를 따르게 하시고, 날마다 주님과 동행하는 기쁨을 누리게 하소서.

은혜를 잊지 않게 하소서

"여인이 어찌 그 젖 먹는 자식을 잊겠으며 자기 태에서 난 아들을 긍휼이 여기지 않겠느냐 그들은 혹시 잊을지라도 나는 너를 잊지 아니할 것이라"(사 49:15).

지금까지 지내 온 것을 뒤돌아 보면 어느 곳 하나 주님의 손길이 미치지 않은 곳이 없었음을 고백합니다. 기쁠 때나 슬플 때나 평안했을 때나 힘들었을 때나 늘 함께하신 주님을 찬양합니다. 앞으로도 한숨지을 날이 많겠지만 두렵지 않은 것은 주님이 함께하실 것을 믿기 때문입니다. 평강의 주께서 날마다 지키고 인도해 주옵소서. 남은 세월도 건강을 잃지 않도록 지켜 주시고 스트레스 없이 주님이 주시는 평강을 누리며 살게 하소서. 무엇보다 만병의 근원인 마음이 병들지 않고 영혼이 시들지 않도록 지켜 주옵소서.

사랑하는 주님, 오늘 생일을 당한 주의 자녀가 주님의 은총에 매여 사는 삶을 살게 하소서. 이 자녀에게 남은 날을 계수하는 지혜를 주옵소서. 날마다 숨을 쉬는 동안 주님 약속을 새겨 보게 하시고 마음에 감사가, 입술에는 찬양이 넘쳐 나게 하옵소서. 여호와를 가까이 하는 것이 복이라고 했사오니 하나님의 전을 가까이하고 하나님을 예배하는 감격들이 사라지지 않게 하옵소서. 나이가 들어 갈수록 주님을 향한 열망과 하나님 나라에 대한 소망이 더 커지게 하소서. 무엇보다 사랑하는 자녀들이 어려움 없이 평안하도록 지켜 주옵소서.

주를 위해 살게 하소서

길지 않은 생애, 자신과 세상을 위해 다 허비하지 않게 하시고, 하늘나라를 위해 투자하는 삶이 되게 하소서. '헛되고 헛되니 모든 것이 헛되도다'고 한 지혜자 솔로몬의 인생 고백을 일찍 깨닫게 하시고, 남은 세월을 아껴 주님의 일을 위해 살게 하옵소서.

주님의 일을 할 수 있는 건강을 주시고, 선한 일에 사용할 수 있는 넉넉한 경제력도 허락하시고, 비록 가진 것은 없을지라도 소자에게 냉수 한 그릇이라도 대접하고자 하는 넉넉한 마음을 주시옵소서. 지금까지 주의 일을 위해 좀 더 헌신하고 섬기지 못했다면 이제부터라도 부끄럽지 않은 삶을 살도록 인도해 주소서.

주님, 비록 세월이 자꾸 흘러 갈지라도 나이를 탓하면서 주의 일을 게을리 하지 않게 하옵소서. 85세 된 갈렙이 모험심을 발휘했듯이, 75세가 된 아브라함이 믿음으로 말씀을 좇아 고향을 등지고 하나님이 지시하는 곳으로 갔듯이 하나님이 명령하시면 순종하며 모험하는 신앙을 갖게 해주옵소서. 남은 생애 동안 믿음의 지체들과 사랑의 교제를 나누고 주의 일에 힘쓰게 하실 줄 믿사옵고, 예수님의 이름으로 기도드립니다. 아멘.

회갑(칠순)을 맞은 성도의 가정을 위한 기도

감사와 찬양

"내가 너를 내 손바닥에 새겼다"고 말씀하신 여호와여, 지금까지 넘치는 사랑과 다함이 없는 은총을 허락하셔서 믿음으로 살게 하시니 감사와 찬양을 드립니다. 회갑(칠순)을 맞이하여 하나님께 감사예배로 드리는 성도님과 부모님을 이렇게 정성껏 봉양하는 자녀들 위에 한없는 은총과 복을 내려 주옵소서.

주님과 동고동락하게 하소서

우리의 삶을 평안 가운데로 인도하시는 주님, "늙을 때에 나를 버리지 마시며 내 힘이 쇠약할 때에 나를 떠나지 마소서"(시71:9)라고 소원했던 다윗의 간구가 오늘 회갑(칠순) 감사예배로 드리는 성도님의 고백과 간구가 되게 해주옵소서. 평생토록 주님의 임재 앞에서 살았던 다윗처럼 하나님의 마음에 합한 삶을 살게 하소서. 하나님이 하시는 행사 앞에서 불평과 불만이 없게 하시고 날마다 하나님이 하시는 일로 말미암아 찬송과 감사가 넘쳐나게 하소서. 하나님의 말씀을 묵상하면서 하루를 시작하게 하시고 하루 종일 그 말씀에 매여 살게 하소서. 집을 나서기 전에 기도하게 하시고 하루를 마치고 잠자리에 들기 전에 하루를 돌아보며 감사의 기도를 올리게 하옵소서.

지금까지 살아온 생애보다 앞으로 서로 더욱 사랑하고 소중히 여기며 금슬 좋게 해로하게 하시고, 갈등하고 다투는 데 삶을 허비하지 않게 하소서. 살아 있는 동안 서로를 소중히 여기며 만족한 생애를 살아가게 하옵소서. 부모님에게 오늘 같이 영광스러운 잔치로 봉양하는 자녀들이 주의 복을 넉넉히 받게 하시고, 형제 우애하고 그 후손들까지도 서로 화목하여 부모의 마음을 걱정시키지 않게 해주소서.

주를 전하는 삶을 살게 하소서

은혜로우신 주님, 지금까지 하나님의 은혜 덕분에 살아 왔사오니 남은 세월은 하나님의 은혜를 잊지 않고 보답하는 삶을 살기 원합니다. 나이가 들어 갈수록 자기중심적으로 살기 쉬운데, 주의 은혜로 널리 관용하는 삶을 살게 하소서. 전통과 아집에 매인 고루한 삶을 살지 않고 열린 사고와 마음으로 살게 하옵소서. 움켜잡으려고 하는 노년의 욕망을 벗어 버리고 주님의 마음처럼 넉넉한 마음으로 베풀고 나누기를 원합니다. 비록 연약한 몸일지라도 의미 있고 가치 있는 삶을 향해 도전하고 주변 사람들과 이웃들을 섬기고 봉사하기를 원합니다. 이 세상 것에서 만족을 찾지 않고 주님에게서 참 만족을 찾게 하시고 하늘 영광 바라보며 주님이 기뻐하시는 선한 일에 힘쓰는 생애를 살게 하소서. 일할 수 없는 밤이 오기 전에 더 봉사하고 건강과 재력을 잃기 전에 주님을 전하는 일에 헌신하게 하소서.

독수리가 날개 쳐 올라가는 것 같이 우리 생애가 하나님을 향하여 비상하길 간절히 원하며, 예수님의 이름으로 기도드립니다. 아멘.

입학한 가정을 위한 기도

감사와 찬양

주의 구원을 사랑하는 자들의 입에서 '하나님은 위대하시다' 는 고백을 하게 하시는 주님, 이 가정에 입학의 기쁨과 영광을 허락하신 은혜를 감사합니다. 인생의 출발과 끝이 주님의 손에 있사오니 졸업하는 그 순간까지 하나님의 은총으로 덮어 주옵소서. 소망 중에 하나님을 예배하는 이 가정에 넘치는 기쁨으로 채워 주소서.

필요한 것을 공급하여 주소서

"너희 중에 누구든지 지혜가 부족하거든 모든 사람에게 후히 주시고 꾸짖지 아니하시는 하나님께 구하라 그리하면 주시리라"(약 1:5).

영광스러운 입학의 은총을 주신 하나님, 지금부터 졸업하는 순간까지 하나님의 인도 아래서 학업에 집중하게 해주시고 부족함이 없도록 은혜로 채워 주옵소서. 직장과 사업장을 축복하셔서 경제적으로 어려움이 없게 하시고 물질이 없어서 교육을 포기하는 일이 없도록 인도해 주소서. 공부를 하고 싶으나 지혜가 없어서 힘들지 않도록 지혜의 문을 열어 주소서. 자기의 부족을 깨닫고 하나님의 은혜를 구하는 기도의 사람이 되게 하소서. 겸손한 자세로 매사에 누구에게나 배우려는 열린 마음과 태도를 갖게 하옵소서.

좋은 스승을 만나게 하시고 스승으로부터 지식뿐만 아니라, 인생을 배우고 삶의 가치와 철학을 배우게 하옵소서. 학교생활에서 좋은 교우관계를 맺게 하시고 해로운 친구에게서 나쁜 영향을 받지 않도록 분별하는 지혜를 주소서. 원만한 인간관계를 맺어서 따돌림 당하는 일이 없게 하시고 나보다 못한 약자를 돕고 돌아볼 줄 아는 마음을 갖게 하옵소서.

아름다운 준비 기간이 되게 하소서

학창시절이 인생을 준비하는 기간임을 잊지 않게 하시고 남은 생애를 바라보며 최선을 다해 준비하게 하옵소서. 게을러서 세월이 흐른 후에 후회하지 않게 하옵소서. 주어진 시간을 아낄 줄 아는 지혜를 주시고 인생에 대한 책임 의식을 허락해 주옵소서. 주님은 자기의 사명을 분명히 아셨고 사명을 감당하기 위해 치열하게 사셨습니다. 이 영혼에게도 인생에 대한 뚜렷한 비전을 갖게 하시고, 그 비전을 이루기 위해 구체적인 계획을 세우고 전심전력하게 하옵소서.

학업을 통해 지성이 자라고 교우들과의 사귐과 여러 경험을 통해 감성도 성숙하게 하소서. 스스로 감정을 통제할 수 있는 자제력도 키우게 하시고 타인을 공감하고 이해할 수 있는 능력도 허락해 주옵소서.

육적인 필요뿐만 아니라 영적인 필요를 채우시는 주님, 육적인 만족뿐만 아니라 영적인 만족을 위해 살게 하시고 영성이 풍부하여 하나님의 인도하심을 느끼게 하소서. 늘 성경을 가까이 하고 시간을 내어 기도하게 하소서. 학원 때문에 하나님께 예배하는 삶을 게을리 하거나 아예 신앙생활을 포기하지 않도록 견고한 믿음을 갖게 하옵소서. 예수님의 이름으로 기도드립니다. 아멘.

졸업한 자녀를 둔 가정을 위한 기도

감사와 찬양

학교를 입학한 것이 엊그제 같은데 벌써 졸업의 영광을 얻게 하심을 감사합니다. 영광스러운 졸업까지 인도하신 주님께서 이 모든 영광을 받으시고, 지금까지 베푸신 그 은혜를 졸업 이후에도 내려 주옵소서.

진로를 열어 주소서

내일 일을 알 수 없는 인생에게 "너의 행사를 여호와께 맡기라 그리하면 네가 경영하는 것이 이루어지리라"(잠 16:3)고 말씀하신 주님, 진학을 하는 자에게는 더 좋은 상급학교에 진학할 수 있는 은혜를 허락하시고, 사회를 향해 새롭게 출발하는 이들에게 아름다운 길을 예비해 주옵소서. 이들의 진로가 형통하기를 소원합니다. 어느 길을 갈지라도 악한 사람들의 유혹에 넘어가지 않고, 마음의 욕심으로 인해 실족하지 않게 하옵소서. 바른 마음과 정신으로 하나님이 기뻐하시는 길을 걷게 해주옵소서. 쉬운 길이나 넓은 길만 바라보지 않게 하시고, 비록 화려하지 않을지라도 바른 길을 걸어가게 하소서. 하나님께서 쓰실 만하도록 깨끗하고 거룩하게 준비되기를 원합니다.

졸업한 이후에 고통스러운 일이 다가오더라도 자신이 걸어갈 인생길을 원망하고 불평하지 않게 해주옵소서. 지혜의 왕 솔로몬이 "지혜로운 자와 동행하면 지혜를 얻고 미련한 자와 사귀면 해를 받느니라"(잠 13:20)고 권고했는데, 어느 길을 가든지 거기에서 좋은 사람을 만날 수 있는 만남의 복을 주셔서 해롭게 하는 사람이 없게 하시고, 마음의 고통을 주고 상처를 주는 이들이 없게 하옵소서. 진학하는 자들은 상급학교에 잘 적응하게 하시고 더 넓은 세계를 향해 성장하는 기회가 되게 하소서. 경제적인 어려움으로 고통당하지 않게 하옵소서. 취업하는 이들은 새로운 직장에 잘 적응하고 상사와 동료들에게 인정받게 하옵소서. 그래서 부모에게 영광의 면류관을 씌워 주는 자녀들이 되게 하옵소서.

더 큰 세계를 바라보게 하소서

"사람의 마음에는 많은 계획이 있어도 오직 여호와의 뜻만이 완전히 서리라"(잠 19:21). 졸업을 하면서 품게 되는 많은 계획들이 있을지라도 오직 여호와의 뜻만 바라보게 하옵소서. 나의 뜻을 붙잡는 것이 아니라 하나님의 뜻에 주목하게 하옵소서.

우리의 인생에 대해서 완벽한 계획을 갖고 계신 주님! 졸업이 끝이 아니고 새로운 시작이기에 이들이 더 나은 내일을 위해 새로운 각오로 준비하게 하옵소서. 더 큰 세계에 걸맞은 넓은 마음과 열린 사고를 하게 하시고, 자신이 걸어가는 길에 대한 자부심을 갖고 더 나은 세계를 개척해 나가게 하옵소서. 지금까지 후원한 가족들과 교역자들의 기도가 헛되지 않기를 소원합니다. 우리 인생을 통해 영광 받으실 예수 그리스도의 이름으로 기도드립니다. 아멘.

약혼한 사람(자녀)을 위한 기도

감사와 찬양

수많은 남자와 여자들 가운데 가장 적합한 짝을 주셔서 배우자로 선택하고 약혼식을 할 수 있게 하신 하나님께 감사와 찬양을 올립니다. 하나님의 은총과 섭리 속에서 만남을 이루었사오니 하나님께 영광을 돌리는 관계를 맺어 가게 하시고, 결혼식을 하기까지 하나님의 은총 속에 아름다운 교제를 갖게 하옵소서.

서로에 대한 책임을 감당하게 하소서

두 사람이 하나님의 은총 속에 아름다운 부부의 인연을 맺게 하심을 감사합니다. 이 약혼이 두 사람의 의지적인 결단일 뿐만 아니라 양가의 합의요, 하나님 앞에서의 언약식이라는 사실을 기억하고 약속에 대한 의무와 책임을 잘 이행하게 하소서. 이제 약혼을 통해 상호 책임과 의무를 가지게 되었사오니 결혼을 하는 그때까지 부끄러움이 없게 하옵소서.

세상 사람들처럼 쉽게 만나고 헤어지는 무책임한 행동을 하지 않게 하시고, 하나님 앞에서 맺는 약속을 결혼하기까지 잘 이행하게 하옵소서. 결혼하기까지 성도로서 서로에 대한 성적인 의무를 지켜 순결한 생활을 하게 하소서. 정욕을 잘 통제하여 사탄의 유혹에 빠지지 않고 서로를 존중하고 보호하게 하옵소서. 서로에 대한 예의를 저버리지 않게 하시고 이기적인 태도로 관계를 파국으로 몰아가지 않게 하옵소서.

두 사람의 교제를 통해 영적 성숙을 도모할 수 있게 하시고, 혼자 지낼 때보다 더 큰 비전을 키워 갈 수 있게 하소서. 결혼할 때쯤에는 더 성숙된 모습으로 서게 해주소서. 하나님의 말씀을 함께 공부하고 나눌 수 있게 하시고 두 사람이 함께 기도하며 영적 교제를 나누게 하옵소서. 교제를 통해 각자 자신을 돌아보고, 서로의 가정사와 가족 문화에 대해 알아 가는 기회가 되게 하소서.

양가가 협력하게 하소서

결혼은 단순히 두 사람만의 결합이 아니라 두 가문의 결합이오니 서로의 가정에 대한 충분한 지식과 이해를 갖게 하시고, 서로 수용할 수 있게 하옵소서. 남자가 부모를 떠나 그의 아내와 합하여 둘이 한 몸을 이루라고 말씀하셨사오니 서로의 가정으로부터 독립할 준비가 되게 하소서. 양가 부모님과 가족들의 개입으로 두 사람의 약혼 기간에 위기가 닥치지 않게 하소서. 이들이 행복한 결혼에 이를 수 있도록 양가 친척들이 돕고 후원하게 하소서. 두 사람의 약혼을 통해 영광 받으실 예수님의 이름으로 기도드립니다. 아멘.

심방 대표기도

결혼을 앞둔 사람(자녀)을 위한 기도

찬양과 감사

아름다운 에덴을 창설하시고 아담과 하와를 지으셔서 부부로 짝지어 주신 하나님! 결혼을 앞두고 준비하는 사랑하는 형제자매 위에 하나님의 은혜와 지혜를 베풀어 주옵소서.

지혜롭게 준비하게 하소서

힘이 없는 종류로되 먹을 것을 여름에 준비하는 개미에게서 인생의 지혜를 배우라고 하신 주님, 사랑하는 ○○○로 하여금 먼 미래를 내다보며 준비하는 지혜자가 되게 하소서. 얼마 남지 않은 결혼을 위해 잘 준비해서 행복한 부부로 출발하고 안정된 가정을 이루게 하옵소서. 결혼을 준비하는 동안 서로 간에 갈등이 없게 하시고, 양가를 둘러싸고 일어나는 갈등도 잘 조절할 수 있는 지혜를 주옵소서.

혼수를 준비하기 전에 냉철한 자기 성찰의 기회를 주시고, 자신의 단점과 연약함을 돌아보아 배우자에게 고통을 주지 않게 하옵소서. 혼수를 준비하는 동안 서로의 생각을 존중하고 입장을 배려하는 넓은 마음을 갖게 하시고, 상대방과 그 가정을 먼저 생각하는 아량을 가질 수 있게 하옵소서. 서로의 고집이나 자존심으로 상대방의 마음을 상하게 하지 않게 하시고, 서로 이해하고 용납하고 수용함으로 원만히 준비하게 하소서. 어떤 일이 있어도 감정적으로 대응하지 않고 한 박자 쉬어 가면서 열린 대화를 통해 합일점을 찾게 하옵소서. 넉넉한 재정 속에서도 절약하는 미덕을 알

478

게 하시고, 가난한 생활 속에서도 효과적이고 경제적으로 준비하는 지혜를 발휘하게 하옵소서. 결혼식을 준비하면서 가난한 이웃을 한 번 더 생각하는 믿음의 부부가 되게 해주옵소서.

영적 정신적인 혼수를 잘 준비하게 하소서

두 사람이 한 몸을 이루어 행복한 가정을 이루시기를 원하시는 주님, 이들로 하여금 앞으로 살아가는 데 꼭 필요한 준비가 무엇인지를 깨닫게 하옵소서. 혼수 준비는 일시적인 것이지만, 영적이고 정신적인 혼수는 평생을 좌우할 수 있사오니 예단을 준비하는 것 이상으로 정신적이고 영적인 준비를 철저히 할 수 있는 부부가 되게 하옵소서.

결혼을 앞둔 두 사람에게 새로운 환경에 적응할 수 있는 지혜와 능력을 주시고, 갈등에 지혜롭게 대처하는 기술을 익히게 하소서. 불쑥 일어나는 감정을 통제하지 못해서 서로의 가슴에 잊히지 않는 상처를 만들지 않게 하시고, 말과 행동을 절제할 수 있는 능력을 기르게 하옵소서. 사랑받고 섬김을 받는 데 익숙한 부부가 아니라 먼저 사랑하고 섬기는 부부가 되어 믿음의 도를 가정 안에서 실천하고 훈련하게 하옵소서.

두 사람이 서로만 바라보다가 하나님으로부터 멀어지지 않게 하시고, 하나님께로 가까이 나아감으로 두 사람도 더 친밀해지고 가까워지는 비밀을 알게 해주옵소서. 이들 부부의 목표가 자신의 가정이 아니라 하나님의 왕국이 되게 하시고, 두 사람의 행복이 아니라 인류의 공익이 되게 하소서. 그래서 두 사람이 더 큰 비전의 세계를 향해 쓰임받게 하옵소서. 결혼하기 전보다 더 성장하는 인생이 되게 하시고, 결혼하기 전에 부모를 공경했던 것보다 부모님을 더 잘 공경하여 주변 사람들에게 칭찬받는 부부가 되게 해 주옵소서. 예수님의 이름으로 기도드립니다. 아멘.

신혼 가정을 위한 기도

감사와 찬양

믿음의 가문을 세우신 하나님께 감사와 찬양을 올립니다. 하나님을 영화롭게 하는 부부가 되게 하시고, 하나님의 왕국을 효율적으로 섬기게 하시며, 하나님의 비전에 헌신된 부부로 세워지게 해주옵소서. 사탄의 유혹에 흔들리지 않고, 성령의 통치 속에 든든히 세워지는 가정이 되게 하옵소서.

천국의 모형이 되게 하소서

이들 부부가 결혼식장에서 기쁠 때나 슬플 때나 어느 때든지 서로에 대한 책임과 의무를 다하겠다고 약속했사오니 그 약속을 잘 지키게 하옵소서. 이 땅에서 천국의 모형을 이루게 하시고 불신자들에게 본이 되는 가정이 되게 하옵소서. 결혼 초기에 서로에 대해서 뿐만 아니라 양가 문화와 풍습에 잘 적응하고 두 사람의 연합을 통해 한 몸을 이루는 데 어려움이 없게 하옵소서. 벌거벗으나 부끄럽지 않은 친밀한 부부관계를 이루게 하시고 하나 됨을 깨뜨리기 위해 어떤 이유나 변명도 용인하지 않게 하옵소서.

아내는 남편을 존중하고 주께 하듯이 순종하게 하시고, 남편은 아내를 자기 몸처럼 사랑하고 괴롭히지 않게 하소서. 서로를 아프게 하고 상처를 입히며 살지 않게 하시고 서로에 대한 책임과 의무를 잘 이행하여 서로에게 헌신된 부부가 되게 하옵소서.

자아중심적인 태도를 버리고 서로 배려하게 하소서. 죽음이 갈라놓기까지 그 어떤 핑계로도 헤어지지 않게 하시고 하나님과 많은 증인들 앞에서 언약에 충실한 부부가 되게 하옵소서.

하나님의 비전에 헌신하게 하소서

두 부부를 통해 영광 받으실 주님, 이들 부부가 자기 왕국에 갇히지 않게 하시고 부부와 가정의 울타리를 넘어 하나님의 왕국을 바라보게 하옵소서. 하나님께서 이 가정에게 주신 사명을 두 사람이 깨닫고 감당하게 하옵소서. 하나님을 사랑하고 이웃을 섬기게 하시고 하나님께 가까이 하는 것이 부부가 행복해지는 비결인 것을 잊지 않게 하소서.

생육하고 번성하여 땅에 충만하라고 하신 하나님, 이들에게 적절한 때에 자녀를 허락하시고 자녀들을 하나님 나라의 일꾼으로 양육하게 하소서. 믿음의 가문을 이루어 영적인 유산을 물려주게 하시고 바른 가치관을 갖고 양육하게 하옵소서. 부부가 살아가는 모습이 자녀에게 본이 되게 하소서. 부모를 통해 자녀가 살아가야 할 인생의 향방을 결정하게 하옵소서. 이들이 이루는 가정을 통해 구원 얻는 자들이 많아지게 하옵소서. 가정의 주인 되신 예수님의 이름으로 기도드립니다. 아멘.

개업한 가정을 위한 기도

감사와 찬양

이 가정에 새로운 사업을 시작할 수 있게 하시니 감사합니다. 기도하는 중에 믿음으로 시작한 사업을 하나님께서 도우시고 이 사업 위에 은혜를 내려 주소서. 이 가정이 하나님께 감사하는 마음을 잃지 않고 기도하면서 사업을 경영하게 하옵소서.

창대한 복을 주소서

오랜 기도와 고민과 시장 조사 끝에 시작한 사업장이오니 낙담하는 일이 없게 하시고, 이 사업장을 통해 하나님의 일하심을 경험하게 하옵소서. 손해를 끼치는 악한 사람들을 만나지 않게 하시고, 사업에 덕이 되는 사람들이 찾아오게 하옵소서. 한 번 찾아온 손님과 거래처는 단골 고객이 되게 하시고, 사람들을 통해 좋은 입소문이 꼬리에 꼬리를 물고 확산되게 하옵소서. 사람을 의지하기보다 먼저 하나님께 의지하게 하시고, 어려울 때 사람을 찾기보다 먼저 하나님께 엎드려 기도하게 하옵소서. 인간적인 지혜와 방법을 동원하기보다 하나님의 은혜를 구하고, 하나님이 원하시는 방법으로 경영하게 하옵소서.

"선 줄로 생각하는 자는 넘어질까 조심하라"(고전 10:12)고 하신 주님, 내일 일을 자랑할 수 없기에 하루하루를 최선을 다하게 하소서. 시간이 흐를수록 신뢰받는 사업장이 되게 하옵소서. 우리가 아무리 좋은 계획을 갖고 있을지라도 내일 일을 장담할 수 없는 인생이기에 매순간 주님을 의지하는 삶을 살게 하옵소서.

지혜로운 경영 능력을 주소서

하나님께서 주신 사업장을 경영하면서 세상적인 방법으로 경영하지 않게 하옵소서. 한순간의 이익을 위해 부정직한 방법을 사용하지 않게 하시고, 더디게 돈을 번다고 할지라도 정당한 방법으로 깨끗한 돈을 벌게 하옵소서. 사업장을 잘 경영할 수 있는 지혜와 능력을 주옵소서. 잘되는 가게들을 연구하여 비결을 배울 수 있게 하시고, 거래처와 고객들에게 친절과 서비스로 인정받게 해주옵소서. 최고의 제품으로 승부를 걸게 하시고, 꾸준히 더 나은 제품을 개발하기 위해 시간과 재원을 투자하게 하소서.

사업이 번창하기를 바라는 만큼 하나님과의 바른 관계를 소중히 여기게 하시고, 하나님의 마음을 슬프게 하지 않게 하옵소서. 하나님이 주시는 복을 자신과 가정만을 위해 사용하지 않고 하나님이 기뻐하시는 선교사역과 선한 일에 사용하게 하옵소서. 하나님이 주신 것을 하나님의 의도에 맞게 사용해서 더 많은 것으로 채우시는 은총을 누리게 하소서. 예수님의 이름으로 기도드립니다. 아멘.

사업을 확장한 가정을 위한 기도

감사와 찬양

부지런한 자에게 복을 주시는 여호와여, 하나님께서 주신 사업장을 잘 경영하여 이제 확장하면서 예배를 드리게 하심을 감사합니다. 손으로 하는 일에 복을 주신 하나님께서 앞으로 더 넘치는 복을 주셔서 더 큰 기업으로 발전하게 하옵소서. 어떤 상황에서든 하나님의 은혜 아래 머무는 가정과 사업장이 되게 해주옵소서.

감사를 잃지 않게 하소서

"네가 네 손이 수고한 대로 먹을 것이라 네가 복되고 형통하리로다"(시 128:2). 능력이 많으신 주님, 이 가정에 손으로 수고한 대로 먹을 수 있는 복을 허락하시니 감사합니다. 손으로 수고는 했을지라도 누리지 못하는 사람들도 많은데, 손으로 수고한 것을 이렇게 누리게 하신 것은 바로 하나님의 은혜입니다. 하나님께서 이 모든 찬양과 영광을 받으시고 이 사업장이 앞으로 더 확장되는 은혜를 주옵소서.

이 가정에 감사가 넘쳐 나게 하시고, 날마다 찬양으로 하루를 시작하게 하옵소서. 불평과 불만이 사라지게 하시고 능력 주시는 자 안에서 모든 것을 할 수 있다는 믿음을 갖고 일하게 하옵소서.

모든 직원들이 한 마음이 되게 하시고, 모두가 내 일처럼 즐겁게 자원해서 일하게 하옵소서. 모든 사원들의 건강을 지켜 주시고, 그들의 가정에도 평안을 주소서.

초심을 잃지 않게 하소서

정직한 마음을 기뻐하시는 주님, "악한 자의 집은 망하겠고 정직한 자의 장막은 흥하리라"(잠 14:11)고 말씀하신 것처럼 정직하게 사업을 경영하는 이 사업장이 더욱 흥하는 복을 허락해 주옵소서. 아무리 큰 이익을 볼 수 있다 해도 하나님이 기뻐하시지 않는 일은 거절하는 용기를 허락하소서. 욕심의 노예로 전락하지 않도록 지켜 주소서. 정당한 방법으로 돈을 벌게 하시고 쓸 때도 멋지게 쓰게 하소서.

처음 사업을 시작할 때 가졌던 마음대로 하나님이 주신 복을 선한 일에 사용할 수 있게 하옵소서. 주변 사람들이나 사업자들에게 손가락질 당하고 비난받는 기업이 아니라 사회에 대한 책임을 다함으로 좋은 기업으로 소문나게 하옵소서. 양심을 팔아먹지 않게 하시고, 하나님의 거룩한 사람으로서 정직하고 깨끗하게 사업할 수 있음을 세상 사람들에게 보여 주게 하소서.

"부지런한 자의 손은 사람을 다스리게 되어도 게으른 자는 부림을 받느니라"(잠 12:24)고 말씀하셨사오니 매사에 부지런하게 일하는 사업장이 되게 하소서. 더 부지런히 일해서 30배, 60배, 100배의 복을 누리게 하소서.

하나님의 은혜를 떠난 인생은 상상할 수 없습니다. 사업 초기에 하나님만을 의지했던 마음이 언제나 변치 않기를 소원합니다. 예수님의 이름으로 기도드립니다. 아멘.

취직한 성도의 가정을 위한 기도

감사와 찬양

사모하는 영혼에게 만족을 주시며 주린 영혼에게 좋은 것으로 채워 주시는 주님, 경제 불황기에 이 가정에 새로운 일자리를 허락하시니 감사합니다. 이 모든 것이 하나님의 은혜이오니 모든 영광을 받으소서.

은혜에 보답하게 하소서

하늘의 하나님께서 하늘의 것과 땅의 기름진 복으로 우리의 삶을 윤택케 하심을 감사합니다. 여호와께 복을 받은 이 가정이 어려운 취업난 속에서도 취업의 영광을 누리게 하심을 감사합니다. 이 모든 영광이 하나님이 주신 복인 줄 알아 늘 '내게 주신 모든 은혜를 내가 여호와께 무엇으로 보답할까?'를 고민하며 사는 가정이 되게 하옵소서. 하나님이 주신 은혜를 망각하지 않도록 마음을 잘 지키게 하시고, 어떤 환경과 여건 속에서도 감사하고 자족하는 삶을 살게 하소서. 최악의 상황에서도 지금 베푸신 하나님의 은혜를 생각하며 감사하게 하시고 평강을 누리게 하옵소서.

직장생활 속에서 어떤 일이 다가올지라도 하나님이 함께하신다는 사실을 잊지 않기를 소원합니다. 알량한 자존심이나 작은 이권을 얻기 위해 전전긍긍하지 않게 하시고, 하나님의 말씀의 잣대를 따라서 생활하게 하소서. 그래서 직장에서 그리스도인의 차별성을 보이게 하옵소서.

직장 내에서 형통케 하소서

"네가 자기의 일에 능숙한 사람을 보았느냐 이러한 사람은 왕 앞에 설 것이요 천한 자 앞에 서지 아니하리라"(잠 22:29). 하나님께서 주신 직장에서 자신을 잘 관리하는 지혜와 능력을 주옵소서. 자기만 알고 편해지려는 이기적인 태도를 갖지 않게 하시고 다른 사람들을 먼저 생각하고 배려하고 양보하는 생활을 하게 해주소서. 자신에게 주어진 일을 잘 감당하게 하시고 나아가 다른 사람들이 버거워하는 일들을 도울 줄 아는 상생의 비결을 터득하게 하옵소서. 매사에 다른 사람을 나보나 낫게 여기고 존중하게 하시고 겸손하고 온유한 마음으로 사람들을 대할 수 있게 하옵소서. 윗사람을 공경하고 복종할 줄 알고, 동료들과 아랫사람들에게 인정받고 존경받게 해주소서.

어떤 상황 속에서도 공동체나 다른 사람들을 향해 원망하고 불평하지 않게 하시고, 나에게 해를 가하는 사람일지라도 비난하거나 모함하는 행동을 하지 않게 하소서. 오히려 예수님처럼 포용하고 용납해서 사람들을 감동시키는 매력적인 사람이 되게 하소서. 관계 속에서 그리스도의 마음을 보여 주게 하시고 착한 일을 행함으로 빛과 소금으로 살게 하옵소서. 직장으로 부르신 소명을 발견하고 그곳을 선교지로 생각하고 주께 하듯 일하게 하옵소서. 어디를 가든지 좋은 맛을 내는 양념 같은 존재가 되어 예수님을 알지 못하는 동료들에게 예수 그리스도를 소개할 수 있게 하소서. 예수 그리스도의 이름으로 기도드립니다. 아멘.

승진한 성도의 가정을 위한 기도

감사와 찬양

가난하게도 하시고 부하게도 하시고 낮추기도 하시고 높이기도 하시는 여호와여, 사랑하는 가정에 승진의 기쁨과 영광을 주시니 감사합니다. 하늘의 하나님께서 사랑하는 자녀의 기쁨을 통해 영광 받으옵소서. 여호와께서 복 주신 가정이 날마다 하나님을 경외하고 주의 이름을 높여 드리게 하소서.

하나님과 더 가까워지게 하소서

"겸손과 여호와를 경외함의 보상은 재물과 영광과 생명이니라"(잠 22:4). 하나님께서 주신 직장에서 겸손하게 생활하게 하시고 여호와를 경외하는 믿음으로 직장생활을 하게 하신 것 감사합니다. 하나님의 말씀처럼 그 보상으로 승진을 통해 재물과 영광을 누리게 하심을 감사합니다.

이 승진의 기쁨을 통해 하나님을 더욱 의지하게 하시고 요셉이나 다윗처럼 어디를 가든지 하나님과 함께하는 삶이 되게 하옵소서. 하나님을 가까이 함이 이들의 행복이 되게 하시고 주님께로 나아가서 교제 나누는 삶을 통해 인생의 지경도 넓혀지는 복을 허락해 주옵소서. 하나님과 동행함으로 어떤 사람도 해하는 자가 없게 하시고, 하나님께서 여호수아와 함께 하심으로 그 명성이 더 높아졌던 것처럼 이들의 명성도 높아지게 하소서.

말씀 묵상을 통해 하나님과 풍성한 교제를 나누게 하시고, 하나님 앞에 나와 기도하는 삶을 살게 하옵소서. 하나님의 도움 없이 승리하는 삶을 살려고 하는 교만을 행하지 않게 하시고, 연약한 자임을 인정하고 하나님의 도우심을 받기 위해 날마다 은혜의 보좌 앞으로 나아가, 때를 따라 도우시는 하나님께 기도할 수 있게 하소서.

영향력을 확장케 하소서

하나님께서 승진의 복을 주신 목적이 무엇인지를 곰곰이 묵상하는 시간을 허락해 주옵소서. 그래서 주님이 기뻐하시는 승진이 되게 하시고, 주님의 뜻을 이루어 드리는 계기가 되게 하소서. 하나님의 사람이 높은 자리에 있음으로 회사나 주변 사람들에게 해가 되지 않게 하시고 공동체나 사람들에게 덕이 되고 도움이 될 수 있게 하옵소서. 하나님께서 영향력을 행사할 수 있는 범주를 넓혀 주셨으니 긍정적이고 거룩한 영향력을 높여 가게 하옵소서. 윗사람들에게 잘하고 인정받을 뿐만 아니라 특별히 아랫사람들에게 감동을 줄 수 있는 사람이 되게 하옵소서.

어디에서 무엇을 하든지 하나님의 사람이라는 자부심과 더불어 경건성도 잃지 않게 하시고 남보다 솔선수범해서 회사에 유익을 끼치는 사람이 되게 하소서. 무엇을 먹든지 마시든지 하나님의 영광을 위해 하라고 하신 말씀대로 업무에서나 업무 외에서나 하나님의 명예를 걸고 살아 가게 하옵소서. 회사에서 중책을 맡은 만큼 열심을 다하되, 하나님의 일을 등한시하지 않게 하옵소서. 더 부지런하고 더 노력해서 회사뿐만 아니라 교회 안에서도 충성스러운 일꾼으로 인정받게 하옵소서. 예수님의 이름으로 기도드립니다. 아멘.

이사한 가정을 위한 기도

감사와 찬양

이스라엘 백성들을 광야의 위험과 어려움에서 보호하시고 인도하신 하나님 아버지, 광야 같은 이 세상에서 저희를 생명 싸개로 보호해 주시니 감사합니다. 하나님의 인도하심을 따라 새로운 장막에서 이사예배를 드리는 이 가정이 하나님의 도우심 가운데 살아갈 수 있는 은혜를 부어 주옵소서.

하나님의 영광을 선포하는 장막이 되게 하소서

고아와 과부와 나그네를 돌보시는 하나님이시여, 이사예배를 드리는 이 가정을 사랑하시고 돌보아 주신 은혜를 감사합니다. 이스라엘 백성들이 성막을 중심으로 생활했듯이 이 가정이 하나님의 임재를 떠나지 않는 복된 가정이 되게 하옵소서. 하나님께서 인도하신 이 장막 위에 하나님의 영광이 드리워지게 하시고, 이곳에서 하나님의 영광을 선포하게 하옵소서. 이 장막이 예배의 처소가 되게 하시고 하나님의 살아 계심을 경험하는 은혜의 장소가 되게 하옵소서. 아침에 일어나면서 하나님의 인자하심을 고백하게 하시고, 저녁에 잠이 들면서 도우시는 은혜를 묵상하며 감사하는 가정이 되게 하옵소서. 이곳에서 찬양과 기도 소리가 주변 사람들에게 들려지게 하시고, 웃음이 사라지지 않는 가정이 되게 하옵소서. 이곳에서 드리는 기도에 다 응답하셔서 하나님의 살아 계심을 드러내게 하옵소서. 매일 하나님의 말씀을 묵상하고 아브라함처럼 말씀을 좇아 살아가는 가정이 되게 하소서.

좋은 가구로 채워진 고급스런 공간이 되기보다는 좋은 사람들이 서로 사랑하며 살아가는 공간이 되게 하시고, 미움은 사라지고 사랑으로 채워지는 가정이 되게 하소서. 이 장막에서 어두움의 세력은 사라지고 거룩한 성령이 통치하는 은혜로운 생활이 이루어지게 하소서. 예전보다 부부의 사랑이 더 깊어지고 화목한 분위기 속에서 온 가족들이 사랑으로 하나 되기를 원합니다. 서로의 존재를 소중히 여기고, 존재 자체를 인하여 서로에게 감사를 표현하며 살게 하옵소서.

하늘나라를 사모하는 거룩한 나그네가 되게 하소서

요즘 '가장'이 사라진다고들 하는데, 이 장막이 단순히 여관과 같은 '집'이 아니라 온 가족들의 안락한 생활공간이 되어 '가정'의 기능을 감당하게 해주옵소서. 어느 곳에서도 안식을 얻을 수 없는 세대 속에서 이 장막이 온 가족들에게 쉼터가 되게 하시고 안식처가 되게 하옵소서. 가족들이 밖에 나갔다가도 빨리 집으로 돌아오고 싶은 장막이 되게 하소서.

우리에게 돌아갈 영원한 하늘 본향을 허락하신 하나님! 아무리 좋은 장막일지라도 우리가 나그네임을 잊지 않게 하시고, 이 세상 것들에 지나치게 집착하지 않도록 축복해 주옵소서. 하나님께서 부르시면 언제라도 툭툭 털고 하나님 나라로 갈 수 있는 단순한 나그네의 삶을 살게 하옵소서. 하늘 본향을 예비하신 예수 그리스도의 이름으로 기도드립니다. 아멘.

임종 직전의 가족(신자)이 있는 가정을 위한 기도

감사와 찬양

슬픈 자를 위로하시는 주님, 우리를 위해 하늘나라를 예비하시고 천국에 대한 소망을 갖게 하심을 감사합니다. 여기에 하나님의 거룩한 부름 앞에 선 믿음의 권속이 있습니다. 이 시간 의식은 희미하지만 천국의 영광을 보게 하시고, 죽음을 이기신 예수님의 은총 안에서 평안한 안식을 허락해 주옵소서.

영혼을 받으소서

'성도의 죽음은 복되다' 고 말씀하신 주님, 이 시간 사랑하는 성도가 평안히 하나님의 안식을 누리게 하소서. 사는 동안 때로는 고통과 아픔이 있었고, 갈등하고 다투기도 했지만 하나님의 은혜 속에 여기까지 올 수 있게 하심을 감사합니다. 지금까지 춥고 아팠던 기억은 모두 잊어버리고, 아름답고 즐거웠던 기억만 간직한 채 하나님 품으로 나아가게 하소서. 잠시 잠깐 살다가는 이 세상을 넘어 우리가 궁극적으로 돌아가야 할 본향집이 준비되어 있사오니, 힘들고 고달팠던 이 세상에서의 삶을 마치고 그곳에서 평안한 쉼을 얻게 하옵소서.

선한 싸움을 싸우고 달려갈 길을 마치고 믿음을 지킨 사랑하는 성도의 영혼을 하늘에서 반겨 주시는 줄 믿습니다. 믿음의 경주를 잘 달리기 위해 누리고 싶은 것도 누리지 못하고, 하고 싶은 것도 절제하며 살았던 삶이오니 하늘의 기쁨으로 채우시고 상급을 허락해 주소서. 죽음 앞에서도 하늘에 대한 소망으로 마음과 영혼이 참 평강을 얻게 하소서. 예수님께서 사망 권세를 이기셨사오니 죽음에 대한 두려움과 공포심을 다 내몰아 주시며, 잠자는 듯이 본향으로 나아가게 하소서. 찬송 중에 주님의 품에 안기게 하시고, 천군 천사의 축복 속에 영혼이 하나님께로 돌아가게 하소서. 언젠가 주님 오실 때 나사로가 돌무덤 문을 열고 나왔듯이 사랑하는 성도도 예수님을 맞이하기 위해 다시 영광스러운 몸으로 부활할 줄을 믿습니다.

가족을 위로하소서

사랑하는 주님, 이 시간 사랑하는 이의 임종을 앞두고 모인 모든 가족들에게 하늘의 평안과 위로를 허락하여 주옵소서. 지금까지 가족들을 위해 아플 때도 자기 몸을 돌아보지 못하고 가족들의 행복을 위해 애썼던 그의 사랑을 잊을 수가 없습니다. 이렇게 우리 곁을 훌쩍 떠날 줄 알았다면 더 사랑하고 섬겼을 텐데, 그러지 못한 저희를 용서해 주옵소서. 후회스럽고 가슴 아팠던, 가족들과의 기억들을 다 지워 주소서. 서로 사랑하면서도 여러 가지 힘겨운 환경으로 인해 서운하게 했고 상처를 안겨 주었던 허물들을 용서하게 하소서. 떠나는 이나 보내는 이의 가슴에 한이 남지 않게 하옵소서.

임종을 앞둔 시간에 우리 인생을 다시 한 번 돌아보게 하시니 감사합니다. 가지고 온 것도 없을 뿐더러 가져 갈 것도 없는데 이 땅에 대한 애착을 갖기보다 믿음으로 살아가는 법을 배우게 하옵소서. 여기에 남은 모든 가족들이 예수 안에서 살게 하시고 언제 죽음 앞에 설지라도 하늘에 둔 소망을 인하여 두려움이 없게 하소서. 부활의 첫 열매가 되신 예수 그리스도의 이름으로 기도드립니다. 아멘.

임종 직전의 가족(불신자)이 있는 가정을 위한 기도

감사와 회개

폭풍이 몰아치고 거센 눈보라가 휘날리는 거친 인생길 속에서도 하루하루를 최선을 다해서 살아오게 하신 주님, 여기에 고달팠던 인생을 서서히 마감하고 있는 우리의 사랑하는 가족이 있습니다. 위로의 성령님이시여, 이 시간 우리 모두에게 임하셔서 하늘의 영광을 보여 주옵소서.

예수님을 영접하게 하소서

광야 같은 이 세상에서 하루도 편히 쉴 날이 없이 분주하게 살아온 한 영혼이 여기 있습니다. 그동안 사랑하는 가족들을 위해 한 시도 편안한 날이 없었고 지친 육신을 갖고도 가족들의 행복을 위해 힘겹게 일하며 살아 왔습니다. 가족들의 앞날을 위해서 먹고 싶고 입고 싶었던 것들도 다 누리지 못한 채 그저 희생하고 베풀었습니다. 의미 있고 가치 있게 살기 위해 애썼던 날들이 이제는 아득한 옛이야기로 남겨지는 이 순간, 좀 더 사랑하지 못하고 좀 더 넉넉하게 베풀고 나누지 못했던 시간들이 아쉽기만 합니다. 그러나 이 시간 가슴 아팠던 모든 기억들이 보내는 이나 떠나는 이의 가슴 속에 한으로 남지 않게 하옵소서. 혹시 그동안 각박하게 살아 오느라 우리 안에 상처가 되었던 것들이 있습니까? 그렇다면 이 시간 다 풀고 가벼운 마음으로 보내고 떠나게 하소서.

영원한 생명을 주시고 천국을 소망으로 주시는 주님, 이 시간 간곡히 간구합니다. 죽음이 끝이 아니라 새로운 시작이요, 이 세상 너머에 더 영광스럽고 찬란한 천국이 있사온데, 임종을 앞둔 이 시간에라도 내세를 깨닫게 하옵소서. 죄 많은 인간이 받을 형벌을 대신 받으시고 십자가에서 죽으신 예수님을 믿고 그 마음속에 받아들이는 자는 누구든지 구원을 얻고 천국을 갈 수 있사오니 그 사실을 받아들이게 하옵소서. 그래서 영원한 세계를 향한 설레는 여행을 하게 하옵소서. 지금까지 사랑하는 이의 구원을 위해 불철주야 눈물로 기도했던 가족들의 기도를 이 마지막 순간에라도 응답하여 주옵소서.

믿음으로 하나 되게 하소서

사랑하는 이의 임종을 눈앞에 둔 가족들의 애달픈 마음을 아시는 하나님, 아픈 마음을 위로해 주옵소서. 이 시간이 되고 보니 그렇게 욕심낼 일도 없었고 그렇게 싸울 일도 없었는데 그동안 서로의 마음을 아프게 했던 것을 용서해 주옵소서. 사랑하는 이를 보내야 하는 가족들의 아픈 가슴을 위로해 주옵소서. 그동안 사랑한다고 하면서도 사랑을 표현하지 못했습니다. 알게 모르게 오히려 상처를 주었던 삶들을 돌아보게 하시고 앞으로는 가족 간에 서로 화목하고 행복하게 살아가기로 결단하게 하소서.

혹여 아직 천지를 창조하시고 하늘나라를 예비해 놓으신 예수님을 믿지 않는 가족들은 이 시간 믿음의 삶을 살기로 결단하는 은총을 주옵소서. 우리 영혼을 천국으로 인도하실 예수 그리스도의 이름으로 기도드립니다. 아멘.

환자가 있는 가정을 위한 기도

감사와 회개

서로 돌아보아 사랑과 선행을 격려하라고 하신 주님, 이 시간 사랑하는 환우를 방문하여 하나님 앞에 간구합니다. 각색 질병을 가진 환자들을 치유하시고 고치셨던 능력의 주님이 이 시간 우리의 기도를 들으시고 치유와 위로의 은총을 허락하여 주옵소서. 어떤 환경 속에서도 믿음으로 든든히 서는 가정이 되게 하소서.

치유의 은총을 허락해 주소서

"너희 죄를 서로 고백하며 병이 낫기를 위하여 서로 기도하라 의인의 간구는 역사하는 힘이 큼이니라"(약 5:16). 병든 자가 있을 때 장로들을 청하여 기도하라고 하신 주님, 의인의 간구를 들어주시기를 기뻐하시는 주께서 이 시간 긍휼을 베풀어 주옵소서. 자비의 하나님, 이 시간 우리의 죄악을 사하여 주옵소서. 하나님의 뜻대로 살지 못하고 불순종했던 삶을 용서하시고, 형제와 이웃을 사랑하라고 하신 주님의 명령을 준행하지 못했던 죄악을 용서하여 주옵소서. 하오나 이 시간 믿음의 권속들이 환우를 위해 기도하오니 우리의 간구가 응답되게 하옵소서.

사랑하는 주님, 사랑하는 환우가 치유를 받아 주님을 기쁘게 해 드리며 살기를 원합니다. 새로운 인생을 살 수 있는 기회를 주옵소서. 주님이 못 고치실 질병은 없고 당신에겐 능치 못한 일이 없음을 알고 있습니다. 이 시간 사랑하는 성도의 병약한 부분에 친히 피 묻은 손으로 안수해 주옵소서. 하나님의 능력을 의지하오니 사랑하는 자녀에게 구원의 은총을 베풀어 주옵소서. 예루살렘 성전 미문에 앉아 있다가 베드로와 요한을 만나 예수 그리스도의 이름으로 나음을 입은 앉은뱅이처럼 사랑하는 성도도 새로운 인생을 출발하는 은혜를 주옵소서.

영적인 성숙의 기회가 되게 하소서

합력하여 선을 이루시는 주님, 때로는 우리가 이해하기 어려운 일들이 일어나 마음이 답답하고 힘들 때가 있습니다. 우리가 이해하기 힘들지만 주님이 하실 일들을 바라보며 이 상황 속에서도 감사를 잃지 않는 환우와 가정이 되게 해주옵소서. 고통 속에서 십자가에 못 박혀 죽으신 주님의 은총을 더 깊이 묵상하게 하시고, 병상에 있는 시간에 쉼을 누리게 하시고, 나아가 인생을 더 깊이 성찰하게 하소서. 그동안 읽지 못했던 하나님의 말씀을 읽고 묵상하게 하시고, 병상에서라도 하나님 앞에 더 많이 기도하게 하소서. 고통이 너무 중하여 기도조차 하기 힘들 수도 있사오니 신음하는 환우와 가족들이 영적으로 육적으로 강건하게 하옵소서. 말씀을 통해 영적으로 도전받게 하시고, 그동안 서로 분주하게 살아오느라 대화도 나누지 못하고 서로를 돌아보고 섬길 기회도 갖지 못했던 가족들이 더 많은 시간을 함께하도록 인도하소서. 그래서 이번 기회를 통해 온 가족들이 사랑으로 하나 되게 하옵소서. 더구나 환우나 가족을 향한 하나님의 계획을 한 번 더 돌아볼 수 있는 시간들이 되게 하소서. 주변에 있는 다른 환우들과 대화 나누는 중에 예수 그리스도를 간증하게 하시고, 복음을 전할 수 있는 용기를 허락하여 주옵소서. 합력하여 선을 이루시는 예수 그리스도의 이름으로 기도드립니다. 아멘.

심방 대표기도

수술환자가 있는 가정을 위한 기도

감사와 회개

주님, 이 시간 수술을 앞둔 당신의 사랑하는 자녀를 위해 간구하오니 하늘의 하나님께서 친히 역사해 주옵소서. 그동안 하나님의 뜻대로 산다고 하면서도 그 뜻대로 살지 못했던 저희의 죄를 용서하시고 이 시간 치유의 은총을 허락해 주옵소서.

은혜 중에 수술이 이루어지게 하소서

"두려워하지 말라 내가 너와 함께 함이라 놀라지 말라 나는 네 하나님이 됨이라 내가 너를 굳세게 하리라 참으로 너를 도와 주리라 참으로 나의 의로운 오른손으로 너를 붙들리라"(사 41:10).

권능의 주님, 이 시간 수술을 앞둔 사랑하는 지체를 위해 간구합니다. 선한 목자 되신 주님이 사랑하는 자녀를 푸른 초장, 잔잔한 시냇가로 인도하소서. 천지만물을 말씀으로 창조하신 여호와께서 권능의 손으로 붙드시고 도와주옵소서. 수술에 대한 두려움과 공포가 사라지게 하시고, 하나님께서 마음과 생각을 지키심으로 마음과 영혼이 평안을 얻게 하소서.

수술을 들어가는 순간부터 마취가 깨어날 때까지 하나님을 의뢰하여 담대하게 하소서. 수술하는 동안 의사와 간호사의 정신과 육체를 지켜 주옵소서. 지금까지 축적한 모든 경험과 기술을 총동원해서 수술하게 하시고, 수술하는 손과 도구를 간섭하셔서 한 치의 실수도 없게 하소서. 수술하고 난 후에도 빠르게 회복하게 하시고 후유증이 남지 않도록 지켜 주옵소서.

영적인 축복의 기회가 되게 하소서

"나는 목마른 자에게 물을 주며 마른 땅에 시내가 흐르게 하며 나의 영을 네 자손에게, 나의 복을 네 후손에게 부어 주리니 그들이 풀 가운데에서 솟아나기를 시냇가의 버들 같이 할 것이라"(사 44:3).

변화의 명수이신 하나님 아버지, 수술을 통해 놀라운 인생의 변화가 일어나게 하옵소서. 수술 과정을 통해 하나님의 돌보심과 도우시는 은총을 피부로 느끼게 하시고, 살아 계신 하나님을 인격적으로 만나는 기회가 되게 하옵소서. 수술을 통해 하나님의 살아 계심을 경험했사오니 이제부터 주님께 더 가까이 나아가게 하시고, 하나님이 원하시는 삶을 살게 하소서.

위험한 수술을 하면서 온 가족이 사람이 소중하다는 사실을 새삼 깨닫게 하시고, 소중한 사람들을 소중하게 대하고 사랑하며 살아가기로 결심하게 해주옵소서. 수술하고 난 후에 환우를 간호하면서 가족 간의 사랑이 새록새록 자랄 수 있게 하시고, 예전에 느끼지 못했던 가족에 대한 소중함을 발견하게 하옵소서. 이러한 고통을 경험하면서 하나님으로부터 받은 위로를 가지고 고통당하는 다른 사람들을 위로하고 치유하는 삶을 살게 해주옵소서. 죽을 고비를 넘겼으니 이제는 죽어가는 자들에게 복음을 전하는 나팔수가 되게 하소서. 예수님의 이름으로 기도드립니다. 아멘.

심방 대표기도

장애인 가정을 위한 기도

찬양과 감사

최악의 상황에서도 최선을 만들어 가시는 전능하신 하나님을 찬양합니다. 인간이 역사를 이끌어 가는 것 같지만 하나님께서 때론 보이는 손으로, 때론 감추어진 섭리를 통해 모든 인류의 역사를 주관하시는 줄 믿습니다. 주님의 섭리 가운데 이 가정에 몸이 불편한 식구를 보내 주셨는데, 우리가 당신의 뜻을 다 헤아릴 수 없을지라도 하나님의 선하심을 믿고 연약해지지 않도록 이 가정을 지켜 주소서.

장애인을 강하게 하소서

가난한 자를 돌보시고 고와와 과부를 잊지 않으신 여호와여, 이 시간 장애로 말미암아 고통을 당하는 사랑하는 지체를 위해 기도합니다. 언제 어디서나 세상 끝날까지 함께하시겠다고 약속하신 하나님을 의지하고 담대한 마음을 갖게 하옵소서. 육적인 장애보다 더 심각한 문제는 바로 마음과 정신의 장애이오니 마음이 연약해져 절망하지 않도록 붙잡아 주소서. 아픈 몸을 갖고서도 하나님께 귀하게 쓰임받았던 사람들이 많았듯이 사랑하는 형제를 귀하게 사용하여 주옵소서.

자신의 외모 때문에 낙담하지 않게 하시고, 속사람이 강건해져서 자신만의 강점을 개발하는 결단을 하게 하소서. 어떤 상황일지라도 꿈을 잃지 않게 하시고, 더 나은 내일을 향해 준비하고 하나님께 붙잡혀 깨끗하고 귀한 그릇으로 쓰임받게 하옵소서. 이 지체에게만 주신 고유한 사명을 깨달아 자신이 할 수 있는 최선으로 하나님 앞에 열매를 드리도록 은혜를 주소서.

뭔가에 도전하기 힘들다고 스스로 판단할 수 있는 상황이지만 전능하신 하나님을 의지하고 주님의 영광을 위해 무엇이든 도전하려고 하는 용기를 주소서. 약한 자를 들어 강한 자를 부끄럽게 하시는 하나님의 은혜를 경험하게 하소서.

가족에게 희망을 주소서

수많은 병자들을 가까이 하시면서 그들을 도전하고 치유하셨던 주님, 장애를 가진 가족 때문에 당하는 이들의 상하고 아픈 마음을 위로하시고 지친 육신을 어루만져 주옵소서. 주변 상황이 힘들다 보면 감사를 잃고 짜증을 내거나 불평할 수 있다는 것을 우리는 잘 알고 있습니다. 하지만 가족들이 하나님의 위로를 깊이 경험해서 약한 자를 섬기는 일에 지치지 않도록 인도해 주소서.

비록 최고는 아닐지라도 최선을 다하는 지체의 모습을 가족들이 격려하고 목표를 두고 치열하게 사는 인생이 얼마나 아름다운지 말해 줄 수 있는 여유를 주소서.

때때로 아픔을 당하는 장본인은 희망을 잃을지라도, 가족만은 희망을 잃지 않게 하소서. 예수님처럼 끝까지 포기하지 않는 사랑의 마음을 부어 주옵소서. 하나님이 포기하지 않는 사람을 우리가 성급히 포기하지 않게 하소서. 그에게도 하나님의 선하신 계획이 있음을 확신시켜 주옵소서. 그를 돌아볼 수 있는 마음의 여유뿐만 아니라 경제적인 여유도 허락하시고, 일용할 양식으로 인해 걱정하는 일이 없게 하옵소서.

부활의 때 우리가 온전한 모습으로 회복될 것을 믿고 기대하며, 예수님의 이름으로 기도드립니다. 아멘.

심방 대표기도

오랫동안 교회를 출석하지 않은 가정을 위한 기도

감사와 찬양

자기를 찾는 자들에게 상을 주시는 여호와여, 이 시간 오랫동안 교회를 나오지 못하던 성도의 가정을 심방했습니다. 간구하오니 다시 하나님을 찾게 하시고, 하나님을 향한 열심을 낼 수 있도록 은혜를 베풀어 주옵소서.

영적인 열망을 주소서

우리 모두가 바쁘고 분주한 삶을 살아 갑니다. 그러나 사랑하는 성도로 하여금 독생자 예수 그리스도를 십자가에 내어 주신 하나님의 사랑을 잊지 않게 하시고, 다시 주님께로 나아와 예배하는 은총을 허락해 주옵소서. 사랑하는 성도가 자신을 위한 하나님의 사랑과 열심을 잊지 않게 하소서. 기어코 주님께로 돌아와 풍성한 그리스도인의 삶을 누리기를 원합니다.

예배 참석하기를 방해하는 요소로부터 자유롭게 하소서. 게으름이 주님께로 나아가는 데 방해가 되지 않게 하시고, 세상일에 분주해서 하나님께 예배하는 것이 뒷전으로 물러가지 않게 하소서. 그 어떤 상처도 하나님을 사랑하는 데 장애물이 되지 않게 하옵소서. 우리의 싸움이 보이는 사람과의 싸움이 아니라 보이지 않는 영적인 세력들과의 싸움임을 잊지 않게 하소서. 보이는 육체보다 보이지 않는 영혼을 소중히 여기게 하옵소서. 보이는 세계뿐만 아니라 보이지 않는 영적인 세계가 있음을 알게 하시고,

이 땅 너머에 보이지 않는 하늘나라가 있음을 깨닫게 하옵소서. 우리가 하나님의 구원을 받아야 할 존재임을 깨닫게 하시고, 인간의 행복이 자신의 노력에 있는 것이 아니라 하나님께 달렸음을 기억하게 하옵소서. 사랑하는 성도에게 믿음의 가치를 알게 하시고 구원에 대한 확신을 갖게 하시며 하나님을 향한 열심을 품게 하옵소서.

흔들리지 않는 굳건한 믿음을 주소서

신앙의 경주를 하는 중에 부딪히는 크고 작은 일들 앞에서 결코 낙담하지 않게 하시고, 구원의 길에서 이탈하지 않게 하시며, 참고 인내함으로 기필코 천국에 이르는 은혜를 주옵소서. 영적인 세계를 맛보는 데 그치지 않고 날마다 풍성하게 누리게 하시고 해가 흘러갈수록 영적인 성장과 진보가 이루어지게 하옵소서. 어린아이 같은 영적인 유아 상태에서 벗어나 장성한 어른의 신앙에 이르게 하시고, 그래서 웬만한 일 앞에서도 흔들리지 않는 견고한 믿음을 갖게 하옵소서.

사랑하는 주님, 성도로 하여금 교회 안으로 더 깊이 들어올 수 있게 하소서. 소속감을 갖고 믿음생활 할 수 있도록 은혜를 베풀어 주옵소서. 전도회와 구역에 소속되어 성도들과 교제를 나눌 수 있게 하시고 교회 안에서 다른 성도들과의 관계가 원만하게 하소서. 혹시라도 관계 속에서 상처를 받지 않게 하옵소서. 혹여 상처 되는 일들이 있을지라도 하나님을 바라보게 하옵소서. 우리를 천국까지 인도하실 예수 그리스도의 이름으로 기도드립니다. 아멘.

심방 대표기도

새신자 가정을 위한 기도

감사와 회개

우리를 흑암의 권세에서 건져 내사 사랑의 아들의 나라로 옮겨 주신 하나님 아버지, 사랑하는 성도를 우리 교회에 보내 주시고 교회 안에서 한 가족이 되어 신앙생활을 하게 하신 은혜를 감사합니다. 지금까지 하나님을 거역했던 삶을 용서하시고, 이제부터 사랑 안에서 서로 격려하고 도전하면서 하나님 나라를 향해 거룩한 나그네의 삶을 살게 하옵소서.

영적으로 성장하게 하소서

사랑하는 성도가 구원을 선물로 받아 이제부터 하나님의 진노를 피할 수 있게 하시니 감사합니다. "너희는 유혹의 욕심을 따라 썩어져 가는 구습을 따르는 옛 사람을 벗어 버리고 오직 너희의 심령이 새롭게 되어 하나님을 따라 의와 진리의 거룩함으로 지으심을 받은 새 사람을 입으라"(엡 4:22-24)고 말씀하신 주님, 새로운 마음으로 인생의 큰 결단을 내리고 하나님께로 나아온 사랑하는 성도와 이 가정에 한없는 복을 내려 주옵소서. 머지않아 온 식구들과 친지들이 구원에 이르게 하시고, 하는 일마다 형통케 되는 복을 주옵소서. 이제 새로운 인생을 살기로 결심했습니다. 이 결심이 변질되지 않게 하시고 천국에 이르는 그날까지 주님의 손을 꼭 붙잡고 살게 하옵소서.

그리스도와 함께 다시 살리심을 받았으니 이제 땅의 것을 찾는 삶이 아니라 위의 것을 추구하는 삶을 살게 하소서. 이제부터 사랑하는 성도와

이 가정에 놀라운 변화가 일어나게 하옵소서. 가치관이 바뀌고 습관들이 변하기를 원합니다. 생각하고 살아가는 삶의 방식이 변하게 하시고, 취향과 기호가 영적인 것들로 바뀌게 하옵소서. 하나님 앞에 나와 예배하는 것을 우선순위로 두게 하시고, 매일 세끼 식사를 하듯이 하나님의 말씀을 규칙적으로 가까이 하게 하시고, 기도로써 하늘에 계신 아버지와 대화를 즐길 수 있게 하옵소서.

아름다운 교우 관계를 맺게 하소서

사랑하는 성도를 우리 교회로 보내 주셔서 서로 교제를 나눌 수 있게 하시니 감사합니다. 믿음과 하나님을 아는 일에 하나가 되어 그리스도를 닮아가게 하시고 성령의 열매를 풍성하게 맺을 수 있게 하옵소서. 홀로 세상을 살아 갈 수 없듯이 신앙생활도 홀로 할 수 없사오니 다른 성도들과 더불어 좋은 관계를 맺게 하시고, 세상 친구들을 가까이하기보다 이제 신앙 안에서 맺어지는 새로운 관계 속에서 영적인 유익을 누리게 하옵소서. 특별히 교역자들과 아름다운 관계를 맺음으로 영적인 공급과 돌봄을 받고 영적인 유익들을 누리게 하옵소서.

하나님께서 교회 안에서 누리도록 허락하신 모든 것을 향유하게 하소서. 교회 일에 방관하지 않게 하시고 내 교회라는 생각을 가지고 적극적으로 참여하고 협력하게 하옵소서. 구역에 소속되어 구역식구들과 예배를 드리고 교제를 나눌 수 있게 하시고, 전도회에 함께 소속되어 하나님께서 기뻐하시는 일을 협력하게 하소서. 성도의 교제를 통해 믿음이 성장해 갈 수 있게 인도해 주소서. 예수님의 이름으로 기도드립니다. 아멘.

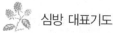

시험(환난)당한 가정을 위한 기도

감사와 회개

여러 가지 시험을 당할 때 온전히 기뻐하기를 원하시는 주님, 신앙생활을 하는 동안 시험이 없는 자가 없는데, 시험당할 때마다 믿음으로 이기게 하시니 감사합니다. 욕심으로 말미암아 시험을 불러 온 삶을 용서하시고, 시험이 다가올 때 인내하고 승리하지 못한 어리석음을 용서하시고, 이제부터는 시험을 너끈히 이기는 믿음을 갖게 하옵소서.

영적 성장의 기회로 삼게 하소서

"시험을 참는 자는 복이 있나니 이는 시련을 견디어 낸 자가 주께서 자기를 사랑하는 자들에게 약속하신 생명의 면류관을 얻을 것이기 때문이라"(약1:12).

사랑하는 주님, 근래에 사랑하는 성도가 힘들어 하고 믿음을 지키기 위해 당하는 시험거리가 있사오니 주께서 친히 도와주시옵소서. 기독교 역사 속에는 주님을 섬기기 위해 죽임을 당하거나 재산을 몰수당하는 자들이 많았습니다. 그러나 그들은 시험을 잘 참았고 오히려 시험당하는 것을 기뻐했습니다. 주께서 사랑하는 성도에게도 시험을 이길 수 있는 힘과 용기를 주옵소서. 아픈 마음을 위로해 주시고 고통 중에 스데반처럼 주님의 모습을 바라보게 하소서. 시험당할 때 불평하거나 원망하지 않게 하시고, 오히려 기뻐함으로 시험을 견딜 수 있는 힘을 주소서. 감정에 휘둘리지 않게 하시고 괴로울 때 주님을 깊이 묵상하는 중에 하늘에서 내려오는 능력을 덧입게 하소서. 험한 시험에서 저희를 건져 주시는 주님, 이때가 영적인 성숙의 기회가 되게 하옵소서.

분별하는 지혜를 주소서

사탄은 우리를 넘어뜨리기 위해 간교한 술수를 부립니다. 그때마다 분별하는 지혜를 주심을 감사합니다. 달콤한 미끼를 가지고 우리를 삼키려 하는 사탄의 정체를 잘 분별하여 믿음에서 넘어지지 않게 하옵소서. 사탄이 유혹해 올 때 자기 욕심에 이끌리지 않고 예수님처럼 하나님의 말씀으로 대적할 수 있게 하옵소서. 오직 각 사람이 시험을 받는 것은 자기 욕심에 끌려 미혹됨이라고 말씀하셨는데, 우리 안에 일어나는 욕심이 사탄의 도구로 전락하지 않게 하시고 늘 자족하는 마음을 갖고 살아가게 해주옵소서.

때로는 사탄이 가장 가까운 가족이나 친구를 통해서 시험하기도 하고, 때로는 주변 사람들을 통해서 유혹하기도 합니다. 돈에 대한 욕심이나 명예나 권력에 대한 욕망으로 유혹을 당하지 않게 하시고 쾌락을 자극하는 세상의 문화를 통해 넘어지지 않게 하옵소서. 때때로 함께 신앙생활하는 교우들과의 관계를 통해 시험을 받을 수도 있사오니 상처로 말미암아 믿음에서 떨어지지 않도록 마음과 생각을 잘 지키게 하소서. 배가 고파서 우는 사자처럼 사탄은 늘 성도들을 노리고 있습니다. 그러니 시험에 들지 않게 깨어서 기도하는 삶을 살게 하시고, 어리석음이나 실수로 말미암아 시험에 빠지는 일이 없도록 뱀처럼 지혜롭게 하소서. 예수 그리스도의 이름으로 기도드립니다. 아멘.

온 가족의 구원을 원하는 가정을 위한 기도

감사와 회개

한 사람의 영혼을 천하보다 귀하게 여기시는 주님, 이 가정에 이미 구원의 씨앗이 뿌려지게 하시니 감사합니다. 한 알의 밀이 수많은 열매를 맺는 것처럼 이 가정에 온 가족의 구원이 하루 속히 이루어지게 하옵소서. 가족의 구원을 위해 덕스러운 생활을 하지 못하고, 베풀고 섬기지 못했던 삶을 용서하시고 온 가족이 주께로 나오기까지 더 많이 헌신하고 수고하게 하소서.

낙심치 않게 하소서

"주 예수를 믿으라 그리하면 너와 네 집이 구원을 받으리라"(행 16:31)고 하신 말씀이 이 가정에 이루어지는 축복을 주옵소서. 자신만의 구원이 아니라 가족 구원에 대한 비전을 품고 기도하는 이 가정의 소원이 하루 속히 응답되어 주님의 마음을 시원케 해드리게 하옵소서. 아주 작은 겨자씨가 뿌려져 새들이 깃들어 쉴 만큼 무성한 나무가 되듯이 이 가정에 하나님 나라의 씨가 뿌려졌으니 온 가족이 구원을 얻는 은혜가 있게 하소서. 이 가정에 누룩이 번지듯 빠른 속도로 천국이 확산되게 하시고, 이 가정을 통해 또 다른 사람들이 주께로 나오는 축복을 허락해 주옵소서.

선을 행하다가 낙심하지 말라고 하신 주님, 오랜 세월 동안 가족들의 구원을 위해 기도하고 노력해 왔지만 아직까지 열매를 맺지 못하고 있는 성도의 기도를 받아 주옵소서. 너무 오래도록 전도하고 기도하다가 낙심할까 두렵사오니 주께서 긍휼을 베풀어 주옵소서. 뒤늦게 후회하는 일이 없도록 부모와 형제들을 구원하기 위해 더 많은 눈물을 뿌리고, 가족들을 감동시키기 위해 더 많은 수고를 하게 하옵소서. 엠마오로 내려가는 두 제자의 마음 문을 열어 말씀을 깨닫게 하신 주님, 가족들의 마음 문을 열어 주옵소서. 성령께서 친히 가족들의 마음을 기경하셔서 머지않아 그들의 마음이 녹아지는 은총을 허락해 주옵소서. 어떤 경로를 통해서라도, 어떤 사람이나 환경을 통해서라도 깨닫는 기회를 주시고 복음 앞에 무릎 꿇어 행복을 누리게 하옵소서.

희생하고 섬기는 자가 되게 하소서

가족 구원에 대한 희망을 가진 저희가 "기회 있는 대로 모든 이에게 착한 일을 하되 더욱 믿음의 가정들에게 할지니라"(갈 6:10)고 하신 말씀을 잊지 않고 온 가족들에게 예수님의 사랑을 표현하게 하소서. 그리스도인의 얼굴이 최고의 전도지이오니 늘 웃는 얼굴 속에서 하나님의 평안을 보여 주게 하시고, 힘들고 어려운 환경에서도 희망을 잃지 않고 긍정적이고 적극적으로 살아서 가족들에게 신앙의 힘을 보여 주게 하소서. 동일한 상황에서 믿지 않는 불신 가족들과는 달리 손해보고 남을 배려하는 삶을 살게 하옵소서. 가족들이 함께 짐을 져야 할 때 누구보다 앞서 희생하고 섬기게 하옵소서. 온 가족에게 구원을 베푸시는 예수 그리스도의 이름으로 기도드립니다. 아멘.

심방 대표기도

화목하지 못한 가정을 위한 기도

감사와 회개

주님, 믿음의 가정들을 든든히 세워 천국을 확장해 가심을 감사합니다. 하지만 때로는 우리가 지혜롭게 말하고 행동하지 못해서 가정의 행복과 아름다움을 깬 적이 많았습니다. 용서하여 주옵소서. 이제부터라도 하나님의 영광을 드러내는 가정으로 가꿔 나갈 수 있게 하옵소서.

불행의 씨를 뿌리지 않게 하소서

행복을 꿈꾸면서 결혼했고 가정을 통해서 하나님 나라를 확장하겠다고 다짐을 했지만, 행복한 가정을 이루는 것이 그렇게 쉽지 않았습니다. 화평을 이루시기를 원하시는 주님, 이기적인 태도와 욕심으로 말미암아 한 몸을 이루지 못하고 화평을 가져오지 못한 것을 용서해 주옵소서. 소유가 적어도 믿음으로 하나님을 경외하며 사는 것이 많은 소유를 갖고 번민으로 가득 찬 삶을 사는 것보다 나은 줄을 압니다. 하지만 우리는 여전히 소유에 대한 탐심을 통제하지 못하고 불평불만을 일삼으며 삽니다. 입고 먹을 것이 없어도 사랑하면서 마음 편하게 사는 것이 넉넉한 중에 서로 미워하며 마음 불편하게 사는 것보다 나은 것인 줄 알지만 여전히 어려운 환경 때문에 짜증을 내고 서로를 불편하게 했습니다.

심은 대로 거둔다는 하나님의 말씀을 마음에 새기고 좋은 씨를 뿌리는 지혜로운 자가 되게 하소서. 불행은 그 누구 때문이 아니라 바로 자신이 뿌린 씨앗에서 비롯되었음을 깨닫게 하소서. 이제부터는 책임을 전가하지 않고 자신을 돌아보게 하시며 남을 탓하는 습관을 버리게 하소서. 하나님께서 가르쳐 주시고 명령하신 가족 간의 도리를 마음에 새기고 그 책임과 의무를 잘 감당하게 하옵소서. 부모는 부모로서의 책임을 다해서 자식들에게 상처와 아픔을 주지 않게 하시고 자식들은 부모를 공경하고 순종하게 하옵소서. 부부가 서로 사랑함으로 화목한 가정 분위기를 이룰 수 있게 하시고 자녀들은 부모님을 본받아 형제끼리 우애하며 살게 하옵소서.

피스메이커로 살게 하소서

이 가정이 이제부터 하나님의 말씀에서 어긋나는 것은 과감히 버리게 하시고 말씀대로 순종하여 화목한 울타리를 이루게 하소서. 가정 안에 화목이 깨어지지 않게 관리하는 온 가족이 되게 하옵소서. 이기심과 자존심을 버리고 편하고 싶은 욕구와 게으른 습관을 고치게 하소서. 예수 그리스도처럼 서로 종이 되어 섬길 수 있게 하옵소서. 말 한 마디를 하더라도 깊이 생각하고 말하게 하시며 은혜롭고 덕이 되는 말만 골라서 할 수 있는 지혜를 주옵소서.

서로 존경하는 마음을 가져 추호라도 비난하거나 업신여기지 않게 하소서. 서로에 대해 감사한 마음을 갖게 하시고 그 마음을 말과 행동으로 표현하는 데 세련되게 하소서. 실수로 서로 마음을 아프게 하거나 상처를 주었을 때 자존심을 내세우지 않고 주저함 없이 먼저 손을 내밀 수 있게 하소서. 용서를 구하는 용기와 용서하는 너그러운 마음을 주옵소서. 화평케 하는 자가 하나님의 아들이라 하셨으니 화목을 이루는 도구가 되게 하소서. 예수님을 가정의 주인으로 삼고 살아가는 행복한 가정이 되게 해주옵소서. 가정의 주인이 되신 예수 그리스도의 이름으로 기도드립니다. 아멘.

재정적으로 어려운 가정을 위한 기도

감사와 회개

우리에게 날마다 일용할 양식을 주시는 하나님 아버지께 찬양과 감사를 드립니다. 우리의 모든 쓸 것을 채우시는 하나님을 온전히 믿지 못하고 사적인 욕심만으로 우리의 배를 채우려 했던 것을 용서하소서.

시험에 들지 않게 하소서

시험을 이기신 주님, 우리로 하여금 너무 배불러서 하나님을 모른다고 교만을 떨지 않게 하시고 너무 가난하여 도둑질하고 하나님의 이름을 욕 먹이는 일이 없도록 하소서. 바울처럼 비천에 처할 줄도 알고 풍부에 처할 줄도 알아 유혹에 넘어지지 않게 하소서. 큰 욕심 내지 않고 있는 바를 족한 줄로 여기는 믿음을 주시고 어떤 환경에서든지 능력 주시는 자를 바라보고 기대하는 믿음을 주옵소서. 무엇을 먹을까 무엇을 마실까 무엇을 입을까 염려하는 것은 믿음이 적기 때문이라고 하신 말씀을 기억하여 큰 믿음을 갖게 하소서. 의심과 불신앙을 내려놓게 하시고 모든 염려를 주님께 맡기고 오직 감사와 기도와 간구로 하나님께 아뢰게 하소서.

자녀들에게 좋은 것 주시기를 원하시는 주님, 누구에게도 말하지 못하고 경제적인 어려움으로 고민하는 당신의 사랑하는 자녀의 가정을 불쌍히 여겨 주옵소서. 어려운 중에도 일용할 양식을 공급하시는 주님을 신뢰하게 하옵소서.

경제적인 능력을 주소서

하나님께서는 때때로 우리를 낮추시지만 마침내 복을 주시는 분이심을 잊지 않게 하소서. 우리에게 필요한 모든 것을 공급하시기를 기뻐하시는 주님, 우리가 잘될 때라도 우리의 능력과 우리 손의 힘으로 재물을 얻었다고 교만하지 않기를 원합니다. "그가 네게 재물 얻을 능력을 주셨음이라"(신 8:18)는 하나님의 말씀을 늘 가슴에 새겨 하나님의 은혜를 의지하여 살게 하소서.

사랑하는 주님, 우리에게 재물을 얻을 수 있는 능력을 주옵소서. 사업장을 잘 경영할 수 있는 지혜와 능력을 주시고, 가게를 운영하는 기술을 주시옵소서. 직장생활에서 꼬리가 되지 않도록 지혜롭게 처신하는 능력을 주시고, 맡겨진 일은 책임감 있게 감당해 낼 수 있는 성실함을 주옵소서.

이 땅을 사는 동안 우리가 떡으로만 사는 존재가 아니라 하나님의 입에서 나오는 말씀으로 사는 존재임을 기억하게 하시고, 광야에서도 이스라엘 백성들에게 하늘에서 내려오는 만나를 먹여 주신 하나님을 신뢰하는 믿음을 주옵소서. 예수님의 이름으로 기도드립니다. 아멘.

심방 대표기도
직분받을 가정을 위한 기도

감사와 회개

은사를 따라 그리스도의 몸을 세워 갈 수 있는 은혜를 베푸신 주님, 이 가정에 영광스러운 직분을 허락하심을 감사합니다. 이 직분을 통해 하나님께서 영광 받으시고, 하나님 앞에서나 사람들 앞에서 부끄럽지 않은 일꾼이 되게 하소서.

감사하는 마음으로 충성케 하소서

"나를 능하게 하신 그리스도 예수 우리 주께 내가 감사함은 나를 충성되어 여겨 내게 직분을 맡기심이니 내가 전에는 비방자요 박해자요 폭행자였으나 도리어 긍휼을 입은 것은 내가 믿지 아니할 때에 알지 못하고 행하였음이라"(딤전 1:12-13). 우리를 사용하기 위해 직분을 맡기신 주님, 늘 바울처럼 감사하는 마음으로 직분을 수행하게 하옵소서. 다른 사람들을 업신여기는 교만한 마음을 품지 않게 하시고, 늘 겸손한 마음으로 다른 사람을 나보다 낮게 여기는 일꾼이 되게 하소서. 세월이 흘러도 부족함과 감사함으로 초심을 잃지 않게 하시고, 첫 사랑의 감격을 저버리지 않게 하옵소서. 시종여일 청결한 양심으로 맡겨 주신 일을 잘 감당하게 하시고 영광스러운 직분에 오점을 남기지 않게 하옵소서. 더구나 온 가족이 하나님께 영광 돌리는 일에 함께 뭉칠 수 있게 하소서.

하나님께서 맡기신 직분은 우리의 능력과 지혜로 하는 것이 아니라 하나님이 공급하시는 힘과 성령의 은혜로 하는 줄 믿습니다. 어떤 일을 하든지 자기 의를 내세우지 않게 하시고 일을 끝낸 후에는 모든 영광을 주님께 돌리면서 '나는 무익한 종이라'고 고백하는 일꾼이 되게 하옵소서. 모든 사역 속에서 우리를 부르신 자의 영광을 드러내게 하시고 일꾼으로 세우신 자의 뜻을 따라 온전하게 섬기는 종이 되게 하소서.

인정받는 일꾼이 되게 하소서

주님, 사랑하는 종을 부끄러울 것이 없는 충성스러운 일꾼으로 세워 주옵소서. 오네시보로의 집과 같이 사역자를 격려하고 섬기는 가정이 되게 하시되, 혹여 후메내오와 빌레도처럼 공동체 안에서 악성 종양 같은 일꾼이 되지 않게 하옵소서. 브리스길라와 아굴라처럼 가는 곳마다 칭찬받는 부부가 되게 하시고, 바나바와 같이 다른 사람들을 위로하고 격려하는 일꾼이 되게 하옵소서. 종의 자리에서 다른 사람들의 발을 씻기는 마음을 잃지 않게 하소서. 우리 안에 남을 통제하고 싶고 다른 사람들을 움직이는 실세가 되고 싶은 욕망을 제거해 주소서. 일인자가 되고자 하는 욕망을 내려놓고 주님만 앞세울 수 있게 하소서.

꿈에라도 교회 직분을 통해 자신의 유익을 탐하지 않게 하시고 누구에게나 걸림돌이 되지 않고 디딤돌이 되게 하소서. 다른 사람을 시험에 들게 하는 일이 없게 하시고 상처를 주는 주범이 되지 않게 하소서. 달란트 때문에 교만하지도 않고 열등감을 갖지도 않고 자신에게 주어진 달란트를 가지고 많은 이익을 남기는 유익한 일꾼이 되게 하소서. 예수님의 이름으로 기도드립니다. 아멘.

심방 대표기도
입대하는 자녀가 있는 가정을 위한 기도

감사와 찬양

조국의 안보를 지키기 위해 나라의 부름을 받고 나아갈 수 있게 하신 주님, 사랑하는 아들로 하여금 국방의 의무를 감당케 하심을 감사합니다. 조국을 위해 보내는 젊은 시절이 허송세월이 되지 않게 하시고 조국에 큰 유익이 될 뿐만 아니라 본인에게도 꼭 필요한 인생의 한 정점이 되게 하옵소서.

선한 목자께서 인도하소서

아들을 군대에 보내는 부모의 마음이 아프고 시리지만 선한 목자 되신 여호와께서 지키시고 보호하실 것을 믿고 감사드리는 신앙을 갖게 하옵소서. 입대하는 형제 역시 마음이 심란하고 두렵기도 하겠지만 선하신 여호와께서 도우실 것을 믿고 군복무에 임하게 하소서.

두려움과 염려에 시달리는 젊은 여호수아에게 '강하고 담대하라'고 요청하신 하나님, 이 시간 사랑하는 아들과 그 가족이 '내가 모세와 함께 한 것처럼 너와도 함께 할 것이다'는 약속을 붙잡게 하소서. 혼자 가는 것이 아니라 주님과 함께 가는 길임을 확신케 하옵소서.

훈련소에서 훈련받고 자대 배치를 받아 군 복무를 하는 동안 외롭지 않게 하시고 마음이 약해지지 않게 하옵소서. 어떤 보직을 받든지 주어진 일에 충성할 수 있게 하시고, 물샐틈없이 업무를 잘 수행하게 도와주소서. 좋은 상사를 만나게 하시고 좋은 동료들을 만나게 하시고 그들과의 관계에서 어려움을 겪지 않게 하옵소서. 힘겨운 훈련도 너끈히 참고 극복해 낼 수 있는 인내력을 허락하시고 훈련을 견뎌 낼 수 있는 건강도 주옵소서.

예수 그리스도의 좋은 군사가 되게 하소서

병사로 복무하는 자는 자기 생활에 얽매이는 자가 하나도 없다고 말씀했사오니 병사로 모집한 자를 기쁘게 하는 멋진 병사가 되게 하소서. 그리스도 예수의 좋은 병사는 고난 받을 준비를 해야 하는 것처럼, 군생활 가운데 힘들고 고된 훈련을 통해 예수 그리스도의 강한 군사로 세움을 받게 하소서. 어떤 유혹이 닥쳐 올지라도 유혹을 뿌리치고 신앙의 마지노선을 지키게 하시고 믿음에 있어서는 양보하거나 타협하지 않게 해주옵소서. 무엇보다 주일을 지킬 수 있는 환경을 허락해 주시기를 간절히 원합니다.

힘들고 고된 훈련 중에서도 틈틈이 시간을 내어 하나님의 말씀을 묵상하게 하시고 하늘 보좌를 향해 눈을 들고 기도하는 습관을 갖게 하옵소서. 믿는 사람답게 상사들에게 인정받고, 동료들에게는 사랑받으며, 부하들에게는 존경을 받게 하옵소서. 예수 그리스도의 이름으로 기도드립니다. 아멘.

the Lord's Prayer

제대한 형제가 있는 가정을 위한 기도

감사와 찬양

오랜 세월 동안 군대생활을 지켜 주시고 아무 어려움 없이 무사히 제대할 수 있도록 은혜 베푸신 하나님께 감사와 찬양과 영광을 돌립니다. 그동안 하나님의 살아 계심을 경험했사오니 군대생활을 하면서 경험했던 믿음을 기초로 앞으로 더욱 큰 믿음의 세계로 나아가게 하옵소서.

앞으로의 진로를 인도하소서

내일을 장담할 수 없는 인생임에도 위험한 군대생활을 무탈하게 마치고 제대한 것은 하나님의 은혜였고 인도하심이었습니다. 제대 후에 있게 될 앞으로의 인생도 하나님의 선하신 손을 떠나지 않게 하옵소서. 어디에 있든지 무엇을 하든지 하나님의 사랑 안에 머물게 하시고 다윗처럼 하나님과 동행하는 삶이 되게 하옵소서.

제대 후에 믿음의 동역자들을 붙여 주셔서 예전보다 더 주님께 기쁨이 되는 삶을 살게 하소서. 바울이 디모데에게 "너는 청년의 정욕을 피하고 주를 깨끗한 마음으로 부르는 자들과 함께 의와 믿음과 사랑과 화평을 따르라"(딤후 2:22)고 당부한 것처럼 청년의 정욕에 물들지 않고 믿음의 동역자들과 더불어 선한 행실을 갖게 하소서.

자비로우신 주님, 앞으로 복학을 하고 취직을 하거나 진학을 하는 모든 과정들을 인도해 주옵소서. 예전보다 더 열심히 앞날을 준비할 수 있도록 지혜와 능력을 더하여 주소서. 어떤 과정을 밟든 최선을 다할 때 수고의 열매를 반드시 거두게 하소서.

훈련으로 다져진 삶을 유지하게 하소서

자칫 마음이 해이해져서 되는 대로 살지 않도록 도우시고 하루하루를 계획적으로 생활하고 매일 매일 진보된 삶을 살게 하소서. 경건의 삶이 몸에 배어서 하나님의 말씀에 의해 통제되는 삶이 되게 하옵소서. 해야 할 것과 하지 말아야 할 것을 분별하게 하시고 경계선을 그을 수 있는 용기를 허락하소서.

새로운 세계로 나아가기 전에 쉬는 시간을 허비하지 않고 활용하게 하소서. 잠시 쉬는 시간을 통해 가족과의 유대관계가 더 끈끈해지기를 원합니다. 이 시간은 더 큰 도약을 위한 잠깐의 움츠림이라는 여유로운 마음을 갖게 하소서. 좋은 멘토를 만나 고민하는 인생의 문제를 상담하고 도움을 얻게 하옵소서. 예수 그리스도의 이름으로 기도드립니다. 아멘.

직장이 없는 가정을 위한 기도

감사와 찬양

고난을 통해 더 넓은 영적인 세계로 인도하시는 주님, 고난 속에서도 믿음으로 주님을 바라보고 신뢰할 수 있게 하시니 감사합니다. 사랑하는 형제의 고민과 아픔을 아시는 주님께서 이 시간도 용기와 위로를 주옵소서. 어떤 상황에서도 낙심하지 않고 살아 계신 하나님의 선한 인도를 받게 하옵소서.

직장의 문을 열어 주소서

직장을 구하기 힘들어서 고통을 당하고 있는 이 민족, 특별히 젊은이들을 불쌍히 여겨 주소서. 조속하게 일자리가 창출되게 하시고, 기업들과 국민들이 합력하여 경제적인 위기를 돌파할 수 있게 하소서. 일하고 싶지만 일할 자리가 없어서 고통당하는 사람들의 마음을 다 헤아리시는 주님, 그들의 신음 소리를 들으시고 푸른 초장 잔잔한 시냇가로 인도해 주옵소서. 누구에게 말하기도 힘들고, 말한다고 할지라도 찾아오는 건 허전함 밖에 없는 심정을 주님은 다 알고 계십니다. 심지어 사랑하는 가족들에게 조차도 고민을 털어놓을 수 없는 가장들의 신음 소리를 들어 주옵소서.

사랑하는 주님, 직장을 얻지 못해 고통을 당하는 지체에게 시련의 때를 이길 수 있는 견고한 믿음을 주옵소서. 누구에게나 위기의 때가 다가오고 역경을 겪게 되는 법인데 나만 당하는 고통이라 생각해서 억울해 하지 않도록 지켜 주소서. 자신의 마음과 감정을 다스리지 못해서 스스로 낙담하고 삶을 포기하지 않게 하옵소서. 힘든 때를 극복할 수 있는 큰 믿음을 허락해 주소서. 어떤 형편 속에서도 소망을 주시는 하나님을 신뢰하고 잠잠히 기다리게 하시고, 언젠가 반드시 고난 당한 것이 내게 유익이라고 고백할 날이 다가온다는 사실을 잊지 않게 하소서. 잠시 받는 고난이 장차 받을 영광과 비교할 때 대수롭지 않은 것임을 기억하면서 절망 속에서도 희망을 갖게 하옵소서. 하나님을 사랑하는 자들에게 합력하여 선을 이루시는 하나님이여, 고난의 시간 속에서도 하나님의 인도하심을 겸손히 기다리게 하옵소서.

영적인 기회가 되게 하소서

직장을 잃는 것은 혼자만 당하는 고통이 아니라 온 가족이 함께 겪어야 하는 위기입니다. 그렇기 때문에 온 가족이 역경을 극복하기 위해 함께 힘을 모으게 하시고 서로 불평하거나 원망하지 않게 하소서. 서로를 탓하거나 비난하지 않고 오히려 서로 격려하고 용기를 불어넣어 줄 수 있게 하소서. 가족들이 서로 마음의 문을 닫고 대화를 포기하지 않게 하시고, 대화로 어려움을 이겨나갈 해법을 찾을 수 있게 하옵소서. 어려운 때일수록 가족이 함께 뭉칠 수 있게 하시고, 힘을 모아서 기도에 주력하고 하나님의 도우심을 경험할 수 있게 하옵소서.

직장을 잃은 것이 가슴 아픈 일이지만 한숨만 쉬지 않고 하나님의 뜻을 물을 수 있는 지혜로운 마음을 허락해 주시고, 그동안 살아 가느라 고생을 많이 했는데 조급한 마음을 내려놓고 쉼을 가질 수 있는 시간으로 삼게 하옵소서. 고민하는 데 시간을 허비하지 않게 하시고 그릇된 길로 치닫지 않도록 보호해 주소서. 묵상하는 시간을 확보하여 영적 훈련의 기회를 얻게 하옵소서. 이 시간을 통해 더 나은 미래를 개척하게 하옵소서. 예수 그리스도의 이름으로 기도드립니다. 아멘.

심방 대표기도

가족 중 한 사람이 선교사로 나가는
가정을 위한 기도

찬양과 감사

우리에게 살아갈 이유를 주시고, 달려갈 길을 마지막까지 완주할 수 있는 힘을 주시는 하나님을 찬양합니다.

이 가정에서 선교사가 나오는 영광을 주시고, 그 일을 위해 온 가족이 함께 쓰임받게 하시니 감사합니다. 복음이 온 열방에 선포되어 하나님의 영광이 드러나고 예배하는 자가 주께로 돌아오는 것처럼 우리 영혼도 하나님의 사랑과 영광으로 가득 차는 은총을 허락해 주옵소서.

든든한 후원자가 되게 하소서

우리의 방패와 산성이 되시는 전능하신 여호와여, 당신의 종이 걸어가는 선교의 모든 여정을 맡기오니 실족하지 않게 하시고 그의 생명을 생명 싸개로 친히 보호해 주옵소서. 선교를 후원하는 온 가족이 영적으로 강하게 무장하게 하시고, 그들이 때를 따라 돕는 은혜의 보좌 앞으로 나아가 기도할 때 응답하시는 하나님을 경험하기 원합니다. 날마다 하나님이 채우시는 은혜로 선교를 후원하게 하시고, 그들의 사업장과 직장에 넘치는 복을 주셔서 하나님의 선교 사역을 후원하고도 남음이 있게 해주옵소서.

하나님이 주신 은혜와 사랑에 보답하고자 빚진 자의 심정으로 드리는 선교비가 생명을 살리는 데 유용하게 사용되게 하소서. 선교비가 전달될 때 선교 현지에서는 죽어 가는 영혼이 살아나게 하시고, 민족이 주께로 돌아오는 역사를 이루어 주소서. 바울에게 바나바와 같은 신실한 동역자를 붙여 주셨고, 브리스길라와 아굴라 같은 부부를 세워 주셨던 것처럼 이 가정이 선교 사역에 아름다운 동역자가 되게 하옵소서. 선교사님이 지칠 때 좋은 멘토와 격려자가 되어 선교사님에게 힘을 불어넣을 수 있게 해주옵소서.

선교사를 축복하소서

졸지고 않고 주무시지도 않으시는 주님, 선교 현지에서 복음을 위해 목숨을 걸고 사역하는 선교사님의 생명을 친히 지키시고 보호해 주옵소서. 악한 사람들을 만나지 않게 하시고, 위험한 순간이 닥쳐올 때 주께서 친히 도움이 되시고 방패가 되어 주시고, 피난처와 안식처가 되어 주옵소서. 선교사님으로 하여금 날마다 주님과 동행하는 기쁨을 누리게 하시고 하나님이 공급하시는 힘으로 사역하게 해주옵소서. 사역마다 성령의 능력이 나타나 많은 영혼들이 생명을 얻게 하옵소서.

선교사님의 가정을 지켜 주셔서 사탄의 유혹으로 갈등하거나 평화가 깨어지지 않게 하소서. 온 가족의 건강을 지켜 주시고 경제적으로도 어려움 당하지 않도록 채워 주소서. 선교사님의 자녀들을 축복하시고 자라나고 공부하는 데 어려운 일들이 없게 해주소서. 하늘의 지혜로 공부하게 하소서. 학교와 선생님과 친구들을 잘 만나게 하시고 그들의 앞길을 형통케 하시는 하나님의 도우심을 경험하게 하소서. 좋은 이웃을 만나게 하시고, 이웃으로부터 해를 당하는 일이 없도록 하나님께서 친히 보호해 주옵소서. 예수 그리스도의 이름으로 기도드립니다. 아멘.

독거노인 성도를 위한 기도

찬양과 감사

가난한 자와 고아와 과부에게 은혜 베풀기를 기뻐하시는 주님, 날마다 우리의 삶을 돌보시고 간섭하셔서 진리 가운데로 인도하심을 감사합니다. 이 시간도 우리 모두가 하나님의 영광의 빛 아래서 함께 은혜를 누리게 하소서. 창조자 하나님을 아는 지혜를 주셨지만, 하나님의 뜻을 따라 살지 못하고 때때로 육체의 욕심을 따라 살던 저희를 용서하시고 이 시간 우리에게 주신 사명의 줄을 붙잡게 하옵소서.

날마다 은혜 안에 살아가게 하소서

가난한 자를 먼지 더미에서 일으키시며 궁핍한 자를 거름 더미에서 세우시는 하나님 아버지, 비록 사람들이 알아 주지 않고 찾아 주지 않는다고 해도 늘 우리에게 다가오셔서 돌봐 주시고 은혜 베풀어 주시니 감사합니다.

사람의 외모를 보시지 않고 중심을 보시는 하나님을 늘 의식하며 깨끗하고 청결한 마음을 가지고 아름다운 하늘나라 시민으로 살아가게 하소서. 존귀하신 주님, 우리로 하여금 사람을 기쁘게 하는 인생이 아니라 하나님을 기쁘시게 하는 삶을 살게 하소서. 먹든지 마시든지 무엇을 하든지 하나님의 영광을 드러내는 믿음의 삶을 살게 하옵소서. 믿음이 없이는 하나님을 기쁘시게 할 수 없다고 하셨사오니 우리가 믿음대로 행하며 살게 하소서.

날마다 우리의 주린 영혼에 하늘 양식으로 채우시기를 원하시는 주님, 우리가 떡으로만 사는 존재가 아니라 하나님의 입에서 나오는 하늘 양식으로 사는 존재임을 잊지 않게 하소서. 하나님의 말씀을 읽고 듣고 묵상하고 배움으로 위로받고 치료받게 하시고 날마다 하나님의 말씀을 신뢰하며 도전하는 삶을 살게 하소서. 사람의 정에 얽매이는 인생이 아니라 하나님의 은혜에 매인 삶을 살게 하시고, 진리에 대한 갈증과 허기를 갖게 하옵소서. 외로움을 느끼고 마음이 약해질 때 하나님께로 달려가게 하시고 거기서 하나님의 위로를 경험하게 하소서. 인간적으로는 홀로 있지만 늘 마음속에 계신 주님을 친구로 삼아 살게 하옵소서. 몸이 병들고 불편해서 고통당하지 않도록 건강을 허락해 주시고, 손으로 하는 모든 일 가운데 하나님의 도우심을 얻게 하셔서 경제적으로 어려움을 당하지 않도록 인도해 주옵소서.

하늘 소망을 갖게 하소서

우리가 비록 보잘것없는 나그네 삶을 살아 가지만 하늘을 바라보는 거룩한 나그네로 살게 하시니 감사합니다. 영광스러운 주님, 우리로 하여금 결코 외부 환경에 의해서 주눅 들지 않게 하시고, 하나님의 자녀가 된 영광을 알게 해주옵소서. 땅에 소망을 갖고 사는 자가 아니라 하늘 기업을 바라보며 소망 가운데 살게 하소서. 마음과 영혼에 만족을 주시는 하나님의 은혜로 살기를 소원합니다.

교회 공동체를 통해서 하나님 나라의 가족 된 기쁨과 사랑을 경험할 수 있게 하셔서 날마다 감사와 찬양이 넘치고, 어디를 가든지 살아 계신 하나님을 간증하는 삶을 살게 하옵소서. 하늘 소망을 갖게 하시는 예수님의 이름으로 기도드립니다. 아멘.

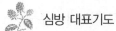

소년소녀 가장을 위한 기도

찬양과 감사

우리의 간구를 외면치 않으시고 들으시는 주님을 찬양합니다. 주께서 우리의 기도에 귀를 기울이시므로 우리의 평생에 기도하기로 결심하게 하시니 감사합니다. 이스라엘 집과 아론의 집에 복을 베푸시는 주께서 이 시간도 소년소녀 가장들 위에 한없는 은혜와 사랑을 베풀어 주옵소서.

용기를 잃지 않고 당당히 살게 하소서

믿음의 사람들에게 꿈을 주시고 친히 그 꿈을 성취시켜 가셨던 주님, 이들도 하나님의 영광을 위해 꿈을 꾸게 하소서. 이 사회에 꼭 필요한 사람으로 살도록 사명을 일깨워 주시고 그 사명을 성취하기 위해 인생을 경영하는 지혜를 주소서. 현실의 어려움이 몰아칠 때 장래의 소망을 발견하게 하시고, 주께서 주신 사명을 위해 인내할 힘을 주소서.

현실을 한탄하는 비겁자가 아니라 현실을 뚫고 나아갈 수 있는 용감한 믿음의 사람이 되게 하소서. 이들이 하나님과 사람 앞에서 부끄러움이 없이 최선을 다해 달려가는 인생이 되게 하옵소서. 비록 지치고 힘들지라도 현실에 안주해 버리지 않고 하나님이 이뤄 주실 밝은 미래를 향해 꾸준히 달려가게 하소서. 비록 큰 결핍이 있지만 그래도 그것을 능가하는 하나님의 은혜를 헤아려 이웃과 사회를 위해서 기여할 수 있는 진정한 믿음의 영웅이 되게 하옵소서. 요셉처럼 성실하고 정직한 믿음으로 살아서 하나님에게 인정받을 뿐만 아니라 사람들에게도 칭찬받고 인정받기를 소원합니다.

믿음으로 인생을 꾸려가게 하소서

외롭기 때문에 더 주님을 가까이하게 하시고 고달프기 때문에 주님을 더 의지하며 가진 자원이 없기에 주님을 전적으로 붙들게 하소서. 단점을 장점으로 활용하는 지혜를 주시고, 약한 자를 강하게 하시는 하나님의 능력을 의지하게 하소서. 열악한 조건에서 오히려 하나님의 말씀을 찾게 하시고, 하나님의 말씀을 읽고 들을 때마다 가슴에서 솟아나는 기쁨과 감격을 경험하게 하소서. 이들이 하나님의 말씀 안에서 인생의 비결을 체득하기를 원합니다. 부모나 가족으로부터 받아야 할 사랑을 하늘 아버지를 통해 넘치도록 받아 누리게 하시고, 교회 안의 지체들과 교제하면서 가족과 같은 사랑을 경험하게 하소서.

의인의 뿔을 높이시는 주여, 당신의 사랑하는 자녀를 하나님 나라와 민족 가운데 깨끗하고 거룩한 일꾼으로 삼으시고, 이들이 하나님 앞에서 신실한 믿음과 아름다운 인격을 함양하여 하나님께 쓰임 받는 그릇이 되게 해주옵소서. 예수 그리스도의 이름으로 기도드립니다. 아멘.

예식 대표기도

the Lord's Prayer

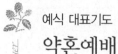

약혼예배

감사와 찬양

만남을 통해 인간을 성장시키시고 행복도 맛보며 살게 하신 하나님, 여기에 한 평생 하나님이 맺어 주신 언약 안에서 하나님 나라를 위해 힘을 모아 섬기기를 소망하는 선남선녀가 약혼을 감사하며 주님 앞에 예배드립니다. 지금부터 결혼하는 그 순간까지, 아니 한 사람이 먼저 주님께로 가는 그 순간까지 사랑 안에서 한 몸을 이루어 주께서 허락하신 부부의 복을 누리며 살게 하소서.

언약에 충실하게 하소서

언약으로 인류와 관계를 맺어 오신 여호와여, 하나님께서 합당한 배필로 만나게 하신 한 남자와 한 여자가 두 사람과 두 가족의 합의 속에서 아름답고 성스러운 약혼식을 거행합니다. 이 시간 하늘 문을 여시고 두 사람을 비롯하여 약혼예식에 참석한 모든 이들 위에 한없는 축복과 은총을 부어 주소서. 이 세대가 약속을 남발하는 세대라지만, 두 사람은 하나님과 여기 모인 증인들 앞에서 약속을 맺사오니 변심하지 않게 하시고 결혼하는 그 순간까지 서로를 지키면서 부부로 준비되게 하옵소서. 서로의 관계를 파괴하는 악한 유혹에 넘어가지 않게 하시고, 언약의 견고함을 지켜나가는 지혜를 주옵소서.

이 두 사람의 중심에 늘 주님이 계셔서 일평생 주님의 다스림을 받는 관계가 되게 하소서. 서로 자존심 싸움을 하느라 시간을 낭비하지 않게 하시고, 상대방을 존중하고 상대방의 가정을 소중히 여기며 주도권을 잡기 위해 목소리를 높이거나 물리적인 힘을 이용하지 않게 하옵소서. 두 사람의 행복이 아니라 하나님의 영광에 집중하게 하시고, 두 사람의 영역 확보가 아니라 하나님 왕국의 확장을 위해 살게 하소서. 거룩함과 성결함에 목숨을 걸게 하시고 하나님의 거룩한 백성의 영향력을 주변 사람들에게 나타내게 하옵소서.

준비된 결혼이 되게 하소서

오늘 약혼예식을 거행하는 두 사람에게 더 나은 내일을 향한 엄숙한 결단이 있게 하옵소서. 결혼하기까지 두 사람 모두 육체의 정욕을 제어하여 자신의 순결을 잘 지키게 하시고, 상대방을 존중하는 마음으로 서로의 순결을 지켜 줌으로 더 행복한 결혼을 준비할 수 있게 하옵소서. 남편과 아내로서 감당할 책임과 의무가 무엇인지를 분별하게 하시어 결혼하기 전에 잘 준비되게 하옵소서. 이들 두 사람이 혼자서 생활할 때보다 양가 부모님을 더 잘 공경하게 하시고 약혼자가 살아온 인생 역사뿐만 아니라 가정의 풍습과 문화를 이해하려는 노력을 아끼지 않게 하소서. 그래서 가족의 배경과 문화 차이로 인해 서로 갈등하고 상처를 주지 않기를 원합니다.

두 사람이 영적인 준비를 잘하게 하셔서 하나님이 기뻐하시는 부부로 세워지기 원합니다. 하나님의 말씀을 함께 묵상하고 영적인 교제를 나누면서 하나님의 뜻을 알아갈 수 있게 하시고, 두 사람이 항상 하나님 앞에 기도하면서 하나님과의 교제를 풍성히 누리게 하옵소서. 약혼 기간 동안 인격적으로 모난 부분을 잘 다듬게 하시고, 서로의 연약함과 잘못된 성격을 이해하고 배려할 수 있는 용기도 주옵소서. 자신의 인격적인 결함으로 상대방을 아프게 하고 결혼생활을 어렵게 만드는 일이 없도록 교제 기간을 통해 이들을 다듬어 주옵소서. 두 사람을 한 몸 되게 하시는 예수님의 이름으로 기도드립니다. 아멘.

결혼예배 1

찬양과 감사

아담과 하와를 에덴에 세우시고 아름답고 거룩한 결혼예식을 거행하신 하나님을 찬양합니다. 부부를 통해 가정을 만드시고 그들로 생육하고 번성하는 문화 명령을 수행하게 하신 여호와여, 이 시간 결혼을 앞둔 두 젊은이와 양가 위에 복에 복을 더하실 것을 믿습니다. 여호와를 경외하는 가정을 이루기 위해 출발하오니 하늘 문을 여시고 은총을 내려 주옵소서.

행복한 부부가 되게 하소서

부모를 떠나 두 사람이 한 몸을 이루어 복된 가정을 꾸리는 것을 기뻐하시는 하나님, 죽음이 이들을 갈라놓는 순간까지 두 사람이 갈라서지 않고 언약 안에 머물게 하옵소서. 이들을 무너뜨리려 행복의 동산을 기웃거리는 작은 여우를 잡게 하시고, 서로를 아프게 하는 어떤 변명거리도 허용하지 않게 해 주소서. 죽음에 이르는 순간까지 서로를 향해 '이는 내 뼈중의 뼈요 살 중의 살이라' 고 고백하며 행복을 만들어 가는 부부가 되게 하옵소서. 죽음이 부부를 갈라놓는 순간이 가장 사랑하는 순간이요 최고로 행복한 순간이 되게 하소서.

두 사람이 온전한 연합을 이루기 위해 경제적으로, 정신적으로, 영적으로 부모로부터 독립하게 하옵소서. 한 몸을 이루기 위해 서로를 이해하고 용납하고, 주께 하듯 배우자를 섬길 수 있는 부부가 되게 하소서. 두 사람이 벌거벗어도 부끄럽지 않는 유일한 관계가 되게 하시고, 허용되지 않는 성적 즐거움은 꿈에도 생각지 않게 하옵소서. 남편은 아내를 자기 몸처럼 아끼고 사랑하게 하사 아내를 괴롭히거나 슬프게 하는 일이 없도록 인도하여 주소서. 아내는 남편을 존경하고 교회가 그리스도에게 복종하듯 순종하게 하옵소서. 다른 것을 틀리다고 말하지 않고 서로를 인정하게 하시고, 배우자를 자기 틀에 맞추어 자기 행복을 실현하려는 꿈을 내려놓게 하시며, 나보다 배우자의 기쁨과 행복을 먼저 생각하게 하옵소서.

또 하나의 천국으로 세워지게 하소서

이들 부부가 이루는 가정을 천국의 모형으로 만들기를 원하시는 주님, 두 사람과 양가가 서로 협력하고 노력해서 하나님의 은총을 저버리지 않는 가정이 되게 하소서. 이들 부부로 하여금 가족 지상주의에 빠지지 않게 하시고, 가정을 하나님의 왕국을 섬기는 도구로 내어 드리게 하소서. 배우자보다 주님을 더 앞세우게 하시고, 가족보다 하나님의 나라를 우선하는 가정이 되어 하나님을 기쁘시게 하기 원합니다. 혼자 주님을 섬길 때보다 두 사람이 함께 섬길 때 더 효율적인 섬김이 되게 하시고, 하나님 나라와 교회에 더 큰 유익을 주는 부부가 되게 하옵소서. 이들 두 사람에게 적절한 때에 믿음의 후손을 주셔서 믿음의 명문가를 이루게 하소서.

이들에게 행복한 보금자리를 만들어 주기 위해 지금까지 수고한 양가 부모님과 가족들을 축복해 주시고, 양가 모두 두 사람의 행복을 위해 함께 수고할 수 있도록 힘을 주옵소서. 이 부부가 양가의 어른들을 잘 봉양하고 효도할 수 있게 하시고, 믿지 않는 사람들에게 본이 되는 자녀들이 되게 하옵소서. 혹시 믿지 않는 가족들이 있다면 이들을 감동시켜 복음의 통로가 될 수 있도록 지혜를 주소서. 가정을 제정하시고 부부를 통치하시는 예수님의 이름으로 기도드립니다. 아멘.

결혼예배 2

감사와 찬양

하객들의 격려와 하나님의 축복 속에 아름다운 결혼예식을 거행하게 하신 주님, 이들을 통해 하나님의 왕국을 세워 갈 비전을 보여 주심을 감사합니다. 아름답고 복된 결혼예식 가운데 하나님의 영광을 드러내시고 이들이 평생을 사는 동안 의지할 말씀을 들려 주소서.

온전한 연합을 이루게 하소서

한 사람의 인격을 소중이 여기시는 주님, 두 사람이 하나를 이루는 과정이 쉽지 않겠지만 신랑과 신부가 서로의 인격을 존중하면서 온전한 연합을 이루기 위해 귀한 발걸음을 떼어 놓습니다. 이들을 만나게 하셨으니 가정으로 부르신 사명을 감당할 힘도 허락해 주옵소서.

두 사람이 한 몸을 이루어 가는 과정을 통해 서로를 더 잘 알아가고 더욱 성숙할 수 있게 해주옵소서. 자신의 개성과 성격만을 고집하지 않게 하시고, 배우자의 취향과 성격도 존중할 수 있는 부부가 되게 하시고, 배우자를 자신에게 맞추어서 행복을 얻으려 하지 않고 배우자의 있는 모습 그대로를 수용할 수 있는 지혜를 주옵소서. 서로가 다름을 인정하게 하시고 서로를 향해 비난의 화살을 쏘지 않도록 이들을 보호하소서. 서로를 정죄하고 비난하기보다 주님의 마음을 가지고 서로 이해하고 수용할 수 있는 부부가 되어 온전한 연합을 이루게 해주옵소서.

하나 됨을 깨뜨리는 그 어떤 이유나 변명도 허용하지 않게 하시고, 자신의 잘못을 인정하고 상대방의 허물을 감싸고 용납할 수 있는 용기를 허락하소서. 성령께서는 이 두 사람을 하나 되게 하시는 영이오니 날마다 매사에 성령의 온전한 통치 아래 있게 하시고, 균열을 일으키고 다툼과 분리를 조장하는 어두움의 세력에게 가정의 행복을 양보하지 않게 하옵소서. 어떤 일이나 상황 속에서도 선명한 진리 앞에 엎드리게 하시며, 두 사람 모두 하나님의 말씀 앞에 순전한 마음을 갖게 하소서.

전적으로 헌신하게 하소서

부부 관계를 통해서 삼위일체 하나님의 완벽한 조화를 보여 주기를 원하시는 하나님을 찬양합니다. 이 가정을 통해 하나님 나라를 보이시니 감사합니다. 이 땅의 가정들을 향한 하나님의 뜻을 드러내기 위해, 두 사람이 전적으로 헌신하게 하소서.

배우자 외의 그 어떤 사람에게도 마음과 눈길을 돌리지 않게 하시고, 상대에게 아무리 실망스런 모습을 발견할지라도 하나님께서 자신에게 주신 최고의 반려자인 것을 인정하게 하옵소서. 다른 사람과 비교하지 않고 서로에게 만족하며 서로를 인해 기쁨과 행복을 만끽하게 해주소서. 상대방의 단점에 눈감아 주는 관용이 있게 하시고, 서로 연약함을 보완해 주고 장점을 보며 칭찬하는 부부가 되게 하옵소서.

부부의 행복을 깨는 완고한 마음과 아집을 버리게 하시고, 배우자를 불편하게 만드는 게으름도 버리게 하시고, 상대를 힘들게 하는 성격이 있다면 고칠 마음을 먹게 하소서. 서로 예수님처럼 겸손한 종으로 섬기는 부부가 되게 하시고, 자기 몸처럼 배우자를 사랑하게 하시고 서로를 괴롭히지 않게 하옵소서. 일상적인 작은 배려를 통해 서로에게 감동을 주고, 사소한 칭찬과 격려를 아끼지 않으므로 하루하루가 살맛나게 하소서. 자신의 필요보다 배우자의 필요에 민감하여 서로를 돌보고 가꾸어 주는 부부가 되게 하소서. 예수님의 이름으로 기도드립니다. 아멘.

입관예배 1

찬양과 감사

아침 안개와 같이 연약하고 허무한 인생을 사랑하셔서 독생자 예수 그리스도를 십자가에 내어주신 그 크신 사랑과 은혜를 감사합니다. 형언할 수 없는 사랑으로 우리를 사랑하사 천국 문을 열어 주시고 거기에서 영원한 안식을 누리게 하심을 감사합니다. 이 땅에 있는 영광과 비교할 수 없는 영화로움이 당신의 나라에 있음을 이 시간 입관예배를 통해 깨닫게 하옵소서.

유족을 위로하소서

영원히 진노의 자녀로 남았을 저희에게 예수 그리스도를 믿게 하시고 그 믿음을 의로 여기사 사랑의 아들의 나라로 옮겨 주신 하나님을 찬양합니다. 이 시간 하나님의 사랑받는 자녀로 살던 고인을 하나님 품으로 보내 드리고 입관하면서 유족들과 믿음의 권속들이 함께 모여 예배합니다. 우리 가운데 임재하시어, 위로하시고 진리의 말씀으로 권면하시고 인생의 새로운 결단이 필요한 자에게 하나님의 말씀으로 경책하여 주옵소서. 살아생전에 밥상을 함께 나누고 함께 지친 몸과 마음을 위로했던 고인을 이제는 더 이상 볼 수 없습니다. 슬프고 안타깝지만 하늘나라에서 만날 소망을 갖고 마음을 추스르게 하옵소서.

고인과 삶의 세세한 부분까지 함께하며 정들었던 유족들의 아쉬움과 회한을 그 누가 헤아릴 수 있겠습니까? 위로의 주님, 유가족들에게 사람이 줄 수 없는 성령의 위로가 넘치게 하시고, 하늘의 평강으로 이들의 영혼을 채워 주옵소서. 사랑하는 주님, 이제 더 이상 느낄 수 없는 고인의 온기를 주님으로부터 느끼게 하시고, 더 이상 들을 수 없는 고인의 육성을 하나님의 음성을 통해 경험하게 하옵소서.

인간의 실존을 깨닫는 지혜를 주소서

사람이 든든히 선 것 같으나 모든 것이 허사라고 하신 주님, 정말 그렇습니다. 우리 곁에 있을 때는 영원히 함께 살 것 같았는데 이 땅에서는 더 이상 그를 볼 수 없습니다. 아쉬움과 슬픔을 뒤로 한 채 어쩔 수 없이 떠나보내야만 합니다. 이리도 덧없는 것이 인생임을 우리로 하여금 깨닫게 하옵소서. 자랑할 것이 없고 장담할 것이 없는 인생이건만, 우리는 하나님 없이 살 수 있는 것처럼 교만했고 우리가 이룬 작은 업적을 갖고 자랑하고 우쭐댔습니다. 우리의 어리석음을 용서하시고 이제부터라도 주님께 소망을 둘 수 있는 우리 모두가 되게 하옵소서.

고인은 이 땅에서 나그네로 살면서 하늘나라에 소망을 두었을 것입니다. 비록 육신은 관으로 모시지만 그 영혼은 그렇게 소망하던 하나님 나라에 안겨 안식을 얻을 것을 믿습니다. 여기에 남은 모든 유가족과 성도들도 나그네 삶을 살면서도 하나님 나라를 소망하며 살아가게 하소서. 잡았다 하는 순간 우리의 손에서 떠나는 헛된 영광에 도취되지 않게 하시고, 이 땅에서 구하고 구해도 채워지지 않는 안식을 구하지 않고 하나님의 품에 안기는 안식을 구하며 살게 하옵소서. 영원한 소망을 주시는 예수 그리스도의 이름으로 기도드립니다. 아멘.

입관예배 2

찬양과 감사

하늘과 땅의 모든 생명의 주관자가 되시는 전능하신 하나님 아버지, 우리에게 이 땅 너머에 있는 영원한 세계를 바라보게 하시고, 육신의 생명 너머에 있는 영원한 생명을 얻게 하시니 감사합니다. 입관예배를 드리는 이 시간 우리 모두에게 하늘의 영광을 바라보게 하시고, 영원한 생명에 대한 소망을 갖게 하옵소서.

죽음을 이기는 믿음을 갖게 하소서

한 알의 밀알로 땅에 떨어져 죽음으로 많은 열매를 맺으신 주님, 죽음의 신비를 그리스도 안에서 새롭게 발견하게 하시니 감사합니다. 비록 이 시간 고인의 시신을 관에 안치하지만 그의 육신이 영원히 관 속에 갇히지 않을 것을 소망합니다. 예수 그리스도께서 다시 이 땅에 재림하실 때 부활의 몸으로 주님을 맞으리라 믿습니다. 그리고 이 시간 고인의 영혼은 이미 하나님 품에 안겨서 안식을 누리는 줄 믿습니다. 입관예배를 드리는 이 순간 천국에서 벌어지는 천국 입성식을 눈으로 보듯 믿게 하옵소서.

죽음을 이기고 부활하신 주님, 우리가 예수 그리스도와 함께 십자가에 못 박혀 죽었고, 그의 사심과 함께 연합하여 우리 역시 살아났사오니 유가족들이 살아가는 동안 죽음에 매여 죽음의 종노릇하지 않게 하시고, 죽음의 공포에 떨지 않게 해주옵소서. 죽음을 초월해서 살아가는 믿음을 갖게 하시고 육신을 모시는 관이 우리 거할 처소가 아니요 하나님 아버지의 품이 우리의 영원한 집인 것을 깨닫게 하옵소서. 여기에 엄숙하게 머리 숙인 우리 모두가 아버지의 품을 그리워하며 살게 하옵소서.

유족을 돌아보소서

110세에 죽음을 앞 둔 요셉이 유족들을 향해 "나는 죽을 것이나 하나님이 당신들을 돌보시고 당신들을 이 땅에서 인도하여 내사 아브라함과 이삭과 야곱에게 맹세하신 땅에 이르게 하시리라"(창 50:24)고 말했듯이 이 시간 입관예배를 드리는 유족들의 삶을 인도하시고 책임지실 줄 믿습니다. 인간은 죽지만 하나님은 영원불멸하시는 분이심을 믿습니다. 하나님의 인도를 받기 위해 믿음으로 나아가는 자들을 외면하지 않으시고 그들의 필요를 따라 일마다 때마다 지키시고 채우시는 주님을 찬양합니다. 앞으로 살아갈 날이 막막할지라도 우리의 영원한 목자장이 되신 주님을 신뢰합니다. 경제적인 필요를 돌아보시고, 건강을 잃지 않게 하시며, 불의의 사고를 당하지 않도록 모든 순간을 눈동자처럼 지켜 주시옵소서. 특별히 어떤 상황 속에서도 마음의 평강과 기쁨을 잃지 않고 성령의 인도하심 앞에서 선한 열매 맺으며 살게 하옵소서.

폭풍우가 휘몰아칠 때 고인이 없는 자리가 크게 느껴질지라도 하나님을 의지하게 하시고 풍랑을 인하여 오히려 더 빨리 가게 하시는 주님의 손길을 경험하게 하옵소서. 기쁘고 즐거운 날 고인과 함께하지 못해서 아쉬울 때 하나님 나라에서 만날 기쁨으로 위로받게 하옵소서. 우리에게 이 땅의 삶이 전부가 아님을 깨닫게 하시고 우리 죄를 대신해서 죽으시고 부활하신 생명의 주님을 영접하고 하늘나라를 소망하며 살게 하옵소서. 우리를 천국까지 인도하실 예수 그리스도의 이름으로 기도드립니다. 아멘.

입관예배 3

감사와 찬양

이 땅을 떠나면서도 하늘에 있는 본향을 바라보게 하신 소망의 주님, 고인의 얼굴을 마지막으로 보는 입관예배를 드리는 이 시간, 성도의 죽음이 복되다고 하신 주님의 말씀을 기억하며 예배드립니다. 사랑하는 가족의 얼굴을 마지막으로 보는 유가족들을 일일이 위로하시고 허전하고 애석한 마음에 하늘의 소망으로 가득 채워 주옵소서.

주님 오실 때까지 보존하소서

세상 끝날 때까지 영원토록 너희와 함께 있을 것이라고 약속하신 주님, 이 시간 드리는 입관예배 가운데 함께하심을 감사합니다. 고인의 얼굴을 마지막으로 보는 이 시간 아름다운 기억만 이들 가슴에 남게 하시고, 고인의 마지막 모습을 아름답게 간직할 수 있도록 도와주소서. 요셉이 죽었을 때 몸에 향 재료를 넣고 입관했듯이 고인의 육신을 잘 닦아 관에 모십니다. 육신을 위해서는 작은 관밖에 준비된 것이 없지만 고인의 영혼은 이미 하늘에서 환영 잔치에 참여한 줄 믿습니다. 이 모든 축복에 감사하며 주님께 영광을 돌립니다.

입관하는 이 시간 우리에게 소망이 있음은 부활에 대한 확실한 믿음이 있기 때문입니다. 이미 죽어 무덤에 장사 된 나사로를 다시 살리신 주님께서 사랑하는 고인의 육신도 마지막 날에 다시 살리실 줄 믿습니다. 소망이 사라진 골짜기의 마른 뼈에 생기를 불어넣고 다시 일으켜 여호와의 군대를 삼으신 하나님께서 이 땅에서 사라진 육신 또한 주께서 다시 오실 그날에 영광스러운 부활의 몸으로 일으키실 줄 믿습니다. 입관예배에 참석한 모든 유족들에게 그날에 대한 소망을 주시고 그 믿음이 흔들리지 않게 하소서.

하늘에 소망을 두게 하소서

땅으로 돌아갈 육신을 생각하면 소망이 없지만, 우리에게는 새로운 소망이 있습니다. 예수 그리스도께서 먼저 하늘로 올라가시어 당신의 자녀들을 위해 하늘나라를 예비하셨기에 소망이 있음을 믿고 감사드립니다. "나는 부활이요 생명이라"(요 11:25)고 말씀하신 주님이 부활하심으로 부활의 첫 열매가 되셨사오니 우리에게도 부활에 대한 소망이 넘치게 하옵소서. 주께서 예비하신 그곳에서 받을 아름답고 영광스러운 상급을 생각할 때 감사하지 않을 수 없습니다. 이 모든 영광이 하나님으로부터 왔사오니 우리의 소망의 근거가 흔들리지 않게 하소서.

우리 주 예수 그리스도로 말미암아 우리에게 승리를 주시는 하나님이시여, 비록 슬픔 가운데 있지만 하나님이 예비하신 소망을 갖게 하시고, 슬픔과 낙심 속에 주저앉지 않고 자신과 세상을 이기기 위해 믿음으로 나아가게 하옵소서. 이 땅에 소망을 두지 않고 하늘에 소망을 두게 하시고, 이 땅에 두었던 관심을 하늘나라에 두게 하옵소서. 이 세상 것들로 가득 찬 우리의 생각과 마음이 하늘나라를 향하게 하시고, 남은 생애는 하나님의 사업에 힘쓰게 하옵소서. 작은 것에 연연하며 살았던 삶을 돌아보고, 작은 상처에 얽매여 고민하고 아파했던 삶을 부끄러워하며 초연한 삶을 살게 하옵소서. 이 땅의 틀 속에서 생각하고 판단하지 않게 하시고, 하늘과 땅의 권세를 다 가지신 주님의 틀 안에서 세상을 바라보게 하옵소서. 우리를 천국까지 인도하시는 예수님의 이름으로 기도드립니다. 아멘.

하관예배 1

the Lord's Prayer

찬양과 감사

죄로 말미암아 영원한 형벌과 진노를 받아 마땅한 저희를 하나님의 자녀 삼아 주시고 하늘나라를 유업으로 받게 하신 하나님을 찬양합니다. 사랑하는 주님, 이 시간 마지막 장례 절차로서 하관예배를 하나님께 드립니다. 하늘에 계신 하나님께서 감찰하시고 하관예배를 드리는 유족들과 온 성도들에게 하늘의 소망을 갖게 하시고 지친 몸과 마음을 회복시켜 주옵소서.

인생의 허무함을 깨닫게 하소서

인간의 생명이 풀과 같고 여기서 누리는 영광이 한낱 풀의 꽃과 같은데 그것을 깨닫지 못하고 하나님이 필요 없는 것처럼 살았습니다. 우리를 용서하옵소서. 하나님이 우리의 생명을 보존하는 동안만 나의 시간이요 나의 생명인 것을 새삼 깨닫게 하시니 감사합니다. 아무 것도 아닌 것을 대단한 것으로 착각하며 살아온 저희를 불쌍히 여기시고 이 시간 인생이 얼마나 허무한 것인지를 바로 알게 하옵소서. 자기의 남은 날 수를 헤아릴 자 누구이며, 자기의 건강을 장담할 자가 누구겠습니까? 하나님의 은혜만이 우리의 안전을 보장하는 것을 깨달아 당신의 은혜 안에 머무는 인생이 되게 하옵소서.

오늘 있다가 내일 없어질 것들을 위해 힘과 시간을 쏟고 정작 그의 나라와 그의 의를 구하지 못했던 것을 고백합니다. 든든히 섰다고 하던 사람들이 하루아침에 무너지고, 모았던 재물이 한순간에 흩어 사라지는 것이 인생인 것을 아나이다. 그러기에 우리의 소망이 주님께만 있음을 고백합니다. 허탄한 것에 빼앗긴 우리의 마음을 돌이켜 하나님께 두게 하시고, 땅의 것을 추구하던 우리의 마음을 되돌려 위의 것을 추구하게 하옵소서. 이 땅에 두고 가야 할 것에 마음이 빼앗겨 정작 소중한 것을 잃어버리는 어리석은 인생을 살지 않게 하옵소서.

부활에 대한 소망을 갖게 하소서

"너희는 흙이니 흙으로 돌아갈 것이니라"(창 3:19)고 하신 하나님의 말씀을 따라 이제 하관예배를 드립니다. 허무를 넘어 새로운 기대를 갖게 하시는 주님, 이 시간 땅에 묻히는 육체에 꽃이 피게 하실 줄을 믿습니다. "나는 부활이요 생명이니 나를 믿는 자는 죽어도 살겠고 무릇 살아서 나를 믿는 자는 영원히 죽지 아니하리라"(요 11:25-26)고 말씀하신 주님, 부활의 첫 열매가 되셔서 우리의 부활의 보증이 되시니 감사합니다.

우리의 낮은 몸을 자기 영광의 몸의 형체와 같이 변하게 하시는 주님, 무덤에 갇힌 몸에 주님의 영광의 빛을 비추시고 주님이 오시는 그날에 영광스러운 부활체로 일어나는 축복을 주실 것을 믿고 감사합니다. 여기에 머리 숙인 모든 유족들이 그 영광을 바라보고 위로받게 하시고 우리로 하여금 그날의 영광에 동참할 수 있는 인생의 결단이 있게 해주옵소서. 부활의 소망 안에 사는 우리가 세상의 헛된 일에 분요하게 살 것이 아니라 하나님께서 맡기신 사명을 감당하기 위해 분투하게 하시고 죄의 종이 되어 육신을 기쁘게 하는 것이 아니라 성령의 종이 되어 하나님을 기쁘시게 하는 삶을 살게 하옵소서. 우리로 하여금 부활의 소망을 가진 자로 살게 하시고 소망이 없는 자처럼 방황치 않게 하옵소서. 부활의 첫 열매가 되신 예수님의 이름으로 기도드립니다. 아멘.

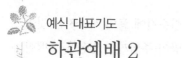

하관예배 2

찬양과 감사

아담 안에서 죽은 우리를 예수 그리스도 안에서 살아나게 하신 하나님을 찬양합니다. 보잘것없는 질그릇 같은 저희 안에 보화를 담게 하셔서 천국 시민으로 살게 하시니 감사합니다. 이제 마지막 장례 절차로서 하관예배를 드립니다. 영광의 주께서 이 시간 우리 모두에게 임재하셔서 하늘의 영광을 바라보게 하옵소서.

하늘 위로로서 채우소서

함께 웃고 함께 울며 정을 나눴던 고인의 육신을 이제 무덤에 안장하려고 합니다. 유족들의 아프고 상한 마음을 아시는 주님이시여, 그들의 허망한 마음 위에 하늘 소망으로 채우시고 지친 육신에 하나님의 은혜로 채워 주시옵소서. 사랑하는 사람을 먼저 보내야 하는 아픔을 하나님의 사랑으로 보듬어 주시고, 든든한 버팀목을 잃은 상실감을 위로하여 주소서. 사람에게서 마음의 안정과 평안을 기대하고 있다면 이 시간 오직 주님의 평화로 유족들의 허전한 심령을 채워 주소서. 주님께서 우리의 슬픔과 아픔을 친히 체휼하신 것을 장례예식을 통해 경험하게 하옵소서.

고인을 가까이 했던 마음이 이제 하나님께로 달려가게 하시고 고인과 나누었던 대화가 주님과의 기도의 시간으로 바뀌게 하옵소서. 예전 같으면 고인과 함께했을 시간에 주님의 말씀을 보게 하소서.

하루 첫머리에 시작된 주님과의 만남이 자리에 눕는 시간까지 지속되게 하시고, 주님의 음성을 듣는 것이 진정한 행복의 근원이 되게 하옵소서. 때때로 경험하는 아픈 마음들이 주님의 사랑 안에서 녹아지게 하시고 채울 수 없는 외로움과 공허가 하나님의 은혜와 사랑으로 채움 받게 하옵소서.

마지막 길을 준비하게 하소서

우리의 영원한 친구가 되신 주님, 지금까지 늘 곁에서 행복한 시간들을 함께 누렸지만 마지막 보내는 이 하관예배 앞에서 아쉬움과 회한이 많이 남습니다. 그러나 죽음의 길은 그 누구도 함께 갈 수 없음을 고인의 죽음을 통해 절감합니다. 그래서 우리의 마음에 더 큰 아픔이 있습니다. 함께 갈 수 없는 길이지만 우리가 찬송할 수 있고 아픔 중에도 감사할 수 있는 것은 우리에게 영원한 천국에서의 삶이 약속되어 있기 때문입니다. 사랑했던 고인을 천국에서 다시 만나기 위해 이 땅에서 믿음으로 준비하게 하옵소서. 예수님을 믿지 않는 유족들이 있다면 우리 죄를 위해 십자가에서 죽으신 예수님을 영접하고 믿어서 그 언젠가 천국에서 다시 만날 수 있는 기쁨을 갖게 하소서. 엄청난 재물이나 막강한 권력으로 천국에 이를 수 없음을 고백합니다. 오직 천국으로 가는 유일한 길이신 예수님께 우리의 마음 문을 활짝 열 수 있게 하옵소서.

언젠가 우리 앞에 반드시 다가올 천국을 지금 보이지 않으니 없다고 부인하는 어리석음을 범치 않게 하소서. 보이지 않아도 존재하는 것이 많듯이 천국도 그렇습니다. 천국을 부인하다가 영원히 후회하는 일이 없도록 여기 모인 자들에게 믿음을 주옵소서. 믿는 자들도 예기치 못한 죽음이 갑작스레 눈앞에 다가올 때 뒤늦은 후회를 하지 않도록 오늘 이 순간 후회 없는 죽음을 위해 인생의 결단을 내리게 하옵소서. 우리를 위해 천국을 예비하신 예수 그리스도의 이름으로 기도드립니다. 아멘.

예식 대표기도
하관예배 3

the Lord's Prayer

찬양과 감사

하관예배를 드리는 이 순간에도 하나님께 소망을 두게 하시고, 애곡이 아닌 찬양과 감사로 예배드리게 하신 하나님을 찬양합니다. 그 동안 기쁨과 슬픔을 함께 나누던 고인의 육신을 이곳에 안치하면서 경건한 마음으로 예배하오니 하늘에 계신 아버지께서 우리의 예배를 받으시고 이 시간 무덤 앞에서 슬픔에 잠긴 유족들을 위로해 주옵소서.

변화를 사모하게 하소서

겨울이 지나면 봄이 오고 여름이 지나면 가을이 오듯이 태어날 때가 있으면 죽을 때가 있고, 만날 날이 있으면 헤어지는 날이 다가오는 인생의 이치를 피부로 알게 됩니다. 이 시간 고인과 작별을 고하는 이곳에 하나님의 은총의 빛줄기를 내려 주소서. 우리의 삶에 변화를 주도하시는 주님, 우리는 고인의 죽음을 통해 삶에 크나큰 변화를 경험하고 있습니다. 이 변화를 통해, 주께서 우리에게 천국을 영원한 기업으로 주신 것과 이 땅의 영광과는 비교할 수 없이 영화로운 세계가 우리를 위해 마련되어 있는 것을 깨닫게 됩니다. 마지막 하관예배를 드리는 이 시간, 허무한 나그네 삶의 한 모퉁이에서도 천국의 영광스러움을 보게 하옵소서.

이제 고인의 육신을 자그마한 무덤에 안치합니다. 곧 썩어져 흙으로 돌아갈 텐데, 그래도 우리가 소망을 갖는 것은 주님의 약속을 믿기 때문입니다. "우리의 낮은 몸을 자기 영광의 몸의 형체와 같이 변하게 하시리라"

(빌 3:21)는 약속이 반드시 성취될 것을 믿고 찬양합니다. 잠시 후면 썩어져 한 줌의 흙으로 돌아갈 육신인데 영광스럽고 신령한 부활의 몸으로 변케 하실 하나님께 감사합니다. 여기에 모여 예배하는 우리 모두에게 부활에 대한 확신을 주옵소서. 성도의 육신은 썩어 없어지는 것 같으나 주님이 오실 날에 부활의 몸을 입고 다시 일어날 것을 소망합니다.

한 줌의 흙으로 돌아가는 인간의 실체를 보게 하소서

여기에 있는 유족들을 위해 밤낮을 가리지 않고 열심히 살아왔던 고인의 발자취를 생각하니 감사할 뿐입니다. 그 사랑의 빚을 다 갚지 못하고 서로 작별하는 아쉬움을 갖는 이 시간, 인간의 실존을 바로 바라보게 하옵소서. 그렇게 분주하고 고달프게 살아왔던 인생에게 필요한 땅덩어리는 고작 두어 평밖에 되지 않는 것을 생각합니다. 아쉬움에 못 이겨 금은 보화를 넣어 주는 이도 없고, 함께 따라가겠다고 무덤으로 뛰어드는 이도 없습니다. 홀로 왔다가 홀로 돌아가야 하는 길, 빈손으로 왔다가 빈손으로 돌아가야만 하는 길이 우리의 인생인 것을 새삼 깨닫습니다. 그럼에도 평생을 뭔가 움켜쥐기 위해 아귀다툼을 벌이려는 탐욕스런 인생들을 용서해 주소서.

자비의 주님, 우리로 하여금 깨닫는 영을 허락해 주옵소서. 영원히 소유할 수 없는 것을 위해 동분서주하지 않고 주께서 주신 사명만을 부여잡고 사는 인생이 되게 하옵소서. 우리의 남은 날을 계수하여 헛된 것에 삶을 허비하지 않게 하시고 더 중요하고 가치 있는 것을 위해 시간을 드리는 지혜를 주소서. 이 땅에 두고 갈 것 때문에 지나치게 속 끓이지 않게 하시고, 좀 더 가지려고 다른 사람을 해하고 상처 주는 어리석은 인생을 살지 않게 하소서. 이제는 우리 가진 것을 다른 사람에게 나누어 주고 베풀며 살게 하사, 주님 앞에 섰을 때 착하다 칭찬 듣는 인생을 살게 하옵소서. 신령한 몸을 입고 부활하신 예수님의 이름으로 기도드립니다. 아멘.

화장예배 1

찬양과 감사

생명 없는 자에게 영원한 생명을 주시고, 지옥의 형벌을 받아야 할 저희에게 천국을 선물로 주신 하나님을 찬양합니다. 모든 장례 일정을 마치는 마지막 화장예배 앞에 선 우리에게 영생의 소망을 주시고, 우리의 남은 나그네 인생을 가치 있게 살 수 있는 지혜를 허락해 주옵소서.

인생이 한 줌 재로 남는 것을 잊지 않게 하소서

어두운 후에 밝은 빛을 주시고, 죽음의 문턱을 넘어 부활의 기쁨을 주시는 주님, 이 시간 마지막 화장예배를 드립니다. 잠시 후면 한 줌의 유골로 돌아올 고인을 바라보며 인생의 의미를 다시 한 번 생각해 봅니다. 세상 인생들은 영원히 살 것처럼 재물을 쌓고 명예를 탐하지만, 모든 인생이 남기는 것은 한 줌의 재밖에는 없는 것을 생각합니다. 오, 주님! 빈손으로 왔다가 빈손으로 돌아가는 인생이요, 부지런히 쌓으나 누가 취할지 알 수 없는 인생인데, 우리가 가지고 있는 헛된 꿈에서 깨어나게 하시고 두고 가야 할 것에 대한 지나친 애착을 조용히 내려놓게 하소서. 아무리 붙잡으려 안간힘을 써도 우리의 손으로 좀처럼 들어오지 않고, 때로는 손아귀에 넣는가 싶어도 또 다시 우리의 손에서 사라지는 욕망의 허상에 도취되어 인생을 허비하지 않게 하시고, 보이지 않는 하나님의 나라를 위해 가치 있는 인생을 살아가게 하소서.

우리가 진정으로 자랑해야 할 것은 이 세상의 재물이 아니라 우리의 구원자 되시는 예수 그리스도이신 것을 선포합니다. 우리 삶의 형편이 어떠하든지 주님이 기뻐하시는 삶을 살게 하소서. 아무리 아름다운 것을 소유한다 할지라도 누리는 데는 한계가 있고, 아무리 든든한 인생의 보호막을 쌓는다 할지라도 그것이 우리를 지켜주는 데도 한계가 있사오니 오직 우리의 소망이 주께 있음을 알고 주님을 의지하고 따르는 삶이 되게 하옵소서. 비록 한 줌의 재와 같은 인생일지라도 우리 안에 보배이신 예수 그리스도를 담고 살게 하시고, 초라한 우리를 빛나게 하는 주님의 은총을 잊지 않고 살게 하옵소서.

보이지 않는 세계를 생각하며 살게 하소서

우리의 눈에 보이지는 않지만 영원히 사랑받기에 합당하신 주님, 이 시간 불태워지는 육신의 허무함 속에서 보이지 않는 영원의 소중함을 알게 하소서. 영원히 사라지지 않는 천국을 바라볼 수 있는 영적인 안목을 뜨게 하소서. 경험에 익숙한 우리는 오감으로 느껴지는 세계만 인정하려 합니다. 정말 중요한 것은 눈에 보이지 않는 이치를 우리는 잘 알고 있습니다. 비록 경험의 세계에 속한 육신은 사라질지라도 영혼은 하나님의 품에서 영원한 안식을 누릴 것을 믿습니다. 고인이 이 땅에서는 사라져 보이지 않을지라도 천국에서는 평안과 기쁨을 누리고 있을 줄 확신합니다. 여기에 남은 모든 유족들도 보이지 않는 세계를 깨닫고 그 세계를 위해 준비할 수 있는 지혜로운 인생이 되게 해주옵소서. 아무리 건강을 자부하는 사람도 한 세기를 넘길 수 없고, 아무리 호화저택에서 호사롭게 살지라도 죽음의 대문은 활짝 열려있사오니, 마지막 심판대 앞에 설 날을 의식하며 하루하루를 살게 하옵소서. 우리를 보이지 않는 천국으로 인도하실 예수 그리스도의 이름으로 기도드립니다. 아멘.

화장예배 2

찬양과 감사

인간의 생사화복을 임의로 주관하시는 하나님께서 고인의 영혼을 천국으로 입성케 하심을 감사합니다. 장례 마지막 절차인 화장예배 가운데 함께하셔서 우리로 하여금 인생의 현주소를 발견하게 하시고, 마지막 날을 위해 인생의 궤도를 수정할 수 있는 은혜를 베풀어 주소서.

마른 뼈가 살아나듯 부활할 것을 믿습니다

아무것도 없는 상태에서 말씀으로 천지만물을 창조하신 전능하신 하나님 아버지, 이 시간 마지막 화장예배를 드리는 저희에게 골짜기의 마른 뼈들이 살아나는 기적을 확신하는 믿음을 주옵소서. 말라비틀어진 뼈들이 여기저기 흩어져 있었지만, 살아 계신 하나님께서는 뼈들이 서로 맞추어지게 하셨고, 거기에 힘줄과 살이 붙게 하셨으며 친히 생기를 불어넣으셨습니다. 비록 잠시 후면 한 줌의 재로 나올 육신이지만 전능하신 하나님의 손에서 언젠가 영광스러운 몸으로 부활할 것을 믿습니다.

어려운 시대 속에서 인간의 힘과 지혜로 살아가는 것이 아니라 우리의 삶을 새롭게 변화시킬 하나님의 은혜 아래 살아가게 하옵소서. 소망이 사라지는 상황에서도 약한 자를 강하게 하시는 하나님을 신뢰하며 살게 하소서. 우리가 가진 한계를 넘어 전능하신 하나님의 무한한 자원을 활용하며 살게 하시고, 제한된 세계 속에서 무한한 자원을 가지신 하나님을 아버지라 부르며 살게 하소서. 찰나의 세계 속에서 영원을 바라보며 살아가게 하옵소서. 사라질 세상에 소망을 두지 않고 영원하신 하나님께 소망을 두게 하시고, 제한된 시간을 넘어 영원한 세계에 잇대어 살게 하옵소서.

속사람을 강건케 하소서

주 예수를 다시 살리신 하나님께서 예수와 함께 우리도 살릴 것을 믿고 찬양과 영광을 올립니다. 하나님을 믿는 우리의 겉 사람은 점점 후패해도 속사람은 날로 새로워질 것을 인하여 감사합니다. 우리의 속사람을 새롭게 하시는 성령이시여, 겉 사람을 치장하고 사치하는 삶에서 속사람을 단장하는 삶으로 돌이키게 하시고, 우리의 육신을 살찌우기 위해 음식을 섭취하기 전에 영혼의 양식을 취하게 하소서. 썩어지고 불태워질 육신을 살찌우기보다 영혼을 살찌워 하나님과의 풍성한 관계를 맺고 살아가는 영적인 사람이 되게 하옵소서.

죽은 자를 다시 살리실 주님, 부활에 대한 소망을 가진 우리가 보이는 것보다는 보이지 않는 것을 주목하는 삶을 살아가게 하시고, 잠시 받는 환난의 경한 것을 두려워하고 염려하기 이전에 지극히 크고 영원한 영광의 중한 것을 바라봄으로 모든 일에 믿음으로 결단하며 살게 하옵소서. 땅의 것을 바라보고 한숨짓고 탄식하기보다 위의 것을 바라보게 하소서. 새 하늘과 새 땅을 유업으로 물려받을 믿음의 상속자답게 멋진 삶을 살게 하옵소서. 가진 것이 많은 자는 나누며 살게 하시고, 가진 것이 없는 자일지라도 믿음의 부자가 되어 당당하게 살아가게 하옵소서. 예수님의 이름으로 기도드립니다. 아멘.

화장예배 3

찬양과 감사

처음 하늘과 처음 땅이 사라질 때 새 하늘과 새 땅을 선물로 허락하실 하나님을 찬양합니다. 생명수 샘물로 목마른 자의 갈증을 해결해 주시는 하나님이시여, 우리의 예배 가운데 임재하셔서 하늘 소망으로 채우시고 부활의 영광을 바라보게 하옵소서. 장례 가운데 지친 육신과 상한 마음을 회복시키시고, 영원한 길이요 진리요 생명 되신 주님을 만나는 시간이 되게 하옵소서.

자랑을 일삼지 않게 하소서

우리를 거듭나게 하사 산 소망을 주신 주님, 우리로 썩지 않고 더럽혀지지 않고 쇠하지 않는 유업을 잇게 하시니 감사합니다. 우리의 소망이 한 줌의 재로 나올 육신에 있지 않고 주님의 은총에 있는 것을 고백합니다. 가지고 가지도 못할 세상 것보다 하늘에 간직된 소망을 바라보게 하옵소서. 그동안 우리가 자랑했던 것들이 한낱 허상에 불과함을 깨닫고 진정한 자랑거리를 찾을 수 있게 하소서. 세상 사람들이 어리석다고 말하는 십자가가 우리의 자랑이 되게 하소서. 세상은 강한 것을 자랑하지만 우리는 약한 것을 자랑하기 원합니다. 이제 우리는 영원한 생명과 천국을 선물로 주시는 주님을 자랑하겠습니다.

우리가 자랑하기 위해 취했던 돈으로 선한 일을 행하기 원합니다. 출세를 위해 취했던 지식을 사회를 위해 사용하고, 성공을 위해 움켜잡았던 권력과 힘을 약한 자를 돕고 사회를 공정하게 만드는 도구로 사용하기 원합니다. 세상에 빛과 소금이 되어 아름다운 향기를 내는 삶을 자랑하게 하시고, 나와 관계를 맺는 사람들에게 예수 그리스도의 생명을 나누는 의미 있는 삶을 살게 하옵소서. 자신의 필요에만 집중된 우리의 삶이 이제 한 차원 높은 삶으로 도약하게 하소서. 비록 땅을 딛고 살지만 하늘을 거니는 고상한 삶을 살게 하옵소서.

정결한 신부로 살게 하소서

땅에 있는 장막 집이 무너지면 하늘에 있는 영원한 집으로 덧입히실 하나님을 찬양합니다. 절망과 슬픔으로 젖어드는 이 시간, 육신의 장막이 무너지는 것에 탄식하면서도 오히려 하늘로부터 오는 신령한 몸을 덧입기 위해 사모하게 하심을 감사합니다. 슬픔 가운데 있는 유족들로 하여금 하늘로부터 내려오는 하나님의 장막을 바라보게 하시고, 하나님이 우리 눈에서 눈물을 닦으실 그날, 다시는 사망이 없고 애통하는 것이나 곡하는 것이나 아픈 것이 다시 없는 그날을 사모하게 하소서.

이 시간 사랑하는 유족들로 하여금 이 세상이 끝이 아니라 새로운 시작임을 알게 하시고, 죽음은 소멸이 아니라 단지 천국으로의 이사인 것을 믿게 하소서. 언젠가 신랑 되신 주님께서 이 세상에 오실 텐데 우리로 하여금 정결한 신부로 잘 단장하여 기쁨으로 신랑을 맞이하게 하옵소서. 세상의 유혹에 자신을 더럽히지 않고 믿음으로 세상을 이기게 하시고, 사탄이 아니라 어린양이 이끄는 대로 살아가는 하루하루가 되게 하옵소서. 지금 나에게 주어진 시간만이 나의 시간임을 알게 하셔서 하나님 앞에 부끄러움 없이 최선을 다해 살게 하소서. 마지막 주님의 심판대 앞에 설 때 잘했다고 칭찬받는 충성된 일꾼이 되게 하소서. 머지않아 다시 오실 예수 그리스도의 이름으로 기도드립니다. 아멘.

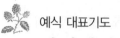

예식 대표기도

발인예배 1

찬양과 감사

고통과 슬픔뿐인 이 세상에서 하늘에 소망을 두고 살게 하신 하나님을 찬양합니다. 이제 정들었던 사람들과 장소를 떠나 장지를 향해 출발하기 전에 소망을 주시는 하나님 앞에 발인예배를 드립니다. 위로의 성령께서 이 자리에 함께하시고 유족들과 이 시간 머리 숙인 우리 모두에게 하늘의 위로로 채워 주옵소서.

아침 안개 같은 인생을 인도하소서

허무 위에 소망의 씨를 뿌리시고, 슬픔 중에 웃음을 경영하시고, 죽음과 썩음의 거름더미 위에서 아름다운 열매를 거두시는 주님, 이 시간 발인예배를 하나님 앞에 드리면서 우리 인생을 다시 한 번 돌아보게 하시니 감사합니다. 하나님이 붙들어 주시지 않는 인생은 든든히 섰다고 할 수 없는 것을 고인의 죽음 앞에서 새삼 깨닫습니다. 인간의 화려한 삶 뒤에는 어두운 그림자가 드리워져 있고, 웃음 이면에는 남모를 고뇌가 있음을 우리는 잘 알고 있습니다. 오, 주님! 이것이 인생의 진정한 모습일진대 우리로 하여금 인생을 바로 볼 수 있는 눈을 주옵소서.

찬란한 태양이 떠오르면 짙은 안개가 자취를 감추고, 차가운 새벽녘에 풀잎을 촉촉이 적셨던 이슬도 떠오르는 태양 빛에 말라 없어지듯이 우리가 자랑하는 인생도 아침 안개와 새벽 이슬 같은 것을 깨닫게 하소서. 이렇게 잠깐 누리다 가는 인생을 자랑하지 않고 하나님의 사랑과 은혜에 감사하며 살게 하옵소서. 잠시 있다가 없어질 육체의 영광과 안일을 위해 동분서주하는 삶을 돌이켜 우리에게 맡기신 사명과 하늘나라를 위해 투자하는 인생을 살게 하옵소서. 세상에서 부자로 살기보다 하나님의 부요를 누리며 살게 하시고, 세상일에 지치기보다 하나님 나라와 의를 위해 자신을 불사르는 인생을 살게 하소서.

부활의 소망으로 다시 시작하게 하소서

고인과의 작별이 아쉬워 눈물을 흘리고는 있지만 우리는 이미 하늘나라에서 이루어지는 천국 입성식을 바라봅니다. 지금 우리에게 보이지는 않지만 천국을 믿게 하시고, 지금은 느껴지지 않지만 죽어도 다시 사는 부활을 믿게 하시니 감사합니다. 보이지 않는 예수님을 보이는 것처럼 믿고 사랑하다가 하나님의 부르심을 받고 천국에 입성하신 고 ○○○ 성도의 발인예배에서 다시 한 번 부활의 소망을 확인하게 해주시니 감사합니다. 이 시간 슬픔에 잠긴 사랑하는 유가족들에게 부활의 소망으로 가득 채워주시고, 죽음 너머에 있는 부활을 바라보는 믿음으로 위로받게 하소서.

사랑하는 주님, 유가족들로 하여금 무덤에 묻힌 몸이 다시 살아날 부활의 소망을 갖고 하루하루를 살게 하소서. 이 시간 이후로 다시 볼 수 없는 얼굴이지만, 천국과 부활에 대한 소망을 가진 자들이기에 다시 만날 날을 기대하며 살겠나이다. 결코 부활이 없는 것처럼 행하지 않게 하시고, 어떤 상황 속에서도 죽음을 두려워하지 않는 부활 신앙을 갖게 하소서. 사방이 다 막힌 절박한 상황 속에서도 부활의 믿음으로, 불가능을 가능케 하시는 하나님을 신뢰하며 살게 하옵소서. 세상 모든 사람들이 안 된다고 할지라도 죽은 몸을 다시 살리시는 하나님을 믿고 생각하고 말하고 행동하게 하소서. 죽은 몸을 다시 일으키실 예수님의 이름으로 기도드립니다. 아멘.

발인예배 2

찬양과 감사

죄와 허물로 죽었던 우리를 살리시고 우리를 위해 영원한 안식처를 준비하시고 다시 오시겠다고 약속하신 주님을 찬양합니다. 그 어느 곳에서도 안식할 수 없는 저희에게 생명을 주시고 영생을 누릴 수 있는 영광을 허락하신 하나님께 찬양과 감사를 올립니다. 고 ○○○ 성도의 발인예배에서 하나님 앞에 간구하오니 위로의 성령께서 슬픔에 잠긴 유가족과 모든 조문객들 위에 하늘의 은혜를 덧입혀 주옵소서.

지금까지 살아온 것이 주의 은혜인 것을 알게 하소서

모든 생명의 주인 되신 존귀하신 주님, 보잘것없는 들풀도 아름다운 것으로 입히시고 공중에 나는 하찮은 새에게도 필요한 것을 공급하시는 주님을 찬양합니다. 하찮은 미물도 그렇게 돌보시는데, 하나님의 자녀들에게 베풀어 주신 은총은 얼마나 큰지 모두 헤아릴 수 없음을 고백합니다. 고인이 이 땅에서 살아온 것을 돌아볼 때, 그 모든 것이 하나님의 은혜였던 것을 시인할 수밖에 없습니다. 유가족들을 위해 열심히 일하고 섬길 수 있는 건강을 주셨던 것도, 힘든 환경과 현실 속에서도 지키시고 인도하셨던 것도 모두 하나님의 사랑이었음을 인정합니다. 특별히 가족 간에 화평을 지키며 살 수 있게 하신 하나님의 돌보심에 감사합니다.

죽을 수밖에 없는 우리를 독생자 예수 그리스도의 십자가의 죽음을 통해 구원해 주신 것을 생각할 때 감사와 감격을 멈출 수 없습니다. 발인예배를 드리며 슬픈 마음을 감출 길 없지만 천국에 대한 확신과 부활에 대한 소망 때문에 마음 한편에선 찬송이 넘치게 하시니 감사합니다. 모든 영광을 하나님께서 받으옵소서.

천국 이력서를 준비하게 하소서

우리로 하여금 '죄 많은 이 세상은 내 집이 아니라'는 신앙을 고백하게 하신 주님, 비록 이 땅에서 나그네 인생을 살았지만 하늘 영광을 바라볼 수 있게 하시니 감사합니다. 우리에게 이 땅의 삶이 끝이 아닌 것을 아는 지혜를 주시고 하늘나라를 위해 준비하는 삶을 살게 하시니 감사합니다. 육신을 가진 우리를 유혹하는 죄의 충동에 따라 살지 않고 하늘나라 시민으로서 거룩한 삶을 살도록 분투하게 하심도 감사합니다. 이 땅에 사는 동안 성령을 좇아 살아감으로 죄를 이기는 성결한 백성으로 살게 하소서.

주님, 다시 고백하건데 우리의 소망은 하늘나라에 있습니다. 이 땅의 창고에 재물을 들이지 않고 하늘나라에 쌓는 지혜로운 인생이 되게 하소서. 하나님 나라에서 받을 영광스러운 상급을 바라보며 주의 일에 충성하게 하시고, 어린 양 예수 그리스도의 뒤를 좇아가는 참된 제자로 고난받기를 주저하지 않는 인생 되게 하옵소서. 이 세상에서 잠시 잠간 우리의 이름과 명예를 내기 위해 이력을 쌓아가기보다 하나님 나라에서 누릴 풍성한 영광을 얻기 위해 천국 이력서를 준비하게 하옵소서.

모든 유족들이 어떤 상황 앞에서도 견고하여 흔들리지 않고 항상 주의 일에 더욱 힘쓰게 하소서. 예수 그리스도의 이름으로 기도드립니다. 아멘.

발인예배 3

감사와 찬양

하늘나라에 입성한 믿음의 승리자들의 눈에서 모든 눈물을 씻어 주실 주님께 감사와 찬양을 올립니다. 주께서 지금 하늘 영광에 참여한 고인의 눈에서 눈물을 닦아 주실 것을 믿습니다. 슬픔에 잠긴 유가족들과 모든 조문객들의 눈에서 눈물을 닦으시고 하나님 안에 감추어진 소망을 발견하게 하옵소서.

슬픈 마음을 위로하소서

"우리의 연수가 칠십이요 강건하면 팔십이라도 그 연수의 자랑은 수고와 슬픔뿐이요 신속히 가니 우리가 날아가나이다"(시 90:10).

짧은 인생의 일기장을 덮고 하나님 품에 안긴 고인의 발인예배 앞에 고요히 머리 숙여 간구합니다. 이 시간 드리는 발인예배를 통해 수고와 슬픔만 남기고 신속히 날아가는 인생, 들의 풀과 같고 아침 안개와 같은 인생, 풀의 꽃과 같은 인간의 영광이 너무나 덧없고 허무한 것임을 우리 모두가 깨닫게 하옵소서. 부활의 첫 열매가 되신 주님, 짧은 생애를 살면서도 욕심의 노예가 되어 사랑해야 할 사람을 사랑하지 못하고 서로 상처를 주며 살았던 부질없는 삶을 용서해 주옵소서. 이렇게 우리 곁을 훌쩍 떠날 날이 있음에도 마냥 우리 곁에 있을 거라 생각하면서 좀 더 사랑하지 못하고 섬기지 못했던 허물을 용서해 주옵소서.

피는 것도 아름답지만 지는 것도 아름다운 것이 인생임을 생각합니다.

이 시간 우리로 하여금 출생의 아름다움 못지않게 죽음의 아름다움을 바라보게 하심을 감사합니다.

믿음의 신비가 얼마나 위대한 것인지 깨닫게 하시고 더 큰 믿음의 세계로 들어가도록 인도해 주소서. 믿음 안에서의 죽음은 소멸이나 끝이 아니라 더 나은 세계를 향한 새로운 출발임을 알게 하시니 감사합니다. 아픔과 슬픔 중에서도 믿음으로 하늘나라를 소망하게 하심을 감사합니다. 썩어질 육신, 태워질 육신 속에서도 믿음으로 부활할 몸을 바라보게 하심을 감사합니다. 이 소망이 모든 유가족들로 하여금 슬픔과 아픔을 이기는 힘이 되게 하소서.

주의 일에 더욱 힘쓰게 하소서

"그러므로 내 사랑하는 형제들아 견실하며 흔들리지 말고 항상 주의 일에 더욱 힘쓰는 자들이 되라 이는 너희 수고가 주 안에서 헛되지 않은 줄 앎이라"(고전 15:58).

버티고 싶어도 버틸 수 없고 저항하고 싶어도 저항할 수 없는 죽음이라는 관문 앞에서 지난 시간을 다시 한 번 돌아봅니다. 우리 모두가 머지않아 이 죽음의 길목을 들어서게 될 텐데, 살아 있는 동안 가치 있고 의미 있는 삶을 살아 마지막 날 주님의 심판대 앞에 서는 그날 부끄럽지 않은 일꾼으로 인정받게 하소서.

유수같이 빠르게 지나가는 세월을 후회하지 않기 위해 하루하루를 충실하게 살아가게 하시고, 나그네 삶을 마치면 미련 없이 떠나야 할 이 세상에 집착해서 살지 않게 하옵소서. 주님께서 부르실 때 모두 놓고 가야 할 이 세상 것들을 움켜쥐고 분주하게 살아가기보다 영원히 썩지 않는 하늘나라를 위해, 주께서 기뻐하시는 일을 위해 좀 더 충성하는 삶을 살게 하옵소서. 영원한 생명이 되시는 예수 그리스도의 이름으로 기도드립니다. 아멘.

추도예배 1

찬양과 감사

우리의 모든 삶을 인도하시고 세밀하게 간섭하시는 하나님 아버지, 오늘도 생명을 주시고 살아계신 하나님을 경험하며 살게 하시니 감사합니다. 이 시간 고 ○○○의 추도예배를 드립니다. 우리가 드리는 예배 가운데 임재하셔서 영광 받으소서. 우리로 말씀하시는 하나님의 음성을 들을 수 있는 은혜를 허락하소서.

고인의 유지를 잊지 않게 하소서

인류 역사의 주인일 뿐만 아니라 시간을 다스리시는 주님, 고인이 하나님 품으로 가신지 ○주년을 맞이하여 하나님의 은혜를 기억하며 예배하게 하시니 감사합니다. 고인이 천국에서 참 평안과 안식을 누리듯이 우리도 믿음으로 살다가 언젠가 천국에 입성하여 참 평안과 안식을 누리게 해 주옵소서. 우리 곁을 떠난 지 몇 년이 지났지만 우리가 고인의 유지를 가슴에 새기며 살게 하시고, 고인이 가지셨던 숭고한 마음과 정신적인 유산을 잊지 않게 하소서. 그분이 못 다 이룬 뜻을 남은 우리가 다 성취해 갈 수 있게 하옵소서. 유족들의 삶이 고인의 아름다운 삶의 흔적에 누가 되지 않도록 살게 하시고, 하루하루를 의미 있고 가치 있게 살아 사회에 긍정적인 기여를 할 수 있게 하옵소서.

언젠가 우리에게도 죽음이 다가올 텐데 미리 죽음을 준비하는 지혜를 주시고, 지금 이 자리에서 눈을 감을지라도 천국에 이를 수 있는 믿음을 주옵소서. 유족 가운데 아직까지 예수님을 믿지 않는 가족들에게 죽음이 다가오기 전에 예수님을 믿어 고인이 가신 천국에서 꼭 만날 수 있는 축복을 허락소서. 이미 믿음으로 살아가는 유족들은 세상의 헛된 일에 분요하게 사는 것이 아니라 주의 일에 힘쓰게 하시고, 세월을 아껴 하나님 나라를 위해 신령한 것을 많이 심어 마지막 날 주님 앞에 설 때 주님이 주시는 상급을 많이 누리게 하옵소서.

유족이 화목하게 살게 하소서

죽음이 우리 앞에 다가오기 전에 사랑해야 할 사람을 마음껏 사랑하게 하시고, 소중한 사람을 귀히 여기며 살게 하시고, 후회 없는 시간을 살게 소서. 사람과 가족의 소중함을 깨닫지 못하는 우리의 우둔한 마음을 밝히셔서 늦기 전에 서로의 필요를 채워 주고 섬기며 살게 하소서. 남은 자들의 마음이 갈라지지 않게 하시고, 온 가족이 화목하여 고인의 바람이 헛되지 않게 하옵소서. 사랑하며 살아도 부족한 시간을 서로 미워하고 증오하는 데 허비하지 않게 하시고 서로 사랑하며 살게 하소서.

서로가 가진 것을 아낌없이 나누게 하시고, 선한 것을 위해 믿음으로 투자하게 하시며, 기회가 있는 대로 모든 이에게 착한 일을 하되 믿음의 가족들을 위해 더욱 그리하게 하소서. 서로에게 상처를 안겨 주지 않게 하시며, 형제간에 우애함으로 믿음의 본을 보이게 하옵소서. 사랑하는 주님, 우리로 부끄러움 없는 인생을 살 힘과 용기를 주시고, 인생의 목표를 향해 달려가되 오늘이 인생의 마지막인 것처럼 최선을 다하는 삶을 살게 하소서. 유언을 쓰는 심정으로 하루하루를 아름다운 일기로 마감하게 하옵소서. 마지막 날에 행한 대로 심판하실 예수 그리스도의 이름으로 기도드립니다. 아멘.

추도예배 2

찬양과 감사

우리가 거할 처소를 예비하시고 언젠가 반드시 다시 오실 주님을 찬양합니다. 고인을 천국에서 안식케 하신 주님께서 이 시간 추도예배를 드리는 우리 모두에게 하늘의 소망으로 가득 채우시고, 나그네 삶을 사는 동안 고인이 가신 천국을 사모하며 살게 하옵소서.

죽음을 준비하게 하소서

모든 육체는 풀이요 그의 모든 아름다움은 들의 꽃과 같다고 하신 주님, 이 시간 고인의 추도예배를 드리는 우리에게 인생의 실체를 바로 깨닫게 하시고, 우리로 하여금 인생의 연약함을 인정하게 하소서. 우리가 얻으려는 영광과 아름다움이 한 순간에 사라질 수 있는 것임을 알고 겸손히 하나님을 인정하며 살게 하소서.

울 때가 있으면 웃을 때가 있고, 슬퍼할 때가 있으면 춤출 때가 있듯이, 날 때가 있으면 죽을 때가 있음을 압니다. 죄의 삯은 사망이요 한 번 죽는 것은 사람이 피할 수 없는 일이며 그 마지막에는 하나님의 공의로운 심판이 있다고 하신 말씀을 기억합니다. 우리 인생의 순간순간마다 마지막 날을 준비하며 살게 하소서. 우리가 영원에 잇대어 살고 있는 자인 것을 늘 기억하여, 이곳에서의 삶을 하나님 나라에서 영원히 살기 위한 준비 과정으로 알고 살게 하옵소서.

날마다 주님을 향한 믿음으로 살게 하시고, 그 믿음을 우리의 모든 삶의 영역에서 실천하게 하시고, 모든 관계 속에서 믿음을 확증시키며 살게 하소서. 내세를 준비하지 못해 후회하는 일이 없게 하시고, 마지막 날 주님 품에 안긴 고인을 만날 수 있는 은총을 허락하소서.

천국 소망을 갖게 하소서

영광의 주님, 우리에게 천국에 대한 소망을 주시고 부르심의 소망을 위해 달려가게 하시니 감사합니다. 짧은 인생살이에서 썩어질 기업을 위해서 내달릴 것이 아니라 하나님 나라를 향해 경주하게 하시고, 날마다 주님과 풍성한 관계를 유지하게 하소서.

고인을 천국으로 인도하신 주님, 우리에게도 썩어지지 않는 천국 기업에 대한 소망을 주소서. 그래서 어떤 상황 속에서도 낙심치 않고 인내하며 믿음을 지킬 수 있게 하시고, 어떤 일을 만날지라도 죽은 자를 다시 살리시는 하나님을 굳게 믿는 부활 신앙을 고백하며 이 믿음으로 죄와 세상과 마귀를 능히 이기며 살게 하소서.

죄의 노예로 살지 않고 날마다 주님이 기뻐하시는 일을 궁구하며 살기 원합니다. 먹든지 마시든지 무엇을 하든지 하나님의 영광을 위해 하기를 소원합니다. 천국 소망이 없는 자처럼 죽음에 얽매이지 않고 죽음을 이기신 주님을 믿음으로 죽음을 초월하게 하소서. 죽음을 두려워하지 않았던 사도 바울처럼 죽기까지 주의 일에 힘쓰는 삶을 살게 하옵소서. 우리에게 주신 사명을 끝까지 저버리지 않고 주님 나라에 이르기까지 목숨 다해 감당하기 원합니다. 소망이 없는 우리에게 천국 소망을 주신 예수님의 이름으로 기도드립니다. 아멘.

직업인을 위한 중보기도

직업인을 위한 중보기도

공무원을 위한 기도

감사와 회개

이 나라와 백성을 사랑하는 주님, 이 땅 가운데 하나님의 통치가 편만하
게 하시니 감사합니다. 이 민족과 온 백성이 하나님이 주시는 평안 가운
데 거하게 하시고 하나님의 공의를 실현하게 하옵소서. 이 나라 곳곳에
우상을 숭배하고 하나님의 진리에서 떠나 자기 영광과 왕국을 건설하려
는 불경한 자들의 죄악들을 용서하여 주옵소서.

국민의 필요를 알게 하소서

이 민족을 사랑하셔서 100여 년 전에 이 땅에 복음이 들어오게 하시고
복음의 확장과 함께 이 민족이 경제적으로 성장하고 번창할 수 있게 하심
을 감사합니다. 이 민족이 하나님의 축복과 은총의 영향권 아래 있게 하
옵소서. 이 나라를 섬기고 백성들을 섬기기 위해 세워진 공무원들이 있습
니다. 이들이 하나님이 세우신 권세를 남용하지 않게 하시고, 나라와 백
성들을 섬기게 하옵소서. 백성들이 필요로 하는 일이 무엇인지를 잘 살피
게 하시고, 그들의 필요를 채워 주는 자리에 서 있게 하소서. 이들로 인해
오히려 백성들이 아파하고 고통당하지 않게 하시고, 나라가 혼란스러워
지지 않게 하소서.

모든 공무원들이 백성들이 낸 세금으로 나라의 녹을 받고 있는 자임을
잊지 않게 하소서. 주인과 같은 책임감을 갖되 늘 종의 마음으로 섬기게
하소서. 늘 하나님 앞에서 심판받을 것을 생각하고 두려움으로 그 직무를

수행하게 하소서. 공무원들로 말미암아 민심이 불안해지지 않게 하시고 정국이 파국으로 치닫지 않도록 지켜 주소서. 하나님의 말씀의 잣대와 하나님께서 인간에게 주신 또 다른 행동의 잣대인 양심을 저버리지 않고 백성들의 평온과 국익을 우선으로 삼게 하소서.

정직하고 성실하게 하소서

모든 백성들은 하나님께서 세우신 권세자들에게 순종하게 하시고, 공무원들은 온 백성들로부터 존경과 신뢰를 잃지 않게 하옵소서. 자신의 배를 채우기 위해, 자신의 편익을 위해 직책을 악용하지 않게 하소서. 법과 질서를 지켜야 할 자들이 오히려 법을 남용하지 않게 하시고, 백성들에게 본을 보일 수 있게 하소서. 이스라엘의 위대한 지도자 사무엘이 그 백성들 앞에서 "내가 누구의 소를 빼앗았느냐 누구의 나귀를 빼앗았느냐 누구를 속였느냐 누구를 압제하였느냐 내 눈을 흐리게 하는 뇌물을 누구의 손에서 받았느냐 그리하였으면 내가 그것을 너희에게 갚으리라"(삼상 12:3)고 호소했듯이 모든 공무원들이 깨끗하고 투명하고 정직하게 섬기게 하소서.

공무를 집행함에 있어 금권이나 인맥이나 학연에 휘둘리지 않고 깨끗한 양심으로 정직하게 모든 일을 처리하게 하옵소서. 자신에게 맡겨진 업무를 소신 있고 공명정대하고 성실히 처리하게 하소서. 권세자들을 세우시고 다스리시는 예수 그리스도의 이름으로 기도드립니다. 아멘.

군인과 경찰을 위한 기도

감사와 찬양

우리의 힘이요 방패와 산성이 되시는 여호와여, 전쟁과 아픔이 많았던 이 민족을 사랑하셔서 위기 속에서도 지키시고 안전하게 보호해 주심을 감사합니다. 불안과 공포가 난무한 시대 속에서 여호와께서 친히 이 민족과 백성들을 다스려 주시고, 특히 군인들과 경찰들을 통해서 이 민족이 평안 가운데 하나님을 섬길 수 있게 하소서.

군인을 지켜주소서

불안한 남북 관계로 두려워하는 저희를 군인들을 통해 든든히 지켜 주심을 감사합니다. 가정의 울타리를 두고 국방을 지키기 위해 위험한 곳에서 훈련을 받고 있는 군인들에게 늘 건강을 허락해 주옵소서. 병약해서 자신의 자리를 저버리지 않게 하시고 훈련을 감당하지 못하는 불상사가 없게 하옵소서. 부모와 가족들의 돌봄과 보호를 벗어나 생활하고 있는 젊은이들에게 마음의 병이 찾아오지 않게 하옵소서. 강한 정신력을 허락하시고 긍정적이고 적극적인 마음을 갖게 하소서. 군인들 가운데 마음을 지키지 못하고 크고 작은 일들을 참지 못해서 스스로 목숨을 끊는 연약한 젊은이들이 많습니다. 그들을 불쌍히 여기시고 그들에게 하나님을 찾을 수 있는 믿음을 허락해 주옵소서.

지금도 쉬지 않고 호시탐탐 전쟁을 도발하는 북한을 불쌍히 여기시고 어리석음을 깨닫고 함께 망하는 길을 택하지 않도록 지켜 주소서. 국제정

세나 남북관계가 평화로운 분위기로 전환되도록 하나님께서 이 민족을 친히 다스려 주옵소서.

경찰을 지켜주소서

시민들이 평안하게 직업 전선과 생활 전선에서 활동할 수 있도록 경찰들을 세워 주심을 감사합니다. 치안을 담당하고 있는 경찰들에게 민중의 지팡이로서의 사명을 잘 수행할 수 있도록 은총을 내려 주옵소서. 경제적인 어려움과 함께 각종 범죄가 기승을 부리고 있는데, 이러한 때일수록 모든 경찰들이 시민의 안정된 생활을 위해 더 치밀하게 움직일 수 있게 하옵소서. 치안을 유지하기 위해 어렵고 위험한 업무들을 감당하고 있는 경찰들의 안전을 지켜 주옵소서.

시민을 해롭게 하는 악한 자들을 잠잠케 하시고, 그들이 어리석은 길에서 돌이켜서 공권력이 불필요하게 투입되지 않게 하옵소서. 시민들이 경찰의 노고를 알아주고 격려하는 성숙한 시민의식을 갖게 하소서. 시민과 경찰이 서로 신뢰하며 공조체제를 유지함으로 이 사회에 불의한 자들이 발을 붙일 수 없는 안정된 사회가 되게 하소서. 성숙한 시민 의식이 확산되어 경찰들의 짐이 덜어지게 하시고, 모범적인 경찰들의 헌신으로 평안한 사회가 도래하게 하옵소서. 예수님의 이름으로 기도드립니다. 아멘.

직업인을 위한 중보기도

법조인을 위한 기도

감사와 찬양

"악한 자의 집은 망하겠고 정직한 자의 장막은 흥하리라"(잠 14:11)고 하신 말씀대로 세상을 공의롭게 다스리시는 주님! 이 사회에 악한 자는 파멸하나 정직한 사람의 집은 흥하는 복을 주심을 감사합니다. 이 땅이 정직한 사람들이 넘치는 사회가 되게 하시고, 법과 질서가 살아 있어서 아름다운 신뢰관계로 구축되게 하옵소서.

공의가 하수 같이 흐르게 하소서

"오직 정의를 물 같이, 공의를 마르지 않는 강 같이 흐르게 할지어다"(암 5:24). 이 사회가 법으로 질서를 세워 갈 수 있도록 법조인들을 세워 주심을 감사합니다. 그들이 자신의 자리를 잘 지키고 시민들을 위해 자신의 업무에 충실함으로 사회 기강이 흔들리지 않게 하옵소서. 법이 무너지면 무질서한 사회가 될 수밖에 없고 무정부상태가 된 사회에서는 내일을 기대할 수 없사오니 공의로운 법조인들로 말미암아 이 사회의 기초질서가 바로 잡히게 하옵소서. 아모스 선지가가 "너희는 악을 미워하고 선을 사랑하며 성문에서 정의를 세울지어다"(암 5:15)라고 외쳤던 것처럼, 이 나라 안에도 악을 미워하고 선을 사랑하는 사람들이 많게 하시되, 특별히 성문에서 재판을 하는 사람들이 정의를 세워 나가게 하소서.

소외된 자들이 억울한 일을 당하지 않게 하시고 약자들이 탈취를 당하지 않게 하소서. 정직한 자들이 손해를 입지 않고 힘 있는 부자들과 권력자들 앞에서도 당당할 수 있는 사회가 되게 하소서. 법에 의해 사람들이 공의롭게 다스려지게 하소서. 공의로우신 하나님께서 이 땅에 공의로운 법을 집행해야 하는 자들의 양심이 마비되지 않도록 지켜 주소서. 법을 집행하는 자들이 궁극적인 심판자를 두려워하며 재판하기를 소원합니다. 그들의 불공정한 재판으로 피눈물 흘리는 억울한 사람들이 생겨나지 않게 하소서. 억울한 자들의 탄식 소리를 듣고 신원하시는 하나님을 두려워하게 하소서.

신뢰받는 법조인이 되게 하소서

사회적으로나 도의적으로 책임을 져야 하는 위치에 있는 자들이 보호받아야 할 자들을 무시하고 억압하는 일이 없도록 하소서. 법의 권위가 살아 있게 하소서. 하나님께서 법조인들을 사회 지도층으로 세워 주셨는데, 그들이 정직하지 못한 뇌물에 눈이 어두워지거나 일시적인 편리와 이익에 마음을 빼앗기지 않게 하소서. 매사에 바른 생각과 바른 판단력을 주시며, 어떤 상황이나 사건 앞에서 생각이 왜곡되고 판단이 흐려지지 않도록 정확하고 바른 분별력을 주시옵소서.

전문적인 업무를 수행하기 위해 판례를 조사하고 최근 법적인 정보와 지식을 습득하는 일에 최선을 다하게 하시며, 시민들의 정서와 시대적인 통념들을 잘 분석하고 파악할 수 있게 하옵소서. 마지막 날에 이들이 궁극적인 재판장이신 예수님 앞에 설 때 하나님 앞에서 부끄럽지 않도록 지금부터 하나님을 경외하는 심정으로 법을 다루게 하소서. 우리의 재판장 되시는 예수 그리스도의 이름으로 기도드립니다. 아멘.

직업인을 위한 중보기도

농업인을 위한 기도

감사와 찬양

에덴에 동산을 만드시고 아담과 하와를 동산에 두어 경작하며 지키게 하신 하나님, 우리에게 땀을 흘리면서 일할 수 있는 은총을 주신 것을 감사합니다. 비록 땀을 흘리면서 수고하는 것이 쉬운 일은 아니지만 일하는 기쁨을 발견하게 하시고 농업인으로서 자부심을 갖고 일하게 하소서.

땀을 흘리며 수고하게 하소서

사람들이 땀을 흘리며 수고하는 일을 기피하여 농촌을 떠나는 현상이 일어나는 이때, 농사하는 이들로 하여금 농업의 가치와 소중함을 잊지 않게 하소서. 인간은 양식 없이 살 수 없기에 농사야말로 천하 모든 일의 근본임을 깨닫게 하옵소서. 오히려 인류를 구하는 일이요 이 민족의 생명을 책임지고 있는 존재라는 사실을 생각하면서 자부심을 갖게 하소서.

비록 인간의 범죄로 말미암아 땅도 저주를 받았고, 그 결과로 땅이 가시덤불과 엉겅퀴를 내어 인간을 대적하게 되었지만 하나님께서는 언젠가 이 땅을 다시 에덴으로 회복시키실 것을 믿습니다.

시인이 "눈물을 흘리며 씨를 뿌리는 자는 기쁨으로 거두리로다. 울며 씨를 뿌리러 나가는 자는 반드시 기쁨으로 그 곡식 단을 가지고 돌아오리로다"(시 126:5-6)라고 고백한 것처럼 농부들이 땀을 흘리고 눈물을 흘리면서 좋은 씨를 뿌리게 하시고, 아름다운 열매를 맺기까지 기다리고 인내할 수 있게 하소서. 씨를 뿌려놓고 물을 주고 잡초를 제거하고 부지런히 가꾸고 돌봄으로 해마다 풍성한 소출을 거둘 수 있게 하시고, 게으름을 부려서 손해 보는 일이 없게 하옵소서. 남들이 잠자는 이른 새벽을 깨우고, 남들이 텔레비전 앞에 앉아 있는 저녁 늦은 시간까지 농사를 짓기 위해 애쓰고 노력한 결과가 헛되지 않도록 축복해 주옵소서.

하나님의 은총을 기다리는 자가 되게 하소서

때로는 비가 오지 않아 농사가 어렵고, 때로는 비가 너무 많이 오고 태풍이 몰아쳐서 농부의 한숨이 가시지 않을 때도 있습니다. 농부가 아무리 노력할지라도 하나님이 도우시지 않으시면 아무 소용이 없다는 사실을 알고 있습니다. 올해도 하나님께서 농사를 도우시고 농부들의 시름을 덜어 주옵소서. 병충해가 없게 하시고, 자연재해로 농사를 그르치지 않게 하옵소서.

다윗은 고백했습니다. "여호와를 경외하며 그의 길을 걷는 자마다 복이 있도다 네가 네 손이 수고한 대로 먹을 것이라 네가 복되고 형통하리로다"(시 128:1-2). 사랑하는 주님, 농부들로 하여금 그들이 손으로 수고한 대로 먹을 수 있는 복을 주옵소서. 농부들에게 여호와를 경외하고 그의 길을 걸을 수 있는 믿음의 복을 허락하옵소서. 인간의 지혜를 의지하지 않게 하시고 사람의 도움을 구하기보다 여호와의 도움을 받기 위해 은혜의 보좌 앞으로 나아가게 하옵소서. 하나님의 은총을 가로막는 자가 아니라 하나님의 은총을 기다리는 믿음의 농부가 되게 하소서. 풍성한 수확을 허락하시는 예수 그리스도의 이름으로 기도드립니다. 아멘.

상업인을 위한 기도

감사와 찬양

속이는 음식물은 맛이 좋은 것 같지만 그 입에 모래가 가득한 것과 같다고 하신 주님, 정직하고 깨끗한 상인들로 인하여 많은 사람들이 생활의 도움을 얻게 하시니 감사합니다. 그들이 수고하는 노력을 통해 시민들이 생활에 활력을 얻게 하시고 이 민족의 경제가 활성화 되는 은총을 허락해 주옵소서.

지혜로운 상인이 되게 하소서

오직 지혜는 성공하기에 유익하다고 하신 하나님의 말씀처럼 지혜로운 상업 활동을 펼치게 해주옵소서. 치열한 생존 경쟁 속에서 다른 가게보다 뛰어난 상술을 연구하고 배울 수 있게 하시고, 고객들에게 친절로 대하고 기분 좋은 서비스를 제공하게 하시며 좋은 제품으로 승부를 걸게 하옵소서. 얄팍한 상술을 부려 부당한 거래를 하지 않게 하시고 오랜 신용으로 공정한 거래를 할 수 있게 하옵소서.

인생의 일거수일투족을 세밀하게 알고 계시고 간섭하시는 주님, 상인들로 하여금 하나님의 경영법을 잘 알게 하시고 인간의 뜻과 계산법에 의해 사는 것이 아니라 하나님의 뜻과 계산법에 의해 살아가게 하옵소서. 멋진 인생의 계획을 가지고 장사하려고 하는 상인들은 야고보 사도가 말하는 지혜의 음성을 들을 수 있게 해주옵소서. "들으라 너희 중에 말하기를 오늘이나 내일이나 우리가 어떤 도시에 가서 거기서 일 년을 머물며 장사하

574

여 이를 보리라 하는 자들아 내일 일을 너희가 알지 못하는도다 너희 생명이 무엇이냐 너희는 잠깐 보이다가 없어지는 안개니라"(약 4:13-14). 아무리 멋진 계획을 완벽하게 세웠을지라도 한계를 가진 인간의 계획임을 잊지 않게 하시고, 내일 일을 장담할 수 없는 인간의 무지함과 무력함을 깨달을 수 있는 지혜로운 상인이 되게 하옵소서.

정직한 상인이 되게 하소서

악인의 재물을 가증한 것으로 여기시는 하나님, 당신은 지혜의 왕 솔로몬을 통해 "한결같지 않은 저울 추는 여호와께서 미워하시는 것이요 속이는 저울은 좋지 못한 것이니라"(잠 20:33)고 경계하셨습니다. 한순간의 성공에 눈이 어두워 거짓을 선택하지 않게 하시고 정직하지 못한 양심을 허용하지 않게 하옵소서. 아무리 돈이 좋을지라도 정당하지 않은 돈은 오히려 인생의 암초가 될 수 있고, 깨끗하지 못한 검은 돈은 생을 삼키는 독약이 될 수 있사오니 탐심에 이끌리지 않게 하옵소서. 탐심이 우상숭배라고 경고하셨습니다. 빨리 갈지라도 들어서지 않아야 할 길은 피하게 하시고, 일확천금을 얻을 수 있다 할지라도 하나님이 기뻐하지 않는 것이라면 손을 대지 않게 하옵소서. 어떤 장사를 할지라도 내 가족에게 팔듯이 판매하게 하시고, 특별히 사람의 생명이나 건강을 담보로 악한 장사를 하지 않게 하옵소서.

인간이 아무리 노력할지라도 하나님이 돕지 않으면 허사이오니 전능하신 하나님의 도우심을 간구하게 하시고 하나님의 도우심을 입기 위해 믿음으로 경영하게 하옵소서. 정직이 사악함을 이긴다는 사실을 잊지 않게 하시고, 더딜지라도 정도를 향해 나아가게 하소서. 하나님의 말씀의 원리를 따라 장사하게 하시고 거룩하신 하나님의 영 앞에 부끄럽지 않게 하소서. 정직한 자를 복 주시는 예수 그리스도의 이름으로 기도드립니다. 아멘.

축산인을 위한 기도

삶을 윤택하게 하심에 감사

우리에게 날마다 일용할 양식을 주시는 하나님, 감사합니다. 축산 현장에서 신선한 고기와 우유를 생산하는 축산인들에게 하나님의 놀라운 은혜가 임하여 그 사업이 날마다 풍성하게 하옵소서. 여러 가지 어려움들이 있지만 하나님께서 특별히 보호해 주옵소서.

축산인을 위한 간구

하나님, 요즘 축산업이 많이 어려워졌습니다. 여러 가지 질병으로 인해 축산업계가 흔들리기도 했고 물밀 듯이 들어오는 외국 축산품으로 몸살을 앓고 있습니다. 하나님께서 축산업에 종사하는 이들에게 찾아가셔서 위로하여 주옵소서. 이 난국을 극복할 수 있는 지혜를 주소서.

가축들을 질병에서 보호하시고 축산업에 종사하는 이들로 하여금 하나님께서 우리를 지키시고 먹이시듯 가축의 목자로서 가축을 잘 기르고 먹여 좋은 고기를 생산할 수 있게 하옵소서.

하나님, 고기를 지나치게 소비하는 우리도 각성하게 하옵소서. 음식을 남기는 문화가 사라지고 환경을 생각하여 절제하는 백성이 되게 하옵소서. 우리 주변에는 먹고 싶어도 고기 한 점 먹을 수 없는 어려운 이웃들이 참 많습니다. 그들을 생각하며 그리스도의 사랑을 나눌 방법을 조금이라도 생각하게 하옵소서.

축산업계를 위한 정부의 대책을 위한 간구

하나님 다시 한 번 간구합니다. 어려움에 처한 축산인들에게 하나님의 놀라운 위로가 필요합니다. 낙심하고 낙담하여 주저앉아 있는 그들에게 하늘의 위로와 소망으로 채워 주시옵소서. 정부도 축산업에 대한 가장 적절한 대책을 마련해서 모두가 공생할 수 있도록 도와주소서. 하나님의 특별한 은혜를 바라며 예수님의 이름으로 기도드립니다. 아멘.

직업인을 위한 중보기도

기업주를 위한 기도

감사와 찬양

하루하루 일용할 양식과 살아갈 힘을 공급하시는 주님, 이 땅에 기업들을 세우시고 국민들의 경제생활을 영위할 수 있게 하신 것을 감사합니다. 어느 민족도 이루지 못한 급성장을 이루게 하시고 세계에 복음을 전하는 선교대국으로 세우신 것을 감사합니다. 앞으로도 이 민족의 기업들이 살아나서 세계를 향해 더 힘차게 도약할 수 있게 하소서.

축복을 담을 수 있는 기업이 되게 하소서

당신의 자녀들을 축복하기 원하시는 하나님 아버지, 하나님께서 세우신 사업장에 하나님께서 복을 내려 주옵소서. 기업을 경영하는 자들로 하여금 축복의 근원이 무엇인지를 발견하게 하시고 하나님을 의존하는 인생이 되게 하옵소서. 날마다 꿈꾸는 기업가들이 되게 하시고, 그 꿈을 성취하기 위해 끊임없이 자신을 개발하게 하소서. 지혜자는 "네 양 떼의 형편을 부지런히 살피며 네 소 떼에게 마음을 두라"(잠 27:23)고 촉구하고 있습니다. 하나님께서 주신 사업에 마음을 두지 않고 집중하지 않고서는 기업을 일으킬 수가 없사오니 사업에 집중하게 하옵소서. 하나님께서 주시는 축복을 담을 수 있는 사업장이 되게 하옵소서. "거만한 자는 성읍을 요란하게 하여도 슬기로운 자는 노를 그치게 하느니라"(잠 29:8)고 말씀하셨습니다. 하나님께서 복을 내려 주실 때 마음이 교만해지지 않게 하시고, 하나님과 사람들 앞에서 거만을 떨지 않게 하소서. 모든 것이 하나님의 은혜인 줄 알고 늘 겸손하게 하옵소서.

우리가 욕심을 부린다고 다 채워지는 것이 아님을 깨닫게 하옵소서. 우리 안에 일어나는 욕심이 오히려 경쟁과 다툼을 일으킬 뿐 진짜 중요한 것은 여호와를 의지하는 태도임을 기억하게 하옵소서. 사업을 하다 보면 때때로 부딪히는 크고 작은 일들로 인해서 신음할 때가 있습니다. 그러나 절망 속에서도 희망을 노래하게 하시고, 감당할 시험만 허락하시는 주님을 신뢰하게 하소서. 오히려 주님으로부터 어려움과 고난을 견뎌내는 힘을 얻어 재기하게 하옵소서.

사회적인 책임을 감당하는 기업이 되게 하소서

사랑하는 주님, 사업을 경영하는 동안 좋은 종업원들을 만나게 해주시옵소서. 노사 관계에 충돌이 일어나지 않고 분규가 일어나지 않게 하옵소서. 모든 사원들의 가정에 평안을 허락하시고 자녀들이 형통하게 하셔서 걱정 없이 회사 일에 집중할 수 있게 하옵소서.

어떤 상황 속에서도 편법과 불법을 취하지 않고 정도경영을 할 수 있게 도와주소서. 기업의 미래를 담보로 순간적인 이를 탐하지 않게 하시고, 장기적인 안목으로 정직하고 투명하고 깨끗하게 기업을 경영하게 하소서. 하나님께서 주시는 사업장이 자신의 성공과 행복의 도구가 아니라 하나님의 기쁨과 영광을 위한 곳이 되게 하시고 사회의 안녕과 복지를 위한 도구가 되게 하옵소서. 벌어들인 돈을 사회에 환원하고 가난한 자와 사회적 공익을 위해 사용하게 하소서. 예수 그리스도의 이름으로 기도드립니다. 아멘.

직업인을 위한 중보기도

기능직 직업인을 위한 기도

감사와 찬양

게으른 자를 가난하게 하시고 부지런한 자에게 부함을 주시는 주님, 하나님께서 우리에게 주신 은사와 재능을 따라 최선을 다하는 인생을 살게 하심을 감사합니다. 하나님의 은혜를 기대하는 거룩한 백성들이 하나님 앞에 예배하오니 이 시간 성령께서 충만하게 임하셔서 하늘의 영광을 보게 하시고, 지금도 살아 계신 하나님을 경험하게 하옵소서.

매사에 최선을 다하게 하소서

아버지께서 일하시니 나도 일한다고 하신 주님, 지금도 우리를 위해 하나님의 보좌 우편에서 기도해 주시니 감사합니다. 하나님의 자녀로서 어디에서 무엇을 하든지 최선을 다하며 살아가게 하시고 부끄럽지 않은 삶을 살게 하소서. 비록 거창하게 성공하지는 못할지라도 후회함이 없는 삶을 살게 하옵소서. 하루하루 작은 일에 최선을 다하며 보람을 느끼게 하시고, 작은 인생의 파편들을 모아 아름다운 인생을 이루게 하옵소서. 작은 일을 간과하는 어리석은 인생을 살지 않게 하시고, 일확천금을 꿈꾸는 것이 아니라 하루하루 성실하게 살면서 열매를 거두게 하옵소서. 우리가 살아 가는 시간들이 자신을 평가할 것이고, 마지막 날에 주님께서 우리 인생을 평가하실 텐데 그날을 위해 준비하기 원합니다.

우리가 마음으로 계획하는 것을 이루어 가시는 주님, 무슨 일을 하든지 자신의 손을 그릇에 넣고서도 입으로 올리기를 괴로워하는 게으른 삶을 살지 않게 하시고, 주인에게 악한 일꾼이라고 책망받지 않게 하소서. 소속된 공동체에서 인정받게 하시고 하나님으로부터 착하고 충성된 종이라고 칭찬받는 일꾼이 되게 하소서. 요셉처럼 일터에서 하나님의 임재를 보여 주게 하시고, 어떤 상황에서든지 하나님의 통치 안에 있게 하소서. 성공에 대한 욕심 때문에 이기적인 태도를 갖지 않게 하시고 거룩한 욕망을 갖되 과도하지 않게 하옵소서.

최고의 기능인이 되게 하소서

동일하게 출발하지만 좀 더 잘 달리는 경주자가 있듯이 동일하게 일하는 직장인이지만 그 직장에서 최고의 기능인으로 인정받게 하소서. 자신의 부족으로 인해 남들에게 해를 끼치지 않게 하시고 회사에 손해를 안겨 주지 않게 하옵소서. 부끄럽지 않은 직장인이 되기 위해 늘 자기계발에 주력하게 하시고 한 해 한 해가 지날수록 노련해지게 하소서. 한 달란트 받은 종처럼 달란트를 묵혀 두는 인생이 아니라 애써 기술을 연마해서 착하고 충성된 자로 서게 하옵소서.

자신의 부족함을 변명하지 않게 하시고 다윗처럼 손의 능숙함을 갈고 닦게 하옵소서. 하나님께서 무한한 잠재력을 주신 것을 알아 가능성을 최대한 개발하고 발전시켜 최고의 기능인으로 인정받게 하소서. 땀을 흘리고 수고하는 만큼 인생의 열매를 얻게 하소서. 설령 어려운 환경에 처할지라도 환경을 탓하지 않고 요셉이나 다니엘처럼 환경을 이기고 인생의 승리자가 되게 하옵소서. 예수 그리스도의 이름으로 기도드립니다. 아멘.

회사원을 위한 기도

감사와 찬양

땀을 흘리면서 자신에게 주어진 역량을 충분히 발휘할 수 있는 직장을 허락하신 주님께 감사와 찬양을 드립니다. 이 땅에 있는 각종 직장을 통해 경제 기반이 든든히 다져지게 하시고 하나님께서 주시는 넘치는 복과 에너지를 선한 일에 아낌없이 투자할 수 있는 개인과 회사와 민족이 되게 하옵소서.

회사에 유익한 사원이 되게 하소서

직장을 얻기가 힘든 이 시대에 마음껏 일할 수 있는 직장을 허락하시니 감사합니다. 늘 회사와 고용주에 대해 감사하는 마음을 갖고 일하게 하시고 동료들을 감사한 마음으로 대하게 하옵소서. 감사한 마음을 잃어 일할 맛을 상실하지 않게 하시고, 업무의 효율성을 떨어뜨리지 않게 하옵소서. 어떤 환경 속에서도 입에서 불평과 원망이 나오지 않게 하시고 회사나 사람들을 비난하지 않게 하소서.

솔로몬은 "충성된 사자는 그를 보낸 이에게 마치 추수하는 날에 얼음냉수 같아서 능히 그 주인의 마음을 시원하게 하느니라"(잠 25:13)라는 잠언을 남겼습니다. 하나님께서 허락하신 회사에 꼭 필요한 사람이 되게 하시고, 회사와 동료를 유익하게 하는 사원이 되게 하옵소서. 주인의 마음을 시원하게 하는 사람, 윗사람의 마음을 시원하게 하는 얼음냉수 같은 인생을 살기를 원합니다. 특히 인간의 흥망성쇠를 임의로 주관하시는 하나님의 마음을 시원케 하는 자가 되게 하소서.

형통한 사원이 되게 하소서

사랑하는 주님, 직장생활 속에서 원만한 대인 관계를 허락해 주옵소서. 좋은 주인을 만나게 하시고, 좋은 상사와 동료, 부하직원을 만나게 하옵소서. 형통한 사원이 되기 위해 자신에게 주어진 일을 잘 감당하게 하시고 생산성을 높이게 하시며, 다른 사람의 일에도 도움을 줄 수 있는 자가 되게 하소서. 직장생활을 하면서 친밀한 동료의식을 가지고 다른 사람과 협력하게 하시고, 원망하거나 불평하지 않게 하옵소서. 직장에서 자기계발을 하지 않아 뒤처지거나 회사에 누를 끼치지 않게 하옵소서. 또 "은에서 찌꺼기를 제하라 그리하면 장색의 쓸만한 그릇이 나올 것이요 왕 앞에서 악한 자를 제하라 그리하면 그의 왕위가 의로 말미암아 견고히 서리라"(잠 25:4-5)고 하신 말씀처럼 내 안에 있는 단점과 약점을 보완하고 업무를 감당할 능력과 기술을 개발하게 하옵소서.

바른 마음과 태도로 직장생활을 하게 하옵소서. 주인을 두려워하는 사원이 되게 하시고, 성실하게 주어진 업무를 잘 감당하게 하옵소서. 그리스도께 순종하듯 상사에게 순종하게 하시고, 사람을 기쁘게 하기 위해 눈가림으로 일하지 않게 하소서. 무엇을 하든지 주께 하듯이 기쁜 마음으로 섬기게 하옵소서. 날마다 하나님이 공급하시는 힘과 능력과 지혜를 얻게 하소서. 지혜의 왕이신 예수 그리스도의 이름으로 기도드립니다. 아멘.

의사를 위한 기도

감사와 찬양

상한 심령과 육체적인 질병으로 고통을 당하는 자들에게 치유의 은총을 베푸시는 여호와 라파의 하나님께 감사와 찬양을 돌립니다. 슬픔을 가진 자에게 기쁨의 관을 씌우시고 절망 속에 있는 자들에게 희망의 문을 여시는 주님, 의사를 통해 하나님의 치유의 은총을 사람들에게 베푸심을 감사합니다. 의사로 부름받았으니 하나님의 능력의 손길 안에 붙잡혀서 치료하게 하옵소서.

치유의 도구가 되게 하소서

아픈 사람들을 찾아가셔서 천국 복음을 전파하시고 가르치시고 고치셨던 주님, 이 땅에 아픔과 고통당하는 사람들이 없도록 치유와 회복의 은총을 베풀어 주옵소서. 하나님께서 이 땅에 육체적으로 고통당하는 사람들에게 치료의 은총을 베풀고자 의사들을 세우시고, 마음이 상한 자들을 위해 상담자들을 세우시고, 영혼을 치유하기 위해 목회자들을 세우심을 감사합니다. 이들이 서로 협력하여 사람들의 고통을 제하게 하옵소서. 사랑하는 주님, 의사들에게 겸손한 마음을 주셔서 자신들이 하나님의 치유를 대행하는 자임을 깨닫게 하시어 치료할 때마다 하나님의 은혜를 구하게 하옵소서.

의료행위를 할 때마다 인간의 한계를 인정하고 환자를 궁극적으로 치료하시는 분은 하나님이심을 인정하게 하소서. 의료기술과 과학이 첨단을 달리고 있지만 아직까지 인간이 알 수 없고 치료할 수 없는 난치병과 희귀병들이 너무 많사오니 하나님의 지혜 앞에 머리를 조아리게 하옵소서. 명의는 의술이 뛰어난 자가 아니라 하나님께 의탁하는 자임을 기억하게 하시고 세상에서 가장 탁월한 명의이신 예수님의 도움을 받아 의료 활동을 하게 하소서.

의사를 책임져 주소서

사랑하는 주님, 사람의 생명을 다루는 거룩한 직업을 주심을 감사합니다. 한 번의 실수가 한 사람의 운명을 결정할 수 있습니다. 그러므로 작은 실수도 하지 않도록 지키시고 보호해 주옵소서. 평소에도 건강관리자로서 자신의 건강도 잘 돌보아서 환자에게 건강관리의 본을 보이게 하소서.

지금까지 배운 지식과 정보와 기술들을 기초로 한 치의 오차도 없이 정확하게 진단을 내리게 하시고, 진단에 따른 최선의 처방도 내리게 하소서. 판단 착오로 환자의 생명이 위협을 당하지 않게 하옵소서. 진료를 할 때 환자의 마음과 아픔을 헤아릴 수 있는 좋은 의사가 되게 하소서.

기도하면서 하나님의 도우심을 간구하는 의사들을 통해 현대 의학으로도 불가능한 질병들이 완치되는 축복을 허락해 주옵소서. 최신 의학 지식과 정보를 부지런히 습득하고 연구해서 앞서가는 의사가 되게 하소서. 예수 그리스도의 이름으로 기도드립니다. 아멘.

직업인을 위한 중보기도
교사를 위한 기도

감사와 찬양

사람들이 놀랄 정도로 위대한 가르침을 베풀었던 탁월한 교사이신 주님, 주의 가르침을 통해 우리가 하나님의 사람으로 변화되고 예수 그리스도의 모습을 닮아갈 수 있게 하시니 감사합니다. 성장 세대를 가르치는 교사들을 통해서 이 민족의 다음 세대가 건강하게 자라고 이 사회의 미래가 밝아지게 하소서.

소명감으로 가르치게 하소서

성장 세대들의 내일을 책임지고 있는 교사들에게 흔들리지 않는 강한 소명감을 허락해 주옵소서. 단지 성공적인 인생을 위해서나 가족들의 생계를 책임지기 위해서가 아니라, 하나님의 부르심 때문에 교사의 길을 가게 하소서. 교육현실이 아무리 어둡고 감당하기 어려울지라도 사명감을 갖고 가르치게 하옵소서. 때로는 실망스러운 학생들을 보기도 하고 자식에 대한 애착이 지나친 부모들로 인해 자존심이 상하기도 하지만 교육에 대한 기대를 포기하지 않고 학생들의 변화에 대한 소망을 갖게 하소서.

성공주의적인 시대흐름과 입시 위주의 교육 풍토로 때로는 교육에 대한 회의가 듭니다. 교육정책이 수시로 바뀌니 혼란은 가중되기만 합니다. 이 어려운 시기에 교육에 대한 분명한 철학을 가진 교사가 되게 하옵소서.

존경받는 교사가 되게 하소서

참된 스승이 사라진다고 한탄하는 이 시대에 교사들로 하여금 학생들과 부모들로부터 존경을 회복하기 위해 노력하는 교사가 되게 하옵소서. 말로 가르치는 교사가 아니라 행동으로 가르치게 하시고, 교재로 가르치는 것이 아니라 아름다운 인격으로 가르칠 수 있게 하옵소서. 학생들과 부모로부터 신뢰감을 상실하지 않게 하시고, 실망스러운 환경 속에서도 낙심하지 아니하고 스스로에게 동기를 부여할 수 있는 교사가 되게 하옵소서. 정보와 지식을 일방적으로 주입하는 교육이 아니라 학생들이 갖고 있는 잠재력을 끌어내는 교사가 되게 하시고, 교육 효과를 높이기 위해 끊임없이 교수학습법을 개발하는 노력을 쉬지 않게 하옵소서. 자기계발을 멈추지 않고 끊임없이 자신의 실력과 능력을 개발해 나가게 하소서.

학생들에게 교과 지식만 전달하는 교사가 아니라 그들의 전인적인 변화를 지향하는 교사가 되게 하옵소서. 학생들에게 감동을 불러일으키고 학생들의 형편에 관심을 갖고 돌아보는 교사가 되게 하옵소서. 학생들의 연약함을 감싸고 보듬을 수 있게 하시고 그들의 단점도 용납할 수 있게 하소서. 학생들을 사랑하는 마음으로 그들과 어울리고 지성과 감성이 균형을 이루는 교사가 되게 하옵소서. 자신이 가진 실력에 자만하지 않고 지혜가 부족할 때는 후히 주시고 꾸짖지 아니하시는 하나님께 간구할 수 있게 하옵소서. 예수 그리스도의 이름으로 기도드립니다. 아멘.

직업인을 위한 중보기도
선원을 위한 기도

감사와 찬양

인간의 소원을 들으시고 이루어 주시는 주님, 선원들이 바다와 강을 헤치면서 수고함으로 이 민족의 무역이 활기를 띨 수 있었습니다. 이들이 하나님의 보호 아래 바다와 강을 누빌 수 있게 하옵소서.

안전하게 보호하소서

주린 영혼에게 좋은 것은 것으로 채워 주시는 하나님, 바다가 요동하고 파도가 흉용하게 일어날지라도 두려워하지 않고 바다를 향해 나아갈 수 있게 하시니 감사합니다.

노련한 선원인 베드로도 밤새 헛수고를 할 때가 있었습니다. 이른 새벽까지 고생했지만 물고기는 그들을 가까이 하지 않았습니다. 그러나 주님께서 지시하신 곳에 그물을 내렸을 때 만선의 축복을 누렸습니다. 오! 전능하신 주님, 모든 선원들이 전능하신 주님을 기대하며 바다로 나아가게 하옵소서.

바다는 늘 인간을 삼킬 준비를 하고 있습니다. 그러나 광풍이 일어날지라도 두려워하지 않는 것은 주님이 선원들을 지켜 주시기 때문입니다. 갈릴리 바다의 거센 바람에 제자들이 타고 있는 배가 뒤집어지려 할 때 파도를 잠잠케 하셨던 주님, 선원들이 폭풍우를 만날 때 그들을 건져 주옵소서. 근심 중에 여호와께 부르짖으면 고통에서 건지시고 바른 길로 인도하셔서 거주할 성읍에 이르게 해주신다고 약속하셨으니 위기의 때마다 주저하지 않고 은혜의 보좌 앞으로 나아가 때를 따라 돕는 은혜를 입게 해주옵소서. 출항을 준비하는 과정이나 출항할 때부터 항해를 하는 모든 과정들을 지켜 주옵소서. 다윗이 "그들이 평온함으로 말미암아 기뻐하는 중에 여호와께서 그들이 바라는 항구로 인도하시는도다"(시 107:30)라고 고백했듯이 선원들도 소원의 항구로 인도하시는 하나님을 찬양하게 하옵소서.

복음의 선전군이 되게 하소서

인간은 자연을 자신의 탐욕을 채우기 위해 이용했고 이제는 훼손된 자연이 인간을 위협하고 있습니다. 항해하는 선원들에게도 늘 위험이 도사리고 있는데 그 속에서 하나님의 도우심을 경험하게 하소서. 수시로 다가오는 절망적인 상황 속에서 희망의 금맥을 찾는 자들이 되게 하소서.

예레미야가 "자랑하는 자는 이것으로 자랑할지니 곧 명철하여 나를 아는 것과 나 여호와는 사랑과 정의와 공의를 땅에 행하는 자인 줄 깨닫는 것이라 나는 이 일을 기뻐하노라 여호와의 말이니라"(렘 9:24)고 말씀하듯이, 하나님을 알고 깨닫는 것이 선원들의 진정한 자랑이 되게 하옵소서.

항해를 하고 어획 활동을 하면서 인간의 무력함을 깨닫게 하시고, 하나님의 놀라운 은혜를 경험케 하여 주옵소서. 한 번 출항하면 며칠씩 길게는 몇 개월씩 항해의 여정에 오르기에 가족에 대한 그리움이 깊습니다. 외로운 중에 하나님을 더 간절히 사모하고 찾게 하시고, 인간의 정욕에 빠져서 그릇된 길을 걷지 않게 하옵소서. 좋은 동료들을 만나게 하시고 그들에게 내가 만난 예수 그리스도와 복음의 풍성함을 간증하게 하소서. 우리를 소망의 항구로 인도하는 예수 그리스도의 이름으로 기도드립니다. 아멘.

직업인을 위한 중보기도

운수업에 종사하는 이들을 위한 기도

감사와 찬양

갇힌 자의 탄식을 들으시며 죽이기로 정한 자를 해방하시는 주님, 주의 은혜가 운수업에 종사하는 이들 모두에게 임하게 하소서. 늘 위험이 도사리고 있는 도로에서 눈동자처럼 살피시고 보호하시는 하나님께서 이들을 도와주옵소서. 그래서 날마다 하나님의 살아 계심을 느끼고 고백하는 삶을 살게 하소서.

위험한 순간에서 지켜주소서

여호와는 우리를 지으신 이시요 우리는 그의 백성이며 기르시는 양이오니 우리가 걸어가는 여정에 감사와 찬송이 넘치게 하소서. 운전을 나서기 전에 늘 최상의 컨디션과 건강을 유지하고 숙면을 취해 운전하는 중에 졸음이 찾아오지 않게 하소서. 운전하는 중에 집중력을 주시고, 주변 상황이나 풍경에 한눈을 팔지 않게 하소서. 예기치 못한 불의의 사고가 닥쳐오지 않도록 모든 상황들을 다스려 주시고 급박한 순간을 피할 수 있는 빠른 판단력과 순발력도 주옵소서. 운전하기 전에 지리를 잘 확인해서 우왕좌왕하는 일이 없게 하시고 미리 차를 잘 정비해서 급작스럽게 차에 문제가 발생하지 않도록 도와주소서.

우리가 감당할 시험 외에는 주시지 않는 여호와여, 설혹 시험이 닥쳐올지라도 피할 길을 내시고 승리하게 하옵소서. 경미한 사고라도 일어나서 가족들에게 걱정을 끼치거나 불행을 안겨 주지 않도록 신중함을 주옵소서.

서두르지 않고 양보하며 교통법규를 준수하면서 안전운행 하게 하소서.

하나님께서 운전대를 맡아주소서

선한 목자 되신 주께서 운전할 때마다 운전대를 잡아 주옵소서. 운전을 잘한다고 자만하지 않게 하시고 주님이 운행하시도록 맡길 수 있게 하소서. 운전대를 잡기 전에 기도하고, 운전하는 중에도 기도하는 마음으로 하나님께 의탁하는 믿음을 갖게 하소서.

아무리 바쁠지라도 하나님보다 앞서지 않게 하시고 아무리 가고 싶어도 하나님 허락 없이 떠나지 않게 하소서. 하나님이 가라시면 가고 서라시면 서기를 원합니다. 아브라함처럼 오직 하나님의 말씀을 따라 움직이는 인생이 되게 하옵소서. 예수님의 이름으로 기도드립니다. 아멘.

직업인을 위한 중보기도

해외에서 근무하는 이들을 위한 기도

감사와 찬양

나그네 된 자들을 외면하지 않으시고 그들을 돌아보시는 여호와여, 해외에서 근무하는 이들을 돌보시고 필요를 채워 주신 은혜를 감사하고 찬양합니다. 그들이 있는 곳에서 감사의 간증이 나오게 하시고, 전능하신 하나님의 손길을 경험하며 당신의 이름을 높여 찬양하고 노래하게 하소서.

하나님의 임재 안에서 살게 하소서

전능자의 그늘 아래서 여호와를 사랑하고 간증하게 하심을 감사합니다. 요셉처럼 해외에서 근무하는 동포들이 하나님의 임재를 떠나지 않게 하옵소서. 이스라엘 백성들처럼 밤에 찾아오는 공포와 낮에 날아드는 화살과 어두울 때 퍼지는 전염병을 피하게 하옵소서. 육체와 마음의 질병이 찾아오지 않게 하시고 예기치 않은 상황들이 일어나지 않도록 친히 안전하게 지켜 주소서. 하나님이 돕고 보호하시는 인생만이 안전할 수 있습니다. 여호와께서 그들에게 견고한 반석이 되시고 든든한 방패가 되어 주옵소서.

해외 생활에서 외로움이 찾아올 때 다른 것으로 위안을 삼지 않고 하나님을 찾게 하옵소서. 여호와께 가까이 하는 자가 복이 있다고 말씀하셨으니 힘든 상황에서 더욱 더 주님을 가까이 하게 하소서. 해외에서 근무하는 동안 믿음이 더욱 더 자라게 하시고 더 헌신적으로 봉사하게 하옵소서. 그곳에 있는 주민들과 교제를 나누면서 잘 적응할 수 있게 하옵소서.

교포들을 속이고 괴롭히는 자들이 없도록 지켜 주시고 인종 차별로 마음과 몸이 고생하지 않게 하옵소서. 특히 가족을 떠나 홀로 생활하는 교민들이 사탄의 유혹에 넘어가지 않고 악한 사람들과 동행하지 않도록 분별력을 주옵소서.

형통케 하소서

은혜 베푸시기를 기뻐하시는 주님, 해외 근무 차 나간 교민들이 하나님이 주시는 힘을 공급받게 하시고, 하늘로부터 내려오는 지혜로 업무를 잘 감당하게 하소서. 업무와 관련된 자들뿐만 아니라 지역 주민들에게도 사랑받고 존경받게 하소서. 무슨 일을 하든지 어디에 있든지 하나님과 함께 동행하며 형통한 삶을 살게 하소서. 외롭고 힘든 만큼 더 열심히 노력해서 성공신화를 이룰 수 있게 하소서. 소수민족의 서러움을 당하지 않도록 교민들에게 결속력을 더하여 주옵소서. 특별히 부모 품을 떠나서 공부하는 유학생들에게 하나님을 경외하는 믿음을 잃지 않게 하시고, 그들의 마음을 흔들어 놓는 유혹거리에 빠지지 않게 하소서. 악한 사람들로부터 미혹되는 일도 없고 해를 입는 일도 없게 하옵소서. 공부하는 모든 과정들을 다 마치고 자신이 꿈꾸고 주님이 원하는 대로 진로가 결정되는 복을 주옵소서.

외국생활을 하는 모든 이들이 이 땅에서의 인생이 나그네 삶임을 깨닫기를 소원합니다. 이들이 세상 사람들과 구별된 삶을 살아가는 거룩한 나그네가 되게 하시며, 어떤 순간 어떤 상황 속에서도 하늘 본향을 바라보고 살게 하소서. 예수 그리스도의 이름으로 기도드립니다. 아멘.

회사 신우들을 위한 기도

감사와 찬양

노하기를 더디 하시며 인자와 긍휼이 풍성하신 여호와여, 우리를 일할
수 있는 삶의 터전으로 이끌어 주셔서 감사합니다. 더구나 그곳에 믿음의
사람들을 붙여 주셔서 서로 믿음으로 격려하고 복음의 증인으로 살기 위
해 협력하게 하신 하나님을 찬양합니다. 서로 물고 뜯는 경쟁자가 아니라
여호와의 선하심을 삶으로 입으로 증거하는 믿음의 동역자들이 되게 하
옵소서.

인정받고 칭찬받는 직장인이 되게 하소서

하나님을 섬기는 직장인들로 하여금 직장 생활 속에서 교만하거나 거만
하지 않고 겸손하게 사람들의 필요를 채우고 잘 섬기게 하옵소서. 자신이
감당해야 할 업무를 처리함에 있어 다른 사람에게 짐이 되거나 피해를 주
지 않게 하시고, 회사에 손해를 끼치지 않게 하옵소서. 회사를 유익하게
하는 사원이 되게 하시고, 어떤 부서에서 어떤 역할을 맡았든지 자기 일
에 성실하고 남들보다 탁월한 전문적 지식과 기술을 익히게 하소서. 끊임
없이 자기계발에 주력하게 하셔서 인정받고 칭찬받는 직장인들이 되게
하옵소서.

직장에서도 기독교인이라고 잠자코 있지 않고 사람들을 온유하게 이끌
수 있게 하소서. 화목하고 즐거운 분위기를 조성하는 사람이 되게 하옵소
서. 어떤 부서에 있든지 걸림돌이 아니라 디딤돌로 유용하게 쓰임받게 하

시고, 다른 사람에게 유익을 주는 사람이 되게 하옵소서. 자기 역할도 감당하지 못하면서 남을 유익하게 할 수 없사오니 매사에 성실한 사원이 되게 하시고 늘 투명하고 정직하게 일을 처리하게 하소서.

예수님의 증인이 되게 하소서

"너희가 무엇을 먹든지 마시든지 무엇을 하든지 다 하나님의 영광을 위하여 하라"(고전 10:31)고 하신 주님, 직장인들이 오직 하나님의 영광을 위하여 직장생활을 감당하게 하옵소서. 직장생활을 통해 자기의 능력과 기량을 유감없이 발휘하게 하소서. 하나님께서 우리를 직장으로 부르시고 이곳에서 사명을 수행하기 위해 영적 전쟁을 치르고 있다는 사실을 늘 기억하게 하소서.

특별히 주를 사모하는 경건한 하나님의 사람들이 하나님의 왕국을 확장시키기 위해 신우회로 모였습니다. 신우회가 하나 되어 예수 그리스도를 증거 하는 삶을 살게 하옵소서. 신우회 안에 갈등과 분열이 없게 하시고 다른 사원들의 눈살을 찌푸리는 행동을 보이지 않게 하옵소서. 우리를 소명하신 예수 그리스도의 이름으로 기도드립니다. 아멘.

언론인을 위한 기도

감사와 찬양

자녀들의 모든 신음하는 소리를 들으시고 고통당하는 모습을 감찰하시는 하나님 아버지, 이 민족과 백성들의 신음을 들으소서. 언론을 통해 사회의 어두운 곳을 보도할 수 있게 하심을 감사합니다. 이들이 불타는 사명감을 갖고 민족의 아픔과 고통의 현장을 찾고 불의의 현장을 고발하여 하나님의 뜻을 이 땅에 실현하게 하옵소서.

시민의 입이 되게 하소서

"하나님이 그들의 고통 소리를 들으시고 하나님이 아브라함과 이삭과 야곱에게 세운 그의 언약을 기억하사 하나님이 이스라엘 자손을 돌보셨고 하나님이 그들을 기억하셨더라"(출 2:24-25).

하나님께서 백성의 탄식 소리를 들으시고 돌보시는 것처럼, 언론인들이 그러한 사명감을 갖게 하옵소서. 이 사회가 안고 있는 문제들을 하나님의 시선으로 바라보게 하소서. 이 땅에 어두움의 영들이 일으키는 악한 일들을 드러내게 하소서. 언론 보도를 통해 불의가 사라지고 어둠이 발을 붙이지 못하며 악한 일에 미혹당하는 사람들이 없게 하소서.

언론인이 나약하게 권력에 굴복하지 않게 하시고 금권에 유린되어 불의와 타협하지 않게 하소서. 어떤 일이나 상황 앞에서도 정직한 언론인이 되게 하시고, 투명하고 깨끗한 길을 걸어가게 하옵소서. 언론의 자유가 보장되게 하소서. 그래서 이 땅에 부패를 막을 수 있는 빛과 소금으로 언론이 사용되게 하소서. 때때로 왜곡된 보도를 통해 아픔과 상처를 경험하는 이들도 많습니다. 선정성에 물들지 않게 하시고, 광고성에 휘둘리지 않게 하시며 사실에 입각한 진실한 보도에 집중하게 하옵소서.

공감을 이끌어내게 하소서

언론인들이 밑바닥 인생들의 애환을 보고 들을 수 있게 하옵소서. 부한 자들과 권세자들에게 매수되지 않게 하시고 대중의 소리에 끌려 소수의 목소리를 외면하지 않게 하소서. 약자라고 해서 그들을 옹호하지 않고 강자라고 해서 그들의 주장만을 호도하지 않게 하소서. 언론인들이 공감과 소통을 이끌어 내고 사회 저변을 돌아보면서 희망을 말하고 희망의 씨를 뿌리게 하옵소서. 온 인류의 희망이 되시는 예수 그리스도의 이름으로 기도드립니다. 아멘.

방송인을 위한 기도

문화를 누리게 하심에 감사

우리에게 방송이라는 매체를 허락하시고 그 일에 종사할 재원들을 세워 주셔서 감사합니다. 우리가 그들을 통해 기쁨을 얻습니다. 그들을 통해 우리 문화가 더욱 발전합니다. 이 모든 일에 감사를 드립니다.

하지만 그들의 삶이 대중에게 많이 노출된 것이 현실입니다. 때론 지나친 관심이 그들을 피곤하게 하지만 그럼에도 그들이 신앙의 중심을 바로 잡고 하나님께 온전히 헌신된 믿음의 사람으로 서게 하옵소서.

그들이 세상의 빛이요 소금된 자의 역할을 잘 감당하여 하나님 앞에 온전히 쓰임 받게 하옵소서. 공인으로서 자기의 자리를 온전히 지키며 하나님이 기뻐하시는 아름다운 문화를 만드는 데 앞장서게 하옵소서.

굳센 믿음으로 세상을 이기는 방송인이 되게 하소서

하나님, 연약함 가운데 있는 방송인들을 긍휼히 여겨 주옵소서. 아픔 가운데 있는 그들을 위로하시고 지켜 주시길 원합니다. 우울증에 걸리기 쉬운 상황에 있습니다. 그들을 온전히 위로해 주소서. 더욱 굳센 믿음으로 당면한 어려움들을 잘 이겨 나가게 도우소서.

거룩하신 하나님! 대중이 방송인들을 통해서 하나님의 살아 계심을 보게 하옵소서. 그들이 대중 앞에 서기 전에 하나님 앞에 서서 하나님께서 기뻐하시는 뜻을 행하게 하소서. 사람의 눈으로 보았을 땐 분명 부담스러운 자리이겠지만 그리스도인으로서 복음을 전하기에 수월한 자리라는 것을 알고 더 열심히 복음을 증거하게 하옵소서.

건강한 사회를 만들어 가는 방송인이 되게 하소서

하나님의 놀라운 은혜가 방송인들과 함께하길 기도합니다. 방송인들이 어지러운 사회의 풍조에 휩쓸려 가지 않고 사회를 개혁하려는 노력을 하게 하소서.

점점 더 발전해 가는 미디어를 통해 선한 영향력들이 전달되길 원합니다. 미디어 산업에 종사하는 이들이 더욱 하나님의 뜻에 합당하게 행하기를 소원합니다. 미디어를 통해 좋은 문화, 아름다운 사회가 만들어지게 하옵소서. 예수님의 이름으로 기도합니다. 아멘.

직업인을 위한 중보기도

정치인을 위한 기도

이 민족을 열방 가운데 우뚝 세워 주셔서 감사합니다

거룩하신 하나님, 일제의 압제 아래서 신음하던 당신의 백성들을 외면하지 않으시고 우리 민족이 주인 된 나라를 허락해 주셔서 감사드립니다. 대한민국의 오랜 역사 속에 묻어 있는 슬픔이 기쁨으로 바뀌어 세계 경제 대국으로 일어서게 하시니 감사합니다. 또한 독재 정권에 대항하여 민주주의를 이루었고 밝은 미래를 향해 전진하게 하시니 감사합니다. 하나님께서 허락하신 이 땅에 우리 민족의 정권이 들어선 지 60여 년, 우리에게 백성을 이끌어 나갈 지도자를 주시니 감사합니다.

이 민족이 하나님 앞에 더욱 신실한 나라로 세워지길 원합니다.

믿음의 지도자가 세워지게 하소서

하나님, 우리에게 믿음의 지도자를 세워 주옵소서. 하나님께서 당신의 백성을 믿음의 지도자를 통해 이끌어 가심을 우리는 믿습니다. 하나님을 신뢰하고 그분께 순종하는 믿음의 지도자를 허락해 주옵소서. 그리고 하나님께서 기뻐하시는 믿음의 사람을 우리 위에 세워 주옵소서.

모세를 통해 하나님의 백성인 이스라엘을 광야 가운데서 인도하시고 여호수아를 통하여 당신의 언약 백성을 가나안 땅으로 인도하셨듯이 우리에게 모세와 여호수아와 같은 믿음의 지도자를 허락해 주소서. 이 나라와 민족이 하나님 앞에 거룩히 쓰임받게 하옵소서. 또한 하나님을 경배하는 민족이 되게 하여 주옵소서.

정치인들이 하나님 앞에 무릎 꿇을 줄 아는 신실한 믿음의 사람들이 되게 하시며 하나님께서 이 민족의 지도자들을 향하여 말씀하실 때 하나님 마음에 합한 사람이라 칭찬하실 수 있는 이들이 되게 하여 주옵소서.

위정자에게 은혜를 주소서

정치인들이 세상의 주관자임은 분명한 사실이지만 그들의 권세가 하나님께 속해 있음을 고백하며 정직함으로 서게 하옵소서. 그들이 그리스도를 바라보고, 그리스도의 빛에 행실을 밝히 비춰 보고 이 나라를 온전히 이끌게 하옵소서. 더없이 신실한 그리스도의 제자로서 이 나라와 민족을 이끌게 하옵소서. 그들의 모든 행실이 주 앞에 있게 하시며 참된 그리스도인으로 살아가게 하옵소서.

우리의 통치자이신 하나님! 세상의 위정자들에게 은혜를 주소서. 그들이 자신들의 죄로부터 돌이켜 온전히 하나님만을 바라보게 하시며 이 민족의 소원인 통일 조국을 이끌어 나갈 지도자로 이들을 사용하여 주옵소서. 예수님의 이름으로 기도합니다. 아멘

예술인을 위한 기도

문화 선진국이 되게 하시니 감사합니다

은혜가 풍성하신 하나님 아버지, 이 나라가 산업화 사회에서 가장 빠른 시간 안에 정보화 사회를 이룩하여 그 어느 나라보다 미디어가 발달하게 되었습니다. 이것을 기반으로 세계 곳곳에서 한류의 바람이 일어나고 있습니다. 이 모든 것을 허락하신 주님께 감사드립니다.

우리 민족에게 뛰어난 예술성을 주셔서 이룩한 문화 발전이오니 이 문화를 하나님의 영광을 위하여 사용하게 하소서.

영감이 떨어지지 않는 예술인이 되게 하소서

신실하신 하나님 아버지, 우리 예술인들에게 거룩한 영감을 주셔서 아름다운 문화 속에 하나님을 드러내는 믿음의 사람들이 되게 하여 주옵소서. 그 아름다운 믿음으로 인해 세상 모든 사람들이 하나님을 밝히 보아 알게 하여 주옵소서.

존귀하신 주님! 우리를 죽기까지 사랑하셔서 구속하신 하나님의 은혜를 삶의 모든 영역 가운데서 체험하며 드러내는 예술인들이 되게 하여 주옵소서. 그들의 생각이 메마르지 않게 하시고 탁월한 영적 감각으로 작품을 만들어 내게 하소서. 작품을 통해 아름다운 하나님의 나라를 이 땅에 전하게 하여 주옵소서.

세상을 더 아름답게 만들어 가기에 충분한 창의력을 주시고 기독교적인 세계관 위에서 작품이 탄생하게 하소서.

예술의 지속적인 발전을 간구합니다

도전하는 믿음을 귀하게 여기시는 하나님! 아직도 우리 예술엔 더 많은 발전이 필요합니다. 예술의 각 분야에서 불철주야 뛰는 이들에게 풍성한 그리스도의 은혜를 베풀어 주옵소서. 하나님을 신뢰하는 그리스도인들이 뛰어난 작품을 완성하게 하옵소서. 이들이 문화 예술 발전을 이끄는 선두 주자가 되게 하소서. 성막을 아름답게 장식했던 브살렐과 오홀리압에게 미적 감각과 지혜를 부어 주셨던 것처럼 우리 예술인들에게도 마르지 않는 창의력과 아이디어를 주소서.

당신의 자녀를 악에서 구하시고 지키시며 보호하시는 하나님 아버지! 예술인들 주변에는 죄악의 요소들이 더 많이 도사리고 있습니다. 세상의 유혹에 그들의 믿음이 흔들리지 않게 하시며 오직 하나님만을 의지하는 굳건한 믿음의 사람들이 되게 하옵소서.

그들을 핍박하는 여러 가지 상황들 속에서도 그들이 믿음으로 온전히 견딜 수 있게 하여 주옵소서. 그리하여 참된 주의 자녀로서 예술인의 사명을 능히 감당하게 하옵소서. 하나님의 사랑이 그들의 모든 삶 가운데 가득하길 원하며 예수님의 이름으로 기도합니다. 아멘

직업인을 위한 중보기도

소방관 등 위험한 직업군에 종사하는 이들을 위한 기도

감사와 찬양

우리의 피할 바위가 되시고 환난 당하는 자의 피난처가 되시는 하나님께 감사와 찬양을 올립니다. 여호와께서 우리 편이 되어 주셔서 필요할 때마다 도우시고 인도하시니 감사합니다. 우리가 무엇을 먹든지 마시든지 하나님의 영광을 위한 도구로 살게 하소서.

안전한 피난처가 되소서

우리가 어떤 형편에서도 하나님의 눈을 피할 수 없음을 고백합니다. 날마다 하나님의 눈을 의식하며 살게 하옵소서. 우리를 향하신 하나님의 생각이 얼마나 보배로우신지 그 은혜 앞에 말할 수 없는 찬양을 올립니다. 하나님이 지키시지 않으시면 파수꾼의 깨어 있음이 허사요 건축자의 부지런함이 부질없음을 알게 하셔서 우리 삶의 걸음걸음이 하나님의 은혜로 엮어지게 하옵소서. 우리의 발이 미끄러지는 때에 실족하지 않게 지키시는 주님, 소방관과 위험한 직업에 종사하는 이들의 발걸음을 지키시고 보호해 주옵소서. 위험한 순간에 적절히 대처할 수 있는 지혜를 주옵소서.

환난이 없을 수는 없으나 그 속에서 하나님의 보호를 받게 하시고, 위험을 피할 수는 없으나 하나님의 선한 인도 아래 살게 하옵소서. 우리의 생사여탈권을 갖고 계신 주님께서 사랑하는 자녀들의 위험을 막아 주시고 위험한 상황에서 건져 주옵소서. 다니엘과 그의 친구들을 극렬히 타는 풀무불과 굶주린 사자들의 틈바구니에서 건지신 주님, 어떤 위험이 닥쳐올지라도 하나님의 권능은 모든 것을 이길 수 있음을 믿습니다. 여호와의 능하신 손으로 이들의 모든 삶을 지켜 주옵소서. 불이나 물이 그들을 해하지 않도록 순간마다 여호와의 인자하심을 나타내 주옵소서. 그래서 사람들로 하여금 여호와의 위대하심을 찬양케 하옵소서.

영광의 도구로 사용하소서

직장에서의 삶이 돈을 벌기 위한 수단으로 전락하지 않게 하시고 하나님이 주신 선교적인 사명을 수행하는 영적 싸움의 터전이 되게 하옵소서. 이들이 만나는 모든 사람들에게 제사장의 사명을 잘 수행하는 축복의 통로가 되게 하시고, 어떤 상황에서든지 하나님 나라의 확장이라는 대전제를 잊지 않게 하옵소서. 작은 일에 연연하여 하나님의 영광을 잃지 않게 하시고, 정의라는 이름으로 질서를 깨뜨리고 관계를 훼손하지 않게 하옵소서. 옳음을 추구하되 사랑을 잃지 않게 하시고 전체의 유익을 구하되 한 사람의 필요를 놓치지 않는 세심함을 허락해 주옵소서. 예수 그리스도의 이름으로 기도드립니다. 아멘.

나라를 위한 기도

the Lord's Prayer

대통령을 비롯한 정치인을 위한 기도

고백과 찬양

이 나라의 주인이 되시며 주관자이신 하나님, 하나님의 크고 위대하심을 찬양합니다. 이 나라가 하나님의 은혜로 지금의 부귀영화를 누릴 수 있게 되었습니다. 사람의 힘으로는 불가능한 놀라운 발전을 이룩하였고 하나님의 은혜가 아니고는 결코 오늘이 있을 수 없었음을 고백합니다.

영적 대각성의 기도운동과 부흥의 은혜가 있었고 많은 사람들의 헌신이 지금의 이 나라를 있게 했습니다. 독재정치에 대항하여 그리스도인들이 발 벗고 싸워 민주주의를 쟁취했습니다. 하나님께서 이 나라의 질서를 세우기 위해 그리스도인들을 사용하신 것을 믿습니다.

대통령을 위한 기도

하나님! 우리에게 대통령을 허락하시고 국민들을 위한 정치를 하게 하시니 감사드립니다. 대통령의 마음속에 백성을 사랑하는 어버이의 마음을 주셔서 더 좋은 사회를 만들어 가는 훌륭한 대통령이 되게 하옵소서. 수없이 많은 문제들이 대통령 앞에 있는 줄 압니다. 정치적 문제로 대립하는 상황들과 때론 결단해야 하는 문제들이 있을 때 큰 지혜를 주셔서 잘 풀어 나갈 수 있게 하옵소서.

먼저 하나님 앞에 축복받는 이 나라의 대통령이 되게 하시며 하나님의 뜻이 무엇인지를 깨닫고 정치적 문제들을 지혜롭게 해결해 나가며 국민의 뜻을 알고 헤아리는 대통령이 되게 하옵소서.

권모술수로 정치적 영향력을 발휘하는 것이 아니라 그리스도의 사랑으로 국민을 품고 국론을 해결해 나갈 수 있는 덕장이 되게 하옵소서. 다니엘과 같은 지혜로운 대통령이 되게 하시며 대통령을 보좌하는 보좌관들도 권력에 아부하는 사람들이 아니라 진심으로 대통령을 보좌하는 충신들이 되게 하옵소서.

정치인을 위한 기도

이 나라의 정치인들을 불쌍히 여겨 주옵소서. 정치인들이 이 나라를 건설적인 나라로, 깨끗한 사회로 만들어 가게 하옵소서. 권력을 잡고 욕심을 챙기고 명예를 추구하는 데만 집착하지 않고 이 나라와 백성 앞에 정직한 정치인들이 되게 하옵소서.

하나님의 주권을 인정하는 정치인들이 되게 하시며 그분의 권능 앞에 순복할 줄 아는 겸손한 정치인들이 되게 하옵소서. 이 나라는 개인의 것이 아니라 백성의 것이며 이 백성은 하나님의 백성임을 명심하고 올바른 정치를 하게 하옵소서. 거룩하신 하나님의 놀라운 은총이 대통령과 정치인들 위에 함께하길 기도합니다. 하나님의 보호하심이 이 나라 위에 무궁하길 기도하며 예수님의 이름으로 기도드립니다. 아멘.

이 땅의 그리스도인들을 위한 기도

성도라 불러 주신 그리스도를 향한 감사

너희는 세상의 빛이요 소금이라고 말씀하시며 이 땅에 살아가는 그리스도인들이 예수 생명의 빛을 전하며 삶의 현장에서 소금처럼 꼭 필요한 존재로 살아가길 원하시는 하나님, 감사합니다. 우리는 불의하지만 그리스도를 믿는 믿음을 의로 여기사 하나님의 백성 삼으시고 의롭다 여기시니 감사합니다. 사망의 길에 있던 저희를 생명의 길로 옮기셨으니 감사를 드립니다.

그리스도인답지 못한 삶에 대한 회개

존귀하신 하나님! 하나님의 크신 사랑을 받았음에도 우리는 당신께서 원하시는 삶을 살지 못했습니다. 순간순간 원망과 불평으로 허송세월을 보냈고 시기와 질투로 남을 미워했습니다. 우리의 삶은 세상의 빛이 아니라 어둠 같은 삶이었으며 우리의 삶은 소금과 같은 삶이 아니라 나를 위해 남을 희생시킴을 아무렇지도 않게 생각하는 삶이었습니다.

우리는 그리스도의 영광을 드러내는 삶을 살지 못하고 우리의 욕심만을 위해 살아가는 이기적인 인생이었습니다. 그리스도인의 삶이 어떠해야 하는지 몰랐고 알려고도 하지 않았습니다. 하나님! 우리를 불쌍히 여겨 주옵소서. 죄 앞에 그리고 우리의 현실 앞에 언제나 연약할 수밖에 없는 우리를 긍휼히 여겨 주옵소서. 우리가 하나님 앞에 죄를 범하였을지라도 긍휼에 풍성하신 하나님께서 우리를 불쌍히 여기시고 다시 한 번 지금의 삶에서 돌이키게 하옵소서.

참된 그리스도의 사랑을 주길 위한 기도

영광의 하나님! 우리의 삶이 주 앞에 있길 원합니다. 주 앞에서 세상과 구별된 거룩한 인생을 살기 원합니다. 목이 뻣뻣한 백성이 아니라 하나님 앞에 겸손한 인생이길 원합니다. 우리 자신을 섬기고 나의 욕심만을 위해 살아가는 것이 아니라 오직 하나님만을 위해 살며 그리스도의 사랑을 나누는 삶을 살기를 원합니다.

돌이켜 보면 우리의 섬김을 필요로 하는 곳이 참 많은 것 같습니다. 가정이 깨져 상처 입은 사람들에게 따뜻한 그리스도의 사랑을 나누어 주길 원합니다. 우리가 주께 그 사랑을 받았으니 받은 사랑 그대로 나누어 주길 원합니다.

삶의 현장에서 우리가 속한 공동체를 섬기길 원합니다. 우리가 먼저 섬기고 우리가 누군가에게 먼저 본이 된다면 세상은 우리를 통해 그리스도의 형상을 볼 것입니다. 깨끗한 마음으로 주를 섬기며 신실한 마음으로 이웃을 섬기며 거룩함으로 하나님 앞에 서게 하옵소서.

기쁨으로 하나님의 높으신 이름을 찬양하며 감사함으로 주의 이름을 부르게 하시며 영광의 그 날을 기대하며 오늘을 살게 하옵소서. 예수님의 이름으로 기도드립니다. 아멘.

국가의 발전과 안녕을 위한 기도

고백과 감사

이 나라의 안녕과 발전을 불꽃 같은 눈동자로 지키시는 하나님, 하나님의 놀라운 섭리 가운데 이 나라의 역사가 있음을 고백합니다. 하나님의 크신 은혜 속에 이 나라가 서 있음을 고백합니다. 하나님께서 이 나라의 주인이시며 이 민족의 역사를 주관하시는 섭리자이심을 고백합니다. 당신의 새 창조의 비전을 이루는 일에 이 나라를 사용하여 주옵소서. 이 나라가 하나님의 섭리의 산 증인으로 세계 가운데 우뚝 서길 원합니다.

경제 발전을 위해

가난한 나라의 대명사로 일컬음 받던 이 나라가 비약적인 발전을 이룩하게 하심을 감사합니다. 하나님의 은혜가 지금의 우리나라를 있게 한 줄 압니다. 열방 가운데 경제대국으로 우뚝 서서 하나님의 영광을 드러내는 나라가 되게 하옵소서.

날로 어두워지는 세계 경제와 하루가 다르게 치솟는 국제 유가 탓에 흔들릴 수밖에 없지만 국가경제가 지속적으로 발전하게 하소서. 우리나라가 더 발전하여 국제적 위상을 떨치게 하옵소서. 그러나 이 모든 것이 하나님으로부터 시작됨을 잊지 않고 고백하게 하옵소서.

국가적 경제는 발전하나 국민들의 경제 사정은 많이 어려워지고 있습니다. 하나님의 백성들이 이 위기를 기도로 극복하게 하옵소서.

정치적 발전을 위해

우리를 당신의 백성 삼으신 하나님! 이 나라를 둘러싼 여러 정치적 문제들이 잘 해결되게 하옵소서. 북한과의 정치적 대립이 계속되고 있는 상황을 하나님께서 간섭하셔서 평화 통일을 이룩하게 하소서. 한반도를 둘러싼 국제 정세는 열강들의 이익에 따라 오락가락하고 있는 현실입니다. 중국과 러시아 미국과 일본이 우리나라와 북한과의 관계를 조장하며 간섭하는데 그 누구도 아닌 하나님께서 이 문제에 간섭하셔서 이 모든 것들이 원만히 해결되게 하옵소서. 열강들이 간섭하지 못하도록 우리나라가 더욱 발전하고 강해지게 하옵소서.

쓰임받는 나라가 되게 하소서

대한민국이 정치 경제적 발전을 이루어 세계 속에 우뚝 서서 모든 민족과 열방에 선한 영향력을 끼치는 하나님의 나라가 되게 하옵소서. 가깝게는 북한을 품는 나라가 되게 하소서. 우리의 민족이 어려움에 처한 나라를 하나님의 마음으로 품고 나아가게 하옵소서. 정치적 문제로 힘겨루기 하지 말고 사랑의 마음으로 끌어안게 하옵소서. 전쟁이 남긴 상처가 너무 크지만 이제는 그 아픔을 씻고 서로 용서하게 하소서. 이 민족을 향한 하나님의 열망에 이 나라가 쓰임받게 하옵소서. 예수님의 이름으로 기도드립니다. 아멘.

어려운 이웃을 위한 기도

사랑을 필요로 하는 이들을 위해

우리를 풍성하게 채우시며 매일 매일의 삶 속에 하나님의 사랑을 느끼게 하시니 감사합니다. 우리에게 넘치는 사랑을 주시는 당신의 은혜에 감사합니다.

그러나 하나님! 우리의 주변에는 어려운 이웃이 참 많습니다. 사업에 실패하여 낙담하는 이웃, 이혼한 가정에서 방출되어 떠돌아 다니는 청소년들, 게임에 중독되어 가산을 탕진한 이웃, 폭력가정에서 상처받은 아이들, 수도 없이 많은 이유로 어려움에 빠진 이웃들이 있습니다. 지금 그들에겐 참 따뜻한 사랑이 필요합니다. 잠깐의 관심 정도가 아닌 참된 주님의 사랑이 필요합니다. 하나님께서 그들을 불쌍히 여겨 주옵소서. 하나님의 놀라우신 사랑이 그들의 마음을 위로하여 주옵소서. 또한 우리가 긍휼한 마음을 가지고 이들을 사랑하고 섬기게 하옵소서.

주님의 사랑은 베푸는 사랑입니다. 말로만 하는 사랑이나 판단하는 사랑이 아닙니다. 섬김의 본을 보이신 주님을 본받아 섬기고 사랑하길 원합니다.

상처 입은 이웃을 위한 기도

핵가족화 되어 가는 현 시대에 가족과의 대화가 단절되고 가족으로부터 버림받은 아이들이 있습니다. 아이들이 받은 마음의 상처가 분노로 드러나 반사회적인 행동으로 나타나는 현실도 우리는 목격합니다. 이혼 가정에 대한 냉소적인 반응도 그들을 상처로 내몰고 있습니다. 우리가 편견을 가지고 그들을 바라보지 말고 그리스도의 사랑으로 품게 하옵소서. 그들의 마음은 슬픔에 차있고 사랑을 기다립니다. 우리에게 그들을 도울 수 있는 지혜를 주시고 그들을 사랑할 수 있는 용기를 주시옵소서. 하나님의 크신 사랑으로 상처 입은 이들의 마음을 만져 주옵소서.

어려움에 처한 이웃을 위한 기도

우리나라의 국민 경제가 많이 어려운 현실입니다. 어떤 이는 대출을 받아 겨우 생활하고 어떤 이는 퇴직금으로 근근이 먹고 삽니다. 자기가 가진 모든 것을 긁어 모아 대출까지 받아서 사업을 시작했지만 경제 상황이 여의치 않기에 문을 닫을 지경에 이르렀습니다. 어마어마한 가계 빚이 그들을 거리로 내몰고 있습니다.

위기에 신음하는 당신의 백성들을 찾아가셔서 위로하여 주옵소서. 하나님의 위로가 필요한 그들에게 긍휼을 베풀어 주옵소서. 우리에게 긍휼의 마음을 주셔서 그들에게 하나님의 사랑을 나누어 주는 참된 그리스도인이 되게 하옵소서. 한 발짝 더 그들에게 다가가 따뜻한 그리스도의 사랑을 나누게 하옵소서. 날로 어려워지는 현실 속에서 우리가 더 믿음으로 굳게 서서 그들을 위해 기도하며 사랑으로 섬기는 그리스도인이 되게 하옵소서. 어두운 곳에 사랑을, 슬픔이 있는 곳에 사랑을, 복음을 모르는 그들에게 복음을 전하는 자가 되게 하여 주옵소서. 예수님의 이름으로 기도드립니다. 아멘.

북한의 식량 지원과 복음 전파를 위한 기도

식량지원을 위해

궁휼에 풍성하신 하나님! 고통과 슬픔에 잠겨 신음하고 있는 내 백성, 내 민족 북한을 위해 기도합니다. 기근에 시달려 죽어 가며 사망의 그늘에 앉아 죽어 가는 흑암의 백성들을 기억하소서. 해마다 반복되는 흉년에 나라가 병들어 가고 백성은 죽어 가고 있습니다.

지원되던 식량은 북한의 반복되는 핵실험과 미사일 발사, 불법 무기 판매, 마약생산 등을 이유로 끊긴 지가 오래되었고 그나마 지원되는 식량은 북한 주민의 수요를 채우기엔 턱없이 부족한 것이 현실입니다.

북한 정부는 이미 자기 백성을 책임지기에 무능하며 자기들 뱃속을 기름지게 하기에 여념이 없습니다. 하나님! 이 민족을 불쌍히 여겨 주옵소서. 압제받고 고통당하는 내 백성을 불쌍히 여겨 주옵소서.

세계 각 곳으로부터 도움의 손길이 닿게 하시고 주민들까지 그 혜택을 보게 하소서. 정치적 이익도 중요하지만 가장 중요한 것은 굶주린 자를 살리는 것임을 알고 우리나라도 속히 식량지원을 재개하게 하옵소서.

복음전파를 위해

그 땅에 복음이 전파되기를 기도합니다. 그 옛날 동방의 빛나던 예루살렘이라 불리던 북한에 말씀이 사라지고 예배가 사라졌으며 하나님의 교회는 지하로 숨어들어 갔습니다. 하나님! 이 민족을 불쌍히 여겨 주옵소서. 얼어붙은 북녘 땅에 다시 복음이 전파되게 하시며 하나님을 향한 찬양이 회복되게 하옵소서.

그럼에도 북한의 복음화는 묵묵히 진행되고 있습니다. 지하교회에서 당신의 백성들이 드리는 예배를 받으시고 응답하시며 하나님께서 그 땅을 향하여 진노 중에라도 긍휼을 잊지 마옵소서. 수년 내에 그 땅을 부흥케 하시며 물이 바다를 덮음 같이 하나님의 영광을 인정함이 그 땅에 가득하게 하옵소서. 다시 한 번 하나님 앞에 온전히 엎드림으로 세계와 열방 가운데 복음을 위해 쓰임받는 민족이 되게 하옵소서. 남북의 성도들이 함께 제단에 엎드려 예배할 그날을 기대합니다.

북한 땅에 찬송이 넘치게 하소서

거룩하신 하나님! 북한의 백성들이 부르짖는 그 부르짖음에 귀를 기울이시며 신음소리에 응답하옵소서. 그 땅에 복음의 깃발이 펄럭이며 하나님을 찬양함이 가득하게 하소서.

굶주림에 시달리는 그 백성에게 그리스도의 사랑을 나눠 주길 원합니다. 이념이 우리를 갈라놓았지만 우리는 주의 백성입니다. 긍휼의 마음을 가지고 먹을 것을 주며 사랑에 풍성한 하나님을 의지하여 복음을 전하게 하옵소서. 복음의 씨앗이 그 땅에 자라 열매 맺길 기도합니다. 주의 사랑이 내 민족의 땅 북한에 가득하길 원하며 예수님의 이름으로 기도드립니다. 아멘.

평화통일을 위한 기도

이 민족이 하나님의 주권을 인정하게 하소서

평화의 왕이신 주님을 찬양합니다. 당신의 백성들에게 평강이 있을지어다 하시며 하늘의 평안으로 위로하시는 하나님을 찬양합니다. 당신의 높고 위대하심에 우리는 굴복하며 그 안에서 평안을 얻습니다.

한반도가 분단된 지 어언 60여 년, 서로 다른 이념으로 분단되었고 동족을 향해 총을 겨누고 있으며 휴전선이 가로 막혀 있습니다. 냉전체제가 굳어진 채로 오랜 세월이 지났습니다. 날이 갈수록 남과 북의 격차가 심각해지고 있습니다.

하나님! 반만년 유구한 역사를 자랑하며 아침의 나라라 불리던 조선입니다. 그런데 북한은 김일성 가문의 독재체제가 공산주의라는 이름으로 둔갑하여 대물림되고 있으며 그 사회는 우상숭배에 젖어 있고 백성은 도탄에 빠져 있습니다. 권력자들은 호의호식하며 백성들의 괴로움은 안중에도 없이 자기의 안락만을 추구하고 있습니다. 그들을 불쌍히 여기시고 우리나라에서 이뤄진 정치적 경제적 발전이 북한에서도 실현되어 이 냉전체제가 종식되게 하소서.

우리의 통일은 하나님께 달려 있음을 믿습니다. 사람이 마음으로 그 길을 계획할지라도 그것을 이루시는 분은 하나님이심을 명심하게 하옵소서. 사람의 뜻으로 이루어짐도 아니요 사람의 방법으로 이루어질 수도 없습니다. 통일은 오직 하나님께 속해 있습니다. 이 민족이 하나님의 주권을 인정하며 하나님 앞에 온전히 서길 원합니다. 남과 북이 모두 하나님을 온전히 인정하는 나라가 되게 하여 주옵소서.

이 민족의 소원인 통일의 염원을 위한 기도

하나님! 이 민족의 소원은 통일입니다. 하나님의 방법으로 평화통일이 이루어지게 하옵소서. 전쟁은 하나님께 속한 것이니 만왕의 왕이신 하나님께서 전쟁의 그늘을 거두어 주시며 이 민족에게 평화통일을 허락하여 주옵소서.

하나님! 우리의 소원은 자주적 통일입니다. 한반도를 둘러싼 열강들의 힘겨루기에 남과 북이 더 이상 흔들리지 않기를 원합니다. 끊임없이 열강들의 간섭을 받아온 이 나라의 역사를 기억합니다. 오직 우리가 원하는 것은 하나님의 간섭을 받고 만왕의 왕의 지배를 받는 아름다운 통일 조국입니다. 하나님께서 우리를 불쌍히 여기시고 우리의 기도를 들어 주셔서 속히 통일의 그날이 오길 소원합니다. 예수님의 이름으로 기도드립니다. 아멘.

세계 평화를 위한 기도

빈부와 피부색으로 차별받지 않는 세상이 되기 위한 기도

하나님의 사랑에 감사

풍성한 사랑으로 우리를 사랑하시는 하나님께 찬양과 경배를 드립니다. 사람을 사랑하시되 죽기까지 사랑하시며 죄악된 인간을 향해 노하기를 더디 하셨기에 우리는 지금 여기에 있습니다. 하지만 우리가 살아가는 세상은 인간의 가치를 피부색으로 판단하고 차별하고 있습니다.

예수님의 사랑은 무한한 사랑이며 그 사랑을 받는 인간은 사람을 판단할 수 없음을 압니다. 오직 사람을 판단하실 이는 이 세계 가운데 그리스도 밖에 없음을 인류가 기억하게 하옵소서. 세상의 통치자이신 예수 그리스도를 열방이 알게 하옵소서.

빈부의 차별이 없는 세상이 되게 하소서

돈이 많고 적음이 결코 사람을 판단할 수 있는 기준이 아님을 세상이 알기를 원합니다. 이 사회 속에 만연한 빈부의 차이가 사람을 병들게 하고 있습니다. 가진 돈으로 사람의 좋고 나쁨을 판단하게 되는 세상의 구조가 존귀한 인간에게 상처를 주고 있습니다. 영화나 드라마에 나오는 화려한 삶을 동경하고, 또 가지지 못한 사람을 함부로 대하며 물질에 의지하여 자신의 인생을 계획하고 있습니다.

사람의 가치는 하나님이 정한 것이요 그 정한 것은 사람이 어찌할 수 없음에도 연약한 우리는 죄악 된 모습으로 살아 가고 있습니다. 우리가 존재하는 것은 하나님이 우리를 만드셨기 때문이요, 우리가 세상에 난 목적은 하나님의 세상을 건설하기 위함임을 알게 하옵소서.

피부색으로 차별받지 않는 세상이 되게 하소서

하나님이 사람을 한 사람 한 사람 다르게 만드시고, 그 만드신 목적도 모두 달리 하셨음을 우리가 알고 사람의 피부색으로 차별하지 않기를, 그리고 차별받지 않기를 원합니다.

어떤 피부색은 우월하고 어떤 피부색은 열등하다고 우리 멋대로 판단하고, 우리가 세운 터무니없는 잣대로 피부에 따라 사람을 평가해 왔다면 우리의 무지를 용서하옵소서. 피부색이 다르고 언어가 다른 사람도 똑같이 하나님이 만드신 귀중한 생명이요 하나님 나라를 함께 이루어 나가야 할 공동체임을 알게 하옵소서. 피부와 언어가 다르다는 이유로 불이익을 받거나 상처받는 사람들이 없게 하옵소서. 우리가 만든 편견이라는 기준을 내려놓고 하나님 앞에 모든 사람은 똑같이 귀중하다는 것을 깨닫기를 원합니다.

우리가 살아가는 세상이 차별이 없는 아름다운 세상이 되길 원하며 그 중심에 그리스도인들이 있게 하옵소서. 그리스도인들이 하나님을 향해 한 목소리로 외쳐 기도할 때, 우리의 기도를 들으시고 열납해 주옵소서. 예수님의 이름으로 기도드립니다. 아멘.

전쟁 없는 평화로운 세상이 되기 위한 기도

황폐화 된 땅을 위한 기도

만왕의 왕이신 하나님의 이름을 찬양합니다. 높고 높으신 하나님의 이름이 세계 가운데 우뚝 서길 원합니다. 모든 전쟁은 여호와 하나님께 속한 것이니 사람이 이를 취하기 위해 전쟁을 도발하지 않게 하옵소서. 돌이켜 보면 세계의 역사 속에 수 없이 많은 전쟁이 있었고 그 전쟁은 사람들에게 엄청난 상처를 가져다 주었고 가정을 파괴하였습니다.

현대에 들어서면서부터 아시아와 아프리카는 열강들의 전쟁터가 되었으며 그 속에서 수없이 많은 사람들이 희생되었습니다. 지금도 아프리카는 전쟁으로 몸살을 앓으며 부모를 잃은 고아들이 아픔 속에 쓰러져 가고 있습니다. 계속되는 전쟁은 땅을 황폐하게 하며 기근의 현장을 만들어 버립니다. 백성의 아픔을 기억하시고 위로하여 주옵소서. 전쟁이 남긴 상처로 얼룩져 있는 그 슬픔이 주의 사랑으로 치유되게 하옵소서.

이 나라도 마찬가지입니다. 동족상잔의 비극이 끝난 지 60년이 지난 지금도 서로 총부리를 겨누고 있습니다. 한국전쟁이 남긴 역사의 교훈은 전쟁으로는 결코 아름다운 세상을 만들 수 없다는 것이었습니다. 그 옛날 동방의 예루살렘이라 불리던 평양은 우상숭배로 더럽혀져 있습니다. 하나님! 이 민족을 불쌍히 여겨 주옵소서. 이 민족의 기도를 들으시고 복음으로 통일되는 놀라운 역사가 속히 이루어지게 하옵소서.

하나 된 세계, 하나님을 향한 찬송

거룩하신 하나님, 이 세계가 평화 속에 하나님의 이름을 찬양하길 원합니다. 우리가 원하는 것은 사람이 만들어 놓은 평화가 아닙니다. 진정한 평화는 하나님께서 주신 것이며 그것은 사자가 어린양과 뛰놀며 독사굴에 어린이가 손 넣고 장난쳐도 물지 않는 것 같은 평화입니다.

강대국과 약소국이 나뉘고, 지배와 피지배 관계가 형성되며 서로의 이익을 위해 전쟁을 벌이는 것이 아니라 하나님의 통치하심 속에 서로 격려하고 세워 줄 수 있는 아름다운 세상이 되게 하옵소서.

"인류는 하나 되게 지음받은 한 가족이니 우리는 그 속에서 협조하며 일할 형제와 자매로다"라는 찬송의 가사처럼 이 세계 가운데 하나님을 아버지라 부르며 그 앞에 함께 엎드려 찬송함이 가득하길 원합니다.

하나님의 통치를 기대하고, 이 땅에 전쟁과 기근이 아니라 하나님을 찬양함이 넘치는 평화로운 세상이 되길 기대합니다. 예수님의 이름으로 기도합니다. 아멘.

세계 평화를 위한 기도

지진과 기근으로 어려움에 처한 나라를 위한 기도

지진으로 어려움에 처한 나라를 위해

세계 곳곳에서 일어나는 지진 피해로 인해 고통당하는 백성들을 위로하여 주옵소서. 지진으로 인해 수없이 많은 사람들이 목숨을 잃고 집을 잃어버리고 고통당하는 것을 보옵소서. 하나님께서 그들을 위로하소서. 지진 여파로 생긴 해일이 땀 흘려 일구어 놓은 삶의 터전을 송두리째 삼켜 버리고 희망조차 놓아 버리게 만들었습니다.

일본은 지진으로 인해 방사능에 노출되고 생명의 위협을 느끼고 있습니다. 경제적 손실도 막대합니다. 경제 대국이라 불리던 일본이 자연 재해 앞에 속절없이 무너지는 광경을 우리는 무기력하게 지켜볼 수밖에 없었습니다.

중국에서 일어난 지진은 수없이 많은 인명 피해를 가져왔으며 그밖에도 세계 곳곳에서 일어난 자연 재해들은 사람들이 만들어 놓은 삶의 터전을 송두리째 앗아가 버렸습니다. 연약한 자를 도우시는 하나님, 그들을 위로하시며 그들이 절망 속에서 하나님을 바라게 하옵소서.

언제 어디서 일어날지 모르는 지진의 공포로 인해 전 세계가 두려움에 떨고 있습니다. 이 땅에 소망을 주옵소서. 온 나라가 하나님을 알고 기쁨으로 충만하게 하시며 하늘의 소망을 가지고 두려운 세상을 이기게 하옵소서. 인간이 바랄 것은 오직 하늘에 계신 하나님밖에 없음을 명심하고 그분의 말씀 앞에 세계 모든 열방이 무릎 꿇게 하옵소서.

기근으로 어려움에 처한 나라를 위해

이른 비와 늦은 비를 주셔서 인간에게 먹을 것을 공급하시는 하나님, 이 시간에도 장마와 가뭄으로 흉년이 들어 기근에 시달리는 사람들이 있습니다. 계속되는 전쟁으로 먹을 것이 사라진 땅에서 고통당하는 당신의 백성들이 있습니다. 하나님께서 이들의 아픔을 만져 주시길 원합니다. 기근으로 인해 수없는 인명피해가 발생하고 있습니다. 하나님께서 그 땅을 고치시고 당신의 백성을 위로하여 주옵소서.

또한 그 땅에 복음의 씨앗이 뿌려져 열매 맺길 기대합니다. 고통 속에서 하나님의 사랑을 깨달아 하나님의 백성이 되게 하시며 그 위대한 하나님의 인자하심을 목도하게 하옵소서.

간구

어려움을 통해 하나님을 바라보게 하옵소서. 고아와 과부를 돌보시며 마음이 상한 자를 도우시며 인생의 항해에 도움이 되시는 하나님을 그들이 알게 하옵소서. 시련을 통해 당신의 백성을 연단하시는 하나님의 놀라운 사랑을 외면하지 않고 우리의 눈을 들어 당신을 보게 하옵소서. 우리도 이들의 아픔을 보며 기도하게 하시고, 기도를 쉬는 죄를 범치 말게 하소서.

우리의 신앙을 점검하며 주의 날이 오기를 기대하며 기다리는 종말론적 신앙을 사수하기를 간절히 소원합니다. 예수님의 이름으로 기도드립니다. 아멘.

세계 평화를 위한 기도

세계 곳곳에 나가 있는 선교사를 위한 기도

복음의 신을 신은 자를 위한 기도

너희는 온 천하에 다니며 만민에게 복음을 전파하라 하시며 복음 전파의 사명을 주신 하나님, 그 하나님의 명령을 받들어 세계 방방곡곡에 그리스도의 복음과 진리의 말씀을 선포하는 선교사님들을 위해 기도합니다.

하나님께서 보내신 곳에서 복음의 진리를 전하기 위해 환경의 장애와 언어의 장애 그리고 편안한 삶을 뒤로 하고 복음의 전사로, 그리스도의 심장을 가지고 담대히 나아가는 선교사님들을 축복하셔서 그 사역에 놀라운 열매가 있기를 원합니다.

"아골 골짝 빈들에서도 복음 들고 가오리다"는 찬송 가사처럼 두려움이 엄습할지라도 사망의 그늘에 앉아 죽어 가는 족속에게 복음을 전하는 선교사님들의 발걸음을 축복하셔서 사역이 꽃피게 하옵소서.

자신의 만족과 유익을 위해 살아가는 사람이 아니라 하나님을 위해 싸우는 복음의 전사로 그들을 사용하여 주옵소서. 복음의 황무지 조선에 복음을 들고 와서 젊음을 바친 선교사들을 기억하며 선교사로 파송받아 간 그 현장에서 오직 말씀으로 그 거민들을 구원케 하옵소서.

제자 삼는 사역을 위해

예수님의 지상 명령을 따라 선교사님들의 사역 현장에 그리스도의 제자가 세워지기를 원합니다.

이 땅에 복음의 씨앗이 떨어지고 이 민족은 부흥을 경험했습니다. 그리고 제일 먼저 제자를 세우는 사역을 시작하였습니다. 한국 교회의 부흥은 제자를 세우는 일로부터 시작되었음을 명심하고 선교사님들의 사역의 현장에도 그리스도의 복음을 위해 헌신할 제자들이 세워지게 하옵소서.

생명의 주요 우리를 온전케 하시는 이인 예수 그리스도를 바라보며 담대히 사역하는 선교사님들이 되게 하옵소서. 때로는 지혜롭게 때로는 담대하게 사역하며 사역의 현장에서 하나님의 손길을 경험하게 하옵소서.

복음 전하는 자의 발을 아름답게 하시는 하나님께서 하늘의 상급으로 채워 주시길 기도하며, 예수님의 이름으로 기도드립니다. 아멘.

지구의 환경파괴를 막고 생태계를 보호하기 위한 기도

감사와 찬양

아름다운 지구촌에서 날마다 하나님의 은혜를 누리며 살게 하신 하나님을 찬양합니다. 지구촌에 살아가는 하나님의 사람들을 통해 하나님의 영광과 권능을 선포하게 하시고, 하나님의 선하신 통치를 드러내게 하시니 감사합니다. 그러나 하나님이 주신 아름다운 자연과 환경을 지키지 못하고 파괴하고 훼손한 우리의 죄악을 용서하옵소서. 이제부터라도 일상의 삶에서 하나님의 경륜과 질서를 따라 순종하는 삶을 살게 하시고, 하나님의 사랑의 풍성함을 드러내게 하옵소서.

환경 지킴이가 되게 하소서

말씀으로 무에서 유를 창조하신 하나님, 사계의 조화를 통해 하나님의 창조 질서를 보게 하시니 감사합니다. 한포기의 풀과 들꽃에 묻어난 하나님의 솜씨를 보면서 하나님이 창조하신 세계가 지극히 선하고 아름다움을 고백합니다. 하나님이 보시기에 좋았더라고 감탄하신 세계를 우리에게 돌보도록 맡기시고 섬길 수 있게 하심을 감사합니다. 완벽한 하나님의 피조세계를 선한 청지기의 자세로 섬기도록 맡겨 주셨지만, 하나님의 뜻대로 온전하게 섬기지 못함으로 지구촌이 몸살을 앓고 있음을 인정합니다. 하늘과 땅이 신음하고 북극과 남극이 녹아 내리고 있습니다. 바다와 강에 노니는 물고기와 생물이 병들어 죽어 가고 있는 이때에 우리로 하여금 하나님의 선한 청지기의 삶으로 돌이키게 하옵소서.

지구촌에 살아가는 모든 인류가 한 사람의 가치를 잊지 않게 하시고, 각 사람이 환경 지킴이로서 자연과 환경을 돌아보고 병들어 가는 지구촌을 회복시키고자 하는 의지를 주옵소서. 음식 쓰레기를 줄이고 배기가스를 조절함으로 환경 오염을 막을 수 있게 하소서. 토양과 수질 오염으로 식수가 오염되거나 공해로 말미암아 아이들의 피부가 망가지지 않게 하소서. 인간이 만든 방사능으로 말미암아 전 인류가 두려움과 공포에 떨고 있사오니 어리석은 방법을 버리고 창조의 질서를 따르게 하옵소서.

지구촌 연대를 형성하게 하소서

인간의 탐욕으로 파괴된 자연이 인간들을 공격하는 이때에 인간의 탐욕을 버리고 하나님의 질서를 회복하기 위한 몸부림이 우리 안에 일어나게 하옵소서. 모든 민족과 지구촌이 한 데 어우러져서 환경의 재앙으로부터 지구촌을 수호하게 하옵소서. 우리 안에 도사리고 있는 이기심을 내려놓게 하시고, 인간이 추구하는 탐심을 포기하게 하셔서 하나님께서 뜻하신 바가 이 땅에서 이루어지기를 원합니다.

하나님의 창조세계를 인정하는 그리스도인들과 교회가 먼저 환경 파괴의 위험과 생태계 보존의 중요성을 깨달아 깨진 창조 질서를 회복하기 위한 범세계적인 운동을 펼치게 하옵소서. 하나님의 피조세계를 살리기 위해 우리 교회가 일어나게 하소서. 자연을 지키고 생태계를 회복하는 것이 우리 자신을 위할 뿐만 아니라 우리 후손들의 미래를 지키는 일임을 알아 주님이 오시는 그날까지 환경을 지키고 생태계를 회복하기 위한 범국민적 운동을 일으키게 해주옵소서. 마지막 날에 피조세계를 완전히 회복시키실 예수 그리스도의 이름으로 기도드립니다. 아멘.

아가페
실제대표기도문 (대)

초판 1쇄 발행 2012년 2월 1일
초판 24쇄 발행 2024년 11월 22일

지은이   김병태, 방국영

펴낸이   곽성종
기획편집   방재경
본문디자인   선한이웃

펴낸곳   (주)아가페출판사
등 록   제21-754호(1995. 4. 12)
주 소   (08806) 서울시 관악구 남부순환로 2082-33 (남현동)
전 화   584-4835(본사) 522-5148(편집부)
팩 스   586-3078(본사) 586-3088(편집부)
홈페이지   www.agape25.com
판 권   © (주)아가페출판사 2012
ISBN   978-89-537-8069-9 (03230)

아가페 출판사